路桥工程施工技术与安全管理

左　智　张晓伟　叶柯志　主编

中国石化出版社

图书在版编目(CIP)数据

路桥工程施工技术与安全管理 / 左智，张晓伟，叶柯志主编．—北京：中国石化出版社，2022.12
ISBN 978-7-5114-6921-2

Ⅰ．①路… Ⅱ．①左… ②张… ③叶… Ⅲ．①道路工程-工程施工②桥梁工程-工程施工 Ⅳ．①U415 ②U445

中国版本图书馆 CIP 数据核字(2022)第 253997 号

中国石化出版社出版发行
地址：北京市东城区安定门外大街 58 号
邮编：100011　电话：(010)57512500
发行部电话：(010)57512575
http://www.sinopec-press.com
E-mail：press@sinopec.com
北京力信诚印刷有限公司印刷
全国各地新华书店经销
*
787×1092 毫米 16 开本 17.5 印张 378 千字
2022 年 12 月第 1 版　2022 年 12 月第 1 次印刷
定价：128.00 元

《路桥工程施工技术与安全管理》编委会

PREFACE

前言

改革开放以来，随着我国经济水平的不断提高，原有的路桥已经不能满足经济快速发展的需要，国家开始大力开展路桥工程建设。众多的城市道路、高速公路、国道、省道、桥梁得以修建，近几年来，“村村通”“路路通”的政策使农村的道路也得以翻新。近几年，我国交通运输发展正处于支撑全面建成小康社会的攻坚期、优化网络布局的关键期、提质增效升级的转型期，将进入现代化建设新阶段，预计未来几年仍将保持快速增长趋势。

路桥工程施工作为路桥建设中一项重要的环节，是把施工图纸变为实际工程的重要步骤之一。同时，路桥管理人员也需要从各方面进行管理和控制，及时发现施工中的安全问题，并能提出解决问题的对策，才能保证整个路桥工程的施工安全。结合编者自身多年的施工经验，本书将对路桥工程施工中的重要内容进行全面梳理，结合图表帮助读者快速掌握施工要点和安全管理要点。

本书共八章，分别从道路工程概述、道路施工技术、桥梁施工技术、隧道施工技术、道路附属设施施工、路桥改扩建施工、路桥工程施工风险评价与预警、路桥工程施工安全管理等方面入手，介绍了路桥工程施工技术与安全管理知识。

本书可作为继续教育的培训材料，也可作为普通高等院校、成人高校土木工程类专业的阅读参考材料。

本书涵盖内容较多，编写难度较大，编者水平和能力有限，书中难免存在错误和不妥之处，恳请广大读者批评指正。

CONTENT

目录

第一章 道路工程概述

第二章 道路施工技术

第三章 桥梁施工技术

第四章 隧道施工技术

第一章 道路工程概述

第一节 我国道路的现状和特点

一、我国道路建设的发展现状

道路是供各种车辆(指无轨车辆)和行人通行的工程设施的总称。从有人类开始就有了道路，可以说道路的历史就是人类发展的历史。人类在社会、经济生活中创造了道路，而道路的产生和发展又为推动社会的发展和人类的进步做出了巨大的贡献。

目前，我国在针对公路建设基础上研究形成“五纵七横”国道主要规划干线，其研究计划需用20~30年的时间进行建设完善，从而保证二级以上公路为主要国道主干线；同时国家制定进一步的政策，扩大公路的建设以及融资渠道，吸引国内外资本加入公路的建设和改善，从而对我国公路事业的建设和改善起到重要的推动作用。

截至2021年年末，我国公路总里程达到528.07×10^4km，普通国省干线公路优良路率达到84%。近年来，各级交通运输主管部门和公路养护管理单位深入贯彻落实“公路建设是发展，公路养护也是发展，而且是可持续发展”的理念，不断加强公路养护管理工作。“十三五”以来，全国累计投入养护资金1.29万亿元，实施预防养护135.6×10^4km、修复养护165.2×10^4km，实施公路安全生命防护工程116×10^4km，改造危旧桥梁5.8万座。

在城市道路建设方面，截至2021年第4季度，全国36个主要城市道路网总体平均密度为6.3km/km^2，相较于上年度平均密度6.2km/km^2，总体平均值增长约1.6%。其中，深圳、厦门和成都3座城市道路网密度达到8km/km^2以上，达到“8km/km^2”的国家目标要求。另外，共有10座城市达到7km/km^2以上，较上年度增加1座城市，占比达28%。城市总体路网密度7.5~8.0km/km^2、6.0~6.5km/km^2、5.0~5.5km/km^2三个区间比例较上一年度显著上升。

二、道路运输的特点

1. 机动灵活，适应性强

由于道路运输网一般比铁路、水路网的密度要大十几倍，分布面也广，因此道路运输车辆可以“无处不到、无时不有”。道路运输在时间方面的机动性也比较大，车辆可随时调度、装运，各环节之间的衔接时间较短。尤其是道路运输对客、货运量的多少具有很强的适应性，汽车的载重吨位有小(0.25~1t)有大(200~300t)，既可以单个车辆独立运输，也可以由若干车辆组成车队同时运输，这一点对抢险、救灾工作和军事运输具有特别重要的意义。

2. 可实现“门到门”直达运输

由于汽车体积较小，中途一般也不需要换装，除了可沿分布较广的路网运行外，还可离开路网深入到工厂企业、农村田间、城市居民住宅等地，即可以把旅客和货物从始发地门口直接运送到目的地门口，实现“门到门”直达运输。这是其他运输方式无法与道路运输比拟的特点之一。

3. 在中、短途运输中，运送速度较快

在中、短途运输中，由于道路运输可以实现“门到门”直达运输，中途不需要倒运、转乘就可以直接将客货运达目的地，因此，与其他运输方式相比，其客、货在途时间较短，运送速度较快。

4. 原始投资少，资金周转快

道路运输与铁、水、航运输方式相比，所需固定设施简单，车辆购置费用一般也比较低，因此，投资兴办容易，投资回收期短。据有关资料表明，在正常经营情况下，道路运输的投资每年可周转 1~3 次，而铁路运输则需要 3~4 年才能周转一次。

5. 掌握车辆驾驶技术较易

与火车司机或飞机驾驶员的培训要求对比，汽车驾驶技术比较容易掌握，对驾驶员的各方面素质要求相对也比较低。

6. 运量较少，运输成本较高

目前，世界上最大的汽车是美国通用汽车公司生产的矿用自卸卡车，长度超 20m，自重 610t，载重 350t 左右，但其运量仍比火车、轮船少得多；由于汽车载重量小，行驶阻力比铁路大 9~14 倍，所消耗的燃料又是价格较高的液体汽油或柴油，因此，除了航空运输，就属汽车运输成本最高了。

7. 运行持续性较差，运行速度相对较慢

据有关统计资料表明，在各种现代运输方式中，道路的平均运距是最短的，运行持续性较差。各种运输方式的速度范围：道路为 50~100km/h；铁路为 100~300km/h；航空为 500~1000km/h。

8. 安全性较低，污染环境较大

道路运输的事故发生率较高。据统计，道路交通事故每年造成全球将近 130 万人死亡、大约 5000 万人受伤，是全球范围内导致儿童和年轻人死亡的主要原因。此外，汽车所排出的尾气和引起的噪声也严重地威胁着人类的健康，是城市环境的最大污染源之一。

第二节　道路的分类、分级及技术标准

一、道路的分类

道路按其使用特点，分为公路、城市道路、专用道路等。

1. 公路(Highway)

公路是指连接城市、乡村，主要供汽车行驶的具备一定技术条件和设施的道路。公路按其行政等级分为国道、省道、县道、乡道、村道和专用公路六个等级。其中，国道包括国家高速公路和普通国道，省道包括省级高速公路和普通省道。

2. 城市道路(Urban Road)

城市道路是指在城市范围内，供车辆及行人通行的具备一定技术条件和设施的道路。城市道路按其地位、功能，可划分为快速路、主干路、次干路和支路。城市道路是城市组织生产、安排生活、发展经济、物资流通所必需的交通设施。

3. 专用道路(Accomodation Road)

由工矿、农林等部门投资修建，主要供该部门使用的道路。

1）厂矿道路(Factories and Mines Road)

厂矿道路指主要为工厂、矿山运输车辆通行的道路，通常分为厂内道路和厂外道路及露天矿山道路。厂外道路为厂矿企业与国家公路、城市道路、车站、港口相衔接的道路或厂矿企业分散的车间、居住区之间连接的道路。

2）林区道路(Forest Road)

林区道路是指修建在林区，主要供各种林业运输工具通行的道路。由于林区地形及运输木材的特征，其技术要求应按专门制定的林区道路工程技术标准执行。

各类道路由于其位置、交通性质及功能均不相同，在设计时其依据、标准及具体要求也不相同。因此，必须按其相应的技术规范(标准)进行设计与施工。

二、道路等级及技术标准

1. 公路(技术)等级划分

1）高级公路

高速公路为专供汽车分向、分车道行驶并应全部控制出入的多车道公路。

四车道高速公路应能适应将各种汽车折合成小客车的年平均日交通量25000~55000辆。

六车道高速公路应能适应将各种汽车折合成小客车的年平均日交通量45000~80000辆。

八车道高速公路应能适应将各种汽车折合成小客车的年平均日交通量60000~100000辆。

2）一级公路

一级公路为供汽车分向、分车道行驶并可根据需要控制出入的多车道公路。

四车道一级公路应能适应将各种汽车折合成小客车的年平均日交通量15000~30000辆。

六车道一级公路应能适应将各种汽车折合成小客车的年平均日交通量25000~55000辆。

3）二级公路

二级公路为供汽车行驶的双车道公路。

一般能适应每昼夜5000~15000辆中型载重汽车交通量。

4）三级公路

三级公路为主要供汽车行驶的双车道公路。

一般能适应每昼夜2000~6000辆中型载重汽车交通量。

5）四级公路

四级公路为主要供汽车行驶的双车道或单车道公路。

双车道四级公路能适应每昼夜中型载重汽车交通量 2000 辆以下。

单车道四级公路能适应每昼夜中型载重汽车交通量 400 辆以下。

2. 公路工程技术标准

1）技术标准的内容

公路的技术标准是指对公路路线和构造物的设计及施工在技术性能、几何形状和尺寸、结构组成上的具体要求，把这些要求用指标和条文的形式确定下来即形成公路工程的技术标准。技术标准是根据汽车的行驶性能、数量、荷载等方面的要求，在总结公路设计、施工、养护和汽车运输经验的基础上，经过调查研究、理论分析制定出来的。它反映了我国公路建设的技术政策和技术要求，是公路设计和施工的基本依据及必须遵守的准则。各级公路主要技术指标汇总和各级公路路基宽度见表 1-1 和表 1-2。

表 1-1　各级公路主要技术指标汇总

公路等级		高速公路			一级公路			二级公路		三级公路		四级公路
设计车速/(km/h)		120	100	80	100	80	60	80	60	40	30	20
行车道宽度/m		3.75	3.75	3.75	3.75	3.75	3.5	3.75	3.5	3.5	3.25	3.0（单车道时为 3.5）
中间带宽度/m	一般值	4.5	3.5	3.0	3.5	3.5	3.0	3.8	3.0	—	—	—
	最小值	3.5	3.0	2.0	3.0	2.0	2.0	2.0	2.0	—	—	—
右侧硬路启宽度/m	一般值	3.0 或 3.5	3.0	2.5	3.0	2.5	2.5	1.5	0.75	—	—	—
	最小值	3.0	2.5	1.5	2.5	1.5	1.5	0.75	0.25	—	—	—
土路肩宽度/m	一般值	0.75	0.75	0.75	0.75	0.75	0.5	0.75	0.75	0.75	0.5	0.25(双车道)
	最小值	0.75	0.75	0.75	0.75	0.75	0.5	0.5	0.5			0.5(单车道)
不设超高最小半径/m	$i_{路供}\leq 2.0\%$	5500	4000	2500	4000	2500	1500	2500	1500	600	350	150
	$i_{路供}>2.0\%$	7500	5250	3350	5250	3350	1900	3350	1900	800	450	200
一般最小半径/m		1000	700	400	700	400	200	400	200	100	65	30
极限最小半径/m		650	400	250	400	250	125	250	125	69	30	15
停车视距/m		210	160	110	160	110	75	110	75	43	30	20
最小坡长/m		300	250	200	250	200	150	200	150	120	100	60
最大纵坡/%		3	4	5	4	5	6	5	6	7	8	9
桥涵设计荷载		公路-Ⅰ级						公路-Ⅱ级				

表 1-2　各级公路路基宽度

公路等级		高速公路、一级公路								
设计速度/(km/h)		120			100			80		60
车道数		8	6	4	8	6	4	6	4	4
路基宽度/m	一般值	45.0	34.5	28.0	44.0	33.5	26.0	32.0	24.5	23.0
	最小值	42.0	—	26.0	41.0	—	24.5		21.5	20.0

续表

公路等级		二级公路、三级公路、四级公路					
设计速度/(km/h)		80	60	40	30	20	
车道数		2	2	2	2	2 或 1	
路基宽度/m	一般值	12.0	10.0	8.5	7.5	6.5（双车道）	4.5（单车道）
	最小值	10.0	8.5	—	—	—	

我国《公路工程技术标准》分总则、控制要素、路线、路基路面、桥涵、汽车及人群荷载、隧道、路线交叉、交通工程及沿线设施 9 章，共 81 条。

2）技术标准的应用

在公路设计中，掌握和应用技术标准要注意以下几点：

（1）《公路工程技术标准》指标选取要合理。采用《公路工程技术标准》要避免走极端，既不要轻易采用极限指标，影响公路的服务性能，也不应不顾工程数量，片面追求高指标，使投资过大、占地增加。

（2）确定指标要慎重。在确定指标时，要深入实际进行踏勘调查，征询各方面意见，掌握第一手资料，然后根据任务书的要求，结合目前和远景的使用要求，通过比较，慎重确定。指标定得不当，就会直接影响公路的使用效果、工程造价及工期。

（3）在不过分增加工程量的条件下尽量采用较高的指标，从而创造较好的营运条件，缩短里程，减少运输成本。

3. 城市道路的分类与分级

《城市道路工程设计规范》(CJJ 37—2012)(2016 年版)按城市道路在道路网中的地位、交通功能和对沿线建筑物的服务功能分为 4 级。

1）快速路

快速路主要为城市中的大量、长距离快速交通服务，其技术要求为：

（1）至少要有 4 条车道，中间设中央分车带，有自行车通过时应在两侧加设自行车道。

（2）进出口采用全控制或部分控制。

（3）大部分交叉口采用立体交叉，与次干道可采用平面交叉，与支路不能直接相交。过路行人集中点要设置过街人行天桥或地道。

2）主干路

主干路是城市道路网的骨架，它联系城市各主要分区、港口与车站等。自行车多时可采用机动车和非机动车分流的断面形式，如三幅路或四幅路，如图 1-1 所示。

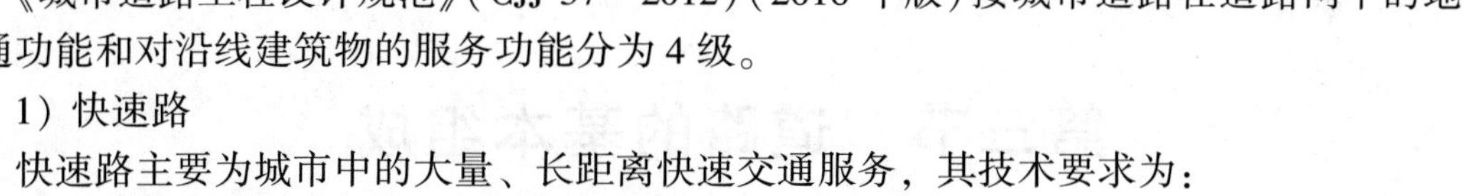

图 1-1　城市道路横断面布置形式

3）次干路

次干路配合主干路组成城市道路网，连接城市各部分和集散交通。它是城市交通干路，兼有服务功能，可设置停车场。

4）支路

支路是一个地区内(如居住区)的道路，也是与干路的联系道路，它解决局部地区交通，以服务功能为主。部分支路可用以补充干道网的不足。

城市道路的分类和分级及主要技术指标可参考表 1-3。

表 1-3　各级城市道路主要技术指标汇总

等级	项　目				
	设计速度/(km/h)	双向机动车车道数/条	机动车道宽度/m	分隔带设置	横断面采用形式
快速路	60、80	≥4	3.75	必须设	双、四幅路
主干路	50、60	≥4	3.75	应设	单、双、三、四幅路
	40、50	≥4	3.75	应设	单、双、三幅路
	30、40	2~4	3.5~3.75	可设	单、双、三幅路
次干路	40、50	2~4	3.75	可设	单、双、三幅路
	30、40	2~4	3.5~3.75	不设	单幅路
	20、30	2	3.5	不设	单幅路
支路	30、40	2	3.5~3.75	不设	单幅路
	20、30	2	3.5	不设	单幅路
	20	2	3.5	不设	单幅路

注：设计速度在条件许可时，宜采用大值；改建道路根据地形、地物限制、拆迁占地等具体困难，可选用表中适当等级；城市文化街、商业街可参照表中次干路及支路的技术指标。

第三节　道路的基本组成

一、公路的线形组成与工程结构组成

1. 线形组成

路线是指道路的中线，线形是指道路中线在空间的几何形状和尺寸。在道路线形设计中，是从平面线形、纵断面线形和空间线形(又称平纵组合线形)3 个方面来研究的。一般先做平面线形设计。因为平面线形是公路的骨架，有了平面线形才能进行纵断面线形设计，之后研究平面线形和纵断面线形两者之间的相互组合问题。

1）平面线形

平面线形即公路中线在平面上的水平投影，反映了公路的走向。公路的平面线形设计是根据汽车行驶的力学特性和行驶轨迹要求，合理地确定平面线形三要素即直线、圆曲线和缓和曲线的几何参数，保持线形的均衡性和连续性，并注意使线形与地形、地物、环境和景观等协调。平面线形的三要素如图 1-2 所示。

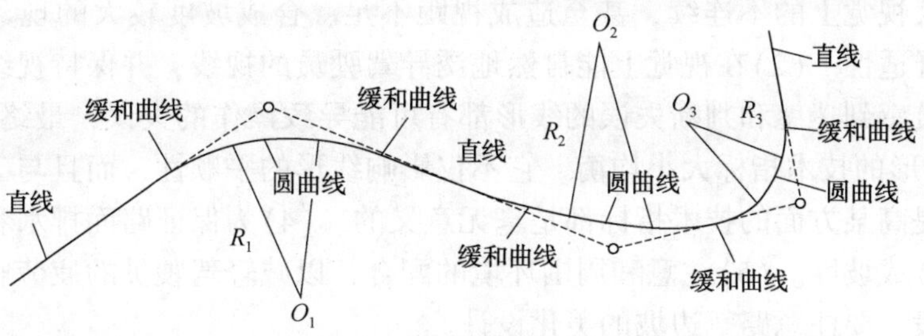

图 1-2　道路中线平面示意图

2）纵断面线形

路线的纵断面是一条有明显起伏的空间线。路线的纵断面图上一般存在着两条主要线：一条是根据中线上各桩点的高程而点绘的不规矩折线，反映的是路线确定前地面的起伏变化状况；另一条是设计者在考虑技术、经济以及视觉美学等各方面因素的影响下确定的一条有规矩形状的几何线，也称为设计线，它反映路面线形的起伏状况。设计线由直坡线和竖曲线组成，因此公路的纵断面设计主要是对纵坡和竖曲线的设计。

纵坡的坡度和坡长的设计是纵断面设计的主要对象，而汽车作为公路的直接服务对象，是纵坡设计时的考虑主体，汽车的动力、汽车的行驶阻力、汽车的行驶条件等也成为设计时考虑的主要因素。首先根据汽车的行驶特性，要求路面平整而坚实以减少行驶阻力，同时要求路面粗糙不滑以增大附着力。其次在动视觉的角度上，纵坡的大小和长度不仅会影响视觉上的美感，而且会影响行车的安全及舒适性，因此应控制纵坡的坡度和坡长。

竖曲线是指在公路纵坡的变坡处设置的竖向曲线。竖曲线从动视觉的角度来说，可以满足行车平顺、舒适和视距上的要求，使公路看上去丰满、曲直有序。通常的竖曲线采用圆曲线或者抛物线。竖曲线的半径是竖曲线设计的主要对象，合理地选取半径不仅可以使汽车行驶方便快捷，而且能使公路产生良好的视觉效果。汽车行驶至竖曲线处时，旅客会由于离心加速度而产生增重或减轻的感觉，产生不适；当竖曲线的长度太小时，汽车疾驰而过，驾驶者会产生变坡很急的错觉，旅客也会产生不适；凸形竖曲线若半径太小，会影响驾驶者的视距；若凹形竖曲线起伏太大，对夜间行车不利。因此，应综合以上各不利因素考虑并合理选取竖曲线的半径。

3）平纵面线形的组合

平面线形与纵断面线形的组合设计是线形设计的最后阶段。在公路进行线形组合设计时，突出的问题是要满足驾驶人员的视觉与心理方面的要求，这是因为驾驶人员以高速行车时，是通过视觉、运动感觉和时间变化的感觉来判断线形的。视觉是连接公路与汽车的媒介，公路线形、周围景观、标志的表示以及其他有关公路的情报，差不多都是通过驾驶人员的眼睛为媒介从视觉感受到的。总的要求是：线形组合设计在满足汽车运动学和力学要求的前提下，研究如何满足视觉和心理方面的连续、舒适、与周围环境的协调以及满足良好的排水条件。

为此，平纵面线形组合的基本原则是：(1)竖曲线应包含在同一段平面曲线内，即竖曲线不能同时跨越平面直线和平面曲线，简称“平包纵”；若竖曲线同时跨越平面直线和曲线，则会造成驾驶人视觉上的不连续，甚至造成视距不足、合成坡度较大的现象，严重影响行车的安全性和舒适性。(2)在视觉上能自然地诱导驾驶员的视线，并保持视线的连续性，因为任何使驾驶员感到迷惑和判断失误的线形都有可能导致操作的失误，最终导致交通事故。(3)保持平纵线形的技术指标大小均衡。它不仅影响线形的平顺性，而且与工程费用密切相关，任何单一提高某方面的技术指标都是毫无意义的。(4)为保证路面排水和行车安全，必须选择适合的合成坡度。(5)注意和周围环境的配合，以减轻驾驶员的疲劳和紧张程度，特别是在路堑地段，要注意路堑边坡的美化设计。

2. 公路工程结构组成

1）路基

路基是按照路线位置和一定技术要求修筑的作为路面基础的带状构造物，一般由土、石按照一定结构尺寸要求所构成，承受由路面传递下来的行车荷载。路基使道路连续，构成车辆及行人的通行部分。路基是路面的基础，它支撑着路面，它与线形、路面共同构成道路的使用品质，它决定着路面的使用期限及其厚薄。用一法向切面通过道路中线各点沿法线方向剖切路基得到的图形称为路基横断面。路基横断面形式通常有路堤、路堑、半填半挖路基3种基本形式。

2）路面

路面是在路基表面用各种材料分层铺筑的结构物，以供车辆在其上以一定速度安全、舒适地行驶。其主要作用是加固行车部分，使之有一定的强度、平整度和粗糙度，避免了直接经受车辆荷载和大气的破坏作用，从而长期处于稳定状态。按其力学性能可分为柔性路面(沥青路面)和刚性路面(水泥混凝土路面)两大类。常用的路面材料有沥青、水泥、碎(砾)石、砂、黏土等。道路常用层位及厚度如图1-3所示。

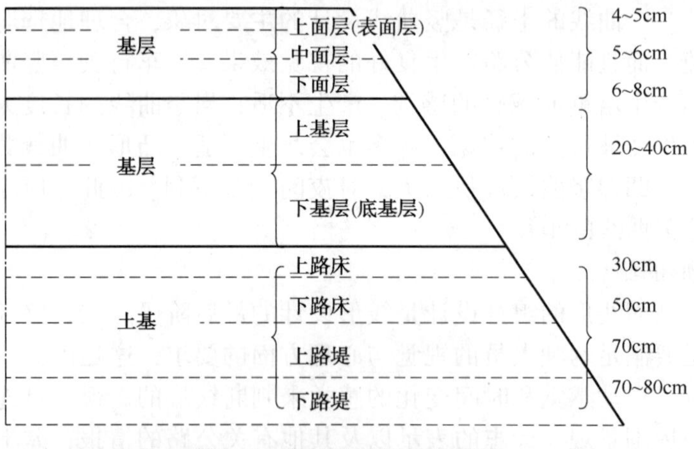

图1-3　道路常用层位及厚度

3）桥涵

道路在跨越河流、沟谷和其他障碍物时所使用的构筑物称为桥涵。当桥涵的单孔跨径不小于5m时称为桥梁，桥梁一般指架设在江河湖海上，可使车辆行人等能顺利通行；反之则称为涵洞，通过涵洞可以让水从公路的下面流过。

4）隧道

公路穿过山岭、置于地层内的结构物称为隧道。隧道在公路上能缩短里程，避免翻越山岭，保障行车的快速直捷，是山区公路中采用的特殊构造物之一。隧道的结构包括主体建筑物和附属设备两部分。主体建筑物由洞身和洞门组成，附属设备包括避车洞、消防设施、应急通信和防排水设施，长的隧道还有专门的通风和照明设备。

5）交通工程及沿线设施

（1）交通工程。

① 交通安全设施：是为保证行车与行人安全和充分发挥公路的作用而设置的设施，包括人行地下通道、人行天桥、轮廓标、线形诱导标、突起路标、交通信号灯、护栏、隔离栅、防护网、反光标志、防噪设施、照明设施、避险车道等。

② 交通管理设施：是为保障良好的交通秩序，防止事故发生而设置的各种设施，包括公路标志(又可分为指示标志、警告标志、禁令标志、指路标志等)、路面标线、路面标志、紧急电话、公路监控设施、交通控制设施等。

（2）沿线设施。

① 防护设施：是为防治公路上的塌方、泥石流、坠石、滑坡、积雪、雪崩、积砂、水毁等病害而设置的各种设施和构造物，如抗滑坡构造物、防雪走廊、防沙棚、挑坝等。

② 服务设施：是为了方便旅客和保证行车安全，并为行车及旅客服务的设施，主要包括服务区、停车区、停车场、公共汽车停靠站、回车道、收费站、管理所、养护工区等。

③ 渡口码头：三、四级公路跨越较大河流、湖泊、水库时，当交通量不大而暂时不能建桥所设置的船渡设施。渡口通常包括引道、码头、渡船及附属设施等部分。

④ 路用房屋及其他沿线设施：包括养护房屋、营运房屋、收费站、加油站等设施。

⑤ 绿化：是公路不可缺少的部分，有稳定路基、荫蔽路面、美化路容、改善环境、增加行车安全和发展用材林木的功能。在一些地区还能减轻积砂、积雪、洪水等对公路的危害。

二、城市道路的组成

城市道路将城市的主要组成部分如居民区、市中心、工业区、车站、码头及其他部分之间联系起来，形成完整的道路系统，通常其组成如下：

（1）机动车道和非机动车道。

（2）人行道、人行横道。

（3）交叉口、立体交叉、步行广场、停车场、公共汽车站。

（4）交通安全设施、人行地道、人行天桥、照明设备、护栏、标志、标线、信号灯等。

（5）排水系统、街沟、雨水口、窨井及雨水管等。

（6）沿街设施、照明灯柱、电杆、邮筒及给水栓等。

（7）地下各种管线。

（8）绿化带、中间绿带、侧分绿带、基础绿带、行道树等。

（9）大城市还有地下铁路、高架桥等。

第四节　道路建设的基本程序及主要环节

一、道路建设的基本程序

根据我国《公路工程基本建设管理办法》，公路基本建设程序如下：(1)编制规划及公路网建设规划；(2)根据长远规划编制项目建议书；(3)根据批准的项目建议书编制工程可行性研究报告；(4)根据批准的可行性研究报告编制初步设计文件和概算；(5)根据批准的初步设计文件和工程概算编制施工图设计文件和工程预算；(6)根据批准的施工图设计文件编制项目招标文件，进行招投标准备，资格预审；(7)根据批准的招标文件、预审结果组织项目招标投标；(8)根据国家有关规定，进行征地拆迁，资金调入等施工前准备工作，编制项目施工许可申请；(9)编制实施性施工组织设计及开工报告，报上级主管部门审批；(10)严格执行有关施工的规程和规定，坚持正常施工秩序，做好施工记录，建立技术档案；(11)项目完工后，编制竣工图表和工程决算，办理项目交工验收，试运营；(12)试运营及缺陷责任期满后进行竣工验收，经验收合格后，组织项目后评价。

二、道路建设的主要环节

1. 道路规划

道路规划是指在一个地区范围内(如全国、省、市、地、县等)，根据该地区的政治、国防、经济、文化、交通现状和发展要求，综合当地自然条件及其他因素，对道路进行的全面布局和规划的工作。

1）道路规划的意义

道路网规划是道路建设科学管理大系统中决策系统的重要环节，是国土规划、综合运输网规划的重要组成部分。道路网规划属于长远发展布局规划，是制订道路建设中长期规划、编制五年建设计划、选择建设项目的主要依据，是确保道路建设合理布局，有秩序地协调发展，防止建设决策、建设布局随意性、盲目性的重要手段。

2）道路规划的任务

道路规划的任务有以下方面：(1)通过调查、勘测和分析，在评价现有道路状况，揭示其内在矛盾的基础上，根据客货流分布特点、发展趋势及交通量、运输量的生成变化特征，提出规划期道路发展的总目标和大布局；(2)划分不同路线的性质、功能及技术等级，拟定主要路线的走向和主要控制点，列出分期实施的建设序列，提出确保实现规划目标的政策与措施，科学预测发展需求，细致研究合理布局。

3）道路规划的主要内容

道路规划的主要内容有以下方面：(1)道路网的现状及其综合评价，全面分析道路发展与社会经济发展的关系，并通过多种方法科学预测客货运输量、交通量的发展水平，分析发展特点，提出发展目标；(2)论证道路网发展的总体布局方案，研究不同路线、路段的技术等级、性质与功能、干线的覆盖程度、吸引范围及其相应配套设施，优选出建设重点，推荐最佳建设序列；(3)针对道路网规划总目标，提出实施规划存在的问题和需要采取的对策及措施。

2. 道路可行性研究

道路可行性研究是指一种对投资项目在投资决策前进行技术、经济论证的科学方法，是一种在投资前通过调查、分析、研究、推算和比较，选择最小的耗费，取得最佳经济效果的手段。国家发展和改革委员会规定，要以可行性研究为基础来确定基本建设的基本轮廓。这个轮廓概括为工程建设的可否、时期、规模3个基本问题。

1）任务和分类

(1) 任务。在对地区社会、经济发展及路网状况进行充分调查研究、评价预测和必要的勘察工作的基础上，对项目建设的必要性、经济合理性、技术可行性、实施可能性提出综合的研究论证报告。

(2) 分类。可行性研究按其工作深度可分为两大类，即工程预可行性研究和工程可行性研究。

2）主要内容

道路建设项目可行性研究报告的主要内容包括：建设项目的依据、背景，在交通运输网中的地位，原路的状况，预测交通量及发展水平；论述建设项目地理位置和自然特征，筑路材料来源及运输条件；论证不同方案的特点，提出推荐意见；测算主要工程量和估算投资，进行经济评价；对推荐方案进行评价，提出存在的问题和有关建议。

3. 道路勘测设计

道路勘测设计根据批准的计划任务书进行。计划任务书主要包括：建设的依据和意义；路线的建设规模和修建性质；路线的基本走向和主要控制点；路线技术等级和主要技术标准；勘测设计的阶段划分及各阶段完成的时间；建设期限，投资估算，需要材料的数量；施工力量的原则安排。

计划任务书经上级批准后，如对建设规模、期限、技术等级标准及路线走向等重大问题有变更时，应报原批准机关审批同意。

道路设计是根据道路规划的要求，按国家规定的标准和计划任务书的指示，对一条道路的路线方案、形状、位置及各组成部分的详细结构尺寸、工程数量、费用等进行的设计计算工作。

道路设计必须对道路沿线的条件(自然条件、社会条件等)进行勘测、调查，收集资料，再通过内业设计，完成修建道路所必需的全部图、表、工程数量、费用等文件。

道路设计根据任务、审核和完成资料的不同可分为初步设计、技术设计和施工图设计。

4. 道路施工

1）道路施工招投标

(1) 招标。道路工程招标，是指道路工程建设单位就拟建道路的规模、道路等级、设计图纸、质量标准等有关条件，公开或非公开地邀请投标人报出工程价格，在规定的日期开标，从而择优选定工程承包者的过程。

(2) 投标。道路工程投标，是承包单位在同意建设单位按拟定的招标文件所提出的各项条件的前提下，对招标项目进行报价。投标单位获得投标资料以后，在认真研究招标文件的基础上，掌握好价格、工期、质量、物资等几个关键因素，根据建设单位的要求和条件，在符合招标项目质量要求的前提下，对招标项目估算价格，并在规定的期限内向招标单位递交投标资料，争取中标，这个过程就是投标。

道路工程建设实行招标投标承包制，是我国道路建设事业改革的需要。招标投标承包制，不仅在理论上符合商品经济和价值规律的基本原理，且在实践上也证明了可以确保工程质量、缩短建设工期、降低工程造价、提高投资效益、保护公平竞争。

道路工程招标、投标工作，一般可分3个阶段，即准备阶段、招投标阶段、评标及签订合同阶段。

2）道路施工监理

（1）监理的概念。施工监理是指独立的监理单位受建设单位的委托或派遣，依照国家现行法律、法令、法规以及有关的技术规范、标准和依法成立的施工合同文件，对工程建设的质量、投资、工期等进行全面监督与管理的行为。道路工程监理制度，是道路建设管理体制改革的重要内容，是强化质量管理、控制工期和造价、提高投资效益和施工管理水平的有效措施。

（2）监理工程师的职责。监理工程师的职责主要是计划管理、质量控制、计量与支付、合同管理等。

3）道路施工实施

道路施工是将设计的道路在实地具体实施的过程。由于道路是线性工程，工地布设沿线分布，施工的点多、线长，并且施工现场大多数是露天作业，因而受自然条件的影响较大。道路施工与其他土木工程施工相比较，具有更大的复杂性、艰苦性和困难性。

道路施工的主要内容有以下几点：

（1）施工前的准备，包括征地、场地准备以及拆迁、施工测量、材料准备、施工方案和施工组织计划的编制等。

（2）路基施工，包括路基整修、路基排水及防护施工等。

（3）路面施工，包括备料、路槽施工、路面基层施工、路面面层施工、路容整修等。

（4）桥涵施工，包括备料、基坑开挖、基础施工、下部构造施工、上部构造安装、桥面系施工、桥头引道施工等。

（5）隧道及特殊构造物施工。

（6）沿线设施施工。

（7）工程竣工及验收。

道路施工由各地区的公路局、处、队（或道路工程公司）等施工机构来完成。对于一些大型工程，如特大桥、长大隧道工程，则由专门的专业施工队伍承担。

4）道路管理

（1）道路管理的含义。道路管理是一种国家行政行为，它指根据法律、法规或公路主管部门的授权，由公路管理机构及其工作人员，依照有关法规和规章制度，对公路的修建、养护、使用等工作的行为，履行组织、领导、决策、调整、监督、检查、处置等行政职责的活动。其实施手段包括法律的、经济的、行政的、技术的、思想政治的以及政府各部门、社会各方面通力合作进行综合治理等手段。

(2) 道路管理的内容。道路管理的内容，广义地讲，包括道路立法、道路建设(包括规划、计划、勘测、施工)管理、道路养护管理、道路路政管理、道路交通管理、道路规费征收与使用管理，还有道路人事行政、教育、科研、材料和装备管理等。狭义地讲，道路管理则指道路建成投入使用后的管理，即特指现有道路的使用管理，包括道路养护管理、路政管理、交通管理和规费管理等。

(3) 道路使用管理的基本任务。从微观上讲，道路使用管理的任务是相当庞杂的，而每一方面的工作又都存在着组织管理、计划管理、技术管理、装备管理、材料管理、财务管理、劳动工资管理以及教育、科研、党团工青妇幼等工作方面的管理。

5) 道路建设后评价

(1) 后评价的意义。后评价是指对已经完成的建设项目进行分析评价，对项目的实施、执行和营运等全过程进行系统、客观的综合分析，并基于实际情况，对项目的执行、效益、作用、影响进行分析和评价，总结经验教训，为未来决策与管理提供依据。交通部正式颁发了《公路建设项目后评价工作管理办法》和《公路建设后评价报告编制办法》，这是进行道路后评价的主要依据。

(2) 项目后评价报告。根据《公路建设项目后评价工作管理办法》，编制后评价报告以项目法人为主，组织承担本项目可行性研究、设计、施工、监理、审计等有关部门参加，共同开展工作。后评价的方法采用综合比较法，前期工作的评价技术原则上可用于项目的后评价。公路建设项目后评价报告的主要内容包括：建设项目的过程评价；建设项目的效益评价；建设项目的影响评价，包括社会经济和环境影响；建设项目目标持续性评价，评价项目目标(服务交通量、社会经济效益、财务效益、环境保护等)的持续性，并提出相应的解决措施。

第五节　桥梁在交通事业中的地位和我国桥梁发展概况

一、桥梁在交通事业中的地位

桥梁不仅是一个国家文化的象征，更是生产发展和科学进步的写照。四通八达的现代化交通，对于加强全国各族人民的团结、发展国民经济、促进文化交流和巩固国防等方面，都具有非常重要的作用。在公路、铁路、城市和农村道路交通及水利等建设中，为了跨越各种障碍(如河流、沟谷或其他线路时)必须修建各种类型的桥梁与涵洞，因此桥涵又成了陆路交通中的重要组成部分。在数量上，即使地形不复杂的地段，路线上一般也有2~3座/km桥涵。在经济上，桥涵的造价一般占到公路总造价的10%~20%。在国防上，桥梁是交通运输的咽喉，在需要高度快速、机动的现代战争中具有非常重要的地位。另外，桥涵施工也比较复杂，特别是在现代高等级公路以及城市高架道路的修建中，桥梁不仅在工程规模上十分巨大，而且往往也是保证全线早日通车的关键。因此，正确合理地进行桥涵设计与施工，对于加快施工进度、节约材料、降低工程费用、保证施工质量和公路的正常营运，都有着极其重要的意义。

二、我国桥梁建设的发展概况

我国历史悠久，是世界文明古国之一，我国的桥梁建筑在历史上取得了辉煌的成就。古代的桥梁不仅数量惊人，而且类型也丰富多彩，几乎包括了所有近代桥梁中的最主要形式。建桥所用的材料大都是木、石、藤、竹之类的天然材料。

根据史料记载，在距今约3000年的周文王时期，我国就已在宽阔的渭河上架过大型浮桥。汉唐以后，浮桥的运用日趋普遍。公元35年东汉光武帝时，在今宜昌和宜都之间，出现了长江上第一座浮桥。以后，因战时需要，在黄河、长江上曾架设过浮桥不下数十次。在春秋战国时期，以木桩为墩柱，上置木梁、石梁的多孔桩柱式桥梁已遍布黄河流域等地区。

近代的大跨径吊桥和斜拉桥也是由古代的藤、竹吊桥发展而来的。在唐朝中期，我国已发展到用铁链建造吊桥，而西方在16世纪才开始建造铁链吊桥，比我国晚了近千年。我国保留至今的尚有跨长约100m的四川泸定县大渡河铁索桥(1706年)和跨径61m、全长340m之余的举世闻名的安澜竹索桥(1803年)。

几千年来，修建较多的古代桥梁要推石桥为首。在秦汉时期，我国已广泛修建石梁桥。世界上现在保存着的最长、工程最艰巨的石梁桥，就是我国于1053~1059年在福建泉州建造的万安桥，也称洛阳桥。此桥长达800m之余，共47孔。1240年建造并保存至今的福建漳州虎渡桥总长约335m，某些石梁长达23.7m，沿宽度方向用3根石梁组成，每根宽1.7m，高1.9m，自重达200t。据历史记载，这些巨大石梁是利用潮水涨落浮运架设的，足见我国古代建造桥梁的技术何等高超。

富有民族风格的古代石拱桥技术，以其精巧的结构和丰富多姿的造型驰名中外，河北省赵县的赵州桥(又称安济桥，建于605年)就是我国古代石拱桥的杰出代表。该桥在隋大业初年由李春创建，是一座空腹式的圆弧形石拱桥，全桥长50.82m，净跨37.02m，宽9m，拱矢高度7.23m。在拱圈两端各设两个跨度不等的腹拱，这样既能减轻桥身的自重、节省材料，又便于排洪、增加美观。赵州桥采用纵向并列砌筑，将主拱圈分为28圈，每圈由43块拱石组成，每块拱石重1t左右，用石灰浆砌筑。其设计构思和工艺的精巧，在我国古代桥梁中首屈一指。据对世界桥梁的考证，像这样的敞肩拱桥，欧洲到19世纪中叶才出现，比我国晚了1200年。赵州桥的雕塑艺术，包括栏板、望柱和锁口石等，其上狮像龙兽形态逼真，琢工精致秀丽，不愧为文物宝库中的艺术珍品。

除赵州桥外，我国著名的石拱桥还有很多，如北京永定河上的卢沟桥、颐和园内的玉带桥和十七孔桥、苏州的枫桥等。我国石拱桥的建造艺术在明朝时流传到日本等国，促进了与世界各国人民的文化交流，增进了友谊。

在我国古代桥梁建筑中，尚值得一提的是建于1169年的广东潮安县横跨韩江的湘子桥，又名广济桥。此桥全长517.95m，总共20个墩台19孔，上部结构有石拱、石梁、木梁等多种形式，还有用18条浮船组成的长达97.30m的开合式浮桥。设置浮桥的目的，一方面可适应大型商船和上游木排的通过，另一方面也避免了过多的桥墩阻塞河道，以致加剧桥基冲刷而造成水害。这座世界上最早的开合式桥，其结构类型之多，施工条件之困难，工程历时之久，都是古代建桥史上所罕见的。此桥自隋代修复后，历经天灾人祸，始终安如磐石，立于惊涛骇浪之中。新中国成立后又对其进行了改建和扩建，使这座古桥重新焕发了青春。

20世纪30年代，我国著名桥梁专家茅以升主持设计并组织修建了钱塘江公路铁路两用大桥，成为中国铁路桥梁史上的一个里程碑。桥长1453m，分引桥和正桥两个部分，正桥16孔，跨距65.84m，桥墩15座。下层为单线铁路，上层为双车道公路，宽6.1m，两侧人行道各1.52m。桥下距水面有10m空间，可以畅通轮船，在铁路和公路桥之间，有10.7m高的M形钢架，承托公路桥面，既分承了运载的重力，又凝聚了桥身的承应力，结构巧妙，雄伟壮观。建设中，茅以升采用“射水法”“沉箱法”“浮运法”等措施，解决了建桥中的一个个技术难题，保证了大桥工程的进展。大桥建成未及3个月，日军铁蹄踏上北岸桥头，国民党军队下令炸毁，直至抗战胜利后修复通车。钱塘江大桥是我国第一座现代化大桥，在我国桥梁工程史上树立了一座不朽的丰碑。

1949年新中国成立后，在建国初期修复并加固了大量旧桥，随后在第一个五年计划、二个五年计划期间，修建了不少重要桥梁，取得了迅速的发展。20世纪50~60年代新修订了桥梁设计规程，编制了桥梁标准设计图纸和设计计算手册，培养并形成了一支强大的桥梁工程设计与施工队伍。

1957年，第一座长江大桥——武汉长江大桥的胜利建成，既结束了我国万里长江无桥的历史状况，又标志着我国建造大跨度钢桥的现代化桥梁技术水平提高到新的起点。大桥正桥为三联（3×128m）的连续钢桁梁，下层双线铁路，上层公路桥面宽18m，两侧各设2.25m人行道，包括引桥全桥总长1670.4m。大型钢桥的架设和制造、深水管柱基础的施工等，对发展我国现代桥梁技术开创了新路。1969年又胜利建造了举世瞩目的南京长江大桥，这是我国自行设计、制造、施工，并使用国产高强钢材的现代化大型桥梁。上层为公路桥，下层为双线铁路，包括引桥在内，铁路桥梁全长6772m，公路桥全长4598m。桥址处水深流急，河床地质极为复杂，大桥桥墩基础的施工非常困难。南京长江大桥的建成，不仅显示出我国的钢桥建设已经接近世界先进水平，也代表着我国桥梁建设史上又一个重要的里程碑。

在20世纪50年代左右，我国拱桥的发展建设进入了全盛时期。1958~1960年期间，我国因地制宜，就地取材，修建了大量经济美观的石拱桥。目前，已经建成的世界跨度最大的石拱桥是于1999年底建成的主跨为146m的山西晋城丹河新桥。世界最大跨度的混凝土拱桥，当属1997年建成的重庆万县长江大桥，主跨为420m，其主拱圈是采用劲性骨架法进行施工的。上海的卢浦大桥主跨550m，为中承式钢箱拱桥，是世界第一钢拱桥。

钢筋混凝土与预应力混凝土的梁式桥，在我国也获得了很大的发展。对于中小跨径的梁桥（跨径在6~25m），已广泛采用配置低合金钢筋的装配式钢筋混凝土板式或T形梁式的定型设计，它不但经济适用，而且施工方便，能加快建桥速度。我国装配式预应力混凝土简支梁桥的标准设计，跨径达40m。1976年建成的河南洛阳黄河公路大桥，跨径为50m，全长达3.4km。1997年建成的主跨为270m的广东虎门大桥辅航道桥是中国跨度最大的预应力混凝土梁桥，跨度排名居世界第三位。

预应力混凝土的斜拉桥以其结构合理、跨越能力大、用材指标低和外形美观而获得迅速发展。目前我国的主跨超过600m的钢梁斜拉桥主要有：2000年建成的江苏南京长江二桥，主跨为628m；武汉白沙洲长江大桥，主跨为618m；福建青州闽江大桥，主跨为605m；1993年建成的上海杨浦大桥，主跨为602m。

悬索桥的跨越能力在各类桥型中是最大的。我国于1999年9月建成通车的江阴长江大桥，主跨为1385m，是中国第一座跨度超过千米的钢箱梁悬索桥，世界排名第四。该桥在沉井、地下连续墙、锚碇、拉索工程施工中创造的经验，推动了我国悬索桥施工技术的进一步发展。我国香港的青马大桥，全长2.16km，主跨为1377m，为公铁两用双层悬索桥，是香港21世纪标志性建筑。它把传统的造桥技术升华至极高的水平，宏伟的结构令人赞叹，在世界171项工程大赛中荣获“建筑业奥斯卡奖”。

2008年5月通车运营的杭州湾跨海大桥是一座横跨中国杭州湾海域的跨海大桥，北起嘉兴市海盐县郑家埭，跨越宽阔的杭州湾海域后止于宁波市慈溪水路湾，大桥全长36km，比连接巴林与沙特的法赫德国王大桥还长11km。杭州湾跨海大桥建设首次引入了景观设计概念，借助“长桥卧波”的美学理念，呈现S形曲线，具有较高的观赏性、游览性。大桥建成后缩短宁波至上海间的陆路距离120km有余，从而大大缓解已经拥挤不堪的沪杭甬高速公路的压力，形成以上海为中心的江浙沪两小时交通圈。

由此可见，我国在建筑材料、结构设计理论与软件工程(包括CAD技术)、研究分析与科学实验、预应力混凝土技术、钢桥制造拼装技术、深水基础工程、施工技术与方法、施工机具与管理等方面，基本上都已经接近或达到国际先进水平。

第六节　桥梁的组成、相关术语及分类

道路路线遇到江河湖泊、山谷深沟以及其他线路(铁路或公路)等障碍时，为了保持道路的连续性，就需要建造专门的人工构造物——桥梁来跨越障碍。要建设桥梁，首先要熟悉桥梁的基本组成部分以及桥梁的分类情况。

一、桥梁的组成

桥梁由5个“大部件”与5个“小部件”组成。

1. 5个“大部件”

5个“大部件”是指桥梁承受汽车或其他作用的桥跨上部结构与下部结构，它们是桥梁安全性的保证。

1）桥跨结构(或称桥孔结构、上部结构)

如图1-4所示，桥跨结构是路线遇到障碍(如江河、山谷或其他路线等)中断时，跨越这类障碍的结构物。它的作用是承受车辆荷载，并通过支座传递给桥梁墩台。

2）支座系统

支座系统的作用是支承上部结构并传递荷载给桥梁墩台。支座系统应保证上部结构在荷载、温度变化或其他因素作用下的位移功能。

3）桥墩

桥墩是在河中或岸上支承两侧桥跨上部结构的建筑物。

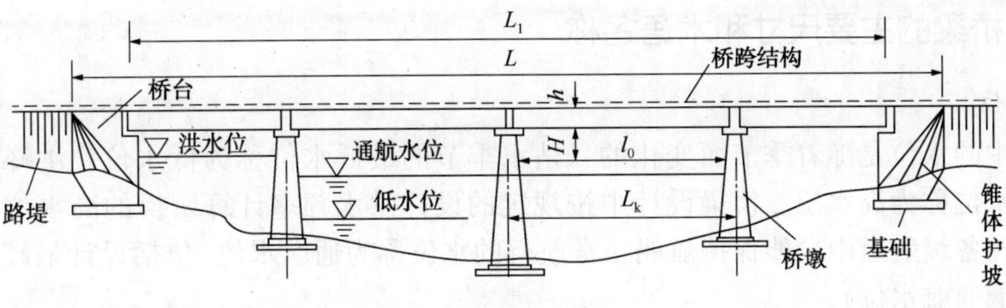

图 1-4　桥梁的基本组成

4）桥台

桥台设在桥的两端，一端与路堤相接，防止路堤滑塌；另一端则支承桥跨上部结构的端部。为保护桥台和路堤填土，桥台两侧常需做一些防护工程。

5）墩台基础

基础是保证桥梁墩台安全并将荷载传至地基的结构物。基础工程在整个桥梁工程施工中是比较困难的部分，而且常常需要在水中施工，因而遇到的问题也很复杂。

前两个部件是桥梁上部结构，后三个部件是桥梁下部结构。

2. 5 个“小部件”

5 个“小部件”是直接与桥梁服务功能有关的部件，过去总称为桥面构造。在桥梁设计中往往不够重视，因而使得桥梁服务质量低下、外观粗糙。在现代化工业发展水平的基础上，人类的文明水平也极大提高，人们对桥梁行车的舒适性和结构物的观赏水平要求越来越高。因而国际上在桥梁设计中很重视“五小部件”，这不仅是“外观包装”，而且是服务功能的大问题。目前，国内桥梁设计工程师也越来越感受到“五小部件”的重要性。

1）桥面铺装(或称行车道铺装)

桥面铺装的平整、耐磨、不翘曲、不渗水是保证行车舒适的关键，特别在钢箱梁上铺设沥青路面的技术要求甚严。

2）排水防水系统

排水防水系统应保证能迅速排除桥面积水，并使渗水的可能性降至最小限度。此外，城市桥梁排水系统应保证桥下无滴水和结构上无漏水现象。

3）栏杆(或防撞栏杆)

栏杆既是保证安全的构造措施，又是利于观赏的最佳装饰件。

4）伸缩缝

伸缩缝位于桥跨上部结构之间或桥跨上部结构与桥台端墙之间，以保证结构在各种因素作用下的变位。为使桥面上行车顺适、不颠簸，桥面上要设置伸缩缝构造。尤其是大桥或城市桥的伸缩缝，不仅要结构牢固，外观光洁，而且要经常扫除掉入伸缩缝中的垃圾泥土，以保证它的正常使用。

5）灯光照明

在现代城市中，大跨径桥梁通常是一个城市的标志性建筑，大都装置了灯光照明系统，是城市夜景的重要组成部分。

二、桥梁的主要尺寸和术语名称

1. 水位

河流中的水位是随着季节而变化的，枯水季节的最低水位称为低水位；洪峰季节河流中的最高水位称为高水位。桥梁设计中按规定的设计洪水频率计算所得的高水位称为设计洪水位；在各级航道中，能保持航船正常航行的水位称为通航水位(包括设计最高通航水位和设计最低通航水位)。

2. 净跨径

对于梁式桥是指设计洪水位线上相邻两个桥墩(或桥台)之间的净距，用 l_0 表示，如图1-5所示；对于拱式桥是指每孔拱跨两个拱脚截面最低点之间的水平距离。

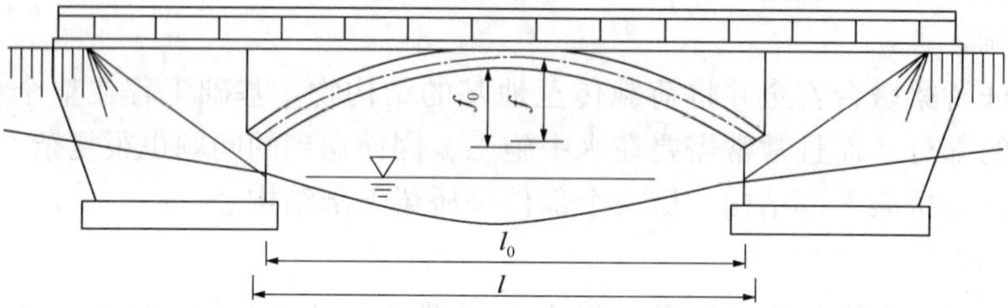

图 1-5　拱桥的跨径

3. 总跨径

总跨径是多孔桥梁中各孔净跨径的总和，也称桥梁孔径(Σl_0)，它反映了桥下宣泄洪水的能力。

4. 计算跨径

对于设有支座的桥梁是指桥跨结构相邻两个支座中线之间的距离，用 l 表示；对于拱式桥是指每孔拱跨两个拱脚截面形心点之间的水平距离。桥跨结构的力学计算是以 l 为基准的。

5. 标准跨径(L_k)

对于梁式桥是指相邻两桥墩中线之间的距离或桥墩中心至桥台台背前缘之间的距离；对于拱式桥就是指净跨径。

6. 桥梁全长

桥梁全长简称桥长，对于有桥台的桥梁，桥长为两岸桥台翼墙尾端之间的距离；对于无桥台的桥梁，桥长为桥面行车道长度，用 L 表示。

7. 桥梁高度

桥梁高度简称桥高，是指桥面与低水位之间的高差或为桥面与桥下线路路面之间的距离。桥高在某种程度上反映了桥梁施工的难易程度。

8. 桥下净空高度

桥下净空高度是指设计洪水位或计算通航水位至桥跨结构最下缘之间的距离，用 H 表示。它应保证能安全排洪，并不得小于对该河流通航所规定的净空高度。

9. 建筑高度

建筑高度是指桥上行车路面(或轨顶)标高至桥跨结构最下缘之间的距离，容许建筑高度是指公路(或铁路)定线中所确定的桥面(或轨顶)标高与通航净空顶部标高之差。

10. 净矢高

净矢高是指拱顶截面下缘至拱脚截面下缘最低点之连线的垂直距离，以f_0表示。

11. 计算矢高

计算矢高是指拱顶截面形心至拱脚截面形心之连线的垂直距离，以f表示。

12. 矢跨比

矢跨比是指拱桥中拱圈(拱肋)的计算矢高f与计算跨径l之比(f/l)，也称拱矢度。它是反映拱桥受力特性的一个重要指标。

13. 桥面净空

桥面净空是指桥梁行车道、人行道上方应保持的空间界限。公路、铁路和城市桥梁对桥面净空都有相应的规定。

三、桥梁的分类

1. 桥梁按受力体系分类

按受力体系可分为梁式桥、拱式桥和悬索桥三大基本体系。梁式桥以受弯为主；拱式桥以受压为主；悬索桥以受拉为主。由三大基本体系相互组合，派生出在受力上也具有组合特征的多种桥梁，如钢架桥和斜拉桥等。

1）梁式桥

梁式桥是一种在竖向荷载作用下无水平反力的结构。梁作为主要承重结构，是以它的抗弯能力来承受荷载的。梁可分为简支梁、悬臂梁、固端梁和连续梁等。

2）拱式桥

拱式桥的主要承重结构是拱肋(或拱圈)，在竖向荷载作用下，拱圈既要承受压力，也要承受弯矩，可采用抗压能力强的圬工材料来修建。拱式体系的墩、台除了承受竖向压力和弯矩以外，还承受水平推力作用。

3）刚架桥

刚架桥是介于梁桥与拱桥之间的一种结构体系，它是由受弯的上部梁(或板)结构与承压的下部桩柱(或墩)整体组合在一起的结构。由于梁与柱是刚性连接，梁因柱的抗弯刚度而得到卸载作用。整个体系是压弯结构，也是推力结构。刚架可分为直腿刚架和斜腿刚架。刚架的桥下净空比拱桥大，在同样净空下可修建较小的跨径。

4）悬索桥

传统的悬索桥均用悬挂在两边塔架上的强大缆索作为主要承重结构。在竖向荷载作用下，通过吊杆使缆索承受很大的拉力，通常都需要在两岸桥台的后方修筑非常巨大的锚碇结构。悬索桥也是具有水平反力(拉力)的结构。悬索桥的跨越能力在各类桥梁中是最大的，但结构的刚度差，整个悬索桥的发展历史也是争取刚度的历史。

5）组合体系

(1) 梁、拱组合体系。这类体系有系杆拱、桁架拱、多跨拱梁结构等，它们是利用梁的受弯与拱的承压特点组成复合结构。其中梁、拱都是主要承重结构，两者相互配合、共同受力。

（2）斜拉桥。

斜拉桥也是一种主梁与斜缆相组合的组合体系。悬挂在塔柱上的被张紧的斜缆将主梁吊住，使主梁像多点弹性支承的连续梁一样工作，这样既发挥了高强材料的作用，又显著减小了主梁截面，使结构自重减轻而能跨越很大的跨径。

2. 桥梁的其他分类

（1）按用途来划分，有公路桥、铁路桥、公铁两用桥、农桥（或机耕道桥）、人行桥、水运桥（或渡槽）、管线桥等。

（2）按照主要承重结构所用的材料划分，有圬工桥（包括砖、石、混凝土桥）、钢筋混凝土桥、预应力混凝土桥、钢桥和木桥等。

（3）按桥梁全长和跨径的不同划分，有特大桥、大桥、中桥、小桥和涵洞，见表1–4。

表1–4　桥梁涵洞分类（单位：m）

桥涵分类	多孔跨径总长 L	单孔跨径 L_k
特大桥	$L>1000$	$L_k<150$
大桥	$100\leqslant L\leqslant 1000$	$40\leqslant L_k\leqslant 150$
中桥	$30<L<100$	$20\leqslant L_k<40$
小桥	$8\leqslant L\leqslant 30$	$5\leqslant L_k<20$
涵洞	—	$L_k<5$

注 ①单孔跨径系指标准跨径。②梁式桥、板式桥的多孔跨径总长为多孔标准跨径的总长；拱式桥为两岸桥台起拱线间的距离；其他形式桥梁为桥面系行车道长度。③管涵及箱涵不论管径或跨径大小、孔数多少，均称为涵洞。④标准跨径：梁式桥、板式桥以两桥墩中线之间桥中心线长度或桥墩中线与桥台台背前缘线之间桥中心线长度为准；拱式桥和涵洞以净跨径为准。

（4）按跨越障碍性质划分，有跨河桥、立交桥、高架桥和栈桥。高架桥一般指跨越深沟峡谷以替代高路堤的桥梁以及在城市道路中跨越道路的桥梁。

（5）按桥跨结构的平面布置划分，有正交桥、斜交桥和弯桥。

（6）按上部结构的行车道位置划分，有上承式桥、中承式桥和下承式桥。

（7）按照桥梁的可移动性划分，有固定桥和活动桥，活动桥包括开启桥、升降桥、旋转桥和浮桥。

第二章

道路施工技术

第一节　路基工程施工

一、路基原材料试验检测

用于道路路基填料的理想材料是强度高、水稳定性好、压缩性小、施工方便以及运距短的岩石材料。强度要求是由 CBR 值确定的，它可通过取土试验来确定填料的最小强度和最大粒径。

路基施工前，应对路基基底土进行相关试验。每千米至少取 2 个点；土质变化大时，视具体情况增加取样点数。

应及时对来源不同、性质不同的拟作为路堤填料的材料进行复查和取样试验。土的试验项目包括天然含水率、液限、塑限、标准击实试验、CBR 试验等，必要时应做颗粒分析、相对密度、有机质含量、易容盐含量、冻胀和膨胀量等试验。

使用特殊材料作为填料时，应按相关标准做相应试验，必要时还应进行环境影响评估，经批准后方可使用。

1. 原材料的取样

样品取样必须具有真实性、及时性、普遍代表性及科学性。水泥取样必须具有代表性，具体做法是：先在同批次水泥中取出若干袋水泥，数量大致为水泥总量的 5%，然后在已取出的每袋水泥中取出等量样品均匀混合，最后从混合均匀的样品中取 10kg 左右用于实验。沙、石取样的具体做法为：分别从料堆的底部、中部、顶部及不同深度处取出质量大致相等的样品并均匀混合。根据规范，碎石需取 40kg，黄沙试样则需取 10kg。在实验设备较为落后、数据准确率不够高的情况下，则可考虑适当增加样品的取用量，以备增加试验次数使用。

2. 水泥试验

水泥质量的试验检测是工程试验的基本工作。因为质量合格的水泥是高质量混凝土的基本前提保证，也是工程质量的核心内容。每批需要进场的水泥都需进行试验检测，都需在进场前一周在现场监理的监督下由专业检测人员进行取样、送检，检查结果必须满足规范要求。对水泥的检测应重点检测其强度是否达到要求，若因储存不当而引起水泥强度下降，则必须降低水泥的标号。

3. 沙及碎石试验

沙及碎石检测应遵循产地品种不同需分批次逐一进行检测、同一产地同一品种需定期进行检测的原则。必要时施工单位可制作一些具有代表性的样品标本供监理和专业试验人员进行经验目测判断，一旦发现可疑之处便可取样进行报检。沙的检测项目主要有：细度模数(采用筛分方法获得)、团块含量、云母含量及含泥量。检测项目指标超标后的处理措施有：(1)细度模数在细沙范围内：若进料量较少，可依据计算值添加适量粗沙，搅拌均匀后重新取样检测；若进料量较多，可考虑重新确定混凝土配合比，适当减少混合料中的细沙含量。(2)团块含量超标：含量较少时可考虑现场剔除，含量较多可考虑振动筛除法。(3)云母含量超标：立即判定本批次沙不合格，立即清除出场。(4)含泥量超标：可考虑对试样进行翻洗。

4. 混凝土检测

混凝土检测是道路工程原材料试验检测工作的核心工作，检测数据的真实准确性直接关系到工程质量的好坏。试验模块的尺寸及质量必须符合规范要求，测量弯拉强度时试块尺寸为150mm×150mm×550mm，测量抗压强度时试块尺寸为150mm×150mm×150mm。试块浇筑养护完成后应对其尺寸进行校对核查，防止其尺寸出现较大的偏差。试块表面严禁出现蜂窝麻面，如若试块在试验中出现蜂窝麻面，应立即停止试验，用水泥浆进行填补找平，并在试验报告中加以说明；如若蜂窝麻面现象严重，必须重新进行试块制作。

二、挖方路基施工

1. 土方路基施工

1) 施工工艺流程

挖方路基施工工艺流程图如图 2-1 所示。

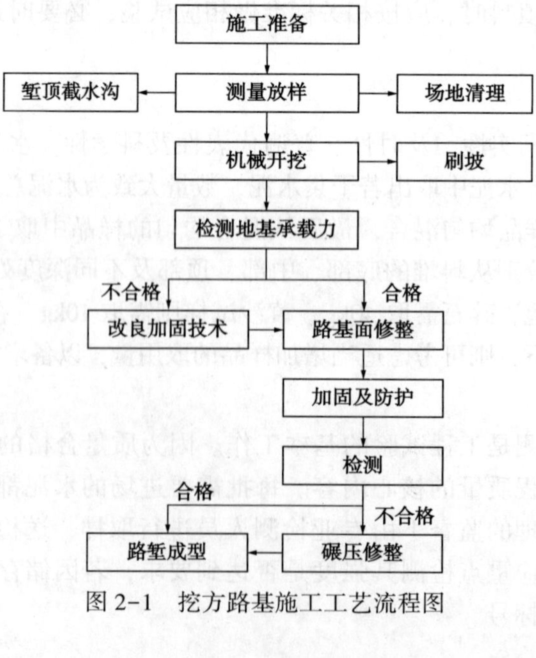

图 2-1 挖方路基施工工艺流程图

2）施工细节操作

（1）挖方路基，原地面处理方面上要做到排除地面积水并疏干，妥善处理坟坑井穴等。

（2）根据测量中线和边桩开挖，挖方段不得超挖，应留有余量，压路机应采用不小于12t 的压路机。碾压时，视土的干湿情况采取洒水或换土、晾晒等措施，还要做到对雨水支管及检查井回填。

（3）雨水支管及检查井四周不能使用大型压实机械压实。用石灰土或石灰粉煤灰沙砾填实。

2. 石质路基施工

1）施工工艺流程

石质路堑开挖施工工艺流程图如图 2-2 所示。

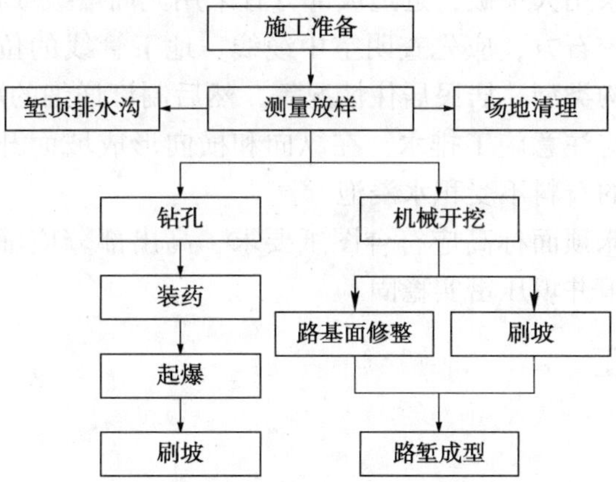

图 2-2　石质路堑开挖施工工艺流程图

2）施工细节操作

（1）爆破法。

爆破法是利用炸药爆炸的能量将土石炸碎以利于开挖运输或借助于爆炸能量将土石移到预定位置。用这种方法开挖石质路堑具有工效高、速度快、劳动力消耗少、施工成本低等优点。对于岩质坚硬、不可能用人工或机械开挖的石质路堑，通常要采用爆破法开挖，爆破后用机械清方，是非常有效的路堑开挖方法。

根据炸药用量的多少，爆破法分为中小型爆破和大爆破，其中使用频率最高的是中小型爆破，大爆破的应用则受多种因素的限制。例如开挖山岭地带的石方路堑时，若岩层不太破碎、路堑较深且线路通过突出的山嘴时，采用大爆破开挖可有效提高施工效率。但如果路堑位于页岩、片岩、砂岩、砾岩等非整体性岩体区域时，则不应采用大爆破开挖。尤其是路堑位于岩石倾斜朝向线路且夹有砂层、黏土层的软弱地段及易坍塌的堆积层时，禁止采用大爆破开挖，以免对路基稳定性造成危害。

（2）松土法。

松土法开挖是充分利用岩体的各种裂缝和结构面，先用推土机牵引松土器将岩体翻松，再用推土机或装载机与自卸汽车配合将翻松的岩块搬运到指定地点。

松土法开挖避免了爆破作业的危险性，而且有利于挖方边坡的稳定和附近建筑设施的安全。凡能用松土法开挖的石方路堑，应尽量不采用爆破法施工。

（3）松碎法。

松碎法将凿子安装在推土机或挖土机上，利用活塞的冲击作用使凿子产生冲击力以凿碎岩石，其破碎岩石的能力取决于活塞的大小。松碎法主要用于岩体裂缝较多、岩块体积小、抗压强度低于100MPa的岩石，由于开挖效率不高，只能用于前述两种方法不能使用的局部场合，作为爆破法和松土法的辅助作业方式。

3）石质路基开挖注意事项

（1）根据地形、地质、开挖断面及施工机械配备等情况，采用能保证边坡稳定的方法施工。开挖的石方须破碎作为路基填方材料。

（2）深挖路基施工，应逐级开挖，逐级按设计要求进行防护。

（3）石方开挖严禁采用大爆破，近边坡部分宜采用光面爆破或预裂爆破。

（4）采用爆破法开挖石方，应先查明空中缆线、地下管线的位置、开挖边界线外可能受爆破影响的建筑物结构类型、居民居住情况等，然后制订详细的爆破技术安全方案。

（5）在石方开挖区应注意施工排水，在纵向和横向形成坡面开挖面，其坡度应满足排水要求，以确保爆破出的石料不受积水浸泡。

（6）石方路堑的路床顶面标高应符合图纸要求，高出部分应辅以人工凿平，超挖部分应按监理批准的材料回填并填压密实稳固。

三、填方路基施工

1. 土方路基施工

1）填方土料的选用

（1）碎石类土、沙土、爆破石渣及含水量符合压实要求的黏性土可作为填方土料。

（2）淤泥、冻土、膨胀性土及有机物含量大于8%的土，以及硫酸盐含量大于5%的土均不能做填方土料。含水量大的黏土不宜做填方土料使用。

（3）填方应尽量采用同类土填筑。如果填方中采用两种透水性不同的填料，应分层填筑，上层宜填筑透水性较小的填料，下层宜填筑透水性较大的填料。各种土料不得混杂使用，以免填方内形成水囊。

（4）填方施工应接近水平地分层填土、分层压实，每层的厚度根据土的种类及选用的压实机械而定。应分层检查填土压实质量，符合设计要求后，才能填筑上层。当填方位于倾斜的地面时，应先将斜坡挖成阶梯状，然后分层填筑，以防止填土横向移动。

2）施工工艺流程

土方路基施工工艺流程图如图2-3所示。

3）施工细节操作

（1）施工准备。路堤填筑前，先根据填土高度和试验段确定的分层厚度及压实参数，计算出分层数、虚铺厚度、压路机行走速度和碾压遍数，现场绘出分层施工图。

（2）分层填筑。由场地最低部分开始，由一端向另一端由下而上分层铺填。

（3）摊铺整平。填料摊铺整平应用推土机进行初平，平地机终平，挂线施工，控制层面无显著的局部凸凹。

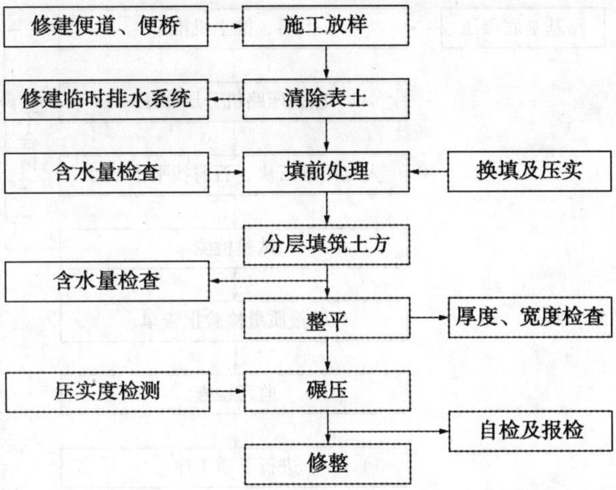

图 2-3　土方路基施工工艺流程图

（4）洒水和晾晒。填料碾压前应做含水量检测，对于细粒土和粉质黏土偏离最佳含水率的限值宜在+2%~-3%。若含水量过低，则可在路基上洒水拌和或提前在取土坑内闷湿。若含水量过高，则可将土在路基上摊开晾晒或在取土坑内翻松晾晒，并适当减少填层厚度，确保填料含水量在施工允许范围内。在水流和碾压机械振动的作用下，有利于粒径小的颗粒填充孔隙，从而增加结构层的密实度。

（5）碾压夯实。采用振动压路机碾压。第一遍静压，先慢后快，由弱振到强振，碾压速度按试验段数据控制，碾压顺序由两侧向中间进退碾压。曲线地段由内侧向外侧，横向接头重叠 0.4~0.5m，前后相邻两区段重叠 1.5~2.0m。根据压实部位，按试验段取得的数据控制压实遍数，在一般情况下，基床表层为 6~8 遍，基床下部为 3~5 遍，基底为 3~4 遍。对路肩两侧边角压路机不易压到的地方，采用蛙式打夯机人工夯实，通过碾压机沿着表面滚动的鼓筒或轮子的压力来压实土壤。

（6）预留沉降加高量。路堤预留沉降加高量根据标段内不同填土高度分段计算，坡脚位置仍按路肩设计高程测定，边坡较设计稍陡，路基面适当加宽加高，使路基沉降后仍符合设计要求。

2. *石质路基施工*

1）填料要求

填石路基石料的最大粒径不宜超过层厚的 2/3。每层的松铺厚度：高等级公路不宜大于 0.5m，填料的最大粒径不得大于 10cm；其他公路不宜大于 1.0m，填料的最大粒径不得大于 15cm。当石料强度小于 15MPa 时，石块最大尺寸不得超过压实层厚，超过的应打碎。

2）施工工艺流程

石质路基施工工艺流程如图 2-4 所示。

3）施工细节操作

（1）划分区段。在验收合格的地基上划分作业区段，各区段依次循环作业，达到标准后方可进行下一步作业。

（2）分层填筑。分层填筑时，应事先安排好石料运输路线，按规定的施工方案先低后

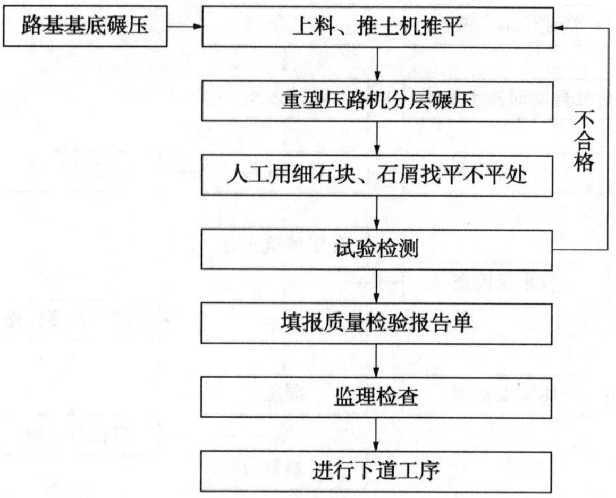

图 2-4　石质路基施工工艺流程

高，先两侧后中央卸料，并用大型推土机水平分层、摊铺整平，个别不平处用人工以细石块、石屑找平。人工填筑粒径大于 25cm 的石料时，应先铺大块石料，块石大面向下，摆放平稳，再用小石块找平、石屑塞缝，最后压实。

（3）摊铺整平。卸下的石料用推土机整平，整平要均匀，使石块之间无明显高差，个别不平地段人工配合用细粒料找平，个别尖角用 8 磅大锤人工砸掉。

（4）布测点。沿线路纵向每 20m 设一观测断面，在每一断面上由路基中心开始，每隔 5m 设一测点，测点要设在整齐而坚硬的块石上，防止被破坏。

（5）振动碾压。碾压时应先两侧后中央平行作业，行与行之间要重叠 0.4~0.5m，前后相邻地区要重叠 1~2m，以保证各区段碾压密实。采用 30~50t 振动压路机分层碾压，直至压实层顶面稳定、无下沉、石块紧密、表面平整为止。

四、特殊路基施工

1. 软土地区路基施工

1）表层处理法

（1）表层排水法。这种方法是在路基填筑前，在地面开挖水沟，以排除地表水，同时降低地基表层的含水量，确保施工机械的作业条件。为了使开挖水沟在施工中发挥盲沟作用，常用透水性良好的沙砾回填。

（2）砂垫层法。排水砂垫层是在路堤底部地面上铺设一层砂层，作用是在软土顶面增加一个排水面，在填土的过程中，荷载逐渐增加，促使软土地基排水固结，渗出的水就可以从砂垫层中排走。

2）换土法

（1）开挖换填。将路基范围内的软土挖除，用无侵蚀作用的低压缩性散体材料置换，分层夯实，有全面开挖和局部开挖两种，开挖换填的深度一般在 3m 以内，边坡坡度一般为 1∶1 左右，为防止边坡塌落，应随时开挖随时填料。开挖换填所用填料一般有稳定性好的灰土、砂卵石、碎石及工业废渣。

(2) 抛石挤淤。抛石挤淤主要适用于常年积水的洼地，厚度较薄，表层无硬壳的软土、以及片石能沉达底部的泥沼或厚度为3~4m的软土。在路基底部抛投一定数量的片石，将淤泥挤出基底范围，以提高地基的强度。

3) 排水固结法

排水固结法是在天然软土地基表层设置砂垫层等水平向排水体，在地基中设置砂井等竖向排水体，然后加载预压，使土体的孔隙水排出，逐渐固结，地基发生沉降，同时强度逐步提高的方法。排水固结法主要有两种：

(1) 真空预压排水固结法：通过覆盖于地面的密封膜下抽真空，使膜内外形成气压差，使黏土层产生固结压力。

(2) 堆载预压排水固结法：在布设完的排水通道的地基上分层施加堆载材料，进行正向施加荷载，使地基土体产生沉降固结。

2. 湿陷性黄土地区路基施工

(1) 强夯法。用8~30t的重锤和8~20m的落距，对地基土施加很大的冲击能，提高地基土的强度，降低土的压缩性，改善沙土的抗液化条件。

(2) 垫层法。土(或灰土)垫层是一种浅层处理湿陷性黄土地基的传统方法，在湿陷性黄土地区使用较广泛，具有因地制宜、就地取材和施工简便等特点。将基础底面下一定范围内的湿陷性黄土层挖去，然后分层填入强度较大的砂、碎石、素土、灰土以及其他性能稳定和无侵蚀性的材料。

(3) 挤密法。挤密法是利用沉管、爆破、冲击、夯扩等方法在湿陷性黄土地基中挤密填料孔再用素土、灰土，必要时采用高强度水泥土分层回填夯实以加固湿陷性黄土地基，提高其强度，减少其湿陷性和压缩性。挤密法适用于对地下水位以上、饱和度 $S_r \leqslant 65\%$ 的湿陷性黄土地基进行加固处理，可处理的湿陷性黄土厚度一般为5~15m。

(4) 预浸水法。预浸水法是利用黄土浸水产生湿陷的特点，在施工前进行大面积浸水，使土体产生自重湿陷，达到消除深层黄土湿陷的目的，再配合上部土层处理措施，消除全部土层湿陷性的一种处理方法。该方法具有施工条件简单、处理效果好的优点。根据地形条件布置开挖浸水坑，浸水坑挖成之后，用钻机在坑内打砂井，成井后及时用粗砂和碎石灌填，最后在坑内连续放水浸泡。

(5) 深层搅拌桩法。深层搅拌桩是复合地基的一种，近几年在黄土地区应用比较广泛，可用于处理含水量较高的湿陷性弱的黄土。它具有施工简便、快捷、无振动、基本不挤土、低噪声等特点。深层搅拌桩的固化材料有石灰、水泥等，一般都采用后者作为固化材料。其加固机理是将水泥掺入黏土后，与黏土中的水分发生水解和水化反应，进而与具有一定活性的黏土颗粒反应生成不溶于水的稳定的结晶化合物。这些新生成的化合物在水中或空气中发生凝硬反应，使水泥有一定的强度，使地基土达到承载的要求。

3. 滑坡地段路基施工

1) 滑坡排水

地下水活动是诱发滑坡产生的主要外因，不论采用何种方法处理滑坡，都必须做好地表水及地下水的处理。排除降水及地下水的主要方法如下：

(1) 环形截水沟。施工技术规范规定：对于滑坡顶面的地表水，应采用截水沟等措施处理，不让地表水流入滑动面内，必须在滑动面以外修筑1~2条环形截水沟。

（2）树枝状排水沟。树枝状排水沟的主要作用是排除滑体坡面上的径流。在设置树枝状排水沟时，应结合地形条件，充分利用坡面上的自然沟系，汇集并旁引坡面径流排出滑体外，若以自然沟渠作为排除地表水的渠道时，必须对其进行必要的修整、加固和铺砌，使水流通畅、不渗漏。

（3）整平夯实滑坡体表面的土层。为了防止地表水渗入滑体坡面造成高低不平、不利于地表水的排除、易于积水，应将坡面做适当整平。坡面上有裂缝时，应将裂缝两侧的土挖开，宽度不小于0.5m，深度宜为1~2m，然后用黏质土分层填筑夯实。

（4）排除地下水。排除地下水的方法较多，有支撑渗沟、边坡沟、暗沟、平孔等。排除地下水相关示意图如图2-5所示。

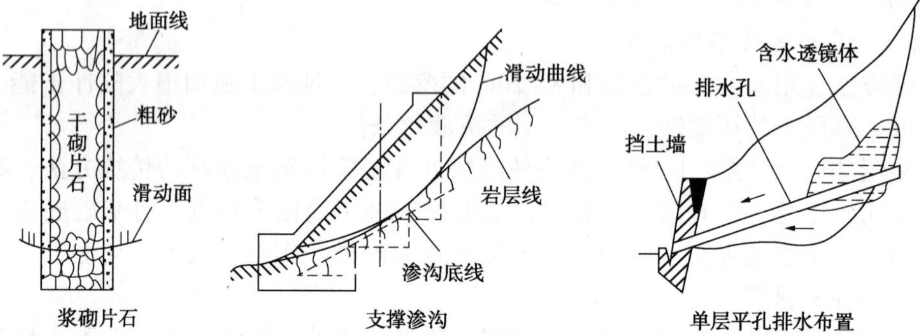

图2-5　排除地下水相关示意图

2）力学平衡

在滑坡体未处治之前，禁止在滑坡体上增加荷载（如停放机械、堆放材料、弃土等）。当挖方路基上边坡发生的滑坡不大时，可采用刷方（台阶）减重、打桩或修建挡土墙进行处理以达到路基边坡稳定。牵引式滑坡、具有膨胀性质的滑坡不宜用滑坡减重法治理。牵引式滑坡多发生于黏土和堆积层滑坡中。

3）改变滑带土

改变滑带土的方法一般有焙烧法、电渗排水法和爆破灌浆法等。

（1）焙烧法：利用导洞焙烧滑坡脚部的滑带，使之形成地下“挡墙”而稳定滑坡的一种措施。

（2）电渗排水法：利用电场作用而把地下水排除，达到稳定滑坡的一种方法。

（3）爆破灌浆法：用炸药爆破破坏滑动面，随之把浆液灌入滑带中以置换滑带水并固结滑带土，从而达到稳定滑坡的一种治理方法。

4）滑坡地段路基的施工技术

（1）滑坡地段施工前，应制订应对滑坡或边坡危害的安全预案，在施工过程中应进行监测。

（2）滑坡整治宜在旱季施工。在冬期施工时，应了解当地气候、水文等情况，严格按照冬期施工的有关规定实施。

（3）路基施工应注意对滑坡内其他工程和设施的保护。在滑坡区内有河流时，应尽量避免因滑坡工程的施工使河流改道或压缩河道。

（4）滑坡整治，应及时采取技术措施封闭滑坡体上的裂隙，应在滑坡边缘一定距离外的稳定地层上，按设计要求并结合实际情况修筑一条或数条环形截水沟，截水沟应有防渗措施。

（5）施工时应采取措施截断流向滑坡体的地表水、地下水及临时用水。

（6）滑坡体未处理之前，严禁在滑坡体上增加荷载，严禁在滑坡前缘减载。

（7）滑坡整治完成后，应及时恢复植被。

（8）采用削坡减载方案整治滑坡时，减载应自上而下进行，严禁超挖或乱挖，严禁爆破减载。

（9）采用加填压脚方案整治滑坡时，只能在抗滑段加重反压，并且做好地下排水，不得因为加填压脚土而堵塞原有地下水出口。

4. 岩溶地区路基施工

（1）施工前，应结合设计详细核查岩溶分布、地形、地表水、地下水活动规律及设计处治方案的可行性和完整性，严禁随意堵塞溶洞。

（2）在路基边坡上的干溶洞，应清除洞内沉积物并用干砌或浆砌片石堵塞。

（3）路基上方的溶泉或壅水，应按设计先做好排水涵(管)。

（4）路基基底下的干溶洞，可结合设计要求采取以下措施：①铲除溶洞石笋，整平基底，直接用沙砾、碎石、干(浆)砌片石等回填密实；②当溶洞顶板太薄或者顶板较破碎，按设计要求进行加固时，应严格控制加固质量，确保强度；③当溶洞顶板较完整、厚度较大时，应根据设计要求，确定处理方案；④采用桥涵跨越通过时，桥涵基础必须置于有足够承载能力的稳定地基上。

（5）路基基底下有溶泉或壅水，应采取排导措施保证路基不受侵害；当修建水泥混凝土、沥青路面等路面时，应按设计要求采取措施防止因温差作用而使水汽上升聚集在路面基层下。

（6）应对路基基底范围内的石笋、石牙进行处理。

（7）流水量大的暗洞及消水洞，用桥涵跨越时，应确保基础稳定。

5. 季节性冻土地区路基施工

1）路基填料

（1）路床填料宜优先选择矿渣、炉渣、粉煤灰、砂、沙砾及碎石等抗冻稳定性较好的材料。

（2）路床或上路堤采用粉土、黏土填筑时，可按设计要求使用石灰、水泥、土壤固化剂等单独或混合进行稳定处理，填料的改善或处理应根据路基抗冻胀性能要求，结合填料性质经试验确定。

（3）冻土、非透水性过湿土不得直接填筑下路堤。

2）挖方段路基施工

（1）路床换填。

①路床地基土挖除、换填深度应符合设计要求。②应分层开挖，一般宜从外侧向内侧挖掘，最后一层应从内向外挖掘。③使用粗颗粒填料换填时，填料应均匀，小于0.075mm的含量应不大于5%。④采用石灰、水泥对填料进行改性处理时，应掺拌均匀，改性剂的剂

量应符合设计要求或经试验确定。⑤换填应分层填筑，压实度达到规定要求。

（2）排水。

①施工前应完成截水沟，填筑拦水埂，填平坡顶的冲沟、水坑。②施工中，应采取措施阻止边界外的水流入路基中；应保持排水沟通畅，将水迅速排出路基之外。③填挖交界段应设置过渡边沟。④在路基开挖面接近设计标高时，应及时施工地下排水构造物，尽快形成各式沟、管、井、涵等，组成完整、有效的排水系统，严禁路基完成后才进行地下排水构造物施工。

3）石质挖方、零填路段

石质挖方、零填路段不宜超挖。超挖或清除软层后的凸凹面，严禁用挖方料和未经稳定处理的混合料回填；岩面凸出部分应凿除；超挖的坑槽及岩石凹面可用贫水泥混凝土浇筑，混凝土最小厚度为 80mm。

4）非全冻路堤在冻深范围内的填筑施工

（1）冻深范围内的填土严禁混杂，冻胀性质不同的土应分层填筑；同一类土的填筑，总厚度不宜小于 600mm；抗冻性强的土应填在高层位。

（2）同一层土的含水量应基本一致，允许偏差为 2%。

（3）施工期间，每层土顶面应设置不小于 2.5%的排水横坡。

5）全冻路堤施工

全冻路堤施工前，应在路堤两侧先完成排水沟或边沟，应结合永久排水设计完成渗沟、渗井等地下排水设施。

6. 滨海地区路基施工

1）斜坡式路堤

（1）应采取措施保证路堤填料不被海流冲移、侵蚀。

（2）护坡采用条石、块石或混凝土人工块体、土工合成材料时，所采用的材料质量必须满足相关要求，坡面平整，块体接触面向内倾斜，紧贴坡面。

（3）胸墙应在路堤的沉降基本完成以后再修筑。

2）直墙式路堤

（1）直墙式路堤应采用石块填筑，石块的大小应以石块能够沉达到位且能确保路堤安全稳定为原则。

（2）采用抛石方法形成的明基床或暗基床应满足设计要求。

五、路基防护与加固

1. 坡面防护

1）植物防护

（1）植被防护施工。

①植被施工，铺、种植被后，应适时进行洒水、施肥等养护管理，直到植被成活。②种草施工，草籽应撒布均匀，同时做好保护措施。③灌木（树木）应在适宜季节栽植。④养护用水应不含油、酸、碱、盐等有碍草木生长的成分。

（2）三维植被网防护施工。

①三维植被网中的回填土应符合设计要求，宜采用客土，或土、肥料及腐殖质土的混合物。②三维植被网应符合设计及有关标准。③三维植被网的搭接宽度不宜小于 100mm。

（3）湿法喷播施工。

湿法喷播施工，喷播后应及时养护，成活率应达到 90%以上。

（4）客土喷播施工。

①喷播植草混合料的配合比（植生土、土壤稳定剂、保水剂、肥料、混合草籽、水等）应根据边坡坡度、地质情况和当地气候条件确定，混合草籽用量每 1000m^2 不宜少于 25kg。②气温低于 12℃不宜喷播作业。

2）骨架植物防护

（1）浆砌片石（或混凝土）骨架植草防护施工。

①骨架内应采用植物或其他辅助防护措施。植草草皮下宜有 50~100mm 厚的种植土，草皮应与坡面和骨架密贴。②应及时对草皮进行养护。

（2）水泥混凝土空心块护坡施工。

水泥混凝土空心块护坡施工应符合下列规定：①预制块铺置应在路堤沉降稳定后方可施工。②预制块铺置前应将坡面整平。③预制块经验收合格后方可使用。④预制块应与坡面紧贴，不得有空隙，并与相邻坡面平顺。

3）圬工防护

（1）喷浆防护施工。

①喷护前应采取措施对泉水、渗水进行处治，并按设计要求设置泄水孔，排、防积水。②喷射顺序应自下而上进行。③砂浆初凝后，应立即开始养生，养护期一般为 5~7d。④应及时对喷浆层顶部进行封闭处理。

（2）喷射混凝土防护施工。

①作业前应进行试喷，选择合适的水灰比和喷射压力。喷射混凝土宜自下而上进行。②做好泄水孔和伸缩缝。③喷射混凝土初凝后，应立即养生，养护期一般为 7~10d。

（3）锚杆挂网喷射混凝土（砂浆）防护施工。

①锚杆应嵌入稳固基岩内，锚固深度根据设计要求结合岩体性质确定。锚杆孔深应大于锚固长度 200mm。②钢筋保护层厚度不宜小于 20mm。③固定锚杆的砂浆应捣固密实，钢筋网应与锚杆连接牢固。④铺设钢筋网前宜在岩面喷射一层混凝土，钢筋网与岩面的间隙宜为 30mm，然后再喷射混凝土至设计厚度。⑤喷射混凝土的厚度要均匀，钢筋网及锚杆不得外露。⑥做好泄水孔、排水孔和伸缩缝。

（4）干砌片石护坡施工。

①边坡为粉质土、松散的砂或粉砂土等易被冲蚀的土时，碎石或沙砾垫层厚度不宜小于 100mm。②基础应选用较大石块砌筑，如基础与排水沟相连，其基础应设在沟底以下，并按设计要求砌筑浆砌片石。③砌筑应彼此镶紧，接缝要错开，缝隙间用小石块填满塞紧。

（5）浆砌片（卵）石护坡施工。

①路堤边坡采用浆砌片石护坡，宜在路堤沉降稳定后施工。②在冻胀变化较大的土质边坡上，护坡底面应铺设 100~150mm 厚的碎石或沙砾垫层。③浆砌片石护坡每 10~15m 应

留一伸缩缝，缝宽20~30mm。在基底地质有变化处，应设沉降缝，可将伸缩缝与沉降缝合并设置。④泄水孔的位置和反滤层的设置应符合设计要求。

（6）水泥混凝土预制块护坡施工。

①在寒冷地区，预制块混凝土强度不宜低于C20。②路堤边坡护坡宜在路堤沉降稳定后施工。③铺设混凝土预制块前应将坡面平整，碎石或沙砾垫层的厚度不宜小于100mm。④预制块应错缝砌筑，砌筑坡面应平顺，并与相邻坡面顺接。⑤泄水孔的位置应符合设计要求，并保证畅通。

（7）浆砌片石护面墙施工。

①修筑护面墙前，应清除边坡风化层至新鲜岩面。对风化迅速的岩层，清挖到新鲜岩面后应立即修筑护面墙。②护面墙的基础应设置在稳定的地基上，地基承载能力不够，应采取加固措施，基础埋置深度应根据地质条件确定，冰冻地区应埋置在冰冻深度以下至少250mm。③护面墙背必须与路基坡面密贴，边坡局部凹陷处，应挖成台阶后用与墙身相同的圬工砌补，不得回填土石或干砌片石。坡顶护面墙与坡面之间应按设计要求做好防渗处理。④应按设计要求做好伸缩缝。当护面墙基础修筑在不同岩层上时，应在变化处设置沉降缝。⑤泄水孔的位置和反滤层的设置应符合设计要求。

4）膨胀土路基边坡防护施工

（1）边坡施工应避开雨季作业，以防边坡遇水膨胀破坏。

（2）边坡施工过程中，应注意做好防排水，顶部应及时封闭。

（3）边坡修整后，应立即防护。

2. 沿河路基防护

沿河路基防护工程基础应埋设在局部冲刷线以下不小于1m或嵌入基岩内。导流构造物施工前，应根据现场具体情况，采取相应措施，避免冲刷农田、村庄、道路和下游路基。

1）植物防护施工

（1）经常浸水或长期浸水的路堤边坡，不宜采用种草防护。

（2）沿河路堤边坡铺草皮防护，宜采用平铺、叠铺草皮的方法，坡面及基础部分的铺置应符合设计要求。基础部分的铺置层的表面应与地面齐平。

（3）植树防护宜采用带状或条形。防护河岸路基或防御风浪侵蚀，宜采用横行带状；防护桥头引道路堤，宜采用纵行带状。

（4）植树应选用喜水性树种，林带应由多行树木组成，乔灌木要密植。

（5）植树后，应采取有效措施加以保护。

2）砌石或混凝土防护

砌石或混凝土防护应符合下列规定：

（1）石料应选用未风化的坚硬岩石。

（2）开挖基坑时，应核对地质情况，与设计要求不符时，应进行处理。基础完成后应及时用符合设计要求的材料回填。

（3）铺砌层底面的碎石、沙砾垫层或反滤层，应符合设计要求。

（4）坡面密实、平整、稳定后方可铺砌。砌块应交错嵌紧，严禁浮塞。砂浆应饱满、密实，不得有悬浆。

（5）每10~15m宜设伸缩缝，基底土质变化处应设沉降缝，并按设计要求做好伸缩缝、沉降缝及泄水孔。

（6）采用干、浆砌片石时，不得大面平铺，石块应彼此交错搭接，不得松动。采用干、浆砌河卵石时，必须长方向垂直坡面，成横行栽砌牢固。采用铺砌混凝土预制块时，应按设计规格和要求检验合格后方可铺筑。就地浇筑混凝土板时，宜采取措施提高早期强度，混凝土表面应平整、光滑。

3）抛石防护施工

（1）抛石体边坡坡度和石料粒径应根据水深、流速和波浪情况确定，石料粒径应大于300mm，宜用大小不同的石块掺杂抛投。坡度应不陡于抛石石料浸水后的天然休止角。

（2）抛石厚度宜为粒径的3~4倍；用大粒径时，不得小于2倍。

（3）抛石石料应选用质地坚硬、耐冻且不易风化崩解的石块。

（4）抛石防护除特殊情况外，宜在枯水季节施工。

4）石笼防护施工

（1）根据设计要求或根据不同情况和用途，合理选用石笼形状。

（2）应选用浸水不崩解、不易风化的石料。

（3）基底应大致整平，必要时用碎石或砾石垫层找平。

（4）石笼应做到位置正确，搭叠衔接稳固、紧密，确保整体性。

5）土工膜袋防护施工

（1）按设计要求整平坡面，放线定位，挖好边界处理沟。

（2）膜袋铺展后应拉紧固定，防止充填时下滑。

（3）充填材料应根据设计要求和实际情况合理选用，充填应连续。

（4）需要排水的边坡，应适时开孔设置排水管。

（5）膜袋顶部宜采用浆砌块石固定。有地面径流处，坡顶应采取防护措施，防止地表水侵蚀膜袋底部。

（6）岸坡膜袋底端应设压脚或护脚棱体，有冲刷处应采取防冲措施。

（7）膜袋护坡的侧翼宜设压袋沟。

（8）膜袋与坡面间应按设计要求铺设好土工织物滤层。

6）丁坝防护施工

（1）施工前应制订合理的施工方案，合理安排工期，避免因工期过长引起农田、村庄、上下游路基冲刷。

（2）丁坝坝头应做平面防护。

（3）应处理好坝根与相连接的地层或其他防护设施的衔接。

（4）丁坝间的河岸或路基边坡所承受的容许流速小于水流靠岸回流流速时，应缩短坝距或对河岸及路基边坡采取防护措施。

7）顺坝防护施工

（1）顺坝与上下游河岸的衔接，应使水流顺畅，起点应选择在水流匀速的过渡段，坝根位置宜设在主流转向点的上方。

（2）坝根嵌入稳定河岸内的距离应符合设计要求，坝根附近河岸应防护加固至上游不受水流冲击处。

8）改移河道施工

（1）改移河道工程应在枯水时期施工。一个旱季不能完成时，应采取防洪措施。

（2）河道开挖应先挖好中段，然后再开挖两端，确认新河床工程已符合要求后，方可挖通其上游河段。

（3）利用开挖新河道的土石填平旧河道时，在新河道未通流前，旧河道应保持适当的流水断面。

（4）通流时，改河上游进口河段的河床纵坡宜稍大于设计坡度。

（5）河床加固设施及导流构造物的施工应合理安排，及时配套完成。

3. 挡土墙

1）一般规定

（1）挡土墙施工前，应做好截水、排水及防渗设施。

（2）在岩体破碎、土质松软或地下水丰富地段修建挡土墙，宜避开雨季施工。

（3）明挖基坑应符合下列规定：①施工过程中应对地质情况进行核对，与设计不符时，应及时处理；②基坑开挖宜分段跳槽进行；③坑内积水应随时排干；④采用倾斜基底时，基底标高应按设计控制，不得超挖填补。

（4）基底检验合格后，应及时进行下道工序施工。

（5）挡土墙端部伸入路堤或嵌入地层部分应与墙体同时砌筑。挡土墙顶应找平抹面或勾缝，其与边坡间的空隙应用黏土或其他材料夯填封闭。

（6）挡土墙与桥台、隧道洞门连接应协调施工，必要时应加临时支撑，确保与墙相接的填方或山体的稳定。

2）重力式挡土墙

重力式挡土墙是以挡土墙自身重力来维持挡土墙在土压力作用下的稳定，它是我国目前常用的一种挡土墙。在重力式挡土墙横断面中，与被支承土体直接接触的部位称为墙背；与墙背相对的、临空的部位称为墙面；与地基直接接触的部位称为基底；与基底相对的、墙的顶面称为墙顶；基底的前端称为墙趾；基底的后端称为墙踵。重力式挡土墙按墙背形式可分为仰斜、垂直、俯斜、凸形折线和衡重式 5 种。重力式挡土墙多用浆砌片（块、料）石砌筑，也可用混凝土或片石混凝土浇筑，当用混凝土或片石混凝土浇筑时，混凝土的强度应符合设计要求，片石的质量和掺量及掺入方式应符合设计与相关规范要求。缺乏石料地区，有时可用混凝土预制块作为砌体。砌体挡土墙施工要点如下：

（1）基础施工。

①应将基底表面风化、松软土石清除。②硬质岩石基坑中的基础，宜满坑砌筑。③雨季在土质或易风化软质岩石基坑中砌筑基础时，应在基坑挖好后及时封闭坑底。当基底设有向内倾斜的稳定横坡时，应采取临时排水措施，辅以必要坐浆后安砌基础。④采用台阶式基础时，台阶与墙体应连在一起同时砌筑，基底及墙趾台阶转折处不得砌成垂直通缝，砌体与台阶壁间的缝隙砂浆应饱满。⑤基坑应随砌筑分层回填夯实，并在表面留 3%的向外斜坡。

（2）墙身施工。

①墙身要分层错缝砌筑，砌出地面后基坑应及时回填夯实，并完成其顶面排水、防渗设施。②伸缩缝与沉降缝内两侧壁应竖直、平齐、无搭叠；缝中防水材料应按设计要求施工。③泄水孔应在砌筑墙身过程中设置，确保排水畅通，并应保证墙背反滤、防渗设施的施工质量。④当墙身的强度达到设计强度的75%时，方可进行回填等工作。在距墙背0.5～1.0m以内，不宜用重型振动压路机碾压。

3）悬臂式和扶壁式挡土墙

（1）凸榫必须按照设计尺寸开挖，并与墙底板一同灌注混凝土。

（2）现场整体浇筑时，每段墙的底板、面板和肋的钢筋应一次绑扎，宜一次完成混凝土灌注。当采用现场分段浇筑时，应按设计要求进行施工，并预埋好连接钢筋，连接处混凝土面应严格凿毛，并清洗干净。

（3）灌注混凝土后，应按有关规定进行养护。墙体达到设计强度的75%以后方可进行墙背填土，并应按设计要求的填料和密实度分层填筑、压实；墙背排水设施应随填土及时施工。

（4）悬臂式挡墙如图2-6所示，扶壁式挡墙如图2-7所示。

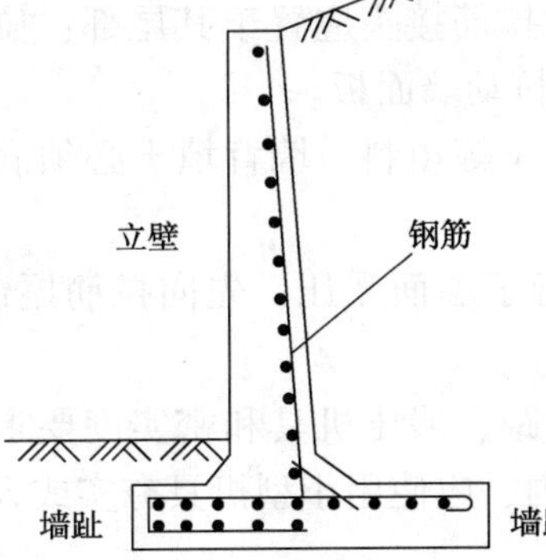

图2-6　悬臂式挡墙

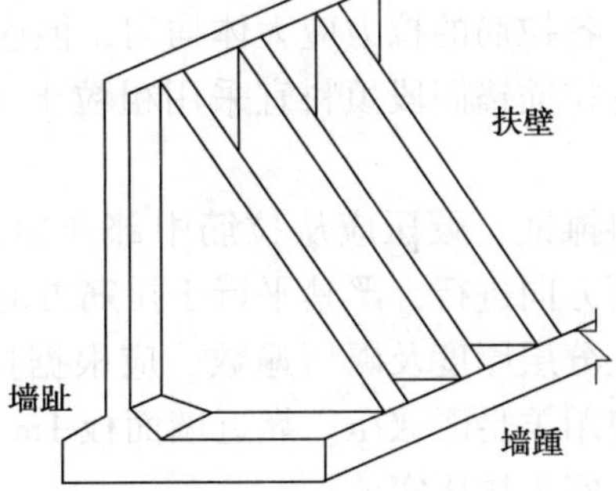

图2-7　扶壁式挡墙

（5）装配法施工应符合下列规定：①基础混凝土强度达到设计强度75%后，方可安装；②预制墙板与基础必须按设计要求连接牢固。

4）锚杆挡土墙

（1）锚杆应按设计尺寸下料、调直、除污、加工。

（2）按照设计要求，在施工前应做锚杆抗拔力验证试验。

（3）钻孔施工应符合下列规定：①施工前，应清除岩面松动石块，整平墙背坡面；②根据设计孔径及岩土性质合理选择钻孔机具；③孔轴应保持直线，孔位允许偏差为±50mm，深度允许偏差为-10～+50mm；④钻孔后应将孔内粉尘、石渣清理干净。

（4）安装普通砂浆锚杆应符合下列规定：①锚杆应安装在孔位中心。②锚杆未插入岩层部分，必须按设计要求做防锈处理。③有水地段安装锚杆，应将孔内的水排出或采用早强速凝药包式锚杆。④砂浆应随拌随用。⑤宜先插入锚杆然后灌浆，灌浆应采用孔底注浆法，灌浆管应插至距孔底50～100mm，并随水泥砂浆的注入逐渐拔出，灌浆压强宜不小于0.2MPa。⑥砂浆锚杆安装后，不得敲击、摇动；普通砂浆锚杆在

3d内，早强砂浆锚杆在12h内，不得在杆体上悬挂重物；必须待砂浆达到设计强度的75%后方可安装肋柱、墙板。

(5) 安装墙板时，应边安装墙板边进行墙背回填及墙背排水系统施工。

5) 锚定板挡土墙

(1) 拉杆使用前应按规定取样试验。拉杆埋于土中部分，必须进行防锈处理。

(2) 吊装时应保证肋柱不前倾。

(3) 拉杆及锚定板埋设，应先填土后挖槽就位；挖槽时，锚定板比设计位置宜高30~50mm。锚定板前方超挖部分宜用C10水泥混凝土或灰土回填夯实，严禁直接碾压拉杆和锚定板。

(4) 肋柱、锚定板上的锚头及螺丝杆应做防锈处理和防水封闭。

(5) 分级平台应按设计要求进行封闭，并设2%的外倾排水坡。

6) 加筋土挡土墙

(1) 安装直立式墙面板应按不同填料和拉筋预设仰斜坡，仰斜坡度一般为1∶0.02~1∶0.05,墙面不得前倾。

(2) 拉筋应有粗糙面，并按设计布置呈水平铺设，当局部与填土不密贴时应铺砂垫平。钢拉筋与钢材外露部分应做防锈处理。连续敷设的拉筋接头应置于其尾部；拉筋尾端宜用拉紧器拉紧，各拉筋的拉力应大体均匀，但应避免拉动墙面板。

(3) 墙背拉筋锚固段填料宜采用粗粒土或改性土等填料。墙背填土必须满足设计压实度要求。

(4) 填料摊铺、碾压应从拉筋中部开始，平行于墙面碾压，先向拉筋尾部逐步进行，然后再向墙面方向进行，严禁平行于拉筋方向碾压。

(5) 填土分层厚度及碾压遍数，应根据拉筋间距、碾压机具和密实度要求，通过试验确定，严禁使用羊足碾碾压。靠近墙面板1m范围内，应使用小型机具夯实或人工夯实，不得使用重型压实机械压实。

(6) 当采用聚丙烯土工带时，拉带应平顺，不得出现打折、扭曲等现象，不得与硬质、棱角填料直接接触。

(7) 施工过程中随时观测加筋土挡土墙异常变化。

4. *边坡锚固防护*

1) 一般规定

(1) 破碎且不平整的边坡，必须将松散的浮石和岩渣清除，用浆砌片石填补空洞，对坡面缝隙进行封闭处理。边坡修整后应平整、密实，无溜滑体、蠕变体和松动岩体。

(2) 边坡开挖和钻孔过程中，应对岩性及构造进行编录和综合分析，与设计相比出入较大时，应按规定处理。

(3) 修整边坡的弃渣应按有关规定堆放，不得污染环境。

(4) 钢筋制作与安装应符合现行《公路桥涵施工技术规范》(JTG/TF 50—2011)的规定。

(5) 浇注混凝土时，模板应加支撑固定。

2) 锚杆施工

(1) 孔深小于3m时，宜采用先注浆后插锚杆的施工工艺。注浆时，浆体除孔口200~

300mm 外，应均匀充满全孔。锚杆插入后应居中固定。杆体外露部分应避免敲击、碰撞，3d 内不得悬吊重物，3d 后才可安装垫板。

（2）当孔深大于 3m 时，应按上文“锚杆挡土墙”部分的相关要求施工。

3）预应力锚索施工

（1）严禁使用有机械损伤、电弧烧伤和严重锈蚀的钢绞线。严禁将钢绞线及锚索直接堆放在地面或露天储存，避免受潮、受腐蚀。

（2）施工前应按设计要求进行预应力锚索的锚固性能基本试验，确定施工工艺。

（3）锚索束制作安装应符合下列规定：①锚索束制作宜在现场厂棚内进行；②下料应采用机械切割，严禁用电弧切割；③普通锚索束必须进行清污、除锈处理；④锚固段锚索束应按设计安装；⑤在锚索入孔前，必须校对锚索编号与孔号是否一致，做好标记；⑥锚索束必须顺直地安放在钻孔中心。

（4）锚固端灌浆应符合下列规定：①放入锚索束后应及时灌浆；②无黏结锚索孔灌浆宜一次注满锚固段和自由段；③灌浆应饱满、密实。

（5）锚索张拉应按设计要求进行，并应符合下列规定：①张拉设备必须按规定配套标定，标定间隔期不宜超过 6 个月，拆卸检修的张拉设备或压力表经受强烈撞击后，都必须重新标定；②孔内砂浆的强度未达到设计强度的 75%时，不得进行张拉；③锚索张拉采用张拉力和伸长值进行控制，用伸长值校核应力，当实际伸长值大于计算伸长值的 10%或小于 5%时，应暂停张拉，查明原因并处理后，可继续张拉；④锚索锁定后，在 48h 内若发现有明显的预应力松弛，应进行补偿张拉。

（6）封孔应符合下列规定：①封孔灌浆应在锚索张拉、检测合格、锁定后进行；②封孔灌浆时，进浆管必须插到底，灌浆必须饱满；③封孔灌浆后，锚头部分应涂防腐剂，并按设计要求及时进行封闭。

5. 抗滑桩

1）施工准备

（1）施工宜在旱季进行。雨季施工时，孔口应搭雨棚，做好锁口，孔口地面上加筑适当高度的围埂。

（2）应备好各项工序的机具、器材和井下排水、通风、照明设施，落实人员配备、施工组织计划。

（3）应整平孔口地面，设置地表截水、排水及防渗设施。

（4）应对滑坡变形、移动进行监测。

2）开挖及支护

（1）桩基开挖过程中，应随时核对滑动面情况，及时进行岩性资料编录，当其实际情况与设计不符时，应进行处理。

（2）应分节开挖，每节高度宜为 0.6~2.0m，分节不宜过长，不得在土石层变化处和滑动面处分节，挖一节立即支护一节。

（3）护壁应经过设计计算确定，应考虑到各种不利情况。护壁混凝土应紧贴围岩灌注，灌注前应清除孔壁上的松动石块、浮土。围岩较松软、破碎、有水时，护壁宜设泄水孔。

（4）开挖应在上一节护壁混凝土终凝后进行，护壁混凝土模板的支撑应在混凝土强度达到能保持护壁结构不变形后方可拆除。

(5) 在围岩松软、破碎和有滑动面的节段，应在护壁内顺滑动方向用临时横撑加强支护，并经常观察其受力情况，及时进行加固。

(6) 开挖桩群应从两端沿滑坡主轴间隔开挖，桩身强度不低于75%时可开挖邻桩。

(7) 弃渣严禁堆放在滑坡范围内。

3) 灌注桩身混凝土

(1) 灌注前，应对桩孔进行检查验收，合格后下放钢筋笼。钢筋笼质量应符合设计和相关规范要求。

(2) 钢筋笼搭接接头不得设在土石分界和滑动面处。

(3) 灌注必须连续进行。

4) 桩板式抗滑挡墙

(1) 桩身混凝土应达到设计强度后方可安装挡土板，挡土板安装时，应边安装边回填，并做好施工板后排水设施。

(2) 桩间支挡结构及与桩相邻的挡土、排水设施等，均应按设计要求与抗滑桩正确连接，配套完成。

六、路基排水工程

1. 边沟的设置与施工

1) 边沟的设置

用以汇集和排除路基范围内和流向路基的少量地面水的沟槽称为边沟。边沟设置在挖方路基的路肩外侧或低路堤路基的坡脚外侧，多与路中线平行。挖方地段和填土高度小于边沟深度的填方地段均应设置边沟，一般土质边沟宜采用梯形，矮路堤或机械化施工时可采用三角形，在场地宽度受到限制时，可用石砌矩形。石质路堑边沟可做成矩形，积雪、积砂路段宜做成流线形。

2) 边沟施工

(1) 施工工艺流程。施工放样→基坑开挖→沟体砌筑→养护→伸缩缝处理。

(2) 基槽开挖。放好边沟沟底沟沿边线，并用白灰在地上画出，利用人工挖掘、人工修整至设计尺寸，不能扰动沟底及坡面原土层，不允许超挖。基槽开挖除检查平面几何尺寸外，还要对表层松散、低洼、软基进行彻底处理，并人工夯实，达到平整度，然后请监理工程师检验合格后方可进行片石砌筑施工。

(3) 片石砌筑。①沟槽检验合格后，先用木桩每10m一处钉好砌石位置，挂好横断面线及纵断面线，即可按线砌筑。②一律采用坐浆(挤浆)法施工，严禁使用灌浆法，做到无空隙、无瞎缝、无通缝。③石块大面朝下，采用两顺一丁形式，保证墙体整体性和稳定性良好。④伸缩缝(沉降缝)位置按设计图要求设置，施工中保证沉降缝宽2cm，垂直度好，无倾斜扭曲现象，沉降缝的填塞随砌筑高度按设计要求同步进行。⑤砌筑过程中，随砌筑高度每15cm进行一次回填作业，回填料选用沙砾或碎石土，采用小型夯实机进行分层夯实或碾压，其压实度应达到96%。⑥勾缝一律采用凹缝，勾缝采用的砂浆强度为M10，砌体勾缝嵌入砌缝20mm深，缝槽深度不足时应凿够深度后再勾缝。每砌好一段，待浆砌砂浆初凝后，用湿草帘覆盖定时洒水养护，覆盖养护7~14d。养护期间避免外力碰撞、振动或承重。

2. 截水沟的设置与施工

1）截水沟的设置

截水沟又称天沟，是设置在挖方路基边坡坡顶以外或山坡路堤的上方，垂直于水流方向，用以截引路基上方流向路基的地面径流的排水设施。截水沟可以防止地表径流冲刷和侵蚀挖方边坡及路堤坡脚，并减轻边沟的泄水负担。截水沟的断面形状一般多为梯形，底宽不应小于0.5m，深度应根据拦截的水流量确定，不宜小于0.5m，边坡坡度视土质而定，一般土质可取1∶1~1∶1.5。

2）截水沟施工

(1) 施工工艺流程。施工准备→测量放线→截水沟开挖、基底清理→基底夯实→盘角、挂线、砌筑→砂浆勾缝抹面→成品养护。

(2) 测量组根据施工设计图设计位置、设计规范、技术交底结合现场地形放出截水沟的砌筑位置、长度和开挖轮廓线。截水沟基槽开挖后，基底务必清理干净，确保基底无松土、淤泥、杂质，并对沟底松软的部分进行夯实。

(3) 浆砌片石施工。截水沟采用挤浆法分层砌筑，每分层高度10~15cm，分层与分层间的砌筑砌缝应大致找平。

3. 排水沟的设置与施工

1）排水沟的设置

排水沟的主要用途在于引水，将路基范围内的各种水流引至桥涵或路基范围以外的指定地点。排水沟一般布设在坡面截水沟的两端或较低一端，用以排除截水沟不能容纳的地表径流。排水沟的终端连接蓄水池或天然排水道。

2）排水沟施工

(1) 施工工艺流程。场地清理→测量放样→机械开挖→土石方运输→边坡及路基修整→基坑成型。

(2) 排水沟施工要求。①排水沟的线形要求平顺，尽可能采用直线形，转弯处宜做成弧形，其半径不宜小于10m。排水沟长度根据实际需要而定，通常不宜超过500m。②排水沟沿路线布设时，应离路基尽可能远一些，距路基坡脚不宜小于3~4m。③当排水沟、截水沟、边沟因纵坡过大导致水流速度大于沟底、沟壁土的容许冲刷流速时，应采用边沟表面加固措施。

4. 跌水与急流槽

水流通过坡度大于10%、水头高差大于1.0m的陡坡地段或特殊陡坎地段时，宜设置跌水或急流槽。

1）跌水

(1) 设置位置：排水沟渠连接处或较长陡坡地段的沟渠。

(2) 功能：减缓水流速度或改变水流方向，并予以消能。

(3) 设计要点：单级跌水适用于排水沟渠连接处；多级跌水适用于较长陡坡地段的沟渠。

跌水的基本构造可分为进水口、消力池和出水口 3 个组成部分。跌水两端的土质沟渠应注意加固，保持水流畅通，不应产生水流冲刷或淤积。

2）急流槽

（1）设置位置：适用于水位落差较大的排水沟渠连接部位或出水口等处。

（2）功能：减缓水流速度并予以消能。

（3）设计要点：急流槽主体部分的纵坡依地形而定，一般可达 1∶1.5 以上。急流槽多用砌石(抹面)和水泥混凝土结构，或利用岩石坡面挖槽。

急流槽由进口、主槽(槽身)和出口 3 部分组成。

5. 渡槽与倒虹吸

当水流需要横跨路基，同时受到设计标高的限制，可以采用管道或沟槽，从路基底部或上部架空跨越，前者称为倒虹吸，后者为渡槽。

1）渡槽

（1）渡槽架设要求：满足道路对净空和美化要求；结构上具有足够强度；效能上适合排水要求。

（2）渡槽构造：进出水口、槽身和下部支承。

2）倒虹吸

（1）倒虹吸设置条件：路基横跨原有沟渠，且沟渠水位高于路基设计标高，不能按正常条件设置涵洞。

（2）倒虹吸构造：管道两端设竖井，井底标高低于管道，起沉淀泥沙和杂物作用，进口处设置沉沙池和拦泥栅。

6. 路基常用的地下排水设施

1）暗沟(盲沟)

（1）构造原理。沟内分层填以大小不同的颗粒材料，利用渗水材料透水性将地下水汇集于沟内，并沿沟排泄至指定地点。

（2）盲沟设置及作用。①一侧边沟下设盲沟，用以拦截流向路基的层间水，防止路基边坡滑坍和毛细水上升危及路基的强度和稳定性。②两侧边沟下均设盲沟，用以降低地下水位，防止毛细水上升至路基工作区，造成冻胀或翻浆。③设在路基挖方与填方交界处的横向盲沟，用于拦截和排除路堑下面层间水或小股泉水，保持路堤填土不受水害。

（3）基本构造。横断面成矩形，亦可做成上宽下窄的梯形。盲沟底部中间填以粒径较大的碎石，空隙较大；粗粒碎石两侧和上部，按一定比例分层填以较细粒径的粒料；底部和顶部一般设有 30cm 以上的不透水层。沟底具有 1%～2%的纵坡，出水口底面标高应高出沟外最高水位 20cm。

2）渗沟

（1）功能。采用渗透方式将地下水汇集于沟内，并通过沟底通道将水排至指定地点，它的作用是降低地下水位或拦截地下水，其水力特性是紊流。

（2）设置位置。视地下排水需要而定，大致与简易盲沟相同，但设置尺寸更大，埋置更深。

（3）结构形式。盲沟式：结构形式似盲沟，当排水量大、埋置深2~3m或达6m时，采用洞式或管式。

洞式渗沟：洞宽约20cm，高20~30cm；盖板用条石或混凝土预制板，板长约2倍洞宽，板厚不小于15cm，并预留渗水孔；洞身要求埋入不透水层，不然应在底部和两侧加设隔水层。

管式渗沟：水流量更大，排水距离长；管道一般为陶土或混凝土预制管，管壁上部留有渗水孔，渗水孔交错排列。管内径由水力计算而定，一般为0.4~0.6m，管底设基座。埋于冰冻线以下，必要时采取保温措施。

（4）施工技术。①边坡渗沟的基底应设置在潮湿土层以下的干燥地层内，阶梯式泄水坡坡度宜为2%~4%，基底应铺砌防渗层。沟壁应设反滤层，其余部分用透水性材料填充。②在渗沟的迎水面设置粒料反滤层时，粒料反滤层应用颗粒大小均匀的碎石、砾石分层填筑。③渗沟基底应埋入不透水层，渗沟沟壁的一侧应设反滤层汇集水流，另一侧用黏土夯实或浆砌片石拦截水流，如渗沟沟底不能埋入不透水层时，两侧沟壁均应设置反滤层。④渗沟宜从下游向上游开挖。

3）渗井

（1）功能。渗井属于水平方向的地下排水设备，当地下存有多层含水层，其中影响路基的上部含水层较薄、排水量不大且平式渗透难以布置时，采用设置渗井穿过不透水层，将路基范围内的上层地下水引入更深的含水层中，以降低上层的地下水位或全部予以排除。

（2）设置。当路基附近的地面水或浅层地下水无法排除，影响路基稳定时，可设置渗井，将地面水或地下水经渗井通过下透水层中的钻孔流入下层透水层中排除。

（3）基本构造。渗井的孔径及渗水量按水力计算而定，渗井一般为直径1.0~1.5m的圆柱形；井内由中心向四周按层次，分别填入由粗而细的沙石材料，粗粒渗水，细料反滤。当地下水埋藏较深或有固定含水层时，宜采用渗井。

（4）施工技术。①填充料含泥量应小于5%，按单一粒径分层填筑，不得将粗细材料混杂填塞，下层透水层范围内宜填碎石或卵石，上层不透水范围内宜填砂或砾石，井壁与填充料之间应设反滤层。②渗井顶部四周用黏土填筑围护，井顶应加盖封闭。③渗井开挖应根据土质选用合理的支撑形式，并应随挖随支撑、及时回填。

第二节　路面基层施工

一、路面基层材料分类

1. 按材料力学行为分类

路面基层材料按材料力学行为分类，具体如图2-8所示。

2. 按材料组成分类

路面基层材料按材料组成分类，具体如图2-9所示。

- 按材料力学行为分
  - 半刚性类（基层、底基层）
    - 水泥稳定类
    - 石灰稳定类
    - 石灰工业废渣类(石灰粉煤灰、石灰钢渣类)
    - 综合稳定类(水泥粉煤灰稳定类、水泥石灰稳定类等)
  - 柔性类
    - 有机结合料稳定类(沥青碎石、沥青贯入等)
    - 无黏结粒料类(级配碎石、级配砾石、填隙碎石、级配碎砾石类等)
  - 刚性类
    - 贫混凝土基层
    - 水泥混凝土基层
    - 连续配筋水泥混凝土基层

图 2-8　按材料力学行为分类

- 按材料组成分
  - 有结合料稳定类
    - 有机结合料稳定类(沥青碎石、沥青贯入等)
    - 有机结合料稳定类
      - 水泥稳定类
      - 石灰稳定类
      - 石灰工业废渣类(石灰粉煤灰、石灰钢渣类)
      - 综合稳定类(水泥粉煤灰稳定类、水泥石灰稳定类等)
  - 无黏结粒料类(级配碎石、级配砾石、填隙碎石、级配碎砾石类等)

图 2-9　按材料组成分类

二、路面基层施工

1. 级配碎石基层、底基层施工

1）级配碎石、砾石基层

级配碎石、砾石基层由各种粗集料按最佳级配原理修筑而成。级配碎石、砾石是用大小不同的材料按一定比例配合、逐级填充空隙，并借黏土黏结的，经过压实后，能形成充实结构。级配碎石、砾石基层强度是由摩阻力和黏结力构成的，具有一定的水稳性和力学强度。

2）材料要求

粗、细碎石集料和石屑各占一定比例的混合料，当其颗粒组成符合密级配要求时，称级配碎石。级配碎石做基层时，材料应该满足下列要求：(1)石料应具有足够的强度。(2)碎石、砾石的压碎值，高等级公路不大于 30%，一般公路不大于 35%。(3)碎石、砾石中的扁平、长条颗粒总含量应不超过 20%。(4)用于基层时，碎石、砾石的最大粒径不应超过 40mm，用作底基层时，碎石、砾石的最大粒径不应超过 50mm。

3）施工工艺流程

(1) 施工放样。恢复中线，并在两侧路肩边缘外 0.3～0.5m 设指示桩，逐个断面进行高程测量，并在指示桩上标记结构层的设计高度。

（2）准备底基层。土基或垫层等底基层的表面应平整、坚实，具有一定的路拱，没有松散材料和软弱地方。底基层的平整度和压实度应满足规范要求。

（3）计算材料用量。根据各路段基层或底基层的宽度、厚度及预定的干密度，计算所需要的各种集料的数量，并推算每车材料的堆放间距。

（4）运输集料。同一料场的路段，运输应由远而近按计算的间距堆放，堆放的时间不宜过长，一般仅提前数天。料堆间每隔一定距离应留缺口用以排水。用自卸翻斗车运输集料，装车时，应控制每车料的数量基本相同。卸料和摊铺通常由远而近全断面摊铺，尽量不留纵缝。在摊铺段两侧先培土以控制基层的宽度和厚度。

（5）拌和及整型。拌和时，稳定土拌和机应拌和2遍以上，且深度应到级配碎石底层，最后一遍拌和前，可先用拌和机贴底面翻拌一遍。结束时，混合料的含水量应均匀，并较最佳含水率大1%左右，且不应出现离析现象。使用平地机整平，在整型中应禁止车辆通行。

（6）碾压。整型后，立即用12t以上三轮压路机、振动压路机或轮胎压路机进行碾压。碾压应由两侧路肩向路中心，由曲线内侧向外侧进行碾压，后轮应重叠1/2轮宽，且须超过两段的接缝处。一般需碾压6~8遍，并使表面没有明显轨迹。头两遍的速度宜为1.5~1.7km/h，以后为2.0~2.5km/h。

（7）接缝处理。作业段的衔接处，应搭接拌和。第一段拌和后，应留5~8m不进行碾压。第二段施工时，将留下的部分一起加水拌和，整平后一起碾压。

4）级配碎石、砾石基层施工要求

集料级配满足要求，配料要准确，细料的塑性指数要符合规定，掌握好松铺厚度，路拱横坡符合规定，拌和均匀，避免粗细颗粒离析。

2. 半刚性路面基层、底基层施工

1）半刚性基层分类

（1）石灰稳定类基层。在粉碎的土和原状松散的土（包括各种粗、中、细粒土）中掺入适量的石灰和水，按照一定技术要求，经拌和，在最佳含水量下摊铺、压实及养生，其抗压强度符合规定要求的路面基层，即得到石灰稳定类基层。

（2）水泥稳定类基层。在粉碎的土或原状松散的土（包括各种粗、中、细粒土）中，掺入适当水泥和水，按照技术要求，经拌和摊铺，在最佳含水量时压实及养护成型，其抗压强度符合规定要求，以此修建的路面基层称为水泥稳定类基层。

（3）工业废渣稳定类基层。用一定数量的石灰与粉煤灰、水泥与粉煤灰或石灰与煤渣等混合料与其他集料或土配合，在最佳含水量下，经拌和、压实及养生后得到的混合料，其抗压强度符合规定时即得到工业废渣稳定类基层。

（4）综合稳定类基层。综合稳定材料是两种或两种以上无机结合材料稳定的强度符合要求的混合料。

2）材料要求

（1）对集料和土的一般要求是能被经济地粉碎，满足一定级配要求，便于碾压成型，并应满足以下指标要求：液限和塑性指数、颗粒组成、压碎值和硫酸盐及腐殖质要求。

（2）无机结合料的要求如下。①水泥：应选用终凝时间6h以上的水泥。②石灰：满足三级以上消石灰或生石灰的要求。③粉煤灰：符合主要成分、烧失量、粒径的要求。④煤渣：松干密度700~1000kg/m^3，最大粒径小于30mm。

3）施工工艺流程

底基层准备与施工放养→备料→拌和、运输与摊铺→碾压→养生。

4）水泥稳定类基层、底基层施工

（1）水泥稳定碎石拌和。用水泥拌和机进行水泥稳定碎石拌和。

（2）水泥稳定碎石混合料运输。

（3）水泥稳定碎石混合料摊铺。使用摊铺机摊铺水泥稳定碎石混合料。

（4）水泥稳定碎石混合料基层碾压。使用6t以上的压路机碾压水泥稳定碎石混合料基层。

（5）水泥稳定碎石混合料基层养生。养生时间不少于7d，这期间禁止车辆通行，每日洒水车洒水养护2~4遍，保持湿润。

三、施工质量控制及检查验收

1. 现场施工控制

1）一般规定

各类基层和底基层压实度代表值(平均值的下置信界限)不得小于规定代表值，单点不得小于规定极值。小于规定代表值2%的测点，应按其占总检查点数的百分率计算合格率。

垫层的质量要求同相同材料的其他道路的底基层；联结层的质量要求同相应的基层或面层；中级路面的质量要求同相同材料的其他道路的基层。

水泥混凝土上加铺沥青面层的复合式路面，两种结构均需进行检查评定。其中，水泥混凝土路面结构不检查抗滑构造，平整度可按相应等级公路的标准；沥青面层不检查弯沉。

2）基本要求

（1）基层质量必须符合规定要求，并应进行弯沉测定，验算的基层整体模量应满足设计要求。

（2）水泥强度、物理性能和化学成分应符合国家有关标准及规范的规定。

（3）粗集料、细集料、水、外掺剂及接缝填缝料应符合设计和施工规范要求。

（4）施工配合比应根据现场测定水泥的实际强度进行计算，并经试验，选择采用最佳配合比。

（5）面层与其他构造物相接应平顺，检查井井盖顶面高程应高于周边路面1~3mm。雨水口标高按设计比路面低5~8mm，路面边缘无积水现象。

2. 基层试验检测

1）力学强度与孔隙率的试验检测

（1）灌注试件。在基层施工过程中，在搅拌机当中直接取出成品料进行试件的灌注。

（2）基层取心。基层施工完毕并连续养护28d之后，于顶面进行钻心取样，孔隙率平均值确定为20.35%。

由于孔隙率会对心样与试样造成影响，在将孔隙率确定为20%时，试件实际抗压强度比心样略大，具体结果为：

① 心样：当孔隙率为 20. 35%时，抗压强度为 8. 92MPa，当孔隙率被折算至 20%时，抗压强度为 9. 078MPa，误差为 0。

② 1#试件：当孔隙率为 19. 72%时，抗压强度为 9. 956MPa，当孔隙率被折算至 20%时，抗压强度为 9. 817MPa，与心样抗压强度相差 7. 5%。

③ 2#试件：当孔隙率为 12. 67%时，抗压强度为 15. 546MPa，当孔隙率被折算至 20%时，抗压强度为 9. 848MPa，与心样抗压强度相差 7. 8%。在测试过程中，室内气温保持恒定，为 32℃。

（3）对比。在非试验段，标准件经 28d 养护后的抗压强度在 3～4MPa 范围内，即便在半年后，其强度也只有 8～9MPa。基于此，根据以上结果，若使用水稳碎石取代三渣材料，则抗压强度可以达到设计要求。

（4）检验。按相关施工技术与验收规范检验，采用式(2-1)分析：

$$\sigma_{折} = 1.868\sigma_{劈}^{0.871} \tag{2-1}$$

将心样对应的平均劈裂强度值折算为抗折强度以后，与试件的抗折强度基本符合。试件的孔隙不会对其抗折强度造成太大影响，结果为：

① 心样：孔隙率为 18. 44%，抗折强度为 2. 739MPa。

② 1#试件：孔隙率为 17. 89%，抗折强度为 2. 801MPa，与心样相差 2. 2%。

③ 2#试件：孔隙率为 12. 84%，抗折强度为 2. 867MPa，与心样相差 4. 7%。在测试过程中，室内气温保持恒定，为 32℃。

由以上结果可以看出，将三渣基层材料替换为水稳碎石后，基层抗弯拉强度可以达到设计要求。

2）排水性能试验检测

（1）基层的排水设计。水稳碎石基层渗入量根据表面水进行设计，按照达西定律，可确定基层泄水能力，计算公式见式(2-2)：

$$Q_i = K_b iA = K_b i_b h \tag{2-2}$$

式中　Q_i——泄水能力，$m^3/d \cdot m$；

K_b——基层渗透系数，m/d；

i——水力坡度；

i_b——基层横坡；

A——过水段面积，m^2；

h——基层厚度，m。

由式(2-2)可知，泄水能力为基层材料自身渗透系数、厚度和宽度之间的数学函数。水从路面下渗的量，可采用式(2-3) 计算确定：

$$Q_i = I_a BK \tag{2-3}$$

式中　I_a——路面上单位面积设计确定的渗水率，$m^3/(d \cdot m^2)$；

B——单向坡度路宽，m；

K——渗透安全系数。

(2)职水渗入量与渗透安全系数的计算。在该试验段中，1#段单向坡度路宽为 16m，基层上下两侧边缘比路面宽出 0. 15m，此时需将单向坡度路宽确定为 16. 15m。按照相关规范的要求，路面上单位面积设计确定的渗水率为 0. 15m³/(d·m²)。将以上数值代入式(2-2)中后，可得出水从路面上下渗的数量为 0. 15×16. 15×K。该段基层材料的渗透系数取 1. 20cm/s，基层总厚 15cm，设基层顶面和底面局部空隙有 2cm 的深度被堵塞，则有效厚度等于 13cm，基层表面的横坡为 2%。据此，单位时间泄水量等于 2. 70×10^{-2}m³/d·m。对于渗透安全系数，可采用式(2-4)计算得出：

$$K=\frac{Q_i}{I_a B} \tag{2-4}$$

在式(2-4)中代入数值后，可得渗透安全系数为 1. 114，满足不小于 1 的要求。具体的计算结果为：

① 1[#]段基层：层厚为 15cm，路面宽 16cm，基层表面设 2%的横坡，渗透系数取 1. 20cm/s，路表面的渗水率经计算等于 0. 15m³/(d·m²)，单位长度基层上的泄水量经计算等于 2. 7×10^{-2}m³/(d·m)，渗透安全系数经计算等于 1. 114。

② 2[#]段基层：层厚为 17cm，路面宽 28. 8cm，基层表面设 2%的横坡，渗透系数取 2. 619cm/s，路表面的渗水率经计算等于 0. 15m³/(d·m²)，单位长度基层上的泄水量经计算等于 6. 788×10^{-2}m³/(d·m)，渗透安全系数经计算等于 1. 563。

③ 3[#]段基层：层厚为 17cm，路面宽 23. 5cm，基层表面设 2%的横坡，渗透系数取 2. 392cm/s，路表面的渗水率经计算等于 0. 15m³/(d·m²)，单位长度基层上的泄水量经计算等于 6. 2×10^{-2}m³/(d·m)，渗透安全系数经计算等于 1. 748。

从以上结果可以看出，3 个节段的渗透安全系数都能满足不小于 1 的要求。因此，采用水稳碎石作为排水基层，能满足渗透系数方面的要求。

第三节　路面面层施工

一、路面面层材料选择

1. 水泥混凝土路面

水泥混凝土作为筑路材料用于铺筑路面最早是在英国。1914 年第一次世界大战后，水泥混凝土路面得到了广泛应用；20 世纪 30~40 年代，水泥混凝土路面由于高强、耐久、行车性能好等一系列优点，在欧美各国发展迅速。

我国水泥混凝土路面虽起步较晚，但自 20 世纪 80 年代初以来，我国积极开展水泥混凝土路面的推广工作，经过 40 年的艰苦努力，如今已成为当今世界上拥有水泥混凝土路面里程最多的国家之一。

如何充分利用我国的现有资源，提高国家在道路建设中投入资金的使用效率，是一个比较现实的问题。我国石灰岩资源丰富，是世界上的水泥生产大国。近几年水泥产量持续上升，2015 年水泥产量为 2. 348×10^9t，稳居世界第一。近年来，国家又强制关闭一批 1. 0×10^5t/a 以下的水泥小厂，使得水泥质量逐步提高并日趋稳定。这些为确保水泥混凝土路面质量打下了基础。

水泥混凝土路面是道路高级路面的主要结构形式。我国在加快发展路面里程的同时，也在为提高水泥路面的质量进行着不懈努力。如不断完善设计理论与方法、强化施工组织与管理、组织科技研究与攻关、引进先进技术与设备，以保证水泥混凝土具有足够的强度、稳定性、抗滑性、耐久性和平整度，为我国水泥混凝土路面的健康发展起到了重要作用。

水泥混凝土面层结构常见为25cm厚C35水泥混凝土路面，基层同样采用50cm厚4%~6%水泥稳定粉渣，工程造价约为203元/m^2。

2. 沥青混凝土路面

沥青混凝土路面指的是用沥青混凝土做面层的路面，这是一种在柔性基层、半刚性基层上，铺筑一定厚度的沥青混合料作为面层的路面结构。由于沥青路面使用沥青混合料，从而增强了矿料间的黏结力，提高了混合料的强度和稳定性，使路面的使用性能和耐久性能都得到较大提高。

自20世纪50年代以来，各国修建沥青混凝土路面的数量迅速增长，所占比例日益增大。近20年来，在我国的城市道路和高等级公路中，使用沥青材料修建的沥青路面，已成为我国城市道路和高等级公路中的主要路面形式。

与水泥混凝土路面相比，沥青路面具有表面平整、无接缝、行车舒适、耐磨性好、噪声较低、施工期短、养护简单、维修方便、适于分期修建等特点，因此，在路面工程中得到广泛应用。

沥青路面属于一种柔性路面，其强度与稳定性在很大程度上取决于土基和基层的特性。沥青路面的抗弯强度较低，因而要求路面的基础应具有足够的强度和稳定性。在低温情况下，沥青路面的抗变形能力很低，在寒冷地区为了防止土基不均匀冻胀而使沥青路面开裂，需设置防冻层。沥青面层修筑后，由于其透水性很差，土基和基层内的水分难以排出，在潮湿路段易发生土基和基层变软，从而导致路面的破坏。因此，必须提高基层的水稳定性，尽可能采用结合料处治的整体性基层。

对于交通量较大的路段，为了使沥青路面具有一定的抗弯拉和抗疲劳开裂的能力，宜在沥青面层下设置沥青结合料联结层。当采用较薄的沥青面层时，特别是在旧路面上加铺沥青面层时，要采取措施加强面层与基层之间的黏结，以防止水平力作用而引起沥青面层的剥落、推挤等方面的破坏。

常见沥青混凝土面层结构有4cm改性沥青马蹄脂碎石混合料(SMA-13)、6cm中粒式改性沥青混凝土(AC-20)、7cm粗粒式改性沥青混凝土(AC-25)、乳化沥青、AL(M)-2沥青等，基层通常采用50cm厚4%~6%水泥稳定粉渣。SMA沥青玛蹄脂碎石混合料工程造价较贵，约为340元/m^2；其次SBSAC改性沥青混凝土工程造价约为324元/m^2，普通沥青混凝土工程造价约为282元/m^2。

3. 水泥混凝土与沥青混凝土复合式路面

水泥混凝土与沥青混凝土复合式路面，因混凝土路面提供了稳定坚实的基础，沥青混凝土面层采用纵横缝粘贴改性沥青油毡、玻璃纤维加筋层，能有效防止地表水渗入土基，同时又能防止地下水通过水泥混凝土板接缝进入沥青混合料面层，延长面层结构使用寿命，可有效防止混凝土板块的温度、竖向剪应力的作用，防止和减少荷载型反射裂缝的发生。

水泥混凝土与沥青混凝土复合式路面，一般属于旧路改造项目采用的形式。随着城市化进程加快和基础设施的统一建设，对原有道路进行拓宽改建道路有明显的需求。在旧水泥混凝土路面上加铺沥青照面，结构有4cm沥青马蹄脂碎石混合料(SMA-13)、6cm中粒式改性沥青混凝土(AC-20)等，不包含基层材料的工程造价约为200元/m^2。

4. 路面形式的选择

由于水泥混凝土路面与沥青混凝土路面各有其优缺点，应根据不同的地域、地质情况，采用不同的路面形式：

(1) 对于城市高速公路、快速路和主干路，首选改性沥青混凝土路面；

(2) 对于中心街道范围内且车流量较大的次干路，可选改性沥青混凝土路面或水泥混凝土路面；

(3) 对于支路和车流量较小的次干路，以选用水泥混凝土路面为主。

二、水泥混凝土路面施工

1. 水泥混凝土配合比设计

(1) 水泥混凝土配合比设计适用于滑模摊铺机、三辊轴机组及小型机具施工的水泥混凝土、钢筋混凝土、连续配筋混凝土面层水泥混凝土目标配合比设计。

(2) 面层水泥混凝土配制28d弯拉强度均值宜按式(2-5)计算确定：

$$f_c = [f_r/(1-1.04c_v)] + ts \tag{2-5}$$

式中 f_c——混凝土试配28d弯拉强度的均值，MPa；

f_r——混凝土设计弯拉强度标准值，MPa。按设计确定，且不应低于《公路水泥混凝土路面设计规范》(JTGD 40—2011)表3.0.8的规定；

t——混凝土强度保证率系数，应按表2-1确定；

表2-1 混凝土强度保证率系数 t

公路技术等级	判别概率 p	样本数 n/组			
		6	9	15	≥20
高速公路	0.05	0.79	0.61	0.45	0.39
一级公路	0.10	0.59	0.46	0.35	0.40
二级公路	0.15	0.46	0.37	0.28	0.24
三、四级公路	0.20	0.37	0.29	0.22	0.19

s——混凝土弯拉强度试验样本的标准差，MPa，有试验数据时应使用试验样本的标准差；无试验数据时可按公路等级及设计弯拉强度，参考表2-2规定范围确定；

表2-2 各级公路水泥混凝土面层弯拉强度试验样本的标准差 s

公路等级	目标可靠度/%	目标可靠指标	样本的标准差 s/MPa
高速公路	95	1.64	$0.25 \leq s \leq 0.50$
一级公路	90	1.28	
二级公路	85	1.04	$0.45 \leq s \leq 0.67$

续表

公路等级	目标可靠度/%	目标可靠指标	样本的标准差 s/MPa
三级公路	80	0.84	$0.40 \leqslant s \leqslant 0.80$
四级公路	70	0.52	

c_v——弯拉强度变异系数，应按统计数据取值，小于 0.05 时取 0.05，在无统计数据时，可按表 2-3 的规定范围内取值，其中高速公路、一级公路变异水平应为低，二级公路变异水平应不低于中。

表 2-3 变异系数 c_v 的范围

弯拉强度变异水平等级	弯拉强度变异系数 c_v 的范围	弯拉强度变异水平等级	弯拉强度变异系数 c_v 的范围
低	$0.05 \leqslant c_v \leqslant 0.10$	高	$0.15 \leqslant c_v \leqslant 0.20$
中	$0.10 \leqslant c_v \leqslant 0.15$		

（3）不同施工工艺混凝土拌和物的工作性应符合下列规定。

① 碎石混凝土滑模摊铺时的坍落度宜为 10~30mm，卵石混凝土滑模摊铺时的坍落度宜为 5~20mm，振动黏度系数宜为 200~500N·s/m^3。混凝土拌和物振动黏度系数试验方法见《公路水泥混凝土路面施工技术细则》(JTG/T F 30—2014)附录 A。

② 三辊轴机组摊铺时，拌和物的现场坍落度宜为 20~40mm。

③ 小型机具摊铺时，拌和物的现场坍落度宜为 5~20mm。

④ 拌和楼(机)出口拌和物坍落度值，应根据不同工艺摊铺时的坍落度值加上运输过程中坍落度损失值确定。

（4）各级公路面层水泥混凝土的最大水灰(胶)比和最小单位水泥用量应符合表 2-4 的规定。最大单位水泥用量不宜大于 420kg/m^3；使用掺和料时，最大单位胶材总量不宜大于 450kg/m^3。

表 2-4 各级公路面层水泥混凝土的最大水灰(胶)比和最小单位水泥用量

公路等级		高速、一级公路	二级公路	三、四级公路
最大水灰(胶)比		0.44	0.46	0.48
有抗冰冻要求时最大水灰(胶)比		0.42	0.44	0.46
有抗盐冻要求时最大水灰(胶)比		0.40	0.42	0.44
最小单位水泥用量/(kg/m^3)	52.5 级	300	300	290
	42.5 级	310	310	300
	32.5 级	—	—	315
有抗冰冻、抗盐冻要求时最小单位水泥用量/(kg/m^3)	52.5 级	310	310	300
	42.5 级	320	320	315
	32.5 级	—	—	325
掺粉煤灰时最小单位水泥用量/(kg/m^3)	52.5 级	250	250	245
	42.5 级	260	260	255
	32.5 级	—	—	265
有抗冰冻、抗盐冻要求时掺粉煤灰混凝土最小单位水泥用量/(kg/m^3)	52.5 级	265	260	255
	42.5 级	280	270	265

① 处在除冰盐、海风、酸雨或硫酸盐等腐蚀性环境中或在大纵坡等加减速车道上，最大水灰(胶)比宜比表 2-4 中的数值降低 0.01~0.02。

② 掺粉煤灰并有抗冰冻、抗盐冻要求时，面层不应使用 32.5MPa 水泥。

(5) 严寒与寒冷地区面层水泥混凝土的抗冻等级不应低于表 2-5 的要求。

表 2-5 严寒与寒冷地区面层水泥混凝土的抗冻等级

公路等级	试件	抗冻等级/F≥	
		严寒地区	寒冷地区
高速公路、一级公路	基准配合比	300	250
	现场取心	250	200
二、三、四级公路	基准配合比	250	200
	现场取心	200	150
试验方法	基准配合比按《公路工程水泥及混凝土试验规程》(JTG 3420—2020)的要求进行	现场取心按《公路水泥抗冻等级细则》附录 B.1 进行	

注：严寒指当地最冷月平均气温低于-8℃的地区；寒冷指当地最冷月平均气温低于-8~-3℃的地区。

(6) 面层水泥混凝土应掺加引气剂，确保其抗冻性，提高工作性；拌和机出口拌和物含气量均值及允许偏差范围宜符合表 2-6 的规定，钻心实测水泥混凝土面层最大气泡的间距系数宜符合表 2-7 的要求。

表 2-6 拌和机出口拌和物含气量均值及允许偏差范围

公称最大粒径/mm	无抗冻要求/%	有抗冻要求/%	有抗盐冻要求/%	试验方法
9.50	4.5±1.0	5.0±0.5	6.5±0.5	混凝土拌和物含气量测定应符合《公路工程水泥及混凝土试验规程》(JTG 3420—2020)的要求
16.0	4.0±1.0	4.5±0.5	5.5±0.5	
19.0	4.0±1.0	4.0±0.5	5.0±0.5	
26.0	3.5±1.0	3.5±0.5	4.5±0.5	
31.5	3.5±1.0	3.5±0.5	4.0±0.5	

表 2-7 水泥混凝土面层最大气泡的间距系数(单位：μm)

环境		公路等级		试验方法
		高速、一级公路	二、三、四级公路	
严寒地区	冰冻	275±25	300±35	气泡间距系数检测方法应符合《公路盐冻水泥混凝土路面施工技术细则》附录 B.2
	盐冻	225±25	250±35	
寒冷地区	冰冻	325±45	350±50	
	盐冻	275±45	300±50	

(7) 各级公路面层水泥混凝土有抗盐冻要求时，应按《公路水泥混凝土路面施工技术细则》附录 C 方法检测混凝土的抗盐冻性，5 块试件经受 30 次盐冻循环后，其平均剥落量小于 1.0kg/m^3 为合格，大于或等于 1.0kg/m^3 为不合格。

（8）各等级公路面层水泥混凝土的磨损量宜符合表 2-8 的规定。

表 2-8　各等级公路面层水泥混凝土的磨损量要求

公路等级	磨损量/(kg/m^2)
高速、一级公路	≤3.0
二级公路	≤3.5
三、四级公路	≤4.0
试验方法	《公路工程水泥及混凝土试验规程》(JTG 3420—2020)

（9）处在海水、海风、酸雨、除冰盐或硫酸盐等腐蚀环境中的面层水泥混凝土，使用道路硅酸盐水泥或硅酸盐水泥时，宜掺加适量粉煤灰、矿渣粉、硅灰或复合矿物掺和料。桥面水泥混凝土中宜掺加矿渣粉与硅灰，不宜掺加粉煤灰。

（10）面层水泥混凝土配合比设计采用正交试验法时应符合下列规定。

① 试验可变因素应根据混凝土的性能要求和材料变化情况由试验确定。水泥混凝土可选水泥用量、用水量、砂率或粗集料填充体积率 3 个因素；掺粉煤灰的混凝土可选用水量、基准胶材总量、粉煤灰掺量、粗集料填充体积率 4 个因素。每个因素至少应选定 3 个水平，并宜选用 L9(34)正交表安排试验方案。

② 对正交试验结果进行直观及回归分析，回归分析的考查指标应包括坍落度、弯拉强度、磨损量。有抗冰冻、抗盐冻要求的地区，还应包括抗冻等级、抗盐冻性。

③ 满足上述要求的正交配合比，可确定为目标配合比。

（11）二级及二级以下公路采用经验公式法时，可按下列规定进行。

① 计算水灰比。无掺和料时，根据粗集料的类型，水灰比可分别按式(2-6)和式(2-7)计算。

碎石或碎卵石混凝土：

$$W/C = 1.5684/(f_c + 1.0097 - 0.3595f_s) \tag{2-6}$$

卵石混凝土：

$$W/C = 1.2618/(f_c + 1.5492 - 0.4709f_s) \tag{2-7}$$

式(2-6)和式(2-7)中，W/C 为混凝土的水灰比；f_s 为水泥实测 28d 的抗折强度，MPa；f_c 为面层水泥混凝土配制 28d 弯拉强度的均值，MPa。

② 计算水胶比。掺加粉煤灰、硅灰、矿渣粉等掺和料时，应计入超量取代法中代替水泥的那一部分掺和料用量(代替砂的超量部分不计入)计算水胶比。计算水胶比(或水灰比)大于表 2-4 的规定时，应按表 2-4 取值。

③ 水泥混凝土的砂率宜根据砂的细度模数和粗集料种类，按表 2-9 进行选取。在做抗滑槽时，砂率可在表 2-9 的基础上增大 1%~2%。

表 2-9　水泥混凝土的砂率

砂的细度模数	砂率 S_p/%		砂的细度模数	砂率 S_p/%	
	碎石	卵石		碎石	卵石
2.2~2.5	30~34	28~32	3.1~3.4	36~40	34~38
2.5~2.8	32~36	30~34	3.4~3.7	38~42	36~40
2.8~3.1	34~38	32~36			

注：相同细度模数时，机制砂的砂率宜偏低限取用；破碎卵石可在碎石和卵石之间按内插取值。

④ 根据粗集料种类和坍落度要求，按经验式(2-8)~式(2-10)计算单位用水量。计算单位用水量大于表2-10最大用水量的规定时，应通过采用减水率更高的外加剂降低单位用水量。

表2-10 面层水泥混凝土最大单位用水量 kg/m^3

施工工艺	碎石混凝土	卵石混凝土	施工工艺	碎石混凝土	卵石混凝土
滑模摊铺机摊铺	160	155	小型机组摊铺	150	145
三辊轴机摊铺	153	148			

注：破碎卵石混凝土最大单位用水量可在碎石和卵石之间按内插取值。

碎石：

$$W_0 = 104.97 + 0.309S_L + 11.27C/W + 0.61S_P \tag{2-8}$$

卵石：

$$W_0 = 86.89 + 0.370S_L + 11.24C/W + 1.00S_P \tag{2-9}$$

式中 W_0——不掺外加剂与掺和料混凝土的单位用水量，kg/m^3；

S_L——混凝土拌和物的坍落度，mm；

S_P——混凝土的砂率，%；

C/W——灰水比，水灰比的倒数。

掺加外加剂的混凝土单位用量，可按式(2-10)进行计算：

$$W_{0W} = W_0(1 - \beta/100) \tag{2-10}$$

式中 W_{0W}——掺加外加剂混凝土的单位用水量，kg/m^3；

β——所用外加剂剂量的实测减水率，%。

⑤ 计算单位水泥用量。可由式(2-11)计算，计算结果小于表2-4中规定值时，应取表2-4的规定值。

$$C_0 = C/W \times W_0 \tag{2-11}$$

式中 C_0——单位体积水泥用量，kg/m^3。

⑥ 集料用量可按密度法或体积法计算。按密度法计算时，混凝土单位质量可取2400~2450kg/m^3；按体积法计算时，应计入设计含气量。

⑦ 经计算得到的配合比，应验算粗集料填充体积率。粗集料填充体积率不宜小于70%。

(12) 掺用掺和料时配合比设计应符合下列规定。

① 掺用矿渣粉或硅灰时，配合比设计应采用等量取代水泥法，掺量应通过试验确定，并应扣除水泥中相同数量的矿渣粉或硅灰。

② 掺用粉煤灰时，配合比设计宜按超量取代法进行，取代水泥的部分应扣除等量水泥；超量部分应代替砂，并折减用砂量。

③ Ⅰ、Ⅱ级粉煤灰的超量取代系数可按表2-11初选。粉煤灰代替水泥的最大掺量，Ⅰ型硅酸盐水泥不宜大于30%；Ⅱ型硅酸盐水泥不宜大于25%；道路硅酸盐水泥不宜大于20%。粉煤灰总掺量应通过试验最终确定。

表 2-11　各级粉煤灰的超量取代系数

粉煤灰等级	超量取代系数 k	粉煤灰等级	超量取代系数 k
Ⅰ	1.1~1.4	Ⅲ	1.5~2.0
Ⅱ	1.3~1.7		

2. 水泥混凝土路面施工

1）施工准备

施工前的准备工作包括选择拌和场地、材料准备及质量检验、混合料配合比检验与调整、基层的检验与整修、施工放样等工作。

（1）材料准备及质量检验。根据施工组织设计，在施工前分别备好所需水泥、粗集料、细集料、外加剂等材料，并在实际使用时核对调整。已备水泥除应查验其出厂质量报告单外，还应逐批抽验其细度凝结时间、安定性及 3d、7d 和 28d 的抗压强度等是否符合要求。为了节省时间，可采用 2h 压蒸快速测定方法测定推算。

（2）混合料配合比检验与调整。主要包括工作性的检验与调整、强度的检验，以及选择不同用水量、不同水灰比、不同砂率或不同级配等配制混合料，通过比较，从中选出经济合理的方案。

（3）基层检验与整修。主要包括基层质量检验和测量放样。基层的质量检查项目为基层强度（以基层顶面的当量回弹模量值或以测定的计算回弹弯沉值作为检查指标）、压实度、平整度（以 3m 钢直尺测量）、宽度、纵坡高程和横坡（用水准仪测量）。

测量放样首先应根据设计图纸放出路中心线以及路边线，设置胀缝、缩缝、曲线起讫点和纵坡转折点等桩位，同时根据放好的中心线和边线，在现场核对施工图线的混凝土分块线，要求分块线距窨井盖及其他公用事业检查井盖的边线至少留有 1m 的距离，否则应移动分块线的距离。

2）拌和与运输

混凝土拌和设备应附有可自动计量供料系统，如无此条件时，可采用集料箱加“地磅”称量的方法进行计量。在运输过程中，为了保证混凝土的工作性，应考虑蒸发水和水化失水，以及因运输颠簸和振动使混凝土发生离析等。在一般情况下，坍落度大于 5.0cm 时，用搅拌运输车运输，且运输时间不超过 1.5h；坍落度小于 2.5cm 时，用自卸汽车运输，且运输时间不超过 1h。若运输时间超过极限值时，可加入缓凝剂。拌和物运到摊铺现场后，倾卸于摊铺机的卸料机内。

3）铺筑与振捣

（1）轨模安装。轨道式摊铺机施工的整套机械是在轨道上移动前进，并以轨道为基准控制路面表面高程。由于轨道和模板同步安装，统一调整定位，因此将轨道固定在模板上，既可作为水泥混凝土路面的侧模，也是每节轨道的固定基座。轨道的高程控制、铺轨的平直、接头的平顺，将直接影响路面的质量和行驶性能。

（2）摊铺。摊铺是将倾卸在基层上或摊铺机箱内的混凝土按摊铺厚度均匀地充满模板范围内。

（3）振捣。水泥混凝土摊铺后，就应进行振捣。振捣可采用振捣机或插入式振捣器进行。混凝土振捣机是跟在摊铺机后面，对水泥混凝土拌和物进行再次整平和捣实的机械。插入式振捣器主要是对路面板的边部进行振捣，以达到应有的密实性和均匀性。

4）表面修整

捣实后的混凝土要进行平整、精光、纹理制作等工序，使竣工后的混凝土路面具有良好的路用性能。

5）接缝处理

混凝土面层是由一定厚度的混凝土板所组成的，具有热胀冷缩的性质，混凝土板会产生不同程度的膨胀和收缩。这些变形会受到板与基础之间的摩阻力和黏结力，以及板的自重和车轮荷载的约束，致使板内产生过大的应力，造成板的断裂或拱胀等破坏。

为了避免这些缺陷，混凝土路面必须在纵、横两个方向设置许多接缝，把整个路面分割成许多板块。在任何形式的接缝处，板体都不可能是连续的，其传递荷载的能力总不如非接缝处，而且任何形式的接缝都不免要漏水，因此，对各种形式的接缝，都必须为其提供相应的传递荷载与防水的设施。

（6）开放交通

严控开放交通时机，需要提早开放交通时，可洒水冷却降低混合料温度。

三、沥青混凝土路面施工

1. 沥青路面结构设计

1）沥青面层结构

沥青面层直接经受车轮荷载反复作用和各种自然因素影响，并将荷载传递到基层以下的结构层。因此，沥青面层应满足功能性和结构性的使用性能要求。沥青面层可为单层、双层、三层。双层结构分为表面层、下面层；三层结构分为表面层、中面层、下面层。

表面层应具有平整密实、抗滑耐磨、稳定耐久的服务功能，同时应具有高温抗车辙、低温抗开裂、抗老化等品质。中、下面层应具有一定的密水性、抗剥离性，高温或重载条件下，沥青混合料具有较高的抗剪强度。下面层应具有良好的抗疲劳裂缝的性能和兼顾其他性能要求。

高速公路、一级公路一般选用三层沥青面层结构。为满足上述要求，应精心选择沥青面层混合料。通常认为，密实型中粒式或细粒式沥青混凝土混合料(如 DAC-13、DAC-16)宜用于表面层，它的孔隙率一般为3%~6%。在这个范围内，可以防止水害及冻害。又由于它保留一定的孔隙率，热季不会泛油，表面层切忌使用孔隙率大于6%的半密实型混合料。此外，密实型级配沥青混合料的抗裂性、抗疲劳强度和耐久性均较优越。对于重交通(D型)和特重交通(E型)等级，普通热拌和沥青混凝土混合料不能满足使用要求时，可以采用SMA-10、SMA-13沥青混合料，必要时可以采用改性沥青结合料。

沥青中面层和下面层经受着与沥青上面层相同的不利工作环境，只有平整性和抗滑性方面的要求略低一些，因此对沥青混合料的选择同样有较高的要求，特别是在密实防水和抗剪切变形等方面的要求也很高，通常选用密实型中粒式和粗粒式混合料(如 DAC-20、DAC-25)，有时对于E级交通也有采用SMA-20沥青混合料修筑中面层并采用改性沥青结合料。

二级、三级公路一般采用双层式沥青面层，即上面层与下面层，沥青混合料的选型，除了沥青混凝土之外，也可选用热拌沥青碎石(ATB)或沥青贯入式结构，再加上表面封层。三级、四级公路一般可采用双层沥青表面处治结构。

2）工程实例

（1）工程概况。某市一路位于规划新市区中部，北起南环路，南至石河南路，全长1243m，是贯穿城市东西的一条一级主干道，它是该市新城市规划“五纵七横”干道网中的重要组成部分。本期实施的该城市道路共分两个标段，本次参加投标的标段为Ⅰ标段。该标段工程起讫桩号为K0+020～K0+340，全长320m，道路红线宽度为50m。路幅标准横断面规划设计为：快车道宽度22m、慢车道宽度为5.5m×2、人行道宽度为5.0m×2、两侧绿化带宽度为3.5m×2。

（2）配合比设计。

① 沥青为宁波SK宝盈普通沥青，标号AH-70，其技术要求满足《沥青路面施工技术规范》(JTJ 032—94)的有关规定。

② 粗集料应采用石质坚硬、清洁、不含风化颗粒、近立方体颗粒的碎石，粒径大于2.36mm。粗集料每500m^3检验一次，其技术规格应满足《沥青路面施工技术规范》(JTJ 032—94)的有关规定。

③ 细集料采用坚硬、洁净、干燥、无风化、无杂质并有适当级配的石灰岩轧制的机制砂，其视密度应不小于2.5t/m^3，通过0.5mm筛孔以下颗粒应无塑性指数。细集料每200m^3检验一次。其规格技术要求应满足《沥青路面施工技术规范》(JTJ 032—94)的有关规定。

④ 填料宜采用石灰岩碱性石料经磨细得到的矿粉。矿粉必须干燥、清洁，并不含泥土、杂物和结块的颗粒。矿粉质量技术要求应满足《沥青路面施工技术规范》(JTJ032—94)的有关规定。矿粉每50t检验一次。

下面层目标配合比设计。沥青用量：3.9%，集料配合比为1号∶2号∶3号∶4号∶矿粉=29∶34∶11∶23∶3，密度为2.437g/cm^3，饱和度为65.5%，孔隙率为4.4%，粒料间隙率为12.8%，稳定度为10.23kN。材料物理、力学性质均符合规范要求。

上面层目标配合比设计。沥青用量为4.8%，集料配合比为1号∶2号∶3号∶矿粉=45∶19.5∶32∶3.5，密度为2.412g/cm^3，孔隙率为4.3%，饱和度为69.6%，稳定度为10.86kN，粒料间隙率为14.1%。

材料物理、力学性质均符合规范要求。

生产配合比设计。从间歇式拌和机二次筛分进入各热料仓的材料中取样进行筛分，以确定各热料仓中的材料用量比例，供拌和机控制室使用。同时反复调整冷料仓的进料比例以达到进料均衡，并取目标配合比设计的最佳沥青用量、最佳沥青用量±0.3%、最佳沥青用量-0.1%等几个沥青用量进行马歇尔试验，确定生产配合比的最佳沥青用量，确定下面层生产配合比以确定生产配合比为1号∶2号∶3号∶4号∶5号∶矿粉=25∶20∶17∶10∶25∶3，沥青含量3.9%；确定上面层生产配合比以确定生产配合比为1号∶2号∶3号∶4号∶矿粉=22∶25∶15.5∶34∶3.5，沥青含量4.8%。将试验资料上报监理工程师审查后，再通过试铺验证生产配合比。

生产配合比验证阶段。拌和设备用生产配合比及最佳沥青用量进行拌料，取拌制的沥青混合料进行马歇尔试验，各项技术指标应符合要求，以确定生产用的标准配合比，以标准配合比作为生产上的控制依据和质量检验的标准。

2. 沥青混合料的拌和

1）试拌

根据室内配合比进行试拌，通过试拌及抽样试验确定施工质量控制指标。

（1）对间歇式拌和设备，应确定每盘热料仓的配合比。对连续式拌和设备，应确定各种矿料送料口的大小及沥青、矿料的进料速度。

（2）沥青混合料应按设计沥青用量进行试拌，取样做马歇尔试验，以验证设计沥青用量的合理性，或做适当的调整。

（3）确定适宜的拌和时间。

（4）确定适宜的拌和温度与出厂温度。石油沥青的加热温度宜为130~160℃，不宜超过6h。沥青混合料的出厂温度宜控制在130~160℃。

2）沥青混合料的拌制

根据配料单进料，严格控制各种材料用量及其加热温度。拌和后的混合料应均匀一致，无花白、无离析、无结团成块等现象。每班抽样做沥青混合料性能、矿料级配组成和沥青用量检验。

（1）工程概况。某高速公路主线长50.25km，采用沥青混合料路面。沥青面层结构为3层，总厚度16cm，上面层为AC-16B(厚4cm)，中面层为AC-25Ⅰ(厚6cm)，下面层为AC-25Ⅱ(厚6cm)。沥青混凝土面层于1998年3月初正式铺筑，至1999年1月底基本结束。为提高工程质量，施工企业根据施工场地情况，做好总平面布置、施工用水、用电等各项准备工作，并根据监理单位和业主批准的施工组织设计和施工方案，组织施工机械、人员进场，并按总进度计划，编制月、周计划，明确分工，责任到人。同时严把材料关，对原材料进行严格检查、检验，在满足使用要求的前提下，采用意大利产博拉蒂MPA220型间歇式沥青拌和楼集中拌制沥青混合料。质量检验合格后，由自卸车运至现场。

（2）面层材料控制。根据招标文件要求，沥青材料由业主提供，但项目部要认真进行取样试验，确保合乎标准要求并令业主及监理工程师满意的材料进场。各种路面材料按以下质量标准控制。

① 根据招标文件要求，沥青由业主统一供应，采用AH-70石油沥青，其技术指标见表2-12。运到现场的每批沥青都应附有制造厂的证明和出厂试验报告，并说明装运数量、装运日期、订货数量等。

表2-12　AH-70沥青技术指标

试验项目		指　标
针入度(25℃，100g，5s)	(0.1mm)	60~80
延度(5cm/min，15℃)	不小于(cm)	100
软化点(环球法)	(℃)	44~54
闪点(COC)	不小于	230

续表

试验项目			指 标
含蜡量(蒸馏法)		不大于(%)	3
密度(15℃)		(g/cm³)	实测记录
溶解度(三氯乙烯)		不小于(%)	99.0
薄膜加热试验 163℃，5h	质量损失	不大于(%)	0.8
	针入度比	不小于(%)	55
	延度(25℃)	不小于(%)	50
	延度(15℃)	cm	实测记录

② 面层沥青混合料用粗集料，混合料中均添加抗剥落剂，抗剥落剂的品种及掺量由试验同业主另行确定。面层粗集料质量要求见表 2-13。

表 2-13 沥青面层骨料质量要求

路面结构层主要指标	上面层沥青混凝土	中、下面层沥青混凝土
洛杉矶磨耗率/%	≤30	≤30
石料压碎值/%	≤28	≤28
石料磨光值/BPN	≥42	<42
细长扁平轻料含量/%	≤15	<15
软石含量/%	≤5	≤5
石料坚固性/%	≤12	≤12

③ 细集料。细集料可采用天然砂、人工砂及石屑，或天然砂和石屑两者的混合料。集料应干净、坚硬、干燥、无风化、无杂质或其他有害物质，并有适当的级配。

④ 填料。填料宜采用石灰岩或岩浆中的强基性岩石等憎水性石料经磨制的矿粉，不应含泥土杂质和团粒，要求干燥、洁净，其质量应符合《公路沥青路面施工技术规范》(JTJ 032—94)中表 C. 12 的技术要求。经监理工程师批准，采用水泥、石灰等作为填料时，其用量不宜超过集料总量的 2%。天然砂、石屑的规格和细集料质量技术要求，应符合《公路沥青路面施工技术规范》(JTJ 032—94)的要求。

根据确定的沥青混凝土路面各种规格的材料用量，及各种结构层的施工进度计划安排，进行组织备料。

进场材料的堆放料场底部采用 20cm 的 C20 混凝土铺筑，砌 7. 5 号浆砌片石挡墙分隔不同规格的材料，以保证集料的质量；玄武岩采用水洗的方法提高沥青的握裹力；为了减少集料的含水量，还在料场设置 2%的坡度，并在坡度较低的一侧设置足够的排水沟，以保证雨水或地表水排出料场。

(3) 混合料的拌制。

① 本工程采用 MPA220 型间歇式拌和设备，每天拌料前应对拌和设备及配套设备进行检查，使各动态仪表处于正常的工作状态。定期对计量装置进行校核，保证混合料中沥青用量及集料的允许偏差符合《公路沥青路面施工技术规范》(JTJ 032—94)要求。

② 拌和厂生产设备安置于空旷干燥、运输条件较好的地方，并做好场地内的临时防水设施及防雨、防火等安全措施。

③ 各种矿料按规格分别堆放，插牌标识，矿粉与填料装入储料仓，防止受潮。

④ 沥青储油设施同沥青拌和楼的沥青存储连通。采用导热油加热，将沥青、矿粉的加油温度调节到能使沥青混合料的出厂温度达到125～160℃。集料温度一般比沥青高10～20℃。

⑤ 沥青的加热温度、石料的加热温度、混合料的出厂温度，保证运到现场的温度均符合《公路沥青路面施工技术规范》(JTJ 032—94)的要求。

⑥ 沥青混合料的拌和时间，应以混合料拌和均匀、所有矿料颗粒全部裹住沥青为度。正常拌和时间由试验段技术总结提出。

⑦ 拌和厂拌出的拌和料，应使混合料均匀一致，无花白料，无结块成团或严重离析现象，发现异常应及时调整。所有过度加热的混合料，或已经炭化、起泡和含水的混合料都应废弃。

⑧ 本拌和设备设成品料仓，并有保温设备，其温度下降不超过10～20℃，但储料时间不宜超过72h。

⑨ 拌和厂应在实验室的监控下工作，沥青混合料的出厂温度不得低于《公路沥青路面施工技术规范》(JTJ 032—94)中的规定，高于正常出厂温度30℃的沥青混合料应予以废弃。

⑩ 材料的规格或配合比发生改变时，都应根据试验资料进行试拌。试拌时必须抽查混合料的沥青含量、级配组成和有关力学性能，并报请工程师批准。每天上午、下午各取一组混合料试样做马歇尔试验和抽提筛分试验，检验油石比、矿粉级配和沥青混凝土的物理性质。

3. 沥青混合料运输

热拌沥青混合料应采用较大吨位的自卸汽车运输。运输时应防止沥青与车厢板黏结。车厢应清扫干净，车厢侧板和底板可涂一薄层油水(柴油：水为1：3)混合液，并不得有余液积聚在车厢底部。

从拌和机向运料车上装料时应防止粗细集料离析，每卸一斗混合料应挪动一下汽车位置。

运料车应采取覆盖篷布等保温、防雨、防污染的措施，夏季运输时间短于0.5h时也可不加覆盖。运至摊铺地点时的沥青混合料温度不宜低于130℃。

沥青混合料运输车的运量应比拌和能力或摊铺速度有所富余，施工过程中摊铺机前方应有运料车在等候卸料。对高速公路、一级公路和城市快速路、主干路，开始摊铺时，在施工现场等候卸料的运料车不宜少于5辆。

连续摊铺过程中运料车应停在摊铺机前10～30cm处，并不得撞击摊铺机。卸料过程中运料车应挂空挡，靠摊铺机推动前进。

沥青混合料运至摊铺地点后应凭运料单接收，并检查拌和质量。不符合规范要求的温度或已经结成团块、已被雨淋湿的混合料不得用于铺筑。

4. 沥青混合料摊铺施工

1) 下承层准备

摊铺沥青混合料时，其下承层可能是基层、路面下面层或中面层。基层完工后，一般浇洒透层油进行养生保护。因通车、下雨使表面发生破坏，出现松散、浮尘、下沉、泥泞等，在摊铺沥青混合料前，应进行维修、重新分层填筑并压实、清洗干净。对下承层表面缺陷进行处理后，即可洒透层油或黏层油。

2）施工放样

用测量仪器定出摊铺路面的边线位置，并在边线桩上标出路面面层顶的设计高程位置，以控制沥青混合料面层的厚度。对无自控装置的摊铺机，应根据下承层的实测高程和面层的设计高程确定实铺厚度。当下承层的表面高程变化较多，使得沥青路面的总厚度与路面顶面设计高程允许范围相矛盾时，应以保证厚度为主。

3）摊铺机的摊铺

（1）熨平板的加热。每次开始工作时，应对熨平板进行加热，以防混合料冷黏在板底上，拉裂铺层表面，形成沟槽和裂纹。加热后的熨平板对铺层起到熨烫作用，使路表面平整无痕。但过热，除会使板变形和加速磨损外，还会使铺层表面烫出沥青胶浆和拉沟。连续摊铺中，熨平板充分受热后，可暂停加热。对摊铺低温混合料和沥青砂，熨平板应连续加热，以使底板对材料经常起熨烫作用。

（2）摊铺机供料机构操作。供料机构的刮板输送器和向两侧布料的螺旋摊铺器的工作，应密切配合、速度匹配。刮板输送器的运转速度一般确定后应保持稳定，供料量基本依靠闸门的开启高度来调整。摊铺室内合适的混合料量为料堆的高度平齐于或略高于螺旋摊铺器的轴心线，以稍微看见螺旋叶片或刚盖住叶片为度。闸门的最佳开度，应在保证摊铺室内混合料处于正确料堆高度状态下，使刮板输送器和螺旋摊铺器在全部工作时间内都能不停歇地持续工作。为了保持摊铺室内混合料高度常处于标准状态，最好是采用闸门自控系统。

（3）摊铺方式。先按前述方法确定摊铺宽度，各条摊铺带的宽度最好相同，以节省重新接宽熨平板的时间。摊铺时，应先从横坡较低处开铺。使用单机进行不同宽度的多次摊铺时，应尽可能先摊铺较窄的那一条，以减少拆接宽次数。若为多机摊铺，应在尽量减少摊铺次数的前提下，各条摊铺带的宽度可按梯队方式作业，梯队间距宜在5~10m，以便形成热接茬。若为单机非全幅作业，每幅铺筑应在100~150m后掉头完成另一幅，并须接好接茬。

4）接茬处理

两条摊铺带相搭接处的纵向接茬可采用冷接茬和热接茬两种方法。冷接茬是指新铺层与经过压实后的已铺层进行搭接。摊铺新铺层时，重叠搭接宽度为3~5cm，且与前一次摊铺带的松铺厚度应相同，同时，对已摊铺带接茬处边缘应铲齐、铲修垂直。

热接茬是在使用两台以上摊铺机梯队作业时采用，两条相邻摊铺带的混合料还处于压实前的热状态，较易处理，且连接强度较好。一般搭接宽度为2~5cm。摊铺带的边缘应齐整，并在一侧设置导向线，作为摊铺机行驶时的标定方向。

前后两条摊铺带的横向接茬处理时，应将第一条摊铺带的尽头边缘锯成垂直面，并与纵向边缘成直角。

5. 沥青混合料碾压施工

1）压实程序

（1）压实程序分为初压、复压、终压3道工序，压路机应以慢而均匀的速度碾压。初压时用6~8t双轮压路机或6~10t振动压路机(关闭振动装置即静压)压两遍，温度为110~130℃。初压后检查平整度和路拱，必要时应予以修整。若碾压时出现推移、横向裂纹等，应检查原因并进行处理。复压宜采用重型的轮胎压路机，也可采用振动压路机或钢筒式压路机。当采用10~12t三轮压路机、10t振动压路机或相应的轮胎压路机时，碾压遍数应经试压确定，并不宜少于4~6遍，直至稳定和无明显轮迹。复压温度为90~110℃。终压应紧接在复压后进行。终压可选用双轮钢筒式压路机或关闭振动的振动压路机碾压。一般终压用6~8t振动压路机(关闭振动装置)压2~4遍，终压温度为70~90℃。

(2) 碾压时，应由路外侧向路中心，三轮压路机每次重叠宜为后轮宽的1/2，双轮压路机每次重叠宜为30cm。

(3) 碾压过程中，每完成一遍重叠碾压，压路机应向摊铺机靠近些，以保证正常的碾压温度。在平缓路段，驱动轮靠近摊铺机，以减少波纹或热裂缝。碾压中，要确保滚轮湿润，可间歇喷水，但不可使混合料表面冷却。每碾压一遍的尾端，宜稍微转向，以减小压痕。压路机不得在新铺混合料上转向、掉头、移位或刹车，碾压后的路面在冷却前不得停放任何机械，并防止矿料、杂物、油料撒落在新铺路面上，直至路面冷却后才能开放交通。

2) 接茬处的碾压

接茬处的碾压应先压横向接茬后压纵向接茬。

(1) 横向接茬。可使用较小型压路机对横向接茬进行横向碾压或纵向碾压。开始时，将轮宽的10~20cm置于新铺的沥青混合料上进行碾压，然后逐步横移直至整个滚轮在新铺层上。有时，也可先用压路机静压，再用振动碾压。

(2) 纵向接茬。当热料层与冷料层相接时，可将压路机位于热沥青混合料上，进行振动碾压，或碾压开始时，将轮宽的10~20cm压在热料层上碾压。碾压时速度应在2km/h左右。

当采用梯队作业时(热料层相接)，应先压实离热接茬中心约20cm以外区域，最后压实剩下的窄条混合料。

3) 特殊路段的碾压

特殊路段的碾压指弯道、交叉口、路边、陡坡等处的压实。

(1) 弯道或交叉口的碾压。应选用铰接转向式振动压路机，先内侧后外侧，急弯处可采用直线(缺角)式换道碾压，缺角处用小型机具压实。

(2) 路边碾压。可离边缘30~40cm处开始碾压，留下部分碾压时，压路机每次只能向自由边缘方向推进10cm。

(3) 陡坡碾压。先用轻型压路机(不宜采用轮胎压路机)预压，压路机的从动轮应朝着摊铺方向。采用振动压路机时，应先静碾，待混合料稳定后，方可采用低振幅的振动碾压。

四、路面病害处置

1. 水泥混凝土路面病害处治

1) 裂缝维修

(1) 对宽度小于3mm的轻微裂缝，可采取扩缝灌浆。

(2) 对贯穿全厚的大于3mm小于15mm的中等裂缝，可采取条带罩面进行补缝。

(3) 对宽度大于15mm的严重裂缝，可采用全深度补块。全深度补块分集料嵌锁法、刨挖法、设置传力杆法。①集料嵌锁法。该法适用于无筋混凝土路面交错的接缝，且接缝的间距小于300~400cm，不适于寒冷气候和承受重型交通荷载下的刚性路面。②刨挖法。刨挖法亦称倒T形法。在相邻板块横边的下方暗挖15cm×15cm的一块面积，用于接缝间传递荷载很差部位的修补。③设置传力杆法。该法适用于寒冷气候和承受重型交通荷载的混凝土路面。

2）板边、板角修补

(1) 板边修补基本要求。当对水泥混凝土面板边轻度剥落进行修补时，应将剥落的表面清理干净，用沥青混合料或接缝材料修补平整。

(2) 板角修补基本要求。①板角断裂应按破裂面的大小确定切割范围。②切缝后，凿除破损部分时，应凿成规则的垂直面。对原有钢筋不应切断，如果钢筋难以全部保留，至少也要保留20~30cm长的钢筋头，且应长短交错。③原有滑动传力杆，如果有缺陷应予以更换并在新老混凝土之间加设传力杆，传力杆间距控制在30cm。④基层不良时，可采用C15号混凝土浇筑基层。⑤与原有路面板的接缝面，应涂刷沥青。如为胀缝，应设置接缝板。⑥现浇混凝土，与老混凝土面板之间的接缝应切出宽3mm、深4mm的接缝槽，并灌入填缝材料。

3）板块脱空处治

(1) 水泥混凝土面板脱空位置的确定可采用弯沉测定法。

(2) 灌浆孔布设基本要求。①灌浆孔布设应根据路面板的尺寸、下沉量大小、裂缝状况以及灌浆机械确定。②用凿岩机在路面上打孔，孔的大小应和灌注嘴的大小一致，一般为50mm左右。③灌浆孔与面板边的距离不应小于0.5m。在一块板上，灌浆孔的数量一般为5个，也可根据情况确定。

(3) 水泥混凝土路面板和基层之间由于出现空隙而导致路面沉陷的，可采用沥青灌注、水泥浆、水泥粉煤灰浆和水泥砂浆灌浆等方法进行板下封堵。

4）唧泥处理

(1) 水泥混凝土路面唧泥病害，应采取压浆处理。

(2) 水泥混凝土面板进行压浆处理后，应对接缝及时灌缝。

(3) 设置排水设施基本要求：①路面和路肩应保持设计横坡，宜铺设硬路肩；②路面裂缝、接缝以及路面与硬路肩接缝应进行密封；③设置纵向积水管和横向出水管。

(4) 盲沟设置基本要求：①在沿水泥路面外侧挖纵向沟时，沟底应低于面板以下10cm，在水泥混凝土路面接缝处挖横向沟；②沟槽底面及外侧铺油毡隔离层，沿水泥路面交界处及盲沟顶部铺设土工布过滤层；③盲沟内宜填筑碎(砾)石过滤材料；④盲沟上应用相同材料恢复路面(路肩)。

5）错台处治

(1) 错台的处治方法有磨平法和填补法两种，可按错台的轻重程度选定。

(2) 高差小于等于10mm的错台，可采用磨平机磨平，或人工凿平。

(3) 高差大于10mm的严重错台，可采取沥青砂或水泥混凝土进行处治。

6）沉陷处治

（1）沉陷处理应设置排水设施。

（2）面板顶升基本要求：①面板在顶升前，应用水准仪测量下沉板的下沉量，测站距下沉处应大于50m，并绘出纵断面，求出升起值；②在混凝土面板上钻孔，孔深应略大于板厚2cm；③板块顶升宜采用起重设备或千斤顶；④灌注材料可采用水泥砂浆；⑤灌注材料压入后，每灌一孔应用木楔堵塞，压浆全部完毕，应拔出木楔，宜用高强水泥砂浆堵孔；⑥压浆材料的抗压强度达到6MPa时，方可开放交通。

（3）当水泥混凝土整板沉陷并产生破碎时，应整板翻修。

7）拱起处理

（1）板端拱起但路面完好时，应根据板块拱起高低程度，计算要切除部分板块的长度。先将拱起板块两侧附近1~2条横缝切宽，待应力充分释放后切除拱起端，逐渐将板块恢复原位，在缝隙和其他接缝内应清缝，并灌接缝材料。

（2）拱起板两端间因硬物夹入发生拱起，应将硬物清除干净，使板块恢复原位，应清理接缝内杂物和灰尘，灌填缝料。

（3）胀缝间因传力杆部分或全部在施工时设置不当，使板受热时不能自由伸长而发生拱起，应重新设置胀缝。按水泥混凝土路面有关施工规范执行，使面板恢复原状。

8）坑洞修补

（1）对个别的坑洞，应清除洞内杂物，用水泥砂浆等材料填充，达到平整密实。

（2）对较多坑洞且连成一片的，应采取薄层修补方法进行修补。

（3）低等级公路对面积较大、深度在3cm以内、成片的坑洞，可用沥青混凝土进行修补。

9）接缝维修

（1）接缝填缝料损坏维修，应符合下列规定。①接缝中的旧填缝料和杂物，应予清除，并将缝内灰尘吹净。②在胀缝修理时，应先将热沥青涂刷缝壁，再将接缝板压入缝内。对接缝板接头及接缝板与传力杆之间的间隙，必须用沥青或其他填缝料填实抹平。上部用嵌缝条的应及时嵌入嵌缝条。③用加热式填缝料修补时，必须将填缝料加热至灌入温度。宜用嵌缝机填灌，填缝料应与缝壁黏结良好和填灌饱满。在气温较低季节施工时，应先用喷灯将接缝预热。④用常温式填缝料修补时，除无须加热外，其施工方法与加热式填缝料相同。

（2）纵向接缝张开维修，应符合下列规定：①当相邻车道面板横向位移、纵向接缝张开宽度在10mm以下时，宜采取聚氯乙烯胶泥、焦油类填缝料和橡胶沥青等加热施工式填缝料；②当相邻车道板横向位移、纵向接缝张口宽度在10mm以上时，宜采取聚氨酯类常温施工式填缝料进行维修。

（3）接缝出现碎裂时，接缝维修应符合下列规定：①在破碎部位外缘，应切割成规则图形，其周围切割面应垂直于面板，底面宜为平面；②应清除混凝土碎块，吹净灰尘杂物，并保持干燥状态；③宜用高模量补强材料，进行填充维修，高模量补强材料宜选用经过改性的环氧树脂类材料或经乳化反应过的环氧树脂乳液。

10）表面起皮（剥落、露骨）处治

（1）一般公路水泥混凝土板表面起皮（剥落、露骨），宜采用稀浆封层加以处治。

（2）高速公路水泥混凝土板表面起皮（剥落、露骨），宜采用改性沥青稀浆封层或沥青混凝土加以处治。

（3）对于较大面积的水泥混凝土面板表面起皮（剥落、露骨），宜采取稀浆封层及沥青混凝土罩面措施。

2. 沥青路面病害处治

1）裂缝的维修

（1）在高温季节全部或大部分可愈合的轻微裂缝，可不加处理。在高温季节不能愈合的轻微裂缝，可采用以下两种方法进行处治：①将有裂缝的路段清扫干净并均匀喷洒少量沥青（在低温、潮湿季节宜喷洒乳化沥青），再均匀撒一层2~5mm的干燥洁净石屑或粗砂，最后用轻型压路机将矿料碾压；②沿裂缝涂刷少量稠度较低的沥青。

（2）对于路面的纵向或横向的裂缝，应按裂缝的宽度按以下步骤分别予以处治。①缝宽在5mm以内：清除缝中杂物及尘土；将稠度较低的热沥青（缝内潮湿时应采用乳化沥青）灌入缝内，灌入深度约为缝深的2/3；填入干净石屑或粗砂，并捣实；将溢出缝外的沥青及石屑、砂清除。②缝宽在5mm以上：除去已松动的裂缝边缘；用热拌沥青混合料填入缝中，捣实；缝内潮湿时，应采用乳化沥青混合料。

（3）因沥青性能不好或路面设计使用年限较长、油层老化等原因出现的大面积裂缝（包括网裂），此时如基层强度尚好，通过技术经济比较，可选用下列维修方法：①乳化沥青稀浆封层，封层厚度宜为3~6mm；②加铺沥青混合料上封层，或先铺设土工合成材料后，再在其上加铺沥青混合料上封层；③改性沥青薄层罩面；④单层沥青表面处理。

（4）由于土基、基层强度不足或路基翻浆等引起的严重龟裂，应先处治好基层后再重做面层。

2）拥抱的维修

（1）属于施工时操作不慎将沥青漏洒在路面上形成的拥抱，将拥抱除去即可。

（2）已趋于稳定的轻微拥抱，应将拥抱用机械刨削或人工挖除。如果除去拥抱后，路表不够平整，应予以处治。

（3）因面层沥青用量过多或细料集中而产生较严重拥抱，或路面连续多次出现拥抱且面积较大，但路面基层仍属稳定，则应用机械或人工将拥抱全部除去，并低于路表面约10mm。扫尽碎屑、杂物及粉尘后用热沥青混合料重做面层。

（4）因基层局部含水量过大，使面层与基层间结合不良而被推移变形造成的拥抱，应把拥抱连同面层挖除，将水分晾晒干，或用水稳定性较好的材料更换已变形的基层，再重做面层。

（5）由于基层局部强度不足或水稳性不好，使基层松软而导致的拥抱，应将面层和基层完全挖除。如土基中含有淤泥，还应将淤泥彻底挖除，换填新料并夯实。在地下水位较高的潮湿路段，应采取措施引出地下水并在基层下面加铺一层水稳性好的材料，最后重做面层。

3）沉陷的维修

（1）因路基不均匀沉降而引起的局部路面沉陷，若土基和基层已经密实稳定，不再继续下沉，可只修补面层。路面略有下沉，无破损或仅有少量轻微裂缝，可在沉陷处喷洒或涂刷黏层沥青，再用沥青混合料将沉陷部分填补，并压实平整。

(2) 因土基或基层结构遭到破坏而引起路面沉陷，应先处治好基层后再重做面层。

(3) 桥涵台背因填土不实出现不均匀沉降的，可视情况选择以下处理方法。①挖除沥青面层，在沉陷的部分加铺基层后重做面层。②对于台背填土密实度不够的，应重新做压实处理，台背死角处的压实宜采用夯实机械。③对含水量和孔隙比均较大的软基或含有有机物质的黏性土层，宜采取换土处理。换土深度应视软层厚度而定。换填材料首先应选择强度高、透水性好的材料，如碎石土、卵砾土、中粗砂及强度较高的工业废渣，且要求级配合理。④采用注浆加固处理。

4) 车辙的维修

(1) 车道表面因车辆行驶推移而产生的车辙，应将出现车辙的面层切削或铣刨清除，然后重铺沥青面层。在高速公路及一级公路上可采用沥青玛碲脂碎石混合料(SMA)或SBS改性沥青混合料、或聚乙烯改性沥青混合料来修补车辙。

(2) 路面受横向推挤形成的横向波形车辙，如果已经稳定，可将凸出的部分削除，在波谷部分喷洒或涂刷黏结沥青，同时填补沥青混合料并找平、压实。

(3) 因面层与基层间有不稳定的夹层而形成的车辙，应将面层挖除，清除夹层后，重做面层。

(4) 由于基层强度不足、水稳性能不好，使基层局部下沉而造成的车辙，应先处治基层。

5) 波浪与搓板的维修

(1) 属于面层原因形成的波浪或搓板可按下述方法进行维修。①路面仅有轻微波浪或搓板，可在波谷部分喷洒沥青，并均匀撒适当粒径的矿料，找平后压实。②波浪(搓板)的波峰与波谷高差起伏较大时，应顺行车方向将凸出部分铣刨削平，并低于路表面约10mm。削除部分喷洒热沥青，再均匀撒一层粒径不大于10mm的矿料，扫匀，找平，并压实。③严重的、大面积波浪或搓板，应将面层全部挖除，然后重铺面层。

(2) 若面层与基层之间存在不稳定的夹层，面层在行车荷载的作用下推移变形而形成波浪(搓板)，应挖除面层，清除不稳定的夹层后，喷洒黏结沥青，重铺面层。

(3) 因基层局部强度不足或稳定性差等造成的波浪(搓板)，应先对基层进行处治，再重做面层。

6) 冻胀和翻浆的维修

(1) 因路基冻胀使路面局部或大面积隆起影响行车时，应将胀起的沥青路面刨平，待春融后按翻浆处理的方法予以处治。

(2) 因冬季基层中的水结冰引起冻胀，春融季节化冻而引起的翻浆应根据情况采用以下方法之一予以处治。①换填砂粒。②局部发生翻浆的路段，可采用打石灰梅花桩或水泥沙砾桩的办法予以改善。③加深边沟，并在翻浆路段两侧路肩上交错开挖宽为30~40mm的横沟，其间距为3~5m，沟底纵坡不小于3%，沟深应根据解冻情况，逐渐加深，直至路面基层以下。横沟的外口应高于边沟的沟底。如路面翻浆严重，除挖横沟外，还应顺路面边缘设置纵向小盲沟。交通量较小的路段也可挖成明沟，但翻浆停止后，应将明沟填平恢复原状。

(3) 因基层水稳定性不良或含水量过大造成的翻浆应挖去面层及基层全部松软的部分。

将基层材料晾晒干，并适当增加新的硬粒料(有条件时应换填透水性良好的沙砾或工业废渣等)。分层(每层不超过 15cm)填补并压实。最后恢复面层。

(4) 低温季节施工的石灰稳定类基层，在板体强度未形成时雨水渗入，其上层发生翻浆的，应将翻浆部分挖除，重做石灰稳定基层或换用其他材料予以填补，然后重做面层。

7) 坑槽的维修

(1) 路面基层完好，仅面层有坑槽时的维修。①按照“圆洞方补、斜洞正补”的原则，画出所需修补坑槽的轮廓线。②沿所画轮廓线开凿至坑底稳定部分，其深度不得小于原坑槽的最大深度。③清除槽底、槽壁的松动部分及粉尘、杂物，并涂刷黏层沥青。④填入沥青混合料(在潮湿或低温季节，宜采用乳化沥青拌制的混合料)并整平。⑤用小型压实机具或铁制手夯将填补好的部分压(夯)实。新填补的部分应略高于原路面。如果坑槽较深(7cm以上)，应将沥青混合料分两次或三次摊铺和压实。⑥热补法修补。采用热修补养护车，将加热板加热坑槽处路面，翻松被加热软化铺装层，喷洒乳化沥青，加入新的沥青混合料，然后搅拌摊铺，压路机压实成型。

(2) 对交通量较小的路段在低温寒冷或阴雨连绵的季节，无法采用常规方法，也无条件采用合适的材料修补坑槽时，为防止坑槽面积的扩大，可采取临时性的措施对坑槽予以处治，待天气好转后再按规范要求重新修补。

(3) 若因基层局部强度不足等使基层破坏而形成坑槽，应先处治基层再修复面层。

8) 麻面与松散的维修

(1) 因嵌缝料散失出现轻微麻面，在沥青面层不贫油时，可在高温季节撒适当的嵌缝料，并用扫帚扫匀，使嵌缝料填充到石料的空隙中。

(2) 大面积麻面应喷洒稠度较高的沥青，并撒适当粒径的嵌缝料，应使麻面部分中部的嵌缝料稍厚，周围与原路面接口要稍薄，定型要整齐，并碾压成型。

(3) 因沥青用量偏少或因低气温施工造成的沥青面层松散，应采用以下方法处治：①先将路面上已松动了的矿料收集起来；②待气温升至 15℃ 以上时，按 $0.8\sim1.0\text{kg/m}^2$ 的用量喷洒沥青，再均匀撒上 3~6mm 的石屑或粗砂($5\sim8\text{m}^3/1000\text{m}^2$)；③用轻型压路机压实。

(4) 做稀浆封层处治，对松散路面的处理后，再做稀浆封层。

(5) 对于因油温过高、沥青老化失去黏结性而造成的松散，应将松散部分全部挖除后，重做面层。

(6) 因沥青与酸性石料间的黏附性不良而造成路面松散，应将松散部分全部挖除后，重做面层。重做面层的矿料不应再 使用酸性石料。在缺乏碱性石料的地区，应在沥青中掺入抗剥离剂、增黏剂或使用干燥的生石灰、消石灰、水泥等表面活性物质作为填料的一部分，或采用石灰浆处理粗骨料等抗剥离措施，以提高沥青与矿料的黏附力，并增加混合料的水稳性。

(7) 由于基层或土基软化变形而造成的路面松散，应先处理好基层后，再重做面层。

9) 泛油的维修

(1) 只有轻微泛油的路段，可撒上 3~5mm 粒径的石屑或粗砂，并用压路机碾压或控制行车碾压。

(2) 泛油较重的路段，可先撒 5~10mm 粒径的碎石，用压路机碾压。待稳定后，再撒 3~5mm 粒径的石屑或粗砂，并用压路机碾压或控制行车碾压。

(3) 面层含油量高，且已形成软层的严重泛油路段，可视情况采用下述方法之一进行处治：①先撒一层 10~15mm 粒径(或更大的)碎石，用压路机将其强行压入路面，待基本稳定后，再分次撒上 5~10mm 粒径的碎石，并碾压成型；②将含油量过高的软层铣刨清除后，重做面层。

(4) 处治泛油应注意以下事项：①处治时间应选择在泛油路段已出现全面泛油的高温季节；②撒料应顺行车方向撒，先粗后细；做到少撒、薄撒、匀撒、无堆积、无空白；③禁止使用含有粉粒的细料；④采用压路机或引导行车碾压，使所撒石料均匀压入路面；⑤如采用行车碾压，应及时将飞散的粒料扫回，待泛油稳定后，将多余浮动的石料清扫并回收。

10) 脱皮的维修

(1) 由于沥青面层与上封层之间黏结不好或初期养护不良引起的脱皮，应清除已脱落和已松动的部分，再重新做上封层，所做封层的沥青用量及矿料粒径规格应视封层的厚度而定。

(2) 如沥青面层层间产生脱皮，应将脱落及松动部分清除，在下层沥青面上涂刷黏结沥青，并重做沥青层。

(3) 面层与基层之间因黏结不良而产生的脱皮，应先清除掉脱落、松动的面层，分析黏结不良的原因。若面层与基层间所含水分较多，应晾晒或烘干；若面层与基层之间夹有泥层，则应将泥沙清除干净，喷洒透层沥青后，重做面层。

11) 啃边的维修

(1) 因路面边缘沥青面层破损而形成啃边，应将破损的沥青面层挖除，在接茬处涂刷适量的黏结沥青，用沥青混合料进行填补，再整平压实。修补啃边后的路面边缘应与原路面边缘齐顺。

(2) 因基层松软、沉陷而形成的啃边，应先对路面边缘基层局部加强后再恢复面层。

(3) 应加强路肩的养护工作，保持路肩稳定；随时注意填补路肩上的车辙、坑洼或沟槽；经常保持路肩与路面衔接平顺，并保持路肩应有的横坡，以利排水。

(4) 为防止路面出现啃边，宜采取以下措施：①用沙石、碎砖(瓦)、工业废渣等改善、加固路肩或设硬路肩，使路肩平整、坚实；②可在路面边缘增设路缘石，或将路面基层加宽到其面层宽度外 20~25cm 处；③在平交道口或曲线半径较小的路面内侧，可适当加宽路面。

第四节　中央分隔带及路肩施工

一、中央分隔带施工

1. 基础知识

中央分隔带简称“中分带”，用于分隔往返车流，减少中线附近的交通阻力，避免车辆中途掉头。中间带有一定宽度时，或利用植树或设防眩设施，可起到夜间防眩作用。在不妨碍建筑限界前提下，可作为设置交通标志牌及其他交通管理设施的场地，还可用以埋设管线等设施。

2. 中央分隔带施工

(1) 测量放样，放出两边路缘石的中心位置与路缘石控制桩，直线段桩距 10m，曲线段桩距不大于 5m，按照设计高程进行控制测量。

(2) 定出线位后，清洁要安装路缘石的基层面，保证安装路缘石的基层面上洁净湿润。

(3) 安装路缘石砂浆垫层及勾缝砂浆均采用 M7.5 水泥砂浆，统一采用坐浆法施工，垫层砂浆厚 10mm。安装时，先用线绳控制路缘石的直顺度，再用水平尺进行检查，合格后采用高标号的水泥砂浆进行勾缝。路缘石砌筑应平顺，相邻路缘石缝用 8mm 厚木条或塑料条控制，缝隙宽不应大于 10mm，相邻路缘石的缝隙应封严且均匀一致，路缘石与路面无缝隙、不漏水。

二、盲沟施工

1. 基础知识

盲沟指的是在路基或地基设置充填碎石、砾石等粗粒材料，并辅以倒滤层(有时在其中埋设透水管)的排水、截水盲沟。

2. 碎石盲沟施工

(1) 砂浆抹面。基层施工完后，沿基层、底基层斜面采取 3cm 厚砂浆抹面。

(2) 铺设土工布。砂浆强度达到设计要求后，在路基充填碎石材料并铺设防渗土工布。

(3) 碎石回填。通信管道施工后，碎石回填至底基层顶面，并用小型机械夯实。

(4) 通信管道安装。按照图纸位置，铺设通信管道，并回填种植土。

3. 纵向排水沟施工

(1) 测量放线。纵向排水沟均需要在基层检验合格后在中分带旁左侧路缘带“安装钢筋、支模浇筑”。根据设计图放线：尺寸为宽 40cm(其中两侧现浇混凝土各厚 10cm)，深 38cm(其中底面现浇混凝土厚 8cm，顶面混凝土盖板厚 8cm)。

(2) 开挖基槽。用挖掘机在基层上开挖基槽，主线开挖深约 11.5cm，宽 55cm。槽底整平夯实。

(3) 钢筋绑扎。钢筋的绑扎位置、间距、保护层及各部分钢筋的大小尺寸，均应符合施工图的设计要求。安装后的钢筋，应有足够的刚性和稳定性。

(4) 支模。待钢筋绑扎完成后，根据放线的位置进行支模。模板表面刷隔离剂，模板应具有足够的稳定性，保证浇筑混凝土时不变形走位。

(5) 浇筑 C25 混凝土。在支好模板后，在模板内浇筑混凝土。底面混凝土厚 8cm，两侧混凝土各厚 10cm，顶面要留混凝土盖板位置。纵向排水沟每 10m 分段，中间设置伸缩缝，塞沥青麻絮。

(6) 养护脱模。混凝土浇筑施工完成后，及时覆盖土工布进行适量洒水养护，根据天气情况调整养护时间，不应少于 7d，养护期间在现场放置标示牌防止外力影响。待强度达到要求后即可拆模，禁止暴力拆模。拆模完成后即可在安装水沟顶部盖板。

三、土路肩施工

1. 基础知识

路肩是位于行车道外缘至路基边缘，具有一定宽度的带状部分。路肩一般由硬路肩（含路缘带）、土路肩组成。

土路肩的主要作用是：①提供临时停车的位置；②为临时停车提供硬实稳定且与行车道保持一定安全距离的表面；③供养护和紧急停车使用；④横向支撑路面；⑤承载道路设施，包括防护栅；⑥改善水平视距。

2. 施工工艺流程

施工放样→取土运输→第一层填筑夯实→第二层填筑夯实→安装塑料盲沟材排水板→第三层填筑夯实→第四层填筑夯实→土路肩交验。

3. 土路肩施工

（1）取土运输，进行初步整理，厚度为松铺厚度，宽度可以大于路肩的设计宽度 10~15cm 以保证有效路肩的压实度。用小型挖土机，将运输来的土料在标定位置摊铺均匀。

（2）整理完成后采用压路机将摊铺均匀的土料进行稳压，保证土路肩的初步稳定性。稳压完成后由人工进行细部整理，达到路肩表面平整的效果。

（3）采用压路机进行压实，压实遍数为 5~6 遍，具体所需遍数通过试验段来确定，压路机碾压不到的部位由人工采用小型夯实机具完成。

（4）压实完成由人工挂线进行内侧边缘的裁切和表面的整理，保证内侧的垂直度和表面的横坡度。

（5）施工结束后进行土路肩周围多余土的清理和基层的清扫，以保证基层的整洁性。

四、硬路肩施工

1. 基础知识

"硬路肩"指的是与车行道相邻并铺以具有一定强度路面结构的路肩部分（包括路缘带），是高速公路右边用黄线画出的一条车道，主要作用是让故障车临时停靠，以及在紧急情况发生时，方便急救车辆通行。

2. 施工工艺流程

准备工作→施工放样→混凝土路肩模板安装→混凝土拌和→浇筑混凝土→拆模→养生。

3. 硬路肩施工

（1）准备工作。平整场地，浇筑路肩预制用混凝土平台。

（2）施工放样。基层施工完毕的路段，及时浇筑路肩。用全站仪精确放出两条距中桩 1.5m 的中央分隔带路肩边缘线，及距中桩 11.75m 的路侧路肩边缘线，每 10m 放一桩。施工人员按每 10m 段拉线，保证路肩顺直、圆滑。

（3）混凝土路肩模板安装。模板组装要严格按照路肩设计图所标尺寸拼装成整体，模板在现场拼装时，要控制好相邻板面之间的拼缝，两板接头处要加设卡子，以防漏浆，拼装完成后用钢丝把模板和竖向钢管绑扎牢固。

模板应采用钢板材料制成，所有模板均不应翘曲，并应有足够强度来承受混凝土压力，而不发生变形，所有模板应处理干净，并涂上经监理批准的脱模剂，按设计图所标尺寸“对换”混凝土“全深”立模，然后浇筑混凝土。现场测量钢板模板的宽度，以保持模板的整体性和精确度。

(4) 混凝土拌和。所用沙石料及水泥均按规范规定频率随机进行检验，各种材料用料严格按照监理批复的设计配合比选用，用磅秤准确称量，保证材料用量的精度满足规范要求，并根据规范要求的频率及时取样制备试件。

(5) 混凝土浇筑。所浇筑的混凝土要求外观良好，没有露石、蜂窝、裂缝、脱皮、啃边、掉角、漏浆等现象。振捣结束后，需人工用刮刀将顶面刮平。

(6) 拆模。混凝土终凝后 8~10h 拆模，拆模过程中，不强行撬、砸混凝土，避免造成边角损坏及模具变形。将拆卸的模具仔细清理、检验、刷油，对变形的模具及时矫正，以备下次周转使用。

(7) 养生。抹饰平整后即进入养生阶段。

4. 防止行车措施

过宽的硬路肩也存在一定的安全隐患，尽管我国严禁车辆在高速公路硬路肩上行驶，但是仍有部分驾驶人员利用硬路肩行车甚至超车。公路上行驶的车辆性能差异较大，车型众多，部分驾驶人对硬路肩的功能认识不足、安全意识淡薄，认为硬路肩就是“临时车道”或“备用车道”，甚至将硬路肩当成了“超车道”。强行在硬路肩上超车，干扰了正常的行车秩序，且极易发生刮擦、碰撞等事故。防止在硬路肩上行车可以采用设置路肩振动带、设置标志标线、彩色铺装路面、扩大和加强对驾驶人硬路肩行车危害性的宣传教育等措施及方法。

第三章 桥梁施工技术

第一节 桥梁基础工程施工

一、浅基础施工

1. 基坑定位放样

在桥梁施工过程中，首先要建立施工控制网，其次进行桥梁轴线标定和墩台中心定位，最后进行墩台施工放样，定出基础和基坑的各部分尺寸。桥梁的施工控制网除了用来测定桥梁长度外，还要用于各个位置控制，保证上部结构的正确连接。施工控制网常用三角控制网，其布设应根据总平面图设计和施工地区的地形条件来确定，并作为整个工程施工设计的一部分。布网时要考虑施工程序、方法以及施工场地的布置情况，可以用桥址地形图拟订布网方案。

桥梁轴线的位置是在桥梁勘测设计中根据路线的总走向、地形、地质、河床情况等选定的，在施工时必须现场恢复桥梁轴线位置，并进行墩台中心定位。中小桥梁一般采用直接丈量法标定桥轴线长度并定出墩台的中心位置，有条件的可以用测距仪或全站仪直接确定。

桥梁施工放样的主要内容是：(1)墩台纵横向轴线的确定；(2)基坑开挖及墩台扩大基础的放样；(3)桩基础的桩位放样；(4)承台及墩身结构尺寸、位置放样；(5)墩帽和支座垫石的结构尺寸、位置放样；(6)各种桥型的上部结构中线及细部尺寸放样；(7)桥面系结构的位置、尺寸放样；(8)各阶段的高程放样。

2. 旱地基坑施工

1）旱地基坑开挖

旱地基坑开挖分为无围护开挖和围护开挖。当基坑较浅、地下水位较低时，基坑可以不加围护，一般采用放坡开挖方法，基坑边坡坡度可以参考表 3-1 选用。表中 n 称为边坡系数，表示斜坡的竖向尺寸为 1 时对应的水平尺寸。当基坑开挖深度大于 5m 时，可将坑壁适当放缓或在适当部位加设 0.5~1.0m 的平台。基坑周围应设置排水沟防止地面水流入基坑，当基坑顶缘有动荷载时，顶缘与动荷载之间留有 1m 的护道，以减小动荷载对坑壁的不利影响。当基坑边坡稳定性差，或受建筑场地限制，或放坡给工程带来过大的工程量时，可以采用设置围护结构的直立坑壁。

表 3-1　无围护基坑坑壁坡度

坑壁土类别	坑壁坡度(1∶n)		
	基坑壁顶缘无荷载	基坑壁顶缘有静荷载	基坑壁顶缘有动荷载
砂类土	1∶1	1∶1.25	1∶1.5
碎石、卵石类土	1∶0.75	1∶1	1∶1.25
亚砂土	1∶0.67	1∶0.75	1∶1
亚黏土、黏土	1∶0.33	1∶0.5	1∶0.75
极软土	1∶0.25	1∶0.33	1∶0.67
软质岩	1∶0	1∶0.1	1∶0.25
硬质岩	1∶0	1∶0	1∶0

2）基坑形式

（1）垂直坑壁基坑。天然湿度接近于最佳含水量、构造均匀，不致发生坍塌、移动、松散或不均匀下沉的基土开挖时可以采用垂直坑壁，如图 3-1(a)所示。

（2）斜坡和阶梯形基坑。基坑深度在 5m 以内，土的湿度正常、构造均匀，基坑坑壁可以做成斜坡或台阶开挖，如图 3-1(b)所示。采用台阶开挖时，每阶高度以 0.5~1.0m 为宜，台阶可兼作人工运土。当基坑深度大于 5m 时，可以在表 3-1 的基础上适当放缓或做平台。

（3）变坡度坑壁基坑。开挖穿过不同土层时，可以采用变坡坑壁，如图 3-1(c)所示。当下层土为密实黏质土或岩石时，下层可以采用垂直坑壁。在变坡处可根据需要设置小于 0.5m 宽的平台。

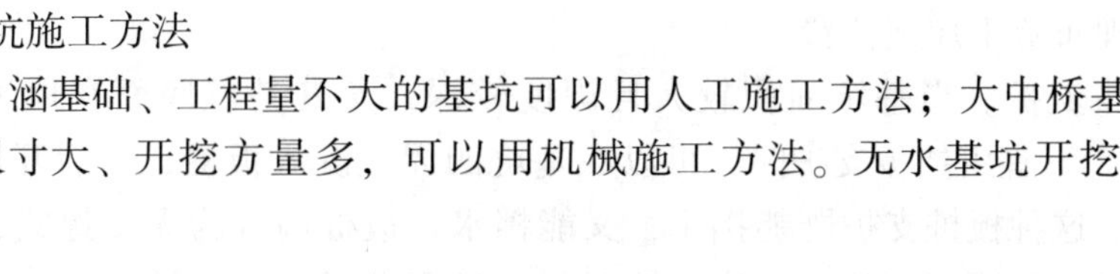

(a) 垂直坑壁基坑　(b) 斜坡和阶梯形基坑　(c)变坡度坑壁基坑

图 3-1　坑壁形式示意图

3）无水基坑施工方法

一般小桥、涵基础、工程量不大的基坑可以用人工施工方法；大中桥基础工程，基坑深、基坑平面尺寸大、开挖方量多，可以用机械施工方法。无水基坑开挖方法如表 3-2 所示。

表 3-2　无水基坑施工方法

地质及支撑状况	挖掘方式	提升方法	运输方式	附注
土质、无支撑	挖土机(正铲)	挖土机(正铲)	挖土机直接装车	挖土机在坑底
土质、无支撑	挖土机(反铲)	挖土机(反铲)	挖土机回旋弃土	挖土机在坑缘上

续表

地质及支撑状况	挖掘方式	提升方法	运输方式	附注
土质、无支撑	挖土机(拉铲)	挖土机(拉铲)	挖土机回旋弃土	挖土机在坑缘上
土质、无支撑或有支撑	起重机抓泥斗：软土(无齿双开)、硬土(有齿双开)、大砾石或漂石(四开)	抓泥斗	吊臂回旋弃土或直接装车	—
土质、无支撑或有支撑	人工挖掘	用锹向上翻弃($H<2$m)或人工接力上翻	弃土或装车	—
土质或石质、无支撑或有支撑	人工或风动工具	传送带($H<4.5$m)	传送带接运	传送带可分设在坑底或坑上
土质或石质、无支撑或有支撑	人工或风动工具	起重机、各种动臂起重机或摇头扒杆，配带活底吊斗	回旋弃土或直接装车	起重机具设在坑缘或坑下，必要时可在坑上脚手平台接运
土质或石质、无支撑或有支撑	人工或风动工具	爬坡车：有轨(石坑)、用卷扬机或绞车	爬坡车、接斗车或手推车	—

4）基坑坑壁的支护和加固

（1）挡板支护。挡板围护结构适用于开挖面积不大、深度较浅的基坑，挡板的作用是挡土，工作特点是先开挖后设置围护结构，挡板支护形式包括木挡板、钢木结合挡板。木挡板支护有垂直挡板式支护、水平挡板式支护以及垂直挡板和水平挡板混合支护等形式。垂直挡板直立放置，挡板外用横枋加横撑木支撑；水平挡板横向放置，挡板外用竖枋加横撑木支撑；垂直挡板和水平挡板混合支护是上层支护采用水平挡板连续支护到一定深度后改用垂直挡板。

挡板支撑方式有连续式和间断式。一般可以一次开挖到基底后再安装支撑，对于黏性差、易坍塌的土，可以分段下挖，随挖随撑。采用间断支撑时应以保证土不从挡板间隙中坍落为前提。

对于大型基坑，土质较差或地下水位较高时，宜采用钢木混合支护或钢结构支护基坑，采用定型钢模板作为挡板，用型钢做立木和纵横支撑。钢结构支护的优点是便于安装、拆卸，材料消耗少，有利于标准化、工具化发展。其缺点是刚度较弱，施工中应根据土质和荷载情况，合理布置千斤顶位置。

（2）板桩墙支护。当基坑面积较大且深度较深，尤其基坑底面在地下水位以下超过1m，涌水量较大不宜用挡板支护时，可以在基坑四周先沉入板桩，然后开挖基坑，必要时加内撑或锚杆。这种板桩支护既能挡土，又能挡水。板桩墙分为无支撑式、支撑式和拉锚式。无支撑式板桩只适用于基坑较浅的情况，并且要求板桩有足够的入土深度，以保证板桩的稳定性；支撑式板桩适用于较深基坑的开挖，按照设置支撑的层数可分为单支撑板桩和多支撑板桩。板桩墙按照材料分为木板桩、钢板桩和钢筋混凝土板桩等。钢板桩强度较大、结构轻，能穿过较坚硬的土层，不易漏水，并可以重复使用，在桥梁施工中应用较为广泛。

(3) 混凝土加固。常用方式有现浇混凝土和喷射混凝土护壁等形式。现浇混凝土是采用逐节向下开挖进行支模、浇筑混凝土，基坑每节开挖深度视土质或定型钢模板尺寸而定，一般 1.0~1.5m 为一节，在开挖深度内架立模板，并在模板上部预留混凝土浇筑口，通过浇筑口浇筑混凝土支护结构。混凝土厚度一般为 8.0~15cm，强度等级不低于 C15，混凝土一般要掺早强剂。

喷射混凝土支护是以高压空气为动力，用喷混凝土机械将混凝土喷涂于坑壁表面，并在坑壁形成混凝土加固层，对土体起加固和保护作用，防止坑壁风化、雨水冲刷和浅层坍塌剥落。宜用于土质较稳定、渗水量不大、深度小于 10m、直径为 6~12m 的圆形基坑。施工时在基坑口开挖环形沟槽作为土模，浇筑混凝土坑口护筒，然后分层开挖，喷护混凝土，每层高度为 1m 左右，渗水较大时不宜超过 0.5m。

3. 基坑排水

1）明式排水法

明式排水是在基坑整个开挖过程及基础砌筑和养护期间，在基坑四周开挖集水沟汇集坑壁及基底的渗水，并引向一个或数个更深一些的集水井。集水沟和集水井一般设在基础范围以外。在基坑每次下挖以前，必须先挖沟和井。集水井的深度应大于抽水泵吸水龙头的高度，在抽水泵吸水龙头上套竹筐围护，以防土石堵塞龙头。

这种排水方法设备简单、费用低，一般土质条件下均可采用。但当地基土为饱和粉细砂等黏聚力较小的细粒土层时，由于抽水会引起流沙现象，造成基坑的破坏和坍塌，因此这类土应避免采用表面明式排水法。

2）井点法降低地下水位

对粉质土、粉砂类土等如采用明式排水法极易引起流沙现象，影响基坑稳定，可采用井点法降低地下水位排水。根据使用设备的不同，主要有轻型井点、喷射井点、电渗井点和深井泵井点等类型，可根据土的渗透系数、要求降低水位的深度及工程特点选用。

轻型井点降水即在基坑开挖前预先在基坑四周打入(或沉入)若干根井管，井管下端 1.5m 左右为滤管，滤管部分钻有若干直径约 2mm 的滤孔，外面包扎过滤层。各个井管用集水管连接抽水。由于使井管两侧一定范围内的水位逐渐下降，各井管相互影响形成了一个连续的疏干区。在整个施工过程中仍不断抽水，保证在基坑开挖和基坑施工期间保持无水状态。

二、桩基础施工

1. 预制沉桩施工

1）沉桩前准备

桩可在预制厂预制，当预制厂距离较远而运桩不经济时，宜在现场选择合适的场地进行预制。

预制桩的混凝土必须连续一次浇筑完成，宜用机械搅拌和振捣，以确保桩的质量。桩上应标明编号、制作日期，并填写制桩记录。桩的混凝土强度必须大于设计强度的 70%方可吊运；达到设计强度时方可使用。核验沉桩的尺寸和质量，并在每根桩的一侧用油漆画上长度标记(便于随时检查沉桩入土深度)。

预制的钢筋混凝土桩由预制场地吊运到桩架内，在起吊、运输、堆放时，都应该按照设计计算的吊点位置起吊(一般吊点应在桩内预埋直径 20～25mm 的钢筋吊环，或以油漆在桩身标明)，否则桩身受力情况与计算不符，可能引起桩身混凝土开裂。预制钢筋混凝土桩主筋是沿桩长按设计内力配置的，吊运时吊点位置常根据吊点处由桩重产生的负弯矩与吊点间由桩重产生的正弯矩相等原则确定，这样较为经济。一般的桩在吊运时，采用两个吊点，如桩长为 L，吊点离每端距离为 0. 207L，如图 3-2(a)所示；插桩时为单点起吊，为了使桩内正、负弯矩相等，可将吊点设在 0. 293L 处，如 3-2(b)所示；如桩长不超过 10m，也可利用 0. 207L 吊点。吊运较长的桩，为减少内力，节省钢筋，采用三点或四点起吊，吊点的布置如图 3-2(c)所示。根据相应的弯矩值，即可进行桩身配筋，或验算其吊运时的强度。

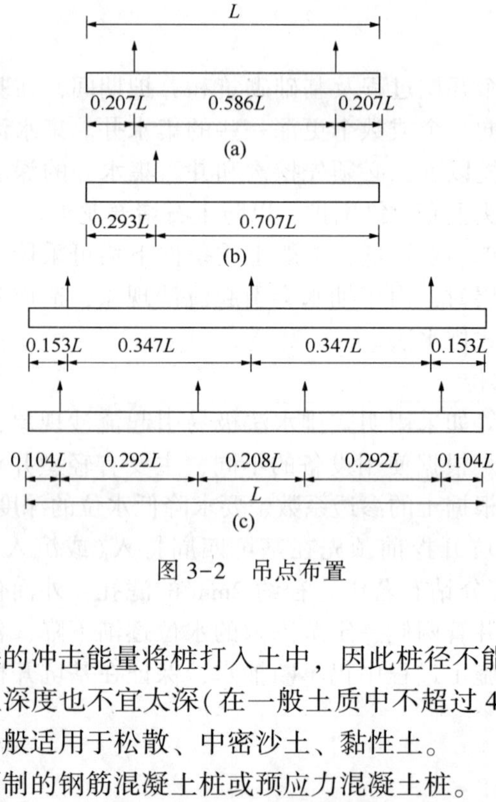

图 3-2　吊点布置

2) 锤击沉桩法

锤击沉桩法是靠桩锤的冲击能量将桩打入土中，因此桩径不能太大(在一般土质中桩径不大于 0. 6m)，桩的入土深度也不宜太深(在一般土质中不超过 40m)，否则打桩设备要求较高，打桩效率很差。一般适用于松散、中密沙土、黏性土。

所用的基桩主要为预制的钢筋混凝土桩或预应力混凝土桩。

锤击沉桩常用的设备是桩锤和桩架，此外，还有射水装置、桩帽和送桩等辅助设备。

(1) 桩锤。常用的桩锤有坠锤、单动汽锤、双动汽锤及柴油锤等几种。坠锤是最简单的桩锤，它是由铸铁或其他材料做成的锥形或柱形重块，重 2～20kN，用绳索或钢丝绳通过吊钩由人力或卷扬机沿桩架导杆提升 1～2m，然后使锤自由落下锤击桩顶。此法打桩效率低，每分钟仅能打数次，但设备较简单，适用于小型工程中打木桩或小直径的钢筋混凝土预制桩。

单动汽锤、双动汽锤是利用蒸汽或压缩空气将桩锤在桩架内顶起下落锤击基桩，单动汽锤锤重 10～100kN，每分钟冲击 20～40 次，冲程 1. 5m 左右；双动汽锤重 3～10kN，每分钟冲击 100~300 次，冲程数百毫米，打桩效率高。单动汽锤适用于打钢桩和钢筋混凝土实心桩，双动汽锤冲击频率高，一次冲击动能较小，适用于打较轻的钢筋混凝土桩或钢板桩，它除了打桩还可以拔桩。

柴油锤实际上是一个柴油汽缸，工作原理同柴油机，利用柴油在汽缸内压缩发热点燃而爆炸将汽缸沿导向杆顶起，下落时锤击桩顶。导杆式柴油锤适用于木桩、钢板桩；筒式柴油锤宜用于钢筋混凝土管桩、钢管桩。柴油锤不适宜在过硬或过软的土中沉桩。

打入桩施工时，应适当选择桩锤重量，桩锤过轻，桩难以打下，效率太低，还可能将桩头打坏，所以一般认为应重锤轻打，但桩锤过重，则各机具、动力设备都需加大，不经济。

(2) 桩架。桩架的作用是装吊桩锤、插桩、打桩、控制桩锤的上下方向，由导杆、起吊设备(滑轮、绞车、动力设备等)、撑架(支撑导杆)及底盘(承托以上设备)等组成。

桩架在结构上必须有足够强度、刚度和稳定性，保证在打桩过程中的动力作用下桩架不会发生移动和变位。桩架的高度应保证桩吊立就位时的需要及锤击的必要冲程。

桩架常用的有木桩架和钢桩架，木桩架只适用于坠锤或小型的单动汽锤。柴油锤本身带有钢制桩架，由型钢装成。桩移动时可在底盘托板下面垫上滚筒，或用轮子和钢轨等方式，利用动力装置牵引移动。

钢制万能打桩架的底盘带有转台和车轮(下面铺设钢轨)，撑架可以调整导向杆的斜度，因此它能沿轨道移动，能在水平面做 360°旋转，也能打斜桩，施工很方便，但桩架本身笨重，拆装运输较困难。

在水中的墩台桩基础，应先打好水中支架桩(小型的钢筋混凝土桩或木桩)，上面搭设打桩工作平台，当水中墩台较多或河水较深时，也可采用船上打桩架施工。

(3) 射水装置。在锤击沉桩过程中，若下沉遇到困难，可用射水方法助沉，因为利用高压水流通过射水管冲刷桩尖或桩侧的土，可减小桩的下沉阻力，从而提高桩的下沉效率。图 3-3 所示为设置于管桩中的内射水装置，高压水流由高压水泵提供。

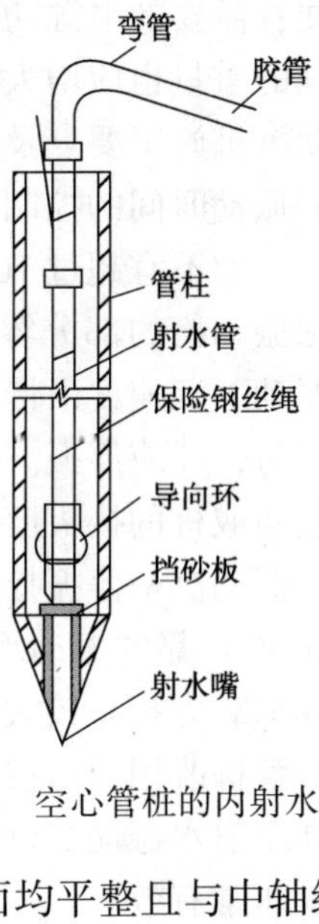

图 3-3　空心管桩的内射水装置图

(4) 桩帽与送桩。桩帽的作用是直接承受锤击、保护桩顶，并保证锤击力作用于桩的断面中心。因此，要求桩帽构造坚固，桩帽尺寸与锤底、桩顶及导向杆相吻合，顶面与底面均平整且与中轴线垂直，还应设吊耳以便吊起。桩帽上部为由硬木制成的垫木，下部套在桩顶上，桩帽与桩顶间宜填麻袋或草垫等缓冲物。

送桩构造可用硬木、钢或钢筋混凝土制成。当桩顶位于水下或地面以下，或打桩机位置较高时，可用一定长度的送桩套连在桩顶上，就可使桩顶沉到设计标高。送桩长度应按实际需要确定，为施工方便，应多备几根不同长度的送桩。

(5) 锤击沉桩施工要点及注意事项。

① 桩帽与桩周围应有 5~10mm 间隙，以便锤击时桩在桩帽内可做微小的自由转动，从而避免桩身产生超过允许的扭转应力。

② 打桩机的导向杆件应固定，以便施打时稳定桩身。

③ 桩在导向杆件上不应钳制过死，更不允许施打时导向杆件发生位移或转动，使桩身产生超过许可的拉力或扭矩。

④ 导向杆件的设置应使桩锤上、下活动自由。

⑤ 在有条件的情况下，导向杆件宜有足够的长度，以便不再使用送桩。

⑥ 钢筋混凝土或预应力混凝土桩顶面，应附有适合桩帽大小的桩垫，其厚度视桩垫材料、桩长及桩尖所受抗力大小决定，桩垫因承受高压力而炭化或破碎时，应及时更换。

⑦ 如桩顶的面积比桩锤底面积小，则应采用适当的桩帽，将锤的冲击力均匀分布到整个顶面上。

3）振动沉桩法

振动沉桩法是用振动打桩机(振动桩锤)将桩打入土中的施工方法，其原理是：由振动打桩机使桩产生上下方向的振动，在清除桩与周围土层间摩擦力的同时使桩尖地基松动，从而使桩贯入或拔出。一般适用于沙土、硬塑及软塑的黏性土和中密及较软的碎石土。振动法施工不仅可有效地用于打桩，也可用以拔桩；虽然振动下沉，但噪声较小；在砂性土中最有效，硬地基中难以打进；施工速度快；不会损坏桩头；不用导向架也能打进；移位操作方便；需要的电源功率大。桩的断面大和桩身长者，桩锤重量应大；随地基的硬度加大，桩锤的重量也应增大；振动力大则桩的贯入速度快。

振动沉桩施工要点及注意事项：

(1) 振动时间的控制。每次振动时间应根据土质情况及振动机能力大小，通过实地试验决定，一般不宜超过 10~15min。振动时间过短，则对土的结构尚未彻底破坏；振动时间过长，则振动机的部分零件易于磨损。在有射水配合的情况下，振动持续时间可以减短。一般当振动下沉速度由慢变快时，可以继续振动；由快变慢，如下沉速度小于 5cm/min 或桩头冒水时，即应停振。当振幅甚大(一般不应超过 14~16mm)而桩不下沉时，则表示桩尖端土层坚实或桩的接头已振松，应停振继续射水，或另做处理。

(2) 振动沉桩停振控制标准。应以通过试桩验证的桩尖标高控制为主，以最终贯入度(cm/min)或可靠的振动承载力公式计算的承载力作为校核。如果桩尖已达标高而最终贯入度或计算承载力相差较大，应查明原因，报有关单位研究后另行确定。

(3) 管桩改用开口桩靴振动吸泥下沉。当桩基土层中含有大量卵石或碎石或破裂岩层，如采用高压射水振动沉桩尚难下沉时，可将锥形桩尖改为开口桩靴，并在桩内用吸泥机配合吸泥，非常有效。

(4) 振动沉桩机、机座、桩帽应连接牢固。沉桩机和桩中心轴应尽量保持在同一直线上。

(5) 开始沉桩时宜用自重下沉或射水下沉，桩身有足够稳定性后，再采用振动下沉。

4）射水沉桩法

射水沉桩法是利用小孔喷嘴以 300~500kPa 的压力喷射水，使桩尖和桩周围土松动的同时，桩受自重作用而下沉的方法。它极少单独使用，常与锤击和振动法联合使用。当射水沉桩到距设计标高尚差1~1.5m时，停止射水，用锤击或振动恢复其承载力。这种施工方法对黏性土、沙性土都可适用，在细沙土层中特别有效。射水沉桩对较小尺寸的桩不会损坏；施工时噪声和振动极小。

5）静力压桩法

静力压桩法是用液压千斤顶或桩头加重物以施加顶进力将桩压入土层中的施工方法，其特点为：施工时产生的噪声和振动较小；桩头不易损坏；桩在贯入时相当于给桩做静载试验，故可准确知道桩的承载力；压入法不仅可用于竖直桩，也可用于斜桩和水平桩；但机械的拼装移动等均需要较多时间。

2. 钻孔灌注桩施工

1）准备工作

（1）准备场地。施工前应将场地平整好，以便安装钻架进行钻孔。当墩台位于无水岸滩时，钻架位置处应整平夯实，清除杂物，挖换软土；场地有浅水时，宜采用土或草袋围堰筑岛；当场地为深水或陡坡时，可用木桩或钢筋混凝土桩搭设支架，安装施工平台支承钻机(架)。深水中在水流较平稳时，也可将施工平台架设在浮船上，就位锚固稳定后在水上钻孔。水中支架的结构强度、刚度和船只的浮力、稳定都应事前进行验算。

（2）埋置护筒。护筒的作用是：固定钻孔位置；开始钻孔时对钻头起导向作用；保护孔口防止孔口土层坍塌；隔离孔内孔外表层水，并保持钻孔内水位高出施工水位以产生足够的静水压力稳重孔壁。护筒制作要求坚固、耐用、不易变形、不漏水、装卸方便和能重复使用。一般用木材、薄钢板或钢筋混凝土制成，护筒内径应比钻头直径稍大，旋转钻须增大0.1~0.2m，冲击或冲抓钻增大0.2~0.3m。护筒埋设可采用下埋式，适于旱地埋置，如图3-4(a)所示；也可采用上埋式，适于旱地或浅水筑岛埋置，如图3-4(b)、图3-4(c)所示；还可采用下沉埋设，适于深水埋置，如图3-4(d)所示。

（3）泥浆制备。泥浆在钻孔中的作用是：在孔内产生较大的静水压力，可防止坍孔；泥浆向孔外土层渗漏，在钻进过程中，由于钻头的活动，孔壁表面形成一层胶泥，具有护壁作用；同时，将孔外水流切断，能稳定孔内水位；泥浆相对密度大，具有挟带钻渣作用，利于钻渣的排土。因此，在钻孔过程中，孔内应保持一定稠度的泥浆，一般相对密度以1.1~1.3为宜，在冲击钻进大卵石层时可用1.4以上，黏度为20Pa·s，含沙率小于3%。在较好的黏性土层中钻孔，也可灌入清水，使钻孔时孔内自造泥浆，达到固壁效果。调制泥浆的黏土塑性指数不宜小于15，粒径大于0.1mm的沙粒不宜超过6%。

（4）安装钻机或钻架。钻架是钻孔、吊放钢筋笼、灌注混凝土的支架。我国生产的定型旋转钻机和冲击钻机都附有定型钻架，其他还有木制的和钢制的四脚架、三脚架或人字扒杆。在钻孔过程中，成孔中心必须对准桩位中心，钻机(架)必须保持平稳，不发生位移、倾斜和沉陷。钻机(架)安装就位时，应详细测量，底座应用枕木垫实塞紧，顶端应用缆风绳固定平稳，并在钻进过程中经常检查。

2）钻孔

（1）旋转钻进成孔。由于旋转钻进成孔的施工方法受到机具和动力的限制，适用于较细、软的土层，如各种塑性状态的黏性土、沙土、夹少量粒径小于100~200mm的砂卵石土

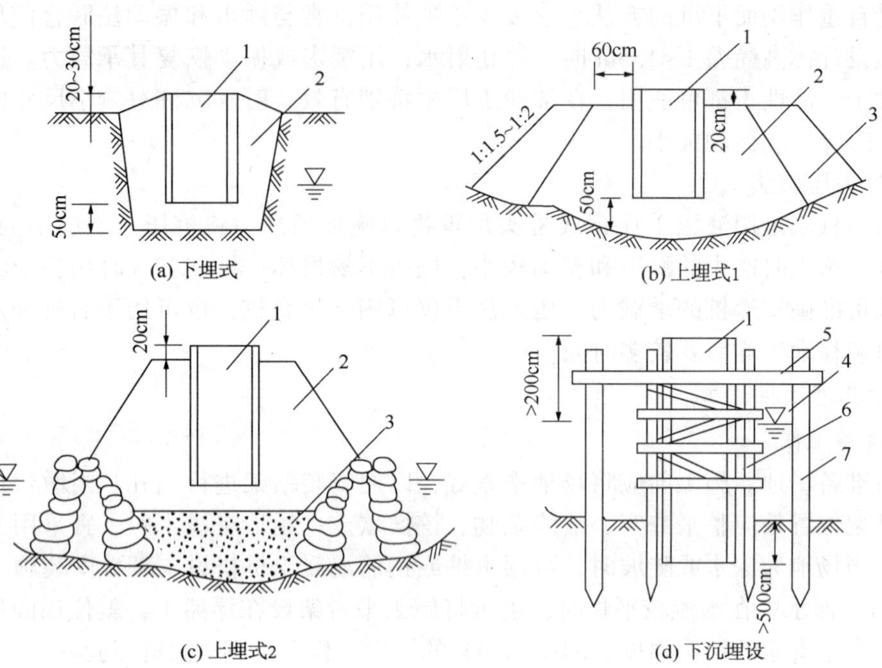

图 3-4　护筒的埋置

1—护筒；2—夯实黏土；3—沙土；4—施工水位；5—工作平台；6—导向架；7—脚手桩

层，在软岩中也可使用。这种钻孔方法的深度可达 100m 以上。旋转钻进成孔方法包括普通旋转钻机成孔法、人工机动推钻与全叶式螺旋钻成孔法和潜水钻机钻孔法。

① 普通旋转钻机成孔法(正、反循环回转钻)。利用钻具的旋转切削体钻进，并在钻进的同时采用循环泥浆的方法护壁排渣，继续钻进成孔。旋转钻机成孔按泥浆循环的程序有正、反循环回转之分。当泥浆以高压通过空心钻杆，从底部射出，随着泥浆上升而溢出流至井外沉浆池，待沉淀净化后再循环使用的方式，称为正循环。当泥浆由钻杆外流入井孔，旧泥浆由钻杆吸上排走的方式称为反循环。反循环钻机的钻进及排渣效率较高，但在接长钻杆时装卸较麻烦，如钻渣粒径超过钻杆内径(一般为 120mm)易堵塞管路，则不宜采用。

② 人工机动推钻与全叶式螺旋钻成孔法。用人工或机动旋转钻具钻进，钻孔时利用电动机带动钻杆转动，使钻头螺旋叶片旋转削土成孔，土块随叶片上升排出孔外，一般孔深 8~12m，钻进速度较慢，遇大卵石、漂石土层不易钻进。

③ 潜水钻机钻孔法。利用密封电动机、变速机构带动钻头在水中旋转削土，并在端部喷出高速水流冲刷土体，以水力排渣。同正循环一样，压入泥浆，钻渣随泥浆上升溢出井口。如此连续钻进、排土而成孔。

(2) 冲击钻进成孔。利用钻锥(重为 10~35kN)不断地提锥、落锥，反复冲击孔底土层，把土层中泥沙、石块挤向四壁或打成碎渣，钻渣悬浮于泥浆中，利用掏渣筒取出，重复上述过程冲击钻进成孔。

主要采用的机具有定型的冲击式钻机(包括钻架、动力、起重装置等)、冲击钻头、转向装置和掏渣筒等，也可用 30~50kN 带离合器的卷扬机配合钢、木钻架及动力组成简易冲击钻机。冲击钻孔适用于含有漂卵石、大块石的土层及岩层，也能用于其他土层。成孔深度一般不宜大于50m。

(3) 冲抓钻进成孔。此法是利用冲抓锥张开的锥瓣向下冲击切入土石中，收紧锥瓣将土石抓入锥中，提升出孔外卸去土石，然后再向孔内冲击抓土，如此循环钻进的成孔方法。施工时，泥浆仅起护壁作用，当土层较好时，可不用泥浆，而用水头护壁。冲抓成孔适用于较松或紧密黏性土、砂性土及夹有碎卵石的沙砾土层，成孔深度一般小于30m。用冲抓钻钻进时，应以小冲程稳而准地开孔，待锥具全部进入护筒后，再松锥进行正常冲抓。提锥应缓慢，冲击高度一般为1.0~2.5m。

3) 清孔及吊装钢筋笼骨架

(1) 抽浆清孔。用空气吸泥机吸出含钻渣的泥浆而达到清孔。由风管将压缩空气输进排泥管，使泥浆形成密度较小的泥浆空气混合物，在水柱压力下沿排泥管向外排出泥浆和孔底沉渣，同时用水泵向孔内注水，保持水位不变直至喷出清水或沉渣厚度达到设计要求为止。此法清孔较彻底，适用于孔壁不易坍塌的各种钻孔方法的柱桩和摩擦桩，一般用反循环钻机、空气吸泥机、水力吸泥机或真空吸泥泵等进行。

(2) 掏渣清孔。该法是用抽渣筒、大锅锥或冲抓锥清掏孔底粗钻渣，仅适用于机动推钻、冲抓、冲击钻孔的各类土层摩擦桩的初步清孔。掏渣前可先投入水泥1~2袋，再以钻锥冲击数次，使孔内泥浆、钻渣和水泥形成混合物，然后用掏渣工具掏渣。当要求清孔质量较高时，可使用高压水管插入孔底射水，使泥浆密度逐渐降低。

(3) 换浆清孔。适用于正循环钻孔法的摩擦桩，钻孔完成后，提升钻锥距孔底10~20cm，继续循环，以相对密度较低(1.1~1.2)的泥浆压入，把钻孔内的悬浮钻渣和密度较大的泥浆换出。

(4) 喷射清孔。该方法只宜配合其他清孔方法使用，是在灌注混凝土前对孔底进行高压射水或射风数分钟，使剩余少量沉淀物漂浮后，立即灌注水下混凝土。

钻孔桩的钢筋应按设计要求预先焊成钢筋骨架，整体或分段就位，吊入钻孔。钢筋骨架吊放前应检查孔底深度是否符合设计要求；孔壁有无妨碍骨架吊放和正确就位的情况。钢筋骨架吊装可利用钻架或另立扒杆进行。吊放时应避免骨架碰撞孔壁，并保证骨架外混凝土保护层厚度，应随时校正骨架位置。钢筋骨架达到设计标高后，即将骨架牢固定位于孔口，立即灌注混凝土。

4) 灌注水下混凝土

(1) 灌注方法。目前我国多采用直升导管法灌注水下混凝土。将导管居中插入到离孔底0.30~0.40m(不能插入孔底沉积的泥浆中)，导管上口接漏斗，在接口处设隔水栓，以隔绝混凝土与导管内水的接触。在漏斗中储备足够数量的混凝土后，放开隔水栓，储备的混凝土连同隔水栓向孔底猛落，这时孔内水位骤涨外溢，说明混凝土已灌入孔内。当落下有足够数量的混凝土时，则将导管内水全部压出，并使导管下口埋入孔内混凝土内1~1.5m深，保证钻孔内的水不可能重新流入导管。随着混凝土不断通过漏斗、导管灌入钻孔，钻孔内初期灌注的混凝土及其上面的水或泥浆不断被顶托升高，相应地不断提升导管和拆除导管，这时应保持导管的埋入深度为2~4m，最大不宜大于4m，拆除导管时间不超过15min，直至钻孔灌注混凝土完毕。

(2) 混凝土浇筑。为了随时掌握钻孔内混凝土顶面的实际高度，可用测绳和测深锤直接测定。测深锤一般用锥形锤，锤底直径15cm左右，高20cm，质量为5kg，外壳可用钢板焊制，内装铁砂配重后密封。为保证灌注桩成桩后的质量，现在可用超声波法等进行无损检测。

3. 挖孔灌注桩施工

挖孔灌注桩适用于无地下水或少量地下水，且较密实的土层或风化岩层。桩的直径(或边长)不宜小于1.4m，孔深一般不宜超过20m。若孔内产生的空气污染物超过规定的浓度限值，必须采用通风措施，方可采用人工挖孔施工。每一桩孔开挖、提升出土、排水、支撑、立模板、吊装钢筋骨架、灌注混凝土等作业都应事先准备好，紧密配合。

1）开挖桩孔

开挖桩孔一般采用人工开挖，开挖之前应清除现场四周及山坡上悬石、浮土等，排除一切不安全的因素，做好孔口四周临时围护和排水设备。孔口应采取措施防止土石掉入孔内，并安排好排土提升设备(卷扬机或木绞车等)，布置好弃土通道，必要时孔口应搭雨棚。

挖孔过程中要随时检查桩孔尺寸和平面位置，防止误差。注意施工安全，下孔人员必须配戴安全帽和安全绳，提取土渣的机具必须经常检查。孔深超过10m时，应经常检查孔内二氧化碳含量，如超过0.3%应增加通风措施。孔内如用爆破施工，采用浅眼爆破法，严格控制炸药用量并在炮眼附近加强支护，以防止振坍孔壁。孔深大于5m时，应采用电雷管引爆，爆破后应先通风排烟15min并经检查孔内无毒后，施工人员方可下孔继续开挖。

2）护壁和支撑

挖孔桩开挖过程中，开挖和护壁两个工序必须连续作业，以确保孔壁不坍塌。应根据水质、水文条件、材料来源等情况因地制宜选择支撑及护壁方法。桩孔较深，土质较差，出水量较大或遇流沙等情况时，宜采用就地灌注混凝土护壁，每下挖1~2m灌注一次，随挖随支。护壁厚度一般采用0.15~0.20m，混凝土为C15~C20，必要时可配置少量的钢筋，也可采用下沉预制钢筋混凝土圆管护壁。如土质较松散而渗水量不大时，可考虑用木料做框架式支撑或在木框架后面铺架木板做支撑。木框架或木框架与木板间应用扒钉钉牢，木板后面也应与土面塞紧。如土质情况尚好，渗水不大时，也可用荆条、竹笆做护壁，随挖随护壁，以保证挖土的安全进行。

3）排水

孔内如渗水量不大，可采用人工排水(手摇木绞车或小卷扬机配合提升)；渗水量较大，可用高扬程抽水机或将抽水机吊入孔内抽水。若同一墩台有几个桩孔同时施工，可以安排一孔超前开挖，使地下水集中在一孔排除。

4）吊装钢筋骨架及灌注桩身混凝土

挖孔达到设计深度后，应进行孔底处理。必须做到孔底表面无松渣、泥、沉淀土，以保证桩身混凝土与孔壁及孔底密贴，受力均匀。如地质复杂，应钎探了解孔底以下地质情况是否能满足设计要求，否则应与监理、设计单位研究处理。吊装钢筋骨架及灌注水下混凝土的有关方法及注意事项与钻孔灌注桩基本相同。

三、沉井基础施工

1. 旱地沉井施工

1）定位放样、平整场地、浇筑底节沉井

在定位放样以后，应将基础所在地的地面进行整平和夯实，在地面上铺设厚度不小于0.5m的沙或沙砾垫层。然后铺垫木、立底节沉井模板和绑扎钢筋。在沙垫层上先在刃脚踏面处对称地铺设垫木，垫木一般为方木（可用200mm×200mm方木），其数量可按垫木底面压力不大于100kPa计算。垫木的布置应考虑抽除方便。然后在垫木上面放出刃脚踏面大样，铺上踏面底模，安放刃脚的型钢，立刃脚斜面底模、隔墙底模和沉井内模，绑扎钢筋，最后立外模和模板拉杆。在场地土质较好处，也可采用土模。

2）拆模和抽除垫木

混凝土达到设计强度的25%时可拆除内外侧模，达到设计强度的75%时可拆除各墙底面和刃脚斜面模板，强度达到设计强度后才能抽撤垫木。抽撤垫木应按一定的顺序进行，以免引起沉井开裂、移动或倾斜。其顺序是：先撤除内隔墙下的垫木，再撤除沉井短边下的垫木，最后撤除长边下的垫木。撤除长边下的垫木时，以定位垫木（最后抽撤的垫木）为中心，对称地由远到近拆除，最后拆除定位垫木。注意在抽垫木过程中，抽除一根垫木应立即用沙回填并捣实。

3）挖土下沉沉井

垫木抽完后，应检查沉井位置是否有移动或倾斜，位置正确，即可在井内挖土。沉井下沉施工可分为排水下沉和不排水下沉。当沉井穿过稳定的土层，不会因排水产生流沙时，可采用排水挖土下沉，可采用人工挖土或机械除土。人工挖土时应采取施工安全措施，挖土要有规律、分层、对称、均匀开挖，使沉井均匀下沉。通常是先挖井孔中心，再挖隔墙下的土，后挖刃脚下的土，一般情况下高差不宜超过50cm。挖到一定程度，沉井即可借自重切土下沉一定深度，这样不断地挖土、下沉。不排水下沉一般采用抓土斗或水力吸泥机。使用吸泥机时要不断向井内补水，使井内水位高出井外水位1~2m以免发生流沙或涌土现象。在井孔内均需均匀除土，否则易使沉井产生较大的偏斜。不排水挖土可参考表3-3选用合适的机械和方法。

表3-3 不排水时挖土方法的使用

土质	除土方法	说 明
沙土	抓土、吸泥	抓土时宜用两瓣式抓斗
卵石	吸泥、抓土	以直径大于卵石粒径的吸泥机为好；若抓土，宜用四瓣抓斗
黏性土	吸泥、抓土	一般以高压射水，冲散土层
风化岩	射水、冲击锤、放炮	冲击锤钻进，碎块用抓斗或吸泥机除去

4）接高沉井

当沉井顶面离地面1~2m时，如还要下沉，应停止挖土，接筑上一节沉井。每节沉井高度以4~6m为宜。接高的沉井中轴应与底节沉井中轴重合。为防止沉井在接高时突然下沉或倾斜，必要时应回填刃脚下的土，接高时应尽量对称均匀加重。混凝土施工接缝应按设计要求，布置好接缝钢筋，清除浮浆并凿毛，然后立模浇筑混凝土，待接筑沉井达到设计强度时，即可继续挖土下沉，直至井底达到设计标高。如最后一节沉井顶面在地面或水面下，应在沉井上加筑井顶围堰，围堰的平面尺寸略小于沉井，其下端与井顶预埋锚杆相连，视其高度大小分别用混凝土或砌石或砌砖。围堰是临时性的，待墩台身出水后可拆除。

5）地基检验及处理

沉井下沉至设计标高后，必须检验基底的地质情况是否与设计资料相符，地基是否平整，能抽干水的可直接检验，否则要由潜水员下水检验，必要时用钻机取样鉴定。如检验符合要求，宜尽可能在排水的情况下立即清理和处理地基。基底应尽量整平，清除污泥，并使基底没有软弱夹层；基底为沙土或黏性土时，应铺一层砾石或碎石垫层至刃脚踏面以上 20cm；基底为风化岩时，应将风化层凿掉，以保证封底混凝土、沉井与地基连接紧密。

6）封底、填充井孔及浇筑盖板

地基经检验、处理合格后，应立即封底，宜在排水情况下进行；抽干水有困难时用水下浇筑混凝土的方法，待封底混凝土达到设计强度后方可抽水，然后填井孔。对填沙砾或空孔的沉井，必须在井顶浇筑钢筋混凝土盖板。盖板达到设计强度后，方可砌筑墩台。

2. 水中下沉沉井的措施

1）筑岛法

在河流的浅滩或施工最高水位不超过 4m 时，可用筑岛法，即先修筑人工岛，再在岛上进行沉井的制作和挖土下沉。筑岛材料为砂或砾石，常称作砂岛，砂岛分无围堰和有围堰两种。无围堰砂岛应保证施工期在水流冲刷作用下，砂岛本身有足够的稳定性，一般用于水深不超过 1~2m、水流速度不大时。砂岛边坡坡度通常为 1∶2，周围用草袋、卵石、竹笼等护坡。砂岛面的宽度应比沉井周围宽出 2.0m 以上，岛面高度应高出施工最高水位 0.5m 以上。当河流较深或流速较大时，宜用钢板桩围堰筑岛。

2）浮运法

在深水河流中，水深如超过 10m 时，当用筑岛法有困难或不经济时，可采用浮运沉井的方法进行施工。

采用浮运法的沉井，一种是普通沉井在刃脚处安装临时性不漏水的木底板，就位后再在井内灌水下沉，沉到河底再拆除底板。另一种是空腹薄壁沉井，井壁可用钢筋混凝土、水泥钢丝网或钢壳制成，空腹中设置支撑，向空腹中灌水或混凝土即可下沉。浮运沉井一般先在岸上预制，再用滑道等方法将沉井放入水中，浮于水面上最后拉运到墩位处，也可用船只浮运沉井。

沉井准确就位后，用水或混凝土灌入空体，徐徐下沉直至河底。或依靠在悬浮状态下接长沉井及填充混凝土使它逐步下沉至河底，最后在土中挖土下沉。在浮运、下沉沉井过程中，沉井顶到水面的高度均不得小于 1m。

第二节　桥梁墩台工程施工

一、钢筋混凝土墩台施工

1. 墩台模板

1）拼装式模板

拼装式模板系用各种尺寸的标准模板利用销钉连接，并与拉杆、加劲构件等组成墩台所需形状的模板。将墩台表面划分为若干小块，尽量使每部分板扇尺寸相同，以便于周转使用。板扇高度通常与墩台分节灌注高度相同，一般可为3~6m，宽度可为1~2m，具体视墩台尺寸和起吊条件而定。拼装式模板由于在厂内加工制造，因此板面平整、尺寸准确、体积小、质量轻，拆装容易、快速，运输方便，故应用广泛。

2）整体吊装模板

整体吊装模板系将墩台模板水平分成若干段，每段模板组成一个整体，在地面拼装后吊装就位。分段高度可视起吊能力而定，一般可为2~4m。整体吊装模板的优点是：安装时间短，无须设施工接缝，加快了施工进度，提高了施工质量；将拼装模板的高空作业改为平地操作，有利于施工安全；模板刚性较强，可少设拉筋或不设拉筋，节约钢材；可利用模外框架做简易脚手架，不需搭施工脚手架；结构简单，装拆方便，对建造较高的桥墩较为经济。

3）组合型钢模板

组合型钢模板系以各种长度、宽度及转角标准构件，用定型的连接件将钢模拼成结构用模板，具有体积小、质量轻、运输方便、装拆简单、接缝紧密等优点，适用于在地面拼装、整体吊装的结构上。

4）滑动钢模板

滑动钢模板适用于各种类型的桥墩。各种模板在工程上的应用，可根据墩台高度、墩台形式、机具设备、施工期限等条件，因地制宜，合理选用。模板的设计可参照交通运输部标准《公路桥涵钢结构及木结构设计规范》(JTJ 025—1986)的有关规定。验算模板的刚度时，其变形值不得超过下列数值：结构表面外露的模板，挠度为模板构件跨度的1/400；结构表面隐蔽的模板，挠度为模板构件跨度的1/250；钢模板的面板变形为1.5mm，钢模板的钢棱、柱箍变形为3.0mm。

2. 混凝土浇筑施工要点

1）混凝土运送

墩台混凝土的水平与垂直运输相互配合方式与适用条件可参照表3-4。如混凝土数量大，浇筑捣固速度快，可采用混凝土皮带运输机或混凝土输送泵。运输带速度应不大于1.0~1.2m/s。其最大倾斜角：当混凝土坍落度小于40mm时，向上传送为18°，向下传送为12°；当坍落度为40~80mm时，则分别为15°与10°。

表 3-4　混凝土的运输方式及适用条件

<table>
<tr><th>水平运输</th><th>垂直运输</th><th colspan="2">适用条件</th><th>附注</th></tr>
<tr><td rowspan="8">人力混凝土手推车、内燃翻斗车、轻便轨人力推运翻斗车或混凝土吊车</td><td>手推车</td><td rowspan="8">中小桥梁水平运距较近</td><td>$H<10$m</td><td>搭设脚手平台，铺设坡道，用卷扬机拖拉手推车上平台</td></tr>
<tr><td>轨道爬坡翻斗车</td><td>$H<10$m</td><td>搭设脚手平台，铺设坡道，用卷扬机拖拉手推车上平台</td></tr>
<tr><td>皮带运输机</td><td>$H<10$m</td><td>倾角不宜超过 15°，速度不超过 1.2m/s。高度不足时，可用 2 台串联使用</td></tr>
<tr><td>履带(或轮胎)起重机起吊高度</td><td>$10<H<20$m</td><td>用吊斗输送混凝土</td></tr>
<tr><td>木制或钢制扒杆</td><td>$10<H<20$m</td><td>用吊斗输送混凝土</td></tr>
<tr><td>墩外井架提升</td><td>$H>20$m</td><td>在井架上安装扒杆提升吊斗</td></tr>
<tr><td>墩内井架提升</td><td>$H>20$m</td><td>适用于空心桥墩</td></tr>
<tr><td>无井架提引</td><td>$H>20$m</td><td>适用于滑动模板</td></tr>
<tr><td rowspan="5">轨道牵引车输送混凝土、翻斗车或混凝土吊斗汽车倾卸车、汽车运送混凝土吊斗、内燃翻斗车</td><td>脚带(或轮胎)起重机起吊高度≈30m</td><td rowspan="5">大中桥、水平运距较远</td><td>$20<H<30$m</td><td>用吊斗输送混凝土</td></tr>
<tr><td>塔式吊机</td><td>$20<H<50$m</td><td>用吊斗输送混凝土</td></tr>
<tr><td>墩外井架提升</td><td>$H<50$m</td><td>井架可用万能杆件组装</td></tr>
<tr><td>墩内井架提升</td><td>$H>50$m</td><td>适用于空心桥墩</td></tr>
<tr><td>无井架提升</td><td>$H>50$m</td><td>适用于滑动模板</td></tr>
<tr><td colspan="2">索道吊机</td><td colspan="2">$H>50$m</td><td>—</td></tr>
<tr><td colspan="2">混凝土输送泵</td><td colspan="2">$H<50$m</td><td>可用于大体积实心墩台</td></tr>
</table>

注：H—墩高。

2）混凝土浇筑

为防止墩台基础第一层混凝土中的水分被基底吸收或基底水分渗入混凝土，对墩台基底处理除应符合天然地基的有关规定外，尚应满足以下要求：

（1）基底为非黏性土或干土时，应将其湿润。

（2）如为过湿土时，应在基底设计高程下夯填一层 10~15cm 厚的片石或碎(卵)石层。

（3）基底面为岩石时，应加以润湿，铺一层厚 2~3cm 厚的水泥砂浆，然后于水泥砂浆凝结前浇筑第一层混凝土。

墩台身钢筋的绑扎应和混凝土的灌注配合进行。在配置第一层垂直钢筋时，应有不同的长度，同一断面的钢筋接头应符合施工规范的规定，水平钢筋的接头也应内外、上下互相错开。钢筋保护层的净厚度，应符合设计要求。如无设计要求，则可取墩台身受力钢筋的净保护层不小于 30mm，承台基础受力钢筋的净保护层不小于 35mm。墩台身混凝土宜一次连续灌注，否则应按《公路桥涵施工技术规范》(JTJ 041—2000)的要求处理好连接缝。墩台身混凝土未达到终凝前，不得泡水。

二、砌筑墩台施工

1. 砌筑要点

砌筑前应按设计图放出实样，挂线砌筑。砌筑基础的第一层砌块时，如果基底为土质，只在已砌石块的侧面铺上砂浆即可，无须坐浆；如果基底为石质，应将其表面清洗、润湿后，先坐浆再砌石。砌筑斜面墩台时，斜面应逐层放坡，以保证规定的坡度。砌块间用砂浆黏结并保持一定的缝宽，所有砌缝要求砂浆饱满。形状比较复杂的工程，应先作出配料设计图，注明块石尺寸；形状比较简单的，也要根据砌体高度、尺寸、错缝等，先行放样配好料石再砌。

2. 砌筑方法

同一层石料及水平灰缝的厚度要均匀一致，每层按水平砌筑，丁顺相间，砌石灰缝应互相垂直，灰缝宽度和错缝按表 3-5 进行控制。砌石顺序为先角石，再镶面，后填腹。填腹石的分层高度应与镶面相同；圆端、尖端及转角形砌体的砌石顺序应自顶点开始，按丁顺排列安砌镶面石。砌筑图例如图 3-5 所示，圆端形桥墩的圆端顶点不得有垂直灰缝，砌石应从顶端开始先砌石块①，见图 3-5(a)，然后依丁顺相间排列，安砌四周的镶面石；尖端形桥墩的尖端及转角处不得有垂直灰缝，砌石应从两端开始，先砌石块①，见图 3-5(b)，再砌侧面转角②，然后依丁顺相间排列，接砌四周的镶面石。

表 3-5　浆砌镶面石灰缝规定

种类	灰缝宽度/cm	错缝(层间或行列间)/cm	3 块石料相接处空隙/cm	砌筑行列高度/cm
粗料石	1.5~2	≥10	1.5~2	每层石料厚度一致
半细料石	1~1.5	≥10	1~1.5	每层石料厚度一致
细料石	0.8~1	≥10	0.8~1	每层石料厚度一致

三、装配式墩台施工

装配式墩台适用于山谷架桥、跨越平缓无漂流物的河沟、河滩等的桥梁，特别是在工地干扰多、施工场地狭窄、缺水与沙石供应困难地区，其效果更为显著。装配式墩台有砌块式、柱式和管节式或环圈式墩台等。

1. 砌块式墩台施工

砌块式墩台的施工大体上与石砌墩台相同，只是预制砌块的形式因墩台形式不同有很多变化。例如，1975 年建成的兰溪大桥，主桥身系采用预制的素混凝土壳块分层砌筑而成。壳块按平面形状分为Ⅱ型和Ⅰ型两大类，再按其砌筑位置和具体尺寸又分为 5 种型号，每种块件等高，均为 35cm，块件单元重力为 0.9~1.2kN，每砌三层为一段落。该桥采用预制砌块建造桥墩，不仅节约混凝土约 26%，节省木材 $50m^3$ 和大量铁件，而且砌缝整齐，外形美观，更主要的是加快了施工速度，避免了洪水对施工的威胁。

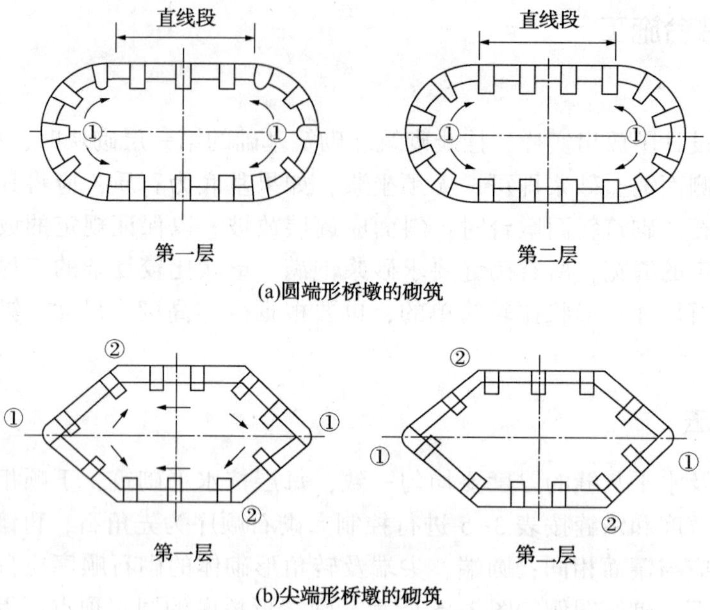

图 3-5 桥墩的砌筑

2. 柱式墩施工

装配式柱式墩系将桥墩分解成若干轻型部件，在工厂或工地集中预制，再运送到现场装配桥梁，其形式有双柱式、排架式、板凳式和刚架式等。

施工工序为预制构件、安装连接与混凝土养护等。其中拼装接头是关键工序，既要牢固、安全，又要结构简单便于施工。常用的拼装接头有以下几种形式。

(1) 承插式接头。将预制构件插入相应的预留孔内，插入长度一般为 1.2~1.5 倍的构件宽度，底部铺设 2cm 砂浆，四周以半干硬性混凝土填充。此接头常用于立柱与基础的接头连接。

(2) 钢筋锚固接头。构件上预留钢筋或型钢，插入另一构件的预留槽内，或将钢筋互相焊接，再灌注半干硬性混凝土。此接头多用于立柱与顶帽处的连接。

(3) 焊接接头。将预埋在构件中的铁件与另一构件的预埋铁件用电焊连接，外部再用混凝土封闭。这种接头易于调整误差，多用于水平连接杆与立柱的连接。

(4) 扣环式接头。相互连接的构件按预定位置预埋环式钢筋，安装时柱脚先坐落在承台的柱芯上，上下环式钢筋互相错接，扣环间插入 U 形短钢筋焊牢，四周再绑扎钢筋一圈，立模浇筑外围接头混凝土。要求上下扣环预埋位置正确，施工较为复杂。

(5) 法兰盘接头。在相互连接的构件两端安装法兰盘，连接时用法兰盘连接，要求法兰盘预埋位置必须与构件垂直，接头处可不用混凝土封闭。

四、高墩滑模施工

1. 滑模组装

在墩位上就地进行组装时，安装步骤如下。

（1）在基础顶面搭枕木垛，定出桥墩中心线。

（2）在枕木垛上先安装内钢环，并准确定位，再依次安装辐射梁、外钢环、立柱、千斤顶、模板等。

（3）提升整个装置，撤去枕木垛，再将模板落下就位，随后安装余下的设施；内外吊架待模板滑升至一定高度，及时安装；模板在安装前，表面需涂润滑剂，以减少滑升时的摩阻力；组装完毕后，必须按设计要求及组装质量标准进行全面检查，并及时纠正偏差。

2. 灌注混凝土

滑模宜灌注低流动度或半干硬性混凝土，灌注时应分层、分段对称地进行，分层厚度20~30cm为宜，灌注后混凝土表面距模板上缘宜有不小于10~15cm的距离。混凝土入模时，要均匀分布，应采用插入式振动器捣固，振捣时应避免触及钢筋及模板，振动器插入下一层混凝土的深度不得超过5cm；脱模时混凝土强度应为0.2~0.5MPa，以防在其自重压力下坍塌变形。为此，可根据气温、水泥强度等级经试验后掺入一定量的早强剂，以加速提升；脱模后8h左右开始养生，用吊在下吊架上的环绕墩身的带小孔的水管来进行。养生水管一般设在距模板下缘1.8~2.0m处效果较好。

3. 提升与收坡

整个桥墩灌注过程可分为初次滑升、正常滑升和最后滑升3个阶段。从开始灌筑混凝土到模板首次试升为初次滑升阶段；初灌混凝土的高度一般为60~70cm，分几次灌注，在底层混凝土强度达到0.2~0.4MPa时即可试升。将所有千斤顶同时缓慢起升5cm，以观察底层混凝土的凝固情况。现场鉴定可用手指按刚脱模的混凝土表面，若基本按不动，但留有指痕，砂浆不沾手，用指甲划过有痕，滑升时能耳闻“沙沙”的摩擦声，这些现象表明混凝土已具有0.2~0.4MPa的出模强度，可以再缓慢提升20cm左右。初升后，经全面检查设备，即可进入正常滑升阶段。即每灌注一层混凝土，滑模提升一次，使每次灌注的厚度与每次提升的高度基本一致。在正常气温条件下，提升时间不宜超过1h。最后滑升阶段是混凝土已经灌注到需要高度，不再继续灌注，但模板尚需继续滑升的阶段。灌完最后一层混凝土后，每隔1~2h将模板提升5~10cm，滑动2~3次后即可避免混凝土模板胶合。滑模提升时应做到垂直、均衡一致，顶架间高差不大于20mm，顶架横梁水平高差不大于5mm。并要求三班连续作业，不得随意停工。

随着模板的提升，应转动收坡丝杆，调整墩壁曲面的半径，使之符合设计要求的收坡坡度。

4. 接长顶杆、绑扎钢筋

模板每提升至一定高度后，就需要穿插进行接长顶杆、绑扎钢筋等工作。为了不影响提升时间，钢筋接头均应事先配好，并注意将接头错开。对预埋件及预埋的接头钢筋，滑模抽离后，要及时清理，使之外露。

在整个施工过程中，由于工序的改变或发生意外事故，使混凝土的灌注工作停止较长时间，即需要进行停工处理。例如，每隔半小时左右稍微提升模板一次，以免黏结；停工时在混凝土表面要插入短钢筋等，以加强新老混凝土的黏结；复工时还需将混凝土表面凿毛，并用水冲走残渣，湿润混凝土表面，灌注一层厚度为2~3cm的1∶1水泥砂浆，然后再灌注原配合比的混凝土，继续滑模施工。

爬升模板施工与滑动模板施工相似，不同的是支架通过千斤顶支承于预埋在墩壁中的预埋件上。待浇筑好的墩身混凝土达到一定强度后，将模板松开。千斤顶上顶，把支架连同模板升到新的位置，模板就位后，再继续浇筑墩身混凝土。如此往复循环，逐节爬升，每次升高约 2m。

翻升模板施工是采用一种特殊钢模板，一般由 3 层模板组成一个基本单元，并配置有随模板升高的混凝土接料工作平台。当浇筑完上层模板的混凝土后，将最下层模板拆除翻上来拼装成第四层模板，以此类推，循环施工。翻升模板也能够用于有坡度的桥墩施工。

第三节　预应力混凝土简支梁桥施工

一、先张法预应力简支梁桥的施工工艺

1. 先张法概述

先张法的制梁工艺是在浇筑混凝土前张拉预应力筋，将其临时锚固在张拉台上，然后立模浇筑混凝土，待混凝土达到规定强度(不低于设计强度等级的 70%)时，逐渐将预应力筋放松，构件通过预应力钢筋和混凝土之间的黏接获得预压应力。

工艺流程具体如下：制作张拉台座→制作梁板平台(台面)→预应力设备选用及校正→预应力筋(钢绞线)下料、编束、穿钢绞线→预应力筋安装→张拉准备→张拉预应力筋(分阶段张拉)→绑扎钢筋→立模→浇筑底板混凝土→充气橡胶芯模安放→绑扎上部钢筋→混凝土浇筑→养护→拆模→放张→移梁。

2. 具体施工要点

1) 制作张拉台座

(1) 张拉台座应具有足够的强度和刚度，其抗倾覆安全系数应不小于 1.5，抗滑移系数应不小于 1.3。张拉台座应与张拉各阶段的受力状态相适应，构造应满足施工要求。张拉横梁及锚板应能直接承受预应力筋施加的压力，其受力后的最大挠度不得大于 2mm。锚板受力中心应与预应力筋合力中心一致。

(2) 先张预应力梁板可采用槽式台座或墩式台座；底板可采用整体混凝土台面和装配式台面。

2) 制作梁板平台(台面)

台面可用压路机把基底碾压密实后，换填 300mm 的沙砾垫层，在碾压密实的沙砾垫层上浇筑一层厚度为 200mm(两端 3m 内为 300mm)、强度为 C20 的豆石混凝土，用打磨机磨光，作为先张预应力梁板底模。

台面要平整光滑，两侧边为直线且平行；支承千斤顶的混凝土面(支承架)要垂直台座轴线，锚垫板处混凝土振捣要密实。

3) 预应力设备选用及校正

(1) 张拉千斤顶在整拉整放工艺和单拉整放工艺中，单束初调及张拉宜采用穿心式双

作用千斤顶。整体张拉和整体放张宜采用自锁式千斤顶，张拉吨位宜为张拉力的1.5倍，且不得小于1.2倍。张拉设备要配套标定、配套使用，配套标定期不得大于半年。标定应在国家授权的法定计量技术机构定期进行。

（2）当采用张拉千斤顶预施应力时，千斤顶在张拉前必须经过校正，校正系数不得大于1.05。校正有效期为一个月且不超过200次张拉作业；拆修更换配件后的张拉千斤顶必须重新校正，发现异常随时校验。与千斤顶配套使用的压力表应选择防振型产品，表面最大读数应为张拉力的1.5~2.0倍，精度不应低于1.0级。压力表首次使用前必须经过计量部门检定，检定周期为一周，当使用0.4级压力表时，检定周期可为一个月。压力表发生故障后必须重新校验。

（3）油泵的油箱容量宜为张拉千斤顶总输油量的1.5倍，额定油压数为使用油压数的1.4倍。

（4）预应力设备应建立台账及卡片并定期检查。

4）预应力筋下料

（1）预应力筋的下料长度应经过计算确定，计算时应考虑下列因素：构件孔道或台座的长度、锚夹具长度、千斤顶长度、焊接接头或镦粗头的预留量、冷拉伸长值、弹性回缩值、张拉伸长值和外露长度等因素。

（2）钢丝、钢绞线、热处理钢筋的切断，宜使用砂轮锯或切断机，不得采用电弧切割。钢绞线切断前，应在距切口5cm处用钢丝绑牢。

（3）钢丝束的两端均采用墩头锚具时，同一束中各根钢丝下料长度的相对差值：当钢丝束长度小于或等于20m时，不宜大于1/3000；当钢丝束长度大于20m时，不宜大于1/5000，且不得大于5mm。对长度不大于6m的先张预应力构件，当钢丝成束张拉时，同束钢丝下料长度的相对差值不得大于2mm。

（4）钢绞线下料长度既要满足使用要求，又要防止下料过长造成浪费。将下好的钢绞线放在工作台上，据设计编制成束。要求编束一定要绑紧，钢绞线要顺直，根与根之间不得相扭。施工时，预应力筋有效长度范围以外的部分采用硬塑料管套住。

5）预应力筋安装

（1）预应力筋安装时其规格、数量和位置应符合设计要求。

（2）先张法预应力施工时应选用非油质类模板隔离剂，并应避免隔离剂和其他污物污染预应力筋。

（3）长线台预应力筋连同隔离套管应在钢筋骨架完成后一并穿入就位。安放隔离套管的位置应准确，隔离套管内端应堵严。

（4）预应力筋安装宜自下而上进行，先穿直线预应力筋，再穿折线预应力筋；折线预应力筋应通过转折器相应的槽口。预应力筋与锚固横梁宜采用张拉螺杆连接。

6）张拉预应力筋

张拉预应力筋应符合下列规定：

（1）张拉前，应对台座、横梁及各项张拉设备进行详细检查，符合要求后方可进行操作。

（2）预应力筋张拉宜采用单束初调、整体张拉工艺。

（3）张拉宜先进行直线预应力筋初调，再初调和张拉折线预应力筋，最后张拉直线预应力筋。

（4）同时张拉多根预应力筋时，应预先调整其初应力，使相互之间的应力一致；张拉过程中应使活动横梁与固定横梁保持平行。

7）张拉控制应力

控制张拉应以控制应力为主，以测量伸长值为校核，当实测值与理论计算值相差大于±6%时，应查明原因，及时处理后再继续张拉。张拉完毕后，宜及时浇筑混凝土。浇筑前，应抽查张拉应力。当张拉应力值与允许值相差超过±3%时，应重拉。

8）先张预应力张拉步骤

（1）采用螺丝杆锚具，拧动端头螺帽，调整预应力筋长度，使每根预应力筋受力均匀。

（2）施加10%的张拉应力，将预应力筋拉直，锚固端和连接器处拉紧，在预应力筋上选定适当的位置刻画标记，作为测量延伸量的基点。

（3）正式张拉，其拉法分以下3种情况。①一端固定，一端单根张拉。张拉顺序由中间向两侧对称进行，当横梁、承力架符合从一侧张拉的安全要求时，也可从一侧进行。单根预应力筋张拉吨位不可一次拉至超张拉应力。②一端固定，一端多根张拉。千斤顶必须同步顶进，保持横梁平行移动，预应力筋均匀受力，分级加载拉至超张拉应力。③一端单根张拉，一端多根张拉。先张拉单根预应力筋，由延伸量和油表压力读数双控制，施加30%～40%的张拉力，同时使预应力筋受力均匀，先顶锚锚固一端，再张拉多根预应力筋至超张拉应力。

（4）持荷。按预应力筋的类型选定持荷时间2～5min，使预应力筋完成部分徐舒，完成量为全部量的20%～25%，以减少钢丝锚固后的应力损失。

（5）锚固前，应补足或放松预应力筋的拉力至控制应力。测量、记录预应力筋的延伸量，并核对实测值与理论计算值，其误差应在±6%范围内；若不符合规定，则应找出原因及时处理。

（6）张拉满足要求后，锚固预应力筋，千斤顶回油至零。

二、后张法预应力简支梁桥的施工工艺

1. 后张法概述

后张法指的是先浇筑混凝土，待达到设计强度的75%以上后再张拉预应力钢材以形成预应力混凝土构件的施工方法。

后张法预应力简支梁桥的工艺流程具体如下：后张预应力管道(波纹管)下料、安装→锚垫板安装→后张预应力管道安装(与非预应力筋配合安装)→预应力筋下料→穿束→预应力筋安装的保护→预应力混凝土施工(梁体或块件预制)→梁体或块件混凝土强度及混凝土龄期已达到设计要求→拆模→检查锚垫板→安装张拉设备→摩阻测定→初张拉→持荷→锚固→孔道压浆→封锚。

2. 具体施工要点

1）后张预应力管道下料、安装

（1）预应力管道(波纹管)下料前作业班组必须对波纹管再进行检查，应按进场验收记录核对其类别、型号、规格、数量及外观质量。

（2）预应力管道(波纹管)下料应按设计要求，计算其长度。预应力管道(波纹管)下料应采用砂轮锯，不得采用电弧切割。

（3）依据图纸中孔道中心到底模及侧模的距离，用粉笔在模板及钢筋上画出波纹管纵横向位置。预应力管道(波纹管)应与梁体或块体的非预应力筋相间配合安装。

（4）预应力管道(波纹管)的铺设要严格按设计给定孔道坐标位置控制。预应力管道可用定位网(钢筋支架)控制其位置。定位网(钢筋支架)可用 $\phi10$ 钢筋焊成，钢筋支架内侧尺寸同波纹管外径。

（5）安装定位网(钢筋支架)：固定波纹管的钢筋支架要与梁体骨架钢筋焊牢(将定位筋及轨道筋与骨架筋焊接或用双扣绑扎牢固)，管道与定位钢筋绑扎结实，间距为每隔 50mm 设一道，曲线段与锚垫板附近适当加密。

（6）安装波纹管：定位网安装好后将波纹管穿入定位网方格内。安装波纹管时注意对其保护。

（7）管道铺设中，要确保管道内无杂物，管道敞口处可用密封胶带封堵。

（8）波纹管与喇叭口相接处，波纹管插入喇叭口内的长度不应大于喇叭口的直线段长度，以防影响钢绞线扩展而增大摩阻。

（9）梁端预留准备与下跨梁连接的波纹管，可在接口处用大一级的波纹管作为套管，套管与梁端平齐，待与下跨波纹管进行套接。

（10）安装波纹管时应同时在管内穿一根钢丝，作为牵引线。

预应力管道(波纹管)压浆孔，其孔径一般为 20~25mm，施工时注意不要将其封堵。排气孔一般设置在管道的最高部位，其间距为 20~30m 一道。排气管为塑料管，管径为 20~30mm，与波纹管的连接用与波纹管配套的卡子或用胶带纸封闭连接，连接处要密闭，排气管应伸出现浇混凝土顶面 200mm 为宜。

2）锚垫板安装

（1）锚垫板安装前，要检查锚垫板的几何尺寸是否符合设计要求，注意灌浆管不得伸入喇叭管内(应平接不内伸)。

（2）在模板上准确放出锚垫板位置，然后在其中央打孔，孔径略大于波纹管孔径，锚垫板要牢固地安装在模板上，锚垫板定位孔的螺栓要拧紧，垫板要与孔道严格对中，并与孔道端部垂直，不得错位。

（3）锚垫板上的灌浆孔要用同直径的管丝堵封堵，在锚垫板与模板之间应加一层橡胶或塑料泡沫垫，喇叭口与波纹管相接处，要用密封胶带缠裹，防止漏浆堵孔。

（4）螺旋筋应按设计要求安装，其轴线应与锚垫板平面垂直。

3）预应力筋下料

（1）预应力筋下料前，作业班组必须再次核对预应力筋的规格、验收记录，检查其外观质量。预应力筋的下料长度应经过计算确定。计算时应考虑下列因素：构件孔道的长度、锚夹具长度、千斤顶长度、张拉伸长值和外露长度等。

（2）预应力筋的切断，宜使用砂轮锯，不得采用电弧切割。钢绞线切断前，应在距切口 50mm 处用钢丝绑牢。

（3）钢丝束的两端均采用墩头锚具时，同一束中各根钢丝下料长度的相对差值：当钢丝束长度小于或等于20m时，不宜大于1/3000；当钢丝束长度大于20m时，不宜大于1/5000，且不得大于5mm。对长度不大于6m的先张预应力构件，当钢丝成束张拉时，同束钢丝下料长度的相对差值不得大于2mm。

(4) 预应力筋由多根钢丝或钢绞线组成时，在同束预应力钢筋内，应采用强度相等的预应力钢材。编束时，应逐根梳理直顺不扭转，绑扎牢固(用火烧丝绑扎，每隔1m一道)，不得互相缠绞。

(5) 编束后的钢丝和钢绞线应按设计图编号分类存放。钢丝和钢绞线束移运时支点距离不得大于3m，端部悬出长度不得大于1.5m。

4) 预应力筋穿束

(1) 预应力筋穿束应按设计要求进行。当设计无规定时，穿束可在混凝土浇筑前或浇筑后进行。先穿束后浇混凝土时，浇筑之前，必须检查管道，并确认完好；浇筑混凝土时应定时抽动、转动预应力筋。先浇混凝土后穿束时，浇筑后应立即疏通管道，确保其畅通。

(2) 对钢绞线，可将一根钢束中的全部钢绞线编束整体装入管道中，也可逐根将钢绞线穿入孔道中。穿束前应检查锚垫板和孔道。锚垫板应位置准确，孔道内应畅通，无水和其他杂物。

(3) 穿束前应对孔道进行清孔。穿束可采用金属网套法(穿束器)，由人工或绞盘，也可用慢速卷扬机穿束。先用孔道内预留钢丝将牵引网套的钢丝绳拉入孔道内，再将钢绞线通过钢丝绳缓慢拉入孔道内。

5) 预应力筋安装的保护

(1) 混凝土采用蒸汽养护时，养护结束前不得装入预应力筋。

(2) 进行焊接操作之前必须采取防止电火花损伤波纹管及管内预应力筋的措施，焊接操作时应有专人负责波纹管及管内预应力筋保护工作。

(3) 当采用先穿束后浇筑混凝土工法时，在浇筑混凝土之前，必须将管道上一切非有意留置的孔、开口或损坏之处修复，并检查预应力筋能否在管道内自由滑动。

6) 预应力混凝土施工(梁体或块件预制)

(1) 优先采用硅酸盐水泥、普通硅酸盐水泥，不宜使用矿渣硅酸盐水泥，不得使用火山灰质硅酸盐水泥及粉煤灰硅酸盐水泥。宜采用中、粗砂。当采用碎石时，其粒径宜为5~25mm。

(2) 预应力混凝土可掺入适量的外加剂，但不得掺入氯化钙、氯化钠等氯盐。从各种材料引入混凝土中的氯离子总含量，不宜超过水泥用量的0.06%，当超过水泥用量的0.06%时，宜采取掺加阻锈剂、增加保护层厚度、提高混凝土密实度等防锈措施；对于干燥环境中的小型构件，氯离子含量可提高1倍。

(3) 混凝土的水泥用量不宜超过500kg/m^3，特殊情况下不应超过550kg/m^3。

(4) 浇筑混凝土，宜根据结构的不同形式选用插入式、附着式或平板式等振捣器进行振捣。对箱梁腹板与底板及顶板连接处、预应力筋锚固区以及其他钢筋密集部位，应加强振捣。浇筑混凝土时，对后张构件应避免振捣器碰撞预应力筋的管道、预埋件等。浇筑混凝土时，应经常检查模板、管道、锚固垫板及支座预埋件等，以保证其位置符合设计要求。

（5）浇筑箱形梁段混凝土时，应尽可能一次完成；梁身较高时也可分两次或三次浇筑；梁身较低时可分两次浇筑；分次浇筑时，宜先浇筑底板及腹板根部，其次浇筑腹板，最后浇筑顶板及翼板。

7）摩阻测定

张拉前应根据设计要求对孔道的摩阻损失进行实测，以便确定张拉控制应力，并确定预应力筋的理论伸长值。

8）预应力设备安装

（1）安装张拉设备时，对直线预应力筋，应使张拉力的作用线与孔道中心线重合；对曲线预应力筋，应使张拉力的作用线与孔道中心线末端的切线相重合，不得偏移。

（2）锚具、顶楔器和千斤顶的安装顺序应符合设计要求及产品说明书规定，常规安装顺序如下：安装工作锚环→安装工作锚夹片→安装顶楔器→安装千斤顶→安装工具锚→安装工具锚夹片。

（3）预应力设备安装应遵守下列规定。①锚环及夹片使用前要用煤油或柴油逐件清洗干净，不得有油污、铁屑、泥沙等杂物。②钢束外伸部分要保持干净，施工人员不得随意进行踩踏以免带上脏物。③穿入工作锚的钢束要顺直、对号入座，不得使钢束扭结交叉。④工作锚必须准确放在锚垫板的定位槽内并与孔道对中，3 个夹片之间隙要均匀，每个孔中必须保证有 3 个夹片。夹片安装完后，其外露长度一般为 4~5mm 并均匀一致。⑤安装顶楔器时不要用手去提油嘴，以免将油嘴掰裂、漏油或损坏。⑥安装千斤顶时，不要推拉油管及接头，油管要顺畅，不得扭结成团。⑦工具安装前，应将千斤顶活塞伸出 3~5mm，钢束穿入工具锚时，位置要与工作锚的位置对应，不得交叉、扭结。⑧为了工具锚能顺利退下，在工具锚的夹片光滑面或工具锚的锚孔中涂润滑剂，润滑剂可用石蜡，也可用机油石墨。

9）预应力张拉端的设置

（1）预应力张拉端的设置应符合设计要求。

（2）当设计无具体要求时，应遵守下列规定。①当为曲线预应力筋或长度大于等于 25m 的直线预应力筋，宜在两端张拉；长度小于 25m 的直线预应力筋，可在一端张拉。②曲线配筋的精轧螺纹钢筋应在两端张拉，直线配筋的可在一端张拉。③当同一截面中有多束一端张拉的预应力筋时，张拉端宜均匀交错地设置在结构的两端。④当两端同时张拉同一束预应力筋时，宜先在一端锚固，再在另一端补足张拉力后进行锚固。

10）张拉应力控制

（1）预应力筋的张拉控制应力应符合设计要求。当施工中预应力筋需要超张拉或计入锚圈口预应力损失时，可比设计要求提高 5%，但任何情况下不得超过设计规定的最大张拉控制应力。

（2）控制张拉应以控制应力为主、测量预应力筋的伸长值为校核。实际伸长值与理论伸长值的差值应符合设计要求，设计无规定时，实际伸长值与理论伸长值之差应控制在±6%以内；当超过时应暂停张拉，待查明原因并采取措施进行调整后，方可继续进行张拉。

11）锚固

张拉控制应力达到稳定后方可进行锚固，预应力筋锚固后的外露长度不宜小于 30mm，锚具应用封端混凝土保护，当需较长时间外露时，应采取防锈蚀措施。锚固完毕后、经检验合格后，方可进行切割端头多余的预应力筋，严禁使用电弧焊切割，应采用砂轮机切割。

12）孔道压浆

（1）预应力筋张拉后，应及时进行孔道压浆(孔道宜在预应力完成后3d内压浆)，多跨连续有连接器的预应力筋孔道，应张拉完一跨立即灌注。

（2）压浆前应使孔道干净、湿润，可用压力水(或采用对管道和预应力混凝土工程无锈蚀的中性洗涤剂稀释水)冲洗孔道，再用不含油的压缩空气将孔道内水分吹干。

13）压浆

（1）压浆宜采用活塞式压浆泵，不得使用压缩空气。压浆压力一般为0.5~0.7MPa，压浆泵的输浆管长度不得超过40m，长于30m时应提高压力0.1~0.2MPa。梁体有竖向预应力筋孔道的压浆压力可控制在0.3~0.4MPa。

（2）压浆应缓慢均匀进行，不得中断并应排气通畅。比较集中的相邻孔道，宜先灌注下层孔道并连续完成全部孔道的压浆，以免串孔的水泥浆凝固，堵塞孔道；不能连续压浆的，后压浆的孔道应及时用压力水冲洗通畅。在压满孔道封闭排气孔后，应保持一定的稳压时间(压力为0.5~0.7MPa)，稍后再封闭灌浆孔。压浆应从孔道的最低处的灌浆孔压入并应达到孔道的另一端饱满出浆，从排气孔流出与规定稠度相同的水泥浆为止。

（3）不掺铝粉的水泥浆，宜采用二次压浆以提高压浆的密实性，第一次由一端压浆，间隔30min左右再由另一端进行二次压浆。

（4）压浆后应从检查孔抽查压浆的密实情况，如有不实，应及时处理和纠正。压浆作业，每一工作班应留取不少于3组砂浆试块，标养28d，以其抗压强度作为水泥浆质量的评定依据。

第四节　预应力混凝土连续梁桥施工

一、悬臂浇筑法施工

1. 工艺流程

支架上立模现浇0号和1号块→拼装联体挂篮→对称浇筑2号梁段→联体挂篮分解前移→对称悬浇梁段，并挂斜拉索→依次对称悬浇梁段混凝土、挂索。

2. 具体施工要点

1）无索区主梁施工(0号和1号块)

（1）0号、1号块件施工采用支架法施工，其工艺流程为：施工准备→工程测量→支架体系施工→0号、1号段底模安装→预压→降时固结系统(临时支座)→安装支座→0号、1号段模板安装，绑扎钢筋(预应力管道铺设)→预埋件安装→浇筑混凝土→养护→张拉预应力筋。

（2）0号、1号块件施工应符合设计要求及施工工艺相关规定。

（3）0号、1号块件浇筑前将挂篮主纵梁作为现浇支架置于其底模下，主纵梁的前端用一组钢绳临时锚固在索塔上以保证浇筑过程结构安全。

（4）当设计采用非塔梁固结形式时，必须采取相应措施使塔梁临时固结，并按照经设计确认的解除程序逐步解除临时固结；在解除过程中还必须对拉索索力、主梁标高、塔梁内力与索塔位移进行必要的测量与控制。

（5）主梁0号段及其两旁的梁段，在支架和塔下托架上浇筑时，应消除温度、弹性和非弹性变形及支承等因素对变形和施工质量的不良影响。

2）前支点挂篮设计与制作

（1）悬臂浇筑的节段长度应根据斜拉索的节间长度、梁段质量进行划分。悬臂浇筑节段的划分，一般采用1个或1/2个索距，应根据最大梁段重力设计挂篮，并经设计确认。

（2）挂篮主要结构（承重系统、模板系统、挂索系统、锚固系统、水平止推系统及行走系统）设计应符合现场工况要求。

（3）前支点挂篮（索引挂篮）的悬臂梁及挂篮全部构件制作后均应进行检验和试拼，合格后方能用于现场整体组装，并按设计荷载及技术要求进行预压，同时测定悬臂梁和挂篮的弹性挠度、调整高程性能及其他技术性能。

（4）挂篮设计应考虑抗风振的刚度要求。

3）挂篮现场拼装与静载试验

（1）挂篮属于大型施工设备，其自身的质量和安全与施工中的斜拉桥的质量和安全密切相关，为此对挂篮必须进行荷载预压试验；试验的目的在于检验挂篮各构件的受力特性、整体刚度、变形协调性能，为施工控制提供实测参数。试验模拟主梁标准节段的实际悬浇施工过程工况，并消除影响其非弹性变形，弹性变形通过预抬标高来予以调整。

（2）挂篮现场拼装可在已施工的主梁现浇段正下方（索塔两侧）进行，或在索塔附近其他位置拼装好以后平移到该处，再提升就位；挂篮现场拼装也可在主梁现浇段支架平台上组拼到位，并作为支架法浇筑梁段的施工平台。挂篮挂腿在主梁现浇段施工完成后安装焊接。

4）挂篮悬浇施工步骤

（1）挂篮前移就位。每只挂篮的前移可通过安装在挂篮两侧的千斤顶（采用两台穿心式千斤顶）通过两根精轧螺纹钢筋牵引来实现。

（2）安装止推机构。挂篮初定位后，安装止推座，通过止推机构微调挂篮的纵向定位，并形成水平抗力点。

（3）顶升锁定，即在挂篮行走到位后通过设置在挂腿内的千斤顶提升挂篮，使模板的后部定位在正确的标高位置。

（4）标高及水平偏位调节。①标高调整：标高调整是调整空载挂篮的前端标高，是通过挂篮尾部的标高调节机来实现的。②水平偏位调整：挂篮的横桥向位移通过在尾导架与主梁间以及挂腿与主梁间架设千斤顶来予以纠正。

（5）安装并张拉锚杆组。

（6）安装、张拉斜拉索。安装斜拉索并与牵索系统进行连接，即将挂篮张拉机构与斜拉索冷铸锚连接并对斜拉索进行第一次张拉以形成挂篮的前支来实现挂篮的悬浇施工（按设计值预拉斜拉索到一定吨位，控制挂篮标高到设计值，并注意索力值误差不超过50kN，此时挂篮尾端因受拉而有离开梁底的趋势，需将后锚点锚紧，防止挂篮脱位）。

(7) 支立模板、绑扎钢筋、安装预应力管道、浇筑混凝土。检查挂篮连接情况及模板、钢筋安装情况，使其均满足设计要求。悬臂浇筑肋板混凝土，从挂篮前端分层向后浇，并预留下一段挂篮锚固孔。此时挂篮尾端受向上的压力，需检查梁底与挂篮间的支垫，以保持挂篮的正确位置。

(8) 浇筑本节段一半质量的混凝土时，在塔内张拉斜索至控制索力(第二次斜拉索张拉)。观测挂篮前支点标高，检查是否符合设计要求。最后浇筑顶板及横隔梁混凝土。

(9) 混凝土养护，待强度达到设计规定值后，拆除模板，施加预应力。

(10) 索力转换。①当一个节段浇筑完毕后，将索力由挂篮转换到已浇梁段上，并使挂篮与斜拉索分离。将斜拉索锚固端的冷铸锚锚环紧密地锚固在梁体锚垫板上。②松开牵索系统的锚固螺栓，千斤顶回油，解除牵索系统与斜拉索的连接，通过锚环将斜拉索由牵索系统转换至梁体结构上，从而实现体系转换。③第三次张拉斜拉索至设计值，并进行锚固。

5) 前支点挂篮的行走步骤

(1) 斜拉索张拉到设计值锚固后，解除锚固系统的后锚点及水平反力支座。

(2) 锚好行走滑板。

(3) 将C形挂钩落在行走滑板上。

(4) 将自动连续千斤顶平放在滑板前端的顶座上，并将牵引的粗钢筋或钢绞线一端与千斤顶连接，另一端与挂篮的C形挂钩相连，千斤顶同时反复顶拉，使挂篮前移。反向设倒链以保安全，挂篮尾部通过行走滚轮前进。

6) 主梁悬臂浇筑法施工规定

(1) 各锚杆组的拆卸应注意先后顺序，即在先进行索力转换后，方可依次拆卸承重锚、中间后锚、边后锚。此外，还注意对称同时拆卸，即用两个千斤顶同时顶升、松开锚杆锁紧螺母，然后同时放松千斤顶进行拆卸。

(2) 挂篮的纵向定位分两个步骤完成，即由牵引机构牵引挂篮纵向定位，再由止推机构顶、推挂篮，实现纵向微调定位。两次纵向定位的分界点在挂腿中心距其设计工作定位处8~10cm，以能安装止推机构为准。

(3) 所有预埋件均应按设计要求进行预埋，并保证定位精度。尤其是止推机构预埋件，误差控制在2mm以内。

(4) 挂篮到位后，应检查挂篮的中心误差：顺桥向不大于±10mm，横桥向不大于±5mm，主梁前后端偏移不大于±10mm，水平高差不大于±10mm。

(5) 施工荷载应尽量对称，尽量减少偏荷载。挂篮顶升、止推及标高等调节到位后均应采用机械锁定牢固。

(6) 挂篮上严禁随意加焊任何型钢及切割挂篮上任何一个部位。

7) 合龙段施工顺序

由于斜拉桥中跨合龙受边跨合龙的影响，边跨合龙又受相邻跨的影响，为了很好地控制主梁线形及斜拉桥体系转换的关键工序，也为中跨合龙的顺利进行，应首先进行边跨合龙，边跨合龙完成后即可进行中跨合龙施工。

8) 施工合龙控制的具体措施

(1) 在合龙段混凝土浇筑之前，将全部已张拉的斜拉索索力重新测一次，并调整设计数值。

(2) 观测合龙前连日的昼夜温度场变化与合龙高程及合龙口长度变化的关系，选定适当的合龙浇筑时间。

(3) 合龙段混凝土浇筑宜选择在一天中的最低温度时间进行，使混凝土在早期凝结过程中处于升温的受压状态，避免出现不利的拉应力。

(4) 为保证合龙段混凝土不出现拉应力，可在合龙段混凝土浇筑前，用千斤顶将合龙空隙顶宽几厘米，在保持支顶力不变的状态下绑扎钢筋，安装模板，并在浇筑混凝土时稍加大支顶力，待合龙段混凝土达到设计强度的 80% 时放松支顶力，或在合龙段两侧主梁内预埋型钢，用千斤顶将合龙空隙顶宽后，将预埋件焊接成整体撑架，起到刚性连接的作用。

(5) 合龙两端高程在设计允许范围内时，可视情况进行适当压重。

(6) 合龙梁段浇筑后至纵向预应力索张拉前应禁止施工荷载的超平衡变化。

9) 施工合龙控制的过程(以某斜拉桥悬臂浇筑法施工为例)

(1) 移动一端挂篮，到位后立模，将另外一端挂篮移动至影响范围之外并给予拆除。

(2) 清理并解除掉无效施工荷载。

(3) 测出挂篮的重量，加压使单侧挂篮所产生的不平衡力矩达到平衡。

(4) 检测拉索索力、主梁应力和线形以及温度，进行监控计算，如索力、线形、中线出现偏差，应及时给予校正，经过调整，达到设计要求。

(5) 解除竖向约束，对悬浮体系、张拉索，对于连续梁体，将临时支座换成正式支座。

(6) 采用水箱法加压时，将压重水箱注水，使水的重量等于新浇筑的混凝土的自重。

(7) 施加足够的临时连接，使主梁处于正式的支撑状态，并使即将合龙的两相邻梁段形成整体。

(8) 由于合龙内力和线形受温度的影响很大，施加临时连接的闭合施焊应选择适当的温度，并应考虑对标准温度进行修正。

(9) 解除主梁纵向施工约束，塔上支承为索支承，两边墩为活动支座，使桥成为悬浮体系，以减小主梁在塔处的负弯矩。

(10) 在主梁侧放置侧向支座，以限制梁的侧向位移。

(11) 拆除无效施工荷载，对全桥索力、主梁线形进行检测，并进行监控计算，对索力和线型进行合理的调整，使合龙处于最佳状态。

二、悬臂拼装法施工

1. 工艺流程

钢主梁制作、运输→无索区支架组拼装验收→支架上安装 0 号和 1 号块→临时固结系统→挂索、初张拉→吊装组拼桥面吊机、滑行导轨、操作平台→桥面吊机试吊→桥面吊机前移→前一梁段第二次斜拉索张拉→桥面吊机起吊钢箱梁→钢箱梁就位→钢箱梁连接(焊连接或高强螺栓连接)→本梁段挂索、张拉→依次依序、对称悬吊、循环推进→重复上述步骤直至主梁合龙→中跨合龙、体系转换(临时固结系统拆除)。

2. 具体施工要点

1）钢箱梁悬拼安装的一般规定

（1）钢箱梁悬拼安装应根据梁体类型、地理环境条件、交通运输条件、结构设计特点等综合因素选择适宜的施工方案与施工设备。

（2）当设计采用非塔梁固结形式时，必须采取相应措施使塔梁临时固结，并按照经设计确认的解除程序逐步解除临时固结，在解除过程中还必须对拉索索力、主梁标高、塔梁内力与索塔位移进行必要的测量与控制。

（3）主梁施工时应缩短双悬臂持续时间，尽快使一侧固定，以减少风振的不利影响，必要时应采取临时抗风措施。应根据桥址情况考虑设置辅助墩，以减少塔弯矩和中跨跨中挠度，同时增强抗风稳定性。

（4）采用悬拼法施工之前，悬拼设备的所有构件全部制作完成后均必须进行检验和试拼，合格后方可于现场进行整体组装，组装完成经过检验后还必须根据设计荷载及技术要求进行预压，同时测定设备的整体刚度，检验其抗倾覆、移动与高程调整及其他技术性能，并消除非弹性变形。

（5）在进行钢梁拼装时，应对称张拉两侧拉索。

（6）高强螺栓完成拼接缝的拼接后，方可进行梁段拼装斜拉索的初张拉。

（7）下一段梁吊装前，必须进行施工监测，符合要求后方可开始吊装。

2）钢主梁制作

（1）钢梁制作的材料应符合设计要求。焊接材料的选用、焊接要求、加工成品、涂装等项目的标准和检验内容应遵守规范要求。

（2）钢梁出厂前，必须按设计精度要求进行预拼装，预拼装节段数视实际情况确定。

（3）钢主梁堆放应无损伤、无变形和无腐蚀。

（4）钢主梁梁段的制作长度应从方便架设考虑，宜布置1~2根拉索和2~4根横梁，梁段制作长度应经过设计确认。

（5）钢主梁节段连接方式应符合设计要求；钢箱梁顶板应采用焊接连接。钢箱梁纵向隔板宜布置在桥面车道的分界线位置。

（6）钢箱梁的底板和顶板纵向及横向焊缝施焊时应采用自动焊接，即陶瓷衬垫+药芯焊丝、二氧化碳气体保护焊打底+埋弧自动焊盖面的单面焊双面成型的焊接工艺。对于纵肋等其他部位的焊缝，根据情况可采用手工焊接或二氧化碳气体保护焊，但在同一条焊缝上不允许两种工艺混用。

3）斜拉桥无索区主梁施工(0号块和1号块)

（1）0号、1号块件钢主梁施工采用支架法施工应符合设计要求及相关规定。

（2）必须采取相应措施使塔梁临时固结，并按照经设计确认的解除程序逐步解除临时固结，在解除过程中还必须对拉索索力、主梁标高、塔梁内力与索塔位移进行必要的测量与控制。塔梁临时固结，常用的方法是：在钢箱梁与塔柱下横梁(或墩顶)间设临时支座以承受压应力；在下横梁腹板与隔板(或墩顶)上安装钢支座与钢箱梁横隔板直接施焊或以钢拉杆相连接，以承受拉应力，主梁合龙后即予解除。

（3）0号块水上吊装梁段一般采用大吨位浮吊吊装，陆地吊装梁段采用大吨位吊机吊装。初就位后再用扁顶、机械顶配以钢楔块、钢板等，在托架上精调至达到设计平面位置和标高，然后施焊将几个梁段连成一体。因为是对称悬臂梁段拼装的初始段即基准段，因此应保证 0 号梁段和无索区梁段的安装精度。

4）挂索、安装桥面吊机

焊接完成后即可挂设并张拉第一对斜拉索。利用下横梁上的预留孔道，安装临时支座和张拉钢绞线拉杆，将 0 号块与索塔下横梁临时固结，然后通过浮吊吊装桥面吊机及其滑行轨道、操作平台、油泵总控制室等。

5）钢箱梁标准梁段的悬拼

在完成桥面吊机的安装、试吊和第一对斜拉索的第二次张拉并拆除 0 号块与支承托架间的支承钢楔块后，即可开始对称悬拼标准梁段。

（1）标准梁段的施工程序：前一梁段斜拉索安装→斜拉索第一次张拉→桥面吊机前移→斜拉索第二次张拉并检验、起吊拼装钢箱梁→钢箱梁定位→钢箱梁焊接（或高强度螺栓栓接）→本梁段斜拉索安装→循环施工。

（2）吊梁。①斜拉索第二次张拉后，即可进行吊梁，标准段钢箱梁运输至吊梁工艺位，定位误差控制在 50cm 以内。②通过钢绞线或其他吊索使吊机扁担梁下降，并与待吊钢箱梁段临时吊耳用销子连接，通过吊机横梁上的千斤顶调整吊点重心位置，保证钢箱梁段水平起吊。③缓慢收紧起吊钢绞线，通过主吊油泵油压表读数，使初始受力控制每个吊点在 250kN 以内后暂停，以检查吊机、吊耳情况。④起吊钢箱梁，两端主梁对称起吊，以保证悬臂施工的平衡力矩。同一段梁上、下游不水平，可通过单独控制上游或下游主吊千斤顶行程来调整水平。⑤箱梁起吊到位对接后，用定位销钉把起吊梁段与已安装梁段临时固定。

（3）调梁、接口匹配。①桥面纵坡，需通过缓慢操作扁担梁上千斤顶微移吊点重心位置来调整钢箱梁顺桥向的倾斜度，使梁段接口的缝隙宽度大致相等（将差值控制在 5mm 以内）在两片梁之间挂上纵向和斜向手拉葫芦即可将梁拉拢，就位后打入钢梁顶、底面中间位置的匹配件，连以螺栓并锁定主吊千斤顶。在夜晚日出之前再次进行微调，通过测量钢箱梁四角点设定位置的标高和轴线来精确定位。其中，钢箱梁两侧主腹板处需焊上反力架并以机械顶来调平，精调合格后打入全部匹配件并连好螺栓，即可实施现场打磨焊接。②钢箱梁施工接口匹配原则是确保接口匹配质量，从接口刚性强到刚性弱的顺序依次完成匹配。

（4）挂索、初张拉、吊机前移、第二次张拉。①为确保钢箱梁的焊接质量，斜拉索的安装应在主梁接口的周边隔缝全部焊完后进行。②在对应的锚垫板上安装反力架、千斤顶、传感器，接好油泵，即可进行斜拉索的初张拉。通过油泵油表、传感器和桥面上索力测量装置对张拉力进行控制，直至达到设计的初始张拉值为止。③初张拉、钢箱梁接口焊接完成后，桥面吊机即可卸载，收起扁担梁。先将吊机行走轨道前移就位固定好，利用千斤顶将吊机前滑移支点落于轨道上，解除后锚点反力销。上、下游各用一台液压牵引装置（或机械卷扬机），同时牵引桥面吊机沿轨道缓缓向前滑移，到位后用千斤顶压下后锚点，打入保险销。最后顶起前滑块，并在 4 个前支点下塞入适当厚度的钢板，保持上、下游等高。④吊机前移就位后，到夜晚即可进行斜拉索的第二次张拉。张拉控制的原则是以梁面标高控制为主、斜拉索索力控制为辅。严格将主梁上的施工荷载控制在索力允许范围内，尽量满足线形要求。

6）钢箱梁合龙段施工

（1）强制合龙法，即在温差与日照影响最小时将两端箱梁用钢扁担或钢桁架临时固结，嵌入合龙段块件钢条填塞处理接合部缝隙，焊接完成后解除临时固结及其他约束，完成体系转换。

（2）温差合龙法(无应力合龙法)，即利用温差对钢箱梁的影响，在一天中温度相对较低时将合龙段梁体安放进合龙口(此时因收缩作用合龙口距离最宽)，在温升与日照影响之前，施焊完毕，解除塔墩临时固结，完成体系转换。对于大跨度的钢箱梁，现普遍采用第二种方法，因为它能因势利导，使合龙平顺稳妥，且不产生主梁的次应力，比较优越。基本程序为待最后一根索第一次张拉完成后，将主梁吊机就位，对梁端位移进行 48h 测量。根据测量结果，确定合龙段精确长度，对预先已加工好并预留有足够长度的合龙段箱梁的未匹配端进行配切。根据测量结果，确定运梁船就位、合龙段吊装连接时间，用匹配件(含顶底板加强件)使合龙段与两端悬臂段连接紧密并环缝施焊。待所有主焊缝(受力焊缝)全部施焊完毕后，对两侧最后一对索进行第二次张拉，完成跨中合龙。

（3）为了避免温差对合龙以及整个体系的影响，整个合龙过程包括合龙段安装、匹配、定位、施焊连接以及解除塔梁临时固结以完成整个体系转换，必须在一个夜晚至凌晨完成。

（4）对于钢梁悬臂拼装，合龙段施工是关键，施工时必须加强合龙控制。

（5）应正确确定合龙段钢梁的长度。施工中，若采用自然合龙，合龙段长度须待梁架设到接近合龙的个别节段时，经实际现场丈量后方能决定，并应对待安装的拉索索力对梁的弹性压缩量、温度变化对长度的影响及合龙时间加以考虑。

（6）合龙应按设计规定的温度和方法进行。应不间断地观测合龙前数日的昼夜环境温度场变化、梁体温度场变化与合龙高程及合龙口长度变化的关系，确定合龙段的精确长度与适宜的合龙温度及实施程序，并应满足钢梁安装就位时高强螺栓定位所需的时间。

（7）对全桥温度变形进行控制。整个施工过程中应对温度变形进行监测，特别是对将接近合龙段时的中孔梁段和温度变形更应重点量测，找出温度变形与环境温度的关系。

（8）合龙前应做好一切准备工作，并在有限的时间里顺利完成。钢梁应预先吊装到位，一旦螺孔位置齐平，即打入冲钉，施拧高强螺栓，确保合龙一次成功。

7）钢箱梁安装过程中的抗风措施

（1）边跨设置临时墩，以减小双悬臂自由长度，尽快实现一端悬臂有约束施工。如南京长江二桥南汉桥临时墩设置在离主墩 150~160m，施工中此处钢箱梁底部设置临时拉压支撑结构固结在临时墩顶。

（2）在最大单悬臂状态，可以通过设置阻尼器、临时风缆等方法来抑制振动、防止扭转。

8）钢箱梁连接

斜拉桥钢箱梁节段现场连接方式可采用全焊接、栓焊结合、全栓接等连接方式。

三、架桥机架梁施工

1. 工艺流程

运梁线路调查→架桥机组装准备→轨道铺设→架桥机组装、试运行→架桥机行走就位、安前支腿→运梁车辆到场→喂梁、试吊→纵向移动→带梁横移→落梁及固定→重复其余各孔架梁。

2. 具体施工要点

1）架桥机组装准备

（1）检查架梁桥头路基填筑质量，应符合规定要求。

（2）确定组装架桥机的安放位置。

（3）确定桥头备渣、堆料、存放机具等具体位置。

（4）落实电源、照明、通信设施。

2）轨道铺设

（1）运梁轨道通常根据桥梁的长度，现场需准备好充足的枕木、钢轨、道钉等附属配件，运梁轨道钢轨内、外侧用道钉固定在枕木上，枕木中心距不得大于600mm。中支腿横移轨道钢轨两头加装限位开关和轨道挡铁。纵向运梁轨道、天车轨道、前支腿轨道、中支腿轨道铺设要求钢轨接头平顺，轨距正确，支垫平稳牢固，两条横向轨道间（前、中支腿）距离尺寸严格控制平行。

（2）前、中支腿的横向运行轨道铺设必须保持水平，并严格控制间距，两条轨道必须平行，架桥机行走前，检查轨道铺设情况，轨距误差小于2mm，相邻轨道接头高差不大于1mm。轨道用道钉固定在枕木上，保证所有枕木处于受力状态，已报废的枕木禁止使用，限位块安装牢固。架桥机工作前，必须安装轨道两头的挡块和限位开关，并随时检查限位开关是否正常。

（3）盖梁上枕木根据桥梁横坡调整，保证钢轨横坡小于0.5%，枕木垛搭设视具体情况确定，要求稳固可靠，枕木间距宜小于300mm。

3）架桥机组装、试运行

（1）组装架桥机应按设计使用说明书及出厂使用说明书进行规范拼装。架桥机完成组装后应按规定进行静、运载试验和试运行，合格后方可进行架梁。

（2）架桥机在组装前应确认前后端的位置与架桥方向相符。

（3）组装架桥机应在直线段进行，有效长度不宜少于120m。

4）组装架桥机程序

测量定位→对称安装左右主梁及导梁→安装前后框架及临时支撑→安装前、中支腿，顶高支腿→主梁前支腿→铺设运梁平车轨道→安装运梁平车→安装起吊天车→安装液压系统→安装电器系统→调试、试运行。

5）调试及试运行

（1）将两台起吊平车后退至后支腿附近，测量导梁前端悬臂挠度是否满足过前墩帽的要求。

（2）如果满足要求，将前支腿调整就位，调整各机构至正常，将起吊天车吊钩降至地面，检查卷筒上的剩余钢丝绳不得少于3圈。

（3）运梁平车安装完毕后，在轨道上来回运行3次，如有故障及时排除，正常后投入使用。

（4）完成上述调试后，检查各机械、机构、液压及电气部分有无异常，若正常，方可进行下道工序。

6）架桥机空载纵向、横向前移就位

（1）收起导梁前支腿，依靠中支腿上的驱动机构和运梁平车的动力，继续驱动主梁前移至工作位置。然后，将前支腿上部与主梁下弦连接牢固，中支腿下部与主梁下弦连接牢固，此时架桥机完成了主梁的空载前移。

（2）架桥机空载横向试运行：架桥机空载横向全行程移动两次，运行平稳、制动可靠后方可进行下道工序。

7）运梁(运梁车辆到场)

（1）运梁可采用运梁平车、轴线车、拖车、炮车、DCY150 轮胎式平板运输车等设备，运梁车载梁经运梁便道进入路基上行驶至架桥机后待架，运梁车行驶速度不得大于 3km/h。

（2）现场采用运梁平车运梁时，预制梁吊装到安装运梁平车上，装好斜撑，用倒链拉紧后才能摘除吊具，运梁时两台运梁平车采用小于 500m/h 的速度。运梁时，每台运梁车配备 1 名司机、3 名工人，3 名工人拿木楔分别跟随 4 组行走轮，观察电机运行情况，并在运梁过程中检查支撑是否松动。

8）喂梁及纵向移动

运梁平车前行进入架桥机后部主梁内，后运梁平车距架桥机后支腿 300mm 时，运梁车停止前进并设止轮器，前起吊天车运行至梁吊点处停车。安装吊具应与前起重吊具连接牢靠。解除梁前端支撑，前起吊天车吊起梁前端，然后同时开动前起吊天车、后运梁平车，两车以不大于 25cm/min 的速度前进，当后运梁平车运行至前运梁平车净距 300mm 时，两车同时停止前进并设止轮器。后起吊平车运行至梁尾端吊点处，安装吊具，并与起吊天车连接牢靠，解除梁后端支撑。后起吊平车吊起梁后端，此时，两起吊平车已将预制梁吊起。预制梁吊起后应进行试吊，检查架桥机各部位情况，检查架梁机具设备的可靠性，确认安全后，运梁车退至梁场，准备运送下一片梁。

9）架桥机带梁横移

前、后起吊天车将外边梁纵向运行至前跨位，落梁距支座垫石 50mm 时停止，注意保持梁的稳定，整机带梁横移至距外边梁最近的一片梁的位置，落梁，做好翼缘板处的支撑，改用架桥机边主梁吊架起吊边梁，整机携梁移至外边梁位置(距落梁位置 150mm)停车。继续横移时用倒链带住梁体，随横移过程同步放松倒链。对于内边梁，直接横移至相对应的落梁位置。

前、中支腿横移轨道上用油漆每 100mm 标识距离，以观察前、中支腿是否同步。横移时，前、中支腿处派专人手持木楔观察运行情况，如有异常现象，及时停车垫木楔检查，横向移动速度不得大于 25cm/min。

10）落梁及固定

架设内梁，直接落梁就位。架设边梁，横移至指定位置后，在桥墩外侧用倒链拉在梁体的上两端，然后操纵架桥机边梁吊架内的千斤顶松钩，同时逐渐收紧倒链，直到最后边梁落到正确位置。就位不准时，预制梁吊放。落梁后，经自检合格及时通知监理验收签证，T 形梁安装后要利用垫木或临时支撑将梁固定。

第五节　拱桥施工

一、拱桥就地浇筑施工

1. 有支架的拱桥浇筑施工

1）现浇混凝土拱桥

(1) 拱圈或拱肋的浇筑。

① 浇筑流程。满堂式拱架浇筑流程为：支架设计→基础处理→拼设支架→安装模板→安装钢筋→浇筑混凝土→养护→拆模→拆除支架。满堂式拱架宜采用钢管脚手架、万能杆件拼设；模板可以采用组合钢模、木模等。拱式拱架浇筑流程为：钢结构拱架设计→拼设拱架→安装模板→安装钢筋→浇筑混凝土→养护→拆模→拆除拱架。拱式拱架一般采用六四式军用梁(三角架)、贝雷架拼设。

② 连续浇筑。跨径小于 16m 的拱圈(或拱肋)混凝土，应按拱圈全宽度，自两端拱脚向拱顶对称地连续浇筑，并在拱脚处混凝土初凝前全部完成。如预计不能在限定时间内完成，则需在拱脚处预留一个隔缝并最后浇筑隔缝混凝土。薄壳拱的壳体混凝土，一般从四周向中央进行浇筑。

③ 分段浇筑。大跨径拱桥的拱圈或拱肋(跨径不小于 16m)，为避免拱架变形而产生裂缝以及减小混凝土的收缩应力，应采用分段浇筑的施工方法。分段长度一般为 6~15m。分段长度应以能使拱架受力对称、均匀和变形小为原则，拱式拱架宜设置在拱架受力反弯点、拱架结点、拱顶及拱脚处，满堂式拱架宜设置在拱顶 $L/4$ 部位、拱脚及拱架节点等处。各段的接缝面应与拱轴线垂直。

分段浇筑程序应符合设计要求，且对称于拱顶进行，使拱架变形保持对称均匀和尽可能地小；填充间隔缝混凝土，应取两拱脚向拱顶对称进行。拱顶及两拱脚间隔缝匣在最后封拱时浇筑，间隔缝与拱段的接触面应事先按施工缝进行处理。间隔缝的位置应避开横撑、隔板、吊杆及刚架节点等处。间隔缝的宽度以便于施工操作和钢筋连接为宜，一般为 5~100cm。间隔缝混凝土应在拱圈分段混凝土强度达到 75%设计强度后进行；为缩短拱圈合拢和拱架拆除的时间，间隔缝内的混凝土强度可采用比拱圈高一等级的半干硬性混凝土。封拱合拢温度应符合设计要求，如设计无规定时，一般宜在接近当地的年平均温度或在 5~15℃进行。

④ 箱形截面拱圈(或拱肋)的浇筑。大跨径拱桥一般采用箱形截面的拱圈(或拱肋)，为减轻拱架负担，一般采取分环、分段的浇筑方法。分段的方法与上述相同。分环的方法一般是分成 2 环或 3 环。分 2 环时，先分段浇筑底板(第 1 环)，然后分段浇筑肋墙、隔墙与顶板(第 2 环)；分 3 环时，先分段浇筑底板(第 1 环)，然后分段浇筑肋墙脚(第 2 环)，最后分段浇筑顶板(第 3 环)。

分环分段浇筑时，可采取分环填充间隔缝合拢和全拱完成后最后一次填充间隔缝合拢两种不同的合拢方法。

(2) 卸拱架。

采用就地浇筑施工的拱架，卸拱架的工作相当关键。拱架拆除必须在拱圈砌筑完成后20~30d，待砂浆砌筑强度达到设计强度的75%后方可拆除。此外还必须考虑拱上建筑、拱背填料、连拱等因素对拱圈受力的影响，尽量选择对拱体产生最小应力时卸落拱架。为了使拱架所支承的拱圈重力能逐渐转给拱圈自身来承受，拱架不能突然卸除，而应按一定的程序进行。

① 卸架设备。为保证拱架能按设计要求均匀下落，必须采用专门的卸架设备。常用的卸架设备有砂筒、木模和千斤顶。ⓐ砂筒一般用钢板制成，筒内装以烘干的砂子，上部插入活塞(木制或混凝土制)组成。由砂子泄出量来控制拱架卸落高度，这样就能由泄砂孔的开与关，分数次进行卸架，并能使拱架均匀下降而不受振动，使用效果良好。ⓑ木模有简单木模和组合木模等不同构造。简单木模由两块1：10~1：6斜面的硬木模组成，落架时，只需轻轻敲击木模小头，将木模取出，拱架即下落；组合木模由3块楔形木和一根拉紧螺栓组成，卸架时只需扭松螺栓，木模下降，拱架即降落。ⓒ采用千斤顶拆除拱架常与拱圈调整内力同时进行。一般在拱顶预留放置千斤顶的缺口，千斤顶用来消除混凝土的收缩、徐变以及弹性压缩的内力和使拱圈脱离拱架。

② 卸架程序。ⓐ满布式拱架的卸落。满布式拱架可根据算出和分配的各支点的卸落量，从拱顶开始，逐次同时向拱脚对称地卸落。多孔连续拱桥，拱架的卸落应考虑相邻孔的影响。若桥墩设计为单向推力墩，就可以直接卸落拱架，否则应多孔同时卸落拱架。ⓑ工字梁活用钢拱架的卸落。这种拱架的卸落设备一般放于拱顶。卸落拱架时，先将绞车摇紧，然后将拱顶卸拱设备上的螺栓松两转，即可放松绞车，敲松拱顶卸拱木，如此循环松降，直至降落到设定的卸落量。

③ 钢桁架拱架的卸落。当钢桁架拱架的卸落设备架设于拱顶时，可在系吊或支撑的情况下，逐次松动卸架设备，逐次卸落拱架，直至拱架脱离拱圈后，才将拱架拆除。当卸架设备架设于拱脚时(一股为砂筒)，为防止拱架与墩台顶紧，阻碍拱架下降，应在拱脚三角垫与墩台之间设置木楔。卸落拱架时，先松动木模，再逐次对称地泄砂落架。拼装式钢桁架拱架可利用拱圈体进行拱架的分节拆除，拆除后的拱架节段可用缆索吊车吊移。

扣件式钢管拱架没有卸落设备，卸架时，只需用扳手拧紧扣件，取走拱架杆件即可。可以由点到面多处操作。

斜拉式贝雷平梁拱架的卸落，应视平梁上拱架的形式而定，一般可采取满布式的卸架程序和方法，同时应考虑相邻孔拱架卸落的影响。

2) 拱上建筑浇筑

拱上建筑施工，应对称均衡地进行。施工中浇筑的程序和混凝土数量应符合设计要求。

在拱上建筑施工过程中，应对拱圈的内力和变形及墩台的位移进行观测和控制。

3) 上承式拱桥拱上建筑的浇筑

主拱圈拱背以上的结构物称为拱上建筑，它主要有横墙座、横墙、横墙帽或立柱座、立柱、盖梁、腹拣圈或梁(板)、侧墙、拱上结构伸缩缝及变形缝、护拱、拱上防水层、拱腔填料、泄水管、桥面铺装、栏杆系等。

(1) 伸缩缝及变形缝的施工。

伸缩缝缝宽1.5~2cm，要求笔直，两侧对应贯通。现浇混凝土侧墙，须预先安设塑料泡沫板，将侧墙与墩台分开，缝内采用锯末沥青，按1∶1(质量比)配合制成填料填塞。

变形缝不留缝宽，设缝处现浇混凝土时用油毛毡隔断，以适应主拱圈变形。

当护拱、缘石、人行道、栏杆和混凝土桥面跨越伸缩缝或变形缝时，在相应位置要设置贯通桥面的伸缩缝或变形缝(栏杆扶手一端做成活动的)。

(2) 拱上防水设施。

① 拱圈混凝土自防水。采用优良品质的粗、细集料和优质粉煤灰或硅灰制作高耐久性的混凝土，同时严格控制施工工艺。

② 拱背防水层。小跨径拱桥可采用石灰土防水层。对于具有腹拱的拱腔防水可采用砂浆或小石子混凝土防水层。大型拱桥及冰冻地区的砖石拱桥一般设沥青毡防水层，其做法常为三油两毡或二油一毡。

当防水层经过拱上结构物伸缩缝或变形缝时，要做特殊处理。一般采用U形防水土工布过缝，或橡胶止水带过缝。泄水管处的防水层，要紧贴泄水管漏斗之下铺设，防止漏水。在拱腔填料填充前，要在防水层上填筑一层砂性细粒土，以保证防水层完好。

(3) 拱圈排水处理。

拱桥的台后要设排水设施，集中于盲沟或暗沟排出路基外。拱桥的桥面纵向、横向均设坡度，以利顺畅排水，桥面两侧与护轮带交接处隔15~20m设泄水管。拱桥除桥面和台后应设排水设施外，对渗入到拱腹内的水应通过防水层汇积于预埋在拱腹内的泄水管排出。泄水管可采用混凝土管、陶管或PVC管。泄水管内径一般为6~10cm，严寒地区须适当增大，但不宜大于15cm。宜尽量避免采用长管和弯管。泄水管进口处周围防水层应做积水坡度，并用大块碎石做成倒滤层，以防堵塞。

(4) 拱背填充。

拱背填充应采用透水性强和安息角较大的材料，一般可用天然沙砾、片石、碎石夹砂混合料以及矿渣等材料。填充时应按拱上建筑的顺序和时间，对称而均匀地分层填充并碾压密实，但须防止损坏防水层、排水管和变形缝。

2. 拱桥的悬臂浇筑施工

1) 塔架、斜拉索及挂篮浇筑拱圈

这是国外采用最早、最多的大跨径钢筋混凝土拱桥无支架施工的方法。这种方法的要点是：在拱脚墩、台处安装临时钢塔架或钢筋混凝圈塔架，用斜拉索(或斜拉粗钢筋)将拱圈(或拱肋)用挂篮浇筑一段系吊一段，从拱脚开始，逐段向拱顶悬臂浇筑，直至拱顶合拢。塔架的高度和受力应按拱的跨径、矢跨比等确定。斜拉索可用预应力钢筋或钢束，其面积及长度由所系吊的拱段长度和位置确定。用设在已浇完的拱段上的悬臂挂篮逐段悬臂浇筑拱圈(或拱肋)混凝土。整个拱圈混凝土的浇筑工作应从两拱脚开始，对称地进行，最后在拱顶合拢。塔架斜拉索法一般多采用悬臂施工，也可用悬拼法施工，但后者用得较少。

2) 斜吊式悬臂浇筑拱圈

斜吊式悬臂浇筑拱圈是借助于专用挂篮，结合适用斜吊钢筋将拱圈、拱上立柱和预应力混凝土桥面板等齐头并进地、边浇筑边构成桁架的悬臂浇筑方法。施工时，用预应力钢筋临时作为桁架的斜吊杆和桥面板的临时拉杆，将桁架锚固在后面的桥台(或桥墩)上。此过程中作用于斜吊杆的力是通过布置在桥面板上的临时拉杆传至岸边的地锚上的(也可利用岸边桥墩作为地锚)。用这种方法修建大跨径拱桥时，个别的施工误差对整体工程质量的影响很大，对施工测量、材料规格和强度及混凝土的浇筑等必须进行严格检查和控制。其主要架设步骤是：拱肋除第一段用斜吊支架现浇混凝土外，其余各段均用挂篮现浇施工。斜吊杆可以用钢丝束或预应力粗钢筋，架设过程中作用在斜吊杆的力是通过布置在桥面板上的临时拉杆传至岸边的地锚上的(也可利用岸边桥墩作为地锚)。

二、装配式拱桥施工

混凝土装配式拱桥主要包括双曲拱、肋拱、组合箱形拱、悬砌拱、桁架拱、钢管拱、刚架拱和扁壳拱等。

在无支架施工或脱架施工的各个阶段，对拱圈(或拱肋)截面强度和稳定性均有一定要求。但实际施工过程中拱圈(或拱肋)的强度和稳定安全度常低于成桥后的安全度。因此，对拱圈(或拱肋)必须在预制、吊运、搁置、安装、合拢、裸拱卸架及施工加载等各个阶段进行强度和稳定性的验算，以确保桥梁安全和工程质量。对于在吊运、安装过程中的验算，应根据施工机械设备、操作熟练程度和可能发生的撞击等情况，考虑1.2~1.5的冲击系数。

在拱圈(或肋)及拱上建筑施工过程中，应经常对拱圈(或拱肋)进行挠度观测，以控制拱轴线的线形。

目前在大跨径拱桥中，较多采用箱形截面拱，因此本小节将着重介绍箱形截面拱桥的装配式施工。

为叙述方便，下面均以拱肋进行介绍，如无特殊说明，同样适合于板拱。下文以缆索吊装施工为例来介绍拱桥的装配式施工。

1. 缆索吊装的应用

在峡谷或水深流急的河段上，或在通航的河段上，缆索吊装由于具有跨越能力大、水平和垂直运输机动灵活、适应性广、施工比较稳妥方便等优点，成为拱桥施工中适用最为广泛的方案。

采用缆索吊机吊装拱肋时，为使在起重索的偏角不超过15°的限度内减少主索横向移动次数，可采用两组主索或加高主索塔架高度的方法施工。

在采用缆索吊装的拱桥上，为了充分发挥缆索的作用，拱上建筑也可以采用预制装配施工。缆索吊装对加快桥梁施工速度、降低桥梁造价等方面起到很大作用。

2. 构件的预制、运输与堆放

1）预制方法

(1) 拱肋构件坐标放样。装配式混凝土拱桥，拱肋坐标放样与有支架施工拱肋坐标放样相同。

(2) 拱肋立式预制。采用立式浇筑方法预制拱肋，具有起吊方便、节省木材的优点。底模采用土牛拱胎密排浇筑时，能减小预制场地，是预制拱肋最常用的方法，尤其适用于大跨径拱桥。

① 土牛拱胎立式预制。该法施工方便，适用性较强。填筑土牛拱胎时，应分层夯实，

表面土中宜掺入适量石灰，并加以拍实，然后用栏板套出圆滑的弧线。为便于固定侧模，拱胎表层宜按适当距离埋入横木，也可用粗钢筋或钢管固定侧模。

② 木架立式预制。当取土及填土不方便时，可采用木支架进行装模和预制，但拆除支架时须注意拱肋的强度和受力状态，防止拱肋发生裂纹。

③ 条石台座立式预制。条石台座由数个条石支墩、底模支架和底模等组成。

(3) 拱肋卧式预制。卧式预制时，拱肋的形状和尺寸较易控制，特别是空心拱肋，浇筑混凝土时操作方便，且节省木材，但起吊时容易损坏。卧式预制一般有下列几种方法：

① 木模卧式预制。预制拱肋数量较多时，宜采用木模。浇筑截面为 L 形或倒 T 形时（双曲拱拱肋），拱肋的缺口部分可用黏土砖或其他材料垫砌。

② 土模卧式预制。在平整好的土地上，根据放样尺寸，挖出与拱肋尺寸大小相同的土槽，然后将土槽壁仔细抹平、拍实，铺上油毛毡或铺筑一层砂浆，便可浇筑拱肋。虽然此法节省材料，但土槽开挖较费工且容易损坏，尺寸也不如木模精确，仅适用于预制少量的中小跨拱桥。

③ 卧式叠浇。采用卧式预制的拱肋混凝土强度达到设计强度的 30% 以后，在其上安装侧模，浇筑下一片拱肋，如此连续浇筑称为卧式叠浇。卧式叠浇一般可达 5 层。浇筑时每层拱肋接触面用油毛毡、塑料布或其他隔离剂将其隔开。卧式叠浇的优点是节省预制场地和模板，但先期预制的拱肋不能取出，影响工期。

2) 拱肋分段与接头

(1) 拱肋的分段。拱肋跨径在 30m 以内时，可不分段或仅分两段；在 30~80m 范围时，可分 3 段：大于 80m 时，一般分 5 段。拱肋分段吊装时，理论上接头宜选择在拱肋自重弯矩最小的位置及其附近，但一般为等分，这样各段重力基本相同，吊装设备较省。

(2) 拱肋的接头形式。

① 对接。为方便预制，简化构造，拱肋分两段吊装时多采用对接形式，见图 3-6(a)、图 3-6(b)。吊装时先使中段拱肋定位，再将边段拱肋向中段拱肋靠拢，以防中段拱肋搁置在边段拱肋上，增加扣索拉力及中段拱肋搁置弯矩。

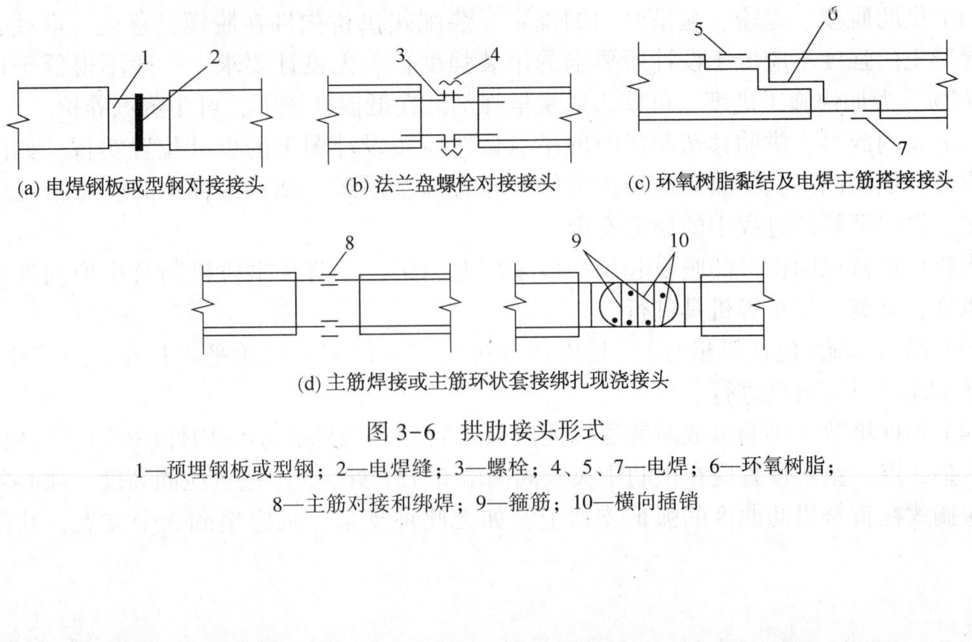

图 3-6　拱肋接头形式

1—预埋钢板或型钢；2—电焊缝；3—螺栓；4、5、7—电焊；6—环氧树脂；8—主筋对接和绑焊；9—箍筋；10—横向插销对接接头在连接处为全截面通缝，要求接头的连接材料强度高，一般采用螺栓或电焊钢板等。

② 搭接。分三段吊装的拱肋，因接头处在自重弯矩较小的部位，一般宜采用搭接形式，见图 3-6(c)。拱肋吊装时，采用边段拱肋与中段拱肋逐渐靠拢的合拢工艺，拱肋通过搭接混凝土接触面的抗压来传递轴向力而快速成拱。然而中段拱肋部分质量搁置在边段拱肋上，扣索拉力和中段肋自重弯矩较大，设计扣索时必须考虑这种影响。分 5 段安装的拱肋，边段与次边段拱肋的接头也可采用搭接形式。

搭接接头受力较好，但构造复杂，预制也较困难，须用样板校对、修凿，确保拱肋安装质量。

③ 现浇接头。用简易排架施工的拱肋，可采用主筋焊接或主筋环状套接的现浇接头，见图 3-6(d)。

3）拱座

拱肋与墩台的连接称为拱座。拱座主要有几种形式(见图 3-7)，其中插入式及方形拱座因其构造简单、钢材用量少、嵌固性能好而采用较为普遍。

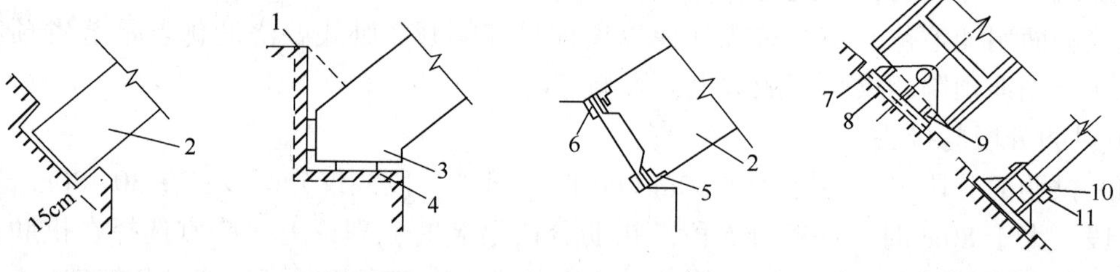

图 3-7　拱座形式

1—预留槽；2—拱肋；3—肋座；4—铸铁垫板；5—预埋角钢；6、8—预埋钢板；7—铰座底板；9—加劲钢板；10—铰轴支承；11—钢铰轴

4）拱肋起吊、运输及堆放

（1）拱肋脱模、运输、起吊时间的确定。装配式拱桥构件在脱模、移运、堆放、吊装时，混凝土的强度不应低于设计所要求的吊装强度；若无设计要求，一般不得低于设计强度的 75%。为加快施工进度，可掺入适量早强剂。在低温环境下，可用蒸汽养护。

（2）场内起吊。拱肋移运起吊时的吊点位置应按设计图上的设计位置实行，如图上无要求应结合拱肋的形状、拱肋截面内的钢筋布置以及吊运、搁置过程中的受力情况综合考虑确定，以保证移运过程中的稳定安全。

大跨径拱桥拱肋构件的脱模起吊一般采用龙门架，小跨径拱桥拱肋及小型构件可采用三角扒杆、马凳、吊车等机具进行。

（3）场内运输(包括纵横移)。场内运输可采用龙门架、胶轮平板挂车、汽车平板车、轨道平车或船只等机具进行。

（4）构件堆放。拱肋堆放时应尽可能卧放，特别是矢跨比小的构件(拱肋、拱块)。卧放时应垫 3 点，垫木位置应在拱肋中央及离两端 0.15L 处，3 个垫点应同高度。如必须立放时，应搁放在符合拱肋曲度的弧形支架上，如无此种支架，则应垫搁 3 个支点，其位置在中央及距两端 0.2*L* 处，各支点高度应符合拱肋曲度，以免拱肋折断。

堆放构件的场地应平整夯实，不致积水。当因场地有限而采用堆垛时，应设置垫木。堆放高度按构件强度、地面承载力、垫木强度以及堆放的稳定性而定，一般以两层为宜，不应超过 3 层。

构件应按吊运及安装次序顺序堆放，并留适当通道，防止吊运难度加大。

3. 吊装程序

根据拱桥的吊装特点，其一般吊装程序为：边段拱肋吊装及悬挂，次边段拱肋吊装及悬挂(对于 5 段吊装)；中段拱肋吊装及拱肋合拢；拱上构件的吊装或砌筑安装等。

全桥拱肋的安装可按下列原则进行：

(1) 单孔桥吊装拱肋顺序常由拱肋合拢的横向稳定方案决定；多孔桥吊装应尽可能在每孔合拢几片拱肋后再推进，一般不少于两片拱肋。对于肋拱桥，在吊装拱肋时应尽早安装横系梁，为加强拱肋的稳定性，需设横向临时连接系，加快施工进度。但合拢的拱肋片数所产生的单向推力应不超过桥墩的承受能力。

(2) 对于高墩，应以桥墩的墩顶位移值控制单向推力，位移值应小于 *L*/600~*L*/400。

(3) 设有制动墩的桥跨，可以制动墩为界分孔吊装，先合拢的拱肋可提前进行拱肋接头、横系梁及拱波等的安装工作。

(4) 采用缆索吊装时，为减少主索的横向移动次数，可将每个主索位置下的拱肋全部吊装完毕后再移动主索。一般将起吊拱肋的桥孔安排在最后吊装，必要时该孔最后几段拱肋可在两肋之间用“穿孔”方法起吊。

(5) 为减少扣索往返拖拉次数，可按吊装推进方向，顺序地进行吊装。缆索吊装施工工序为：在预制场预制拱肋(箱)和拱上结构→将预制拱肋和拱上结构通过平车等运输设备移运到缆索吊装位置→将分段预制的拱肋吊运至安装位置→利用扣索对分段拱肋进行临时固定→吊装合拢段拱肋→对各段拱肋进行轴线调整→主拱圈合拢→拱上结构安装。

4. 吊装准备工作

(1) 预制构件质量检查。预制构件起吊安装前必须进行质量检查，不符合质量标准和设计要求的不准使用，有缺陷的应预先予以修补。

拱肋接头和端头应用样板校验，突出部分应予以凿除，凹陷部分应用环氧树脂砂浆抹平。接头混凝土接触面应凿毛，钢筋应除锈；螺栓孔应用样板套孔，如不合适应适当扩孔。拱肋接头及端头应标出中线。

应仔细检测拱肋上下弦长，如与设计不符者，应将长度大的弧长凿短。拱肋在安装后如发生接合面张口现象，可在拱座和接头处垫塞钢板。

(2) 墩台拱座尺寸检查。墩台拱座混凝土面要修平，水平顶面高程应略低于设计值，预留孔长度应不小于计算值，拱座后端面应与水平顶面相垂直，并与桥墩中线平行。在拱座面上应标出拱肋安装位置的台口线及中线，用红外线测距仪或钢尺(装拉力计)复核跨径，每个拱座在肋宽范围内左右均应至少丈量两次。用装有拉力计的钢尺丈量时，丈量结果要进行温度和拉力的修正。

(3) 跨径与拱肋的误差调整。每段拱肋预制时拱背弧长宜小于设计弧长 0.5~10cm，使拱肋合拢时接合面保留上缘张口，便于嵌塞钢片，调整拱轴线。通过丈量和计算所得的拱肋长度和墩台之间净跨的施工误差，可以在拱座处垫铸铁板来调整。背垫板的厚度一般比计算值增加 1~12cm，以缩短跨径。合拢后，应再次复核接头高程以修正计算中一些未考虑的因素和丈量误差。

5. 缆索设备的检查与试吊

(1) 地锚试拉。一般每一类地锚取一个进行试拉。缆风索的土质地锚要求位移小，因此在有条件时宜全部试拉，使其预先完成一部分位移。可利用地锚相互试拉，受拉值一般为设计荷载的 1.3~1.5 倍。

(2) 扣索对拉。扣索是悬挂拱肋的主要设备，因此必须通过试拉来确保其可靠性。可将两岸的扣索用卸甲连在一起，将收紧索收紧进行对拉，这样可全面检查扣索、扣索收紧索、扣索地锚和动力装置等是否达到了要求。

(3) 主索系统试吊。主索系统试吊一般分跑车空载反复运转、静载试吊和吊重运行 3 个步骤。必须待每一步骤检查、观测工作完成并无异常现象后，方可进行下一步骤。试吊重物可以利用钢筋混凝土预制构件、钢轨和钢梁等，一般按设计吊重的 60%、100%、130%，分几次进行。

试吊后应综合各种观测数据和检查情况，对设备的技术状况进行分析和鉴定，然后提出改进措施，确定能否进行正式吊装。

6. 拱肋缆索起吊

拱肋由预制场运到主索下后，一般用起重索直接起吊。当不能直接起吊时，可采用下列方法进行。

1) 翻身

卧式预制拱肋在吊装前，需要“翻身”成立式，常用就地翻身和空中翻身两种方法。

(1) 就地翻身。先用枕木垛将平卧拱肋架至一定高度，使其在翻身后两端头不致碰到地面，然后用一根短千斤顶将拱肋吊点与吊钩相连，边起重拱肋边翻身直立。

(2) 空中翻身。在拱肋的吊点处用一根串有手链滑车的短千斤顶，穿过拱肋吊环，将拱肋兜住，挂在主索吊钩上，然后收紧起重索起吊拱肋，当拱肋起吊至一定高度时，缓慢放松手链滑车，使拱肋翻身为立式。

2) 掉头

(1) 在河中起吊时，可利用装载拱肋的船进行掉头。

(2) 在平坦场地采用胶轮平车运输时，可将跑车与平车配合起吊将拱肋掉头。

(3) 用一跑车吊钩将拱肋吊离地面约 50cm，再用人工拉动麻绳使拱肋旋转 180°掉头放下，当一个跑车承载力不够时，可在两个跑车下另加一钢扁担起吊，旋转掉头。

3) 吊鱼

当拱肋从塔架下面通过后，在塔架前起吊而塔架前场地不足时，可先用一个跑车吊起一个吊点并向前牵出一段距离后，再用另一个跑车吊起第二个吊点。

4) 穿孔

拱肋在桥孔中起吊时，最后几段拱肋常须在该孔已合拢的拱肋之间穿过，俗称穿孔。穿孔前应将穿孔范围内的拱肋横夹木暂时拆除，在拱肋两端另加稳定缆风索。穿孔时应防止碰撞已合拢的拱肋，故主索宜布置在两拱肋中间。

5）横移起吊

当主索布置在对中拱肋位置，不宜采用穿孔工艺起吊时，可以用横移索帮助拱肋横移起吊。

7. 缆索吊装边段拱肋悬挂方法

在拱肋无支架施工中，边段拱肋及次边段拱肋均用扣索悬挂。按支撑的结构物的位置和扣索本身的特点分为天扣、塔扣、通扣、墩扣等类型，可根据具体情况选用，也可混合使用。

扣索一般都设置有一对收紧滑轮组。在不同的悬挂方法中，收紧滑轮组的位置也各不相同。在墩扣和天扣中，其设置在拱肋扣点前，在“通扣”中则设置在地锚前。塔扣中如用粗钢丝绳做扣索，为方便施工，收紧滑轮组设在两岸地锚前；如为单孔桥和扣索为细钢丝绳时，则收紧滑轮组设在塔架和拱肋扣点之间。在横桥方向按扣索和主索的相互位置不同，可以有几种不同的悬挂就位方法。

在墩扣和通扣中，扣索和主索不在同一高度上，可采用正扣正就位和正扣歪就位方法施工。在塔扣和天扣中，由于扣索和主索均布置在塔架上，因此都采用正扣歪就位的方法。

8. 拱肋缆索吊装合拢方式

边段拱肋悬挂固定后，就可以吊运中段拱脚进行合拢。拱肋合拢后，通过接头、拱座的联结处理，使拱肋由铰接状态逐步成为无铰拱。因此，拱肋合拢是拱桥无支架吊装中一项关键工作。拱肋合拢的方式比较多，主要根据拱肋自身的纵向与横向稳定性、跨位大小、分段多少、地形和机具设备条件等不同情况，选用不同的合拢方法。

（1）单基肋合拢。拱肋整根预制吊装或分两段预制吊装的中小跨径拱桥，当拱肋高度大于 $0.009L \sim 0.012L$（L 为跨径），拱肋底面宽度为肋高的 0.6～1.0 倍，且横向稳定系数不小于 4 时，可以进行单基肋合拢，嵌紧拱脚后，松索成拱。这时，其横向稳定性主要依靠拱肋接头附近所设的缆风索加强，因此缆风索必须十分可靠。

单基肋合拢的最大优点是所需要的扣索设备少，相互干扰也少，因此也可用在扣索设备不足的多孔桥跨中。

（2）悬挂多段拱脚段或次拱脚段拱肋后单基肋合拢。拱肋分 3 段或 5 段预制吊装的大、中跨径拱桥，当拱肋高度不小于跨径的 1/100 且其单肋合拢横向稳定安全系数不小于 4 时，可采用悬扣边段或次边段拱肋，用木夹板临时连接两拱肋后，设置稳定缆风索，单根拱肋合拢，成为基肋。待第二根拱肋合拢后，立即安装两肋拱顶段及次边段的横夹木，并拉好第二根拱肋的风缆。如横系梁采用预制安装，应将横系梁逐根安上，使两肋及早形成稳定、牢固的基肋。其余拱肋的安装，可依靠与“基肋”的横向连接达到稳定。

（3）双基肋同时合拢。当拱肋跨径大于等于 80m 或虽小于 80m，但单肋合拢横向稳定安全系数小于 4 时，应采用“双基肋”合拢的方法，即当第一根拱肋合拢并调整轴线，楔紧拱脚及接头缝后，松索压紧接头缝，但不卸掉扣索和起重索，然后将第二根拱肋合拢，并使两根拱肋横向连接固定。拉好风缆后，再同时松卸两根拱肋的扣索和起重索，这种方法需要两组主索设备。

（4）留索单肋合拢。在采用两组主索设备吊装而扣索和卷扬机设备不足时，可以先用单肋合拢方式吊装一片拱肋合拢。待合拢的拱肋松索成拱后，将第一组主索设备中的牵引索、起重索用卡子固定，抽出卷扬机和扣索移到第二组主索中使用。等第二片拱肋合拢并将两片拱肋用木夹板横向连接、固定后，再松起重索并将扣索移到第一组主索中使用。

9. 拱上构件吊装

主拱圈以上的结构部分均称为拱上构件。拱上构件的砌筑同样应按规定的施工程序对称均衡地进行，以免产生过大的拱圈应力。为了能充分发挥缆索吊装设备的作用，可将拱上构件中的立柱、盖梁、行车道板、腹拱圈等做成预制构件，用缆索吊装施工，以加快施工进度。

第六节　斜拉桥与悬索桥施工

一、斜拉桥施工技术

斜拉桥是一种桥面体系受压、支承体受拉的桥梁。斜拉桥桥面体系用加劲梁构成，支承体系由钢索组成。

斜拉桥多以预应力混凝土即 PC 结构为主，部分为钢叠合梁、混合梁或钢梁形式。桥型有双塔与独塔、双索面与单索面、固结与漂浮等。

斜拉桥的施工一般分为基础、墩塔、梁、索 4 个部分。其中，基础的施工与其他类型的桥梁方式相同，只有索的施工(包括索的制造、架设和张拉机具)有其特殊性。但是斜拉桥作为一个整体，它的塔、梁、索的施工必须相互配合，服从工程设计图。

1. 索塔施工

斜拉桥塔柱分为下塔柱、中塔柱、上塔柱 3 个区，下塔柱通常采用倒模结合平衡架施工工艺，中、上塔柱采用爬模施工工艺。

索塔又分钢索塔和混凝土索塔两种。相对而言，钢索塔具有造价昂贵、施工精度要求高、抗震性好、维护要求高等特点。混凝土索塔则有价格低廉、整体刚度大、施工简便、成桥后一般无须养护和维修的特点。现代斜拉桥中，一般采用混凝土索塔。

1) 钢索塔施工

钢索塔一般采用预制拼装的施工方法，分为工厂分段预制加工和现场吊装安装两个施工阶段。钢索塔应在工厂分段焊接加工，事先进行多段立体试拼装合格后方可出厂。主塔在现场安装，常采用现场焊接头、高强度螺栓连接、焊接和螺栓混合连接的方式。

经过工厂加工制造和立体试拼装的钢塔，在正式安装时应予以施工测量控制，并及时用填板或对螺栓孔进行扩孔来调整轴线和方位，防止加工误差、受力误差、安装误差、温度误差、测量误差的积累。

2) 混凝土索塔施工

(1) 搭架现浇。这种方法工艺成熟，无须专用的施工设备，能适应较复杂的断面形式，对锚固区的预留孔道和预埋件的处理也较方便，但其缺点是施工周期较长。跨度 200m 左右的斜拉桥，一般塔高在 40m 上下，搭架现浇比较合适。

(2) 预制吊装。这种方法要求有较强起重能力的吊装设备，当桥塔不是太高时，可以加速施工进度，减轻高空作业的难度和劳动强度。混凝土结构一般采用卧式预制，由绞车和滑轮配合锚于对岸山壁上的钢丝绳和滑轮进行吊装。

(3) 滑模和翻模施工。这种方法的最大优点是施工速度快，适用于竖直的或是倾斜的高塔施工，唯有的困难是对斜拉索锚固区预留孔道和预埋件的处理。

2. 施工测量控制

由于索塔的外观造型及断面多种多样且高度均在100m以上，故索塔的施工测量最难，也最关键。在主桥(索塔、主梁)的施工全过程中，除应保证各部位的倾斜度、垂直度和外形几何尺寸，以及斜拉索锚固区的精准定位外，还要对索塔进行局部测量系统的控制，并在全桥总体测量控制网内进行加密。

主桥索塔局部测量系统的控制基准点，应建立在相对稳定的基准点上。当采用空间三维测量法时，测量的时间一般选择在受日照影响较少的时间段内，以减少日照和风力的影响进行修正。

对索塔的基础、塔座、下塔柱、下横梁、中塔柱、上横梁、上塔柱(缆索锚固区)等重要部位的相关位置和转折点进行测量控制，应注意避免误差积累。随着工程部位的进行，随时与全桥控制网闭合，以便及时修正。

3. 主梁施工

1）顶推法

该法适用于桥下净空较低、修建临时支墩造价不大、支墩不影响桥下交通、抗压与抗拉能力相同、能承受正负弯矩的钢斜拉桥主梁的施工。顶推法的特点是，施工时需在跨间设置若干临时支墩，顶推过程中主梁要反复承受正、负弯矩。

2）平转法

平转法施工是将斜拉桥上部结构分别在两岸或一岸顺河流方向的支架上现浇，并在岸上完成落架、张拉、调索等所有安装工作，然后以墩、塔为中心，整体旋转到桥位合拢。

平转法适用于桥址地形平坦、墩身较矮和结构体系适合整体转动的中小跨径斜拉桥。四川金川县的曾达桥是我国第一座转体施工斜拉桥。

3）支架法

当所跨越的河流通航要求不高或岸跨无通航要求且容许设置临时支墩时，可以直接在脚手架上拼装或浇筑主梁，也可以在临时支墩上设置便梁，在便梁上拼装或浇筑主梁。这种方法的优点是施工简单方便，且能确保主梁结构满足设计形状的要求。

4）悬臂法

可以在支架上修建边跨，然后中跨采用悬臂施工的单悬臂法；也可以是对称平衡施工的双悬臂法。悬臂施工法一般分为悬臂拼装法和悬臂浇筑法两种。

悬臂拼装法，一般是先在塔柱区现浇一段放置起吊设备的起始梁段，然后用各种起吊设备从塔柱两侧依次对称安装节段，使悬臂不断伸长直至合拢。钢斜拉桥大多数是用悬臂拼装法施工而成的。采用悬臂拼装施工的混凝土斜拉桥，主梁在预制场分段预制，因为主梁预制混凝土龄期较长，收缩、徐变变形小，且梁段的断面尺寸和混凝土质量容易得到控制。

悬臂浇筑法，即从塔柱两侧用挂篮对称逐段就地浇筑混凝土。我国大部分混凝土斜拉桥主梁都是采用悬臂浇筑法施工的。

4. 拉索施工

1）拉索的制作和防护

为保证拉索的质量，斜拉索的制作不宜在现场施工制作，要走工厂化和半工厂化的道路，并对拉索进行跟踪检验。斜拉索的防护分为临时防护和永久防护。临时防护为从出厂到开始永久防护的一段时间。永久防护为拉索钢材下料到桥梁建成的长期使用期间，分为内防护和外防护。内防护是直接防止拉索锈蚀，外防护是保护内防护材料不致流出、老化等。

2）斜拉索的挂索

挂索作业是将斜拉索引架到桥塔锚固点和主梁锚固点之间的位置上，其作业方法一般有以下4种：

（1）在工作索道上引架。这种方法是先在斜拉索的位置安装一条工作索道，斜拉索沿着工作索道引架就位。国外早期的斜拉桥较多采用这种方法，目前这种方法已很少使用。

（2）由临时钢索及滑轮吊索引架。这种方法是在待引架的斜拉索之上先安装一根临时钢索，称为导向索。斜拉索挂在沿导向索滑动并与牵引索相连接的滑动吊钩上，用绞车引架就位。

（3）利用吊装天线引架。

（4）利用卷扬机或吊机直接引架。这个方法最为简捷，也特别适合于密索体系的悬臂施工。即在浇筑桥塔时，先在桥顶预埋扣件，挂上滑轮组，利用桥面上的卷扬机和牵引绳通过转向滑轮和塔顶滑轮将斜拉索起吊，一端塞进箱梁，一端塞进桥塔。这种方法在吊装过程中可能会损伤索外的防护材料，需小心施工。

3）拉索的张拉与索力测定

张拉是用千斤顶对拉索的索力进行调整。索力的大小，由设计根据各个不同的工况，经计算后给定。要在施工中准确控制索力，首先必须掌握测定索力的技术。索力测定方法有压力表测定千斤顶液压、压力传感器直接测定和根据拉索振动频率计算索力。

4）拉索的减振

安装减振器或黏弹性高阻尼衬套，防止拉索振动过大。

二、悬索桥施工技术

现代大跨度悬索桥的施工方法比较典型，其施工步骤可概括为以下5个部分：(1)施工塔、锚碇的基础，同时加工制造上部结构施工所需的构件，为上部结构施工做准备；(2)施工塔柱及锚体，其中包括鞍座、锚碇钢框架安装等施工；(3)主缆系统安装架设，其中包括牵引系统、猫道的架设、主缆索股预制和架设、紧缆、上索夹、吊索安装等；(4)加劲梁节段的吊装架设，包括整体化焊接等；(5)桥面铺装、主缆缠丝防护、伸缩缝安装、桥面构件安装等。

悬索桥基础、塔和桥面系的施工与斜拉桥相关构件的施工方法相同，而其最具典型特征的是主缆及加劲梁的施工。下面简要介绍其上部结构的施工。

1. 猫道的架设

猫道相当于一个临时轻型索桥，其作用是在主缆架设期间提供一个空中工作平台。它由猫道承重索、猫道面板系统及横向天桥和抗风索等组成，一般 3～5m 宽，每主缆下设一个。

在整个主缆系统施工过程中，猫道担负着输送索股、调股紧缆、安装索夹及吊杆、钢箱梁吊装及缠丝防护等重要任务。

猫道施工流程为：猫道承重索制作；架设猫道承重索施工所需的临时设施——托架系统；架设、调整猫道承重索；托架拆除及支承索上移；猫道面层铺设及横向走道安装；调整猫道标高；架设抗风缆，以提供抗风稳定性及结构刚度，调整猫道线形，减少偏载产生的倾斜程度；猫道门架安装；猫道系统完成。

主缆架设分为用空中送丝法架缆和预制平行丝股法架缆，加劲梁架设则采用梁段提升法。

2. 空中送丝法架缆

空中送丝法是美国人 J. A. 罗伯林在 1844 年提出的，其工作原理如下：沿着大缆设计位置，从锚到锚，布置一根无端牵引绳(长绳圈)，将送丝轮扣在牵引绳某处，从卷筒抽出一钢丝头，套过送丝轮，并暂时固定在某靴跟(可编号为 A)处。用动力及驱动牵引绳，送丝轮就带着钢丝套圈送至对岸，取下套圈，将其套在对应的靴跟(可编号为 A1)上。随着牵引绳的驱动，送丝轮就被带回这岸。再将钢丝绕过编号为 A 的靴跟后，就可继续抽送钢丝，形成下一套圈。如此反复，当套在两岸对应靴跟(A、A1)上的丝数达到一根丝股的设计数目时，将钢丝剪断，用钢丝连接器将其两端头连起来。这样一根丝股的空中编制就完成了。

根据上述工作原理，实际施工中可采取多种措施来提高工效。例如，在对岸也放置卷筒钢丝，这样，送丝轮在返程中就不必放空，而是另带一钢丝套圈到这岸来，在另一对靴跟(可编号为 B、B1)之间进行编股。再比如，在牵引绳上设置两个送丝轮，为节省时间，其间距布置成：当一轮从这岸开始驶向对岸时，另一轮正开始从对岸驶向这岸来。这样，两个送丝轮就可以在两对靴跟(如 A—A1、C—C1)之间分别编制两丝股。若对岸设置有卷筒钢丝，还可以利用两轮的返程在另两对靴跟(如 B—B1、D—D1)之间另行编制两丝股。还有，在固定送丝轮的那点上，可以设多个送丝轮，而每轮所设的绕丝槽路也可以不止一道。

为实现空中送丝，必须设置猫道和送丝设备。所谓猫道，就是指位于大缆之下(大约 1m 处)，沿着大缆设置，让进行大缆作业(包括送丝、调丝、调股、紧缆、装索夹、装吊索、缠缆等工序)的工人有立足之处的脚手架。猫道一般设置两条，宽度在 3m 左右，分设在大缆之下，用悬吊在塔和塔、塔和锚之间的几根平行承重绳加上铺面层组成。而面层用木梁、木板，现大都改用镀锌钢丝网，其自重较轻，所受到的风的静压小，且对防火也更有利。

由于猫道宽度都不大，为防止被风吹翻，同时也为左、右两猫道能互相交通，一般要在两猫道之间设“横道”，在主跨范围内，横道可设 3 道或 5 道；在边跨范围内，可设 1 道或 2 道。由于猫道自重小，一般还应在其下方设抗风索，在立面上，抗风索可呈向上凸出的抛物线形。抗风索两端扣在塔和锚碇的下方。在猫道承重绳和抗风索之间，设若干根竖向(或布置成 V 形的)细绳。用拉力将上述绳索绷紧，这就能形成抗风体系，帮助猫道抗风。这样设置的抗风索势必侵入航运净空，故其设置必须得到航运部门同意。

猫道承重绳安装的常用办法是：将成卷的绳装在船上，绳的一头扣在一岸的塔边，而后将船开到对岸去，一面行船，一面将绳放落水底，然后封锁航道，在两岸同时用绞车或塔顶起重机将绳提升，直至安放在塔顶。若希望钢丝绳不要沾水，可以将装有卷筒(做猫道承重绳用的)钢丝绳的船抛锚在一塔旁，将该绳的一端引到塔顶滑轮后再落到这船；在对岸的塔旁设一绞车，从该绞车引出一较细的牵引绳，让细牵引绳通过另塔塔顶滑轮后再引到这船来，将它同这船上的承重绳头相连接。随后开动另塔旁的绞车，则细牵引绳就能将猫道承重绳牵引到另塔塔顶了。为了使各钢丝绳(包括牵引绳)都不沾水，则需要利用先锋绳(又叫导索)。先锋绳与牵引绳相连，可借助长臂吊船来帮助先锋绳越过水面(日本南备赞桥)，或用直升机来运送(明石海峡大桥)。

前述无端牵引绳还需要若干个支承点将它架在空中。现常用两根独立的支承索，及架在这两索之间的若干根横梁。

为了使大缆各钢丝受力均匀，必须对钢丝长度和丝股长度进行调整，这就叫调丝和调股。调丝的目的是使同一丝股内的各丝长度相等，而调股是为了使每根丝股的计算长度符合设计要求。

为使大缆有妥善的防护，还应及时进行紧缆和缠缆等工序。紧缆指在大缆各丝股全部落位后，立即用紧缆机将大缆截面挤压呈圆形。紧缆机能沿大缆移动。继压紧之后，为避免丝股松散，要立即用钢丝或扁钢每隔 0.7~0.9m 捆扎一道。随后，可以安装索夹和吊索。

大缆会因其拉应力的增加而使横截面收缩，为了将大缆缠紧，应当在恒载的大部分已作用于大缆之后，再进行缠缆。缠缆就是指用缠丝机将软钢丝紧紧缠在大缆之外。缠丝之前，应清洗大缆表面，并涂防锈材料(常用锌粉膏等)。缠丝过程中，应随时清理被挤出的膏。最后在缠丝之外进行油漆。

3. 预制平行丝股的制造及架设

1) 平行丝股的制造

预制平行丝股大缆的构造是：大缆由若干两端带锚头的丝股组成，每丝股含钢丝若干。美国纽波特桥是第一座采用预制平行丝股大缆的悬索桥，在跨度范围内，每缆 76 股，每股 61 丝，丝径 5.16mm。大缆的含股数由计算确定，每股含丝数最多为 127 丝。

图 3-8 为预制平行丝股制造工艺示意，钢丝从丝盘放出，通过导向网络，在成型机上向右移动，每隔一定距离用捆扎机捆扎一道，然后卷在卷筒上。同时，要给丝股两端装上锚头。一丝股的横截面(丝数 127)是正六边形，在其一角是基准丝，其他各丝的长度都是以它为基准来确定的。另一角设有一带颜色的丝，这是为了便于检查安装在缆中的丝股是否扭曲。

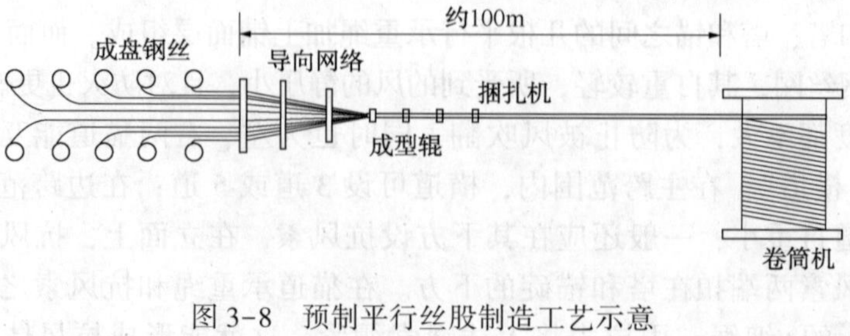

图 3-8　预制平行丝股制造工艺示意

2）预制平行丝股法架缆

采用预制平行丝股法架成大缆时，也需要先架设导索和猫道，也设无端牵引绳(或叫拽拉索)及丝股输放机。但在猫道上，要设置若干导向滑轮，以支承丝股。这套拽拉系统把各丝股拽拉到位，丝股两端分别联结于锚杆。

3）加劲梁架设

在完成大缆架设并调整好大缆线形后，就可安装索夹和吊索，开始加劲梁的架设工作了。当加劲梁是桁架式时，以往常采用的方法类似于桁架梁桥的悬臂安装法，即利用能沿着桁架上弦行走的吊机作为架梁机具；所不同的是，将架设好的梁段立即与对应的吊索相连，把梁段自重传给大缆，这样，先架设的梁段并不承受后架设梁段的自重。在旧金山海湾大桥施工中，第一次采用梁段提升法架梁。先将加劲梁预制成梁段，浮运到桥下，利用可行驶于大缆的起重台车，借助滑轮组及钢丝绳，将梁段提升到位，对梭状扁平钢箱加劲梁。合理的架梁方法也是梁段提升法。目前，提升的梁段重量一般是3.9~4.9MN，较先进的设备是液压连续提升千斤顶配钢绞线。

在梁段架设中，大缆被用作一悬吊脚手架，但这脚手架是柔性的，它的几何形状会随着梁段的逐渐增加而不断改变。这一情况对加劲梁架设的影响：一是当只有少数梁段架设到位时，这些梁段在上弦(或上翼缘板)处互相挤压；二是在下弦处互相分离。若强制将下弦过早地闭合，结构或连接有可能因强度不足而破坏。较为合理的做法是：从架梁开始到大部分梁段到位，只是让各梁段的上弦(或上翼缘板)形成“铰”状的临时连接，对于下弦(或下翼缘板)则让其张开。待到绝大部分梁段到位，梁段之间下面的张口就会趋向闭合，这时，才开始梁段之间的工地永久性连接。

第七节　桥面系及其附属工程施工

一、桥面铺装施工

1. 桥面防水层施工

防水层施工前要对桥面进行彻底处理，清除桥面的松散混凝土以及土石等杂物。处理完毕后，要用空压机带动吹风机、水泵抽水冲刷等将桥面处理干净。

使用的防水涂料应在有效期以内，使用前应搅拌均匀，并注意密封保存。施工时所使用的仪器、设备应进行检验和校正，满足精度要求后方可使用。

为保证施工质量，施工时的最低气温不应低于5℃，雨天、大雾及大风天不得施工，不宜在后半夜潮露时施工。喷涂时要做到厚度适宜、喷洒均匀，不得有泡沫、气泡，不能有流淌、堆积或漏喷现象，每层涂膜表干后方可进行下一道工序；施工过程中严禁乱踩未干的防水层，不准穿带钉鞋进入工作面，施工用鞋和生活用鞋要严格分开，防止污染桥面。施工结束后，在沥青混凝土面层未施工前要严加保护，防止人为破坏或施工损伤。

2. 混凝土桥面铺装施工

1) 施工工艺流程

凿除浮渣、清洗桥面→精确放样→绑扎钢筋→安装模板→调整钢筋→浇筑混凝土→混凝土养生。

桥面铺装的厚度、强度、平整度和裂缝控制是桥面施工的关键，尤其是平整度和裂缝的控制，它将直接影响沥青混凝土面层的施工质量。

2) 施工工艺

(1) 钢筋施工。钢筋应采用集中加工，运到施工现场绑扎钢筋网片。钢筋的表面应洁净、平直、无局部弯折，弯曲钢筋应调直，采用冷拉方法调直钢筋，钢筋的弯直和末端的弯钩应符合设计要求及规范规定。钢筋骨架必须具有足够的刚度和稳定性，拼装时按设计图纸放大样；钢筋拼装时，对有焊接接头的钢筋必须检查每根接头是否符合焊接要求；拼装时，在需要焊接的位置用楔形卡卡住，防止电焊时局部变形。待所有焊接点卡好后，先在焊缝两端点焊定位，然后进行焊缝施焊。钢筋网采用混凝土垫块进行支垫。伸缩缝两侧的桥面铺装钢筋网应布设至槽口边缘，保证与伸缩缝钢筋网相接。钢筋安装时，横桥向钢筋布至全桥宽，顺桥向钢筋在防撞护栏及护栏座下不铺设。注意在桥面两侧预埋钢筋头，作为支撑内外侧护栏模板。

(2) 模板支立。半幅桥桥面采取两次浇筑完毕，第一次浇至中跨 1/3 处，第二次浇筑剩余部分混凝土。在伸缩缝处或桥面两侧做好砂浆调平带，放上 8cm 槽钢，采用膨胀螺拴连接牢固，并严格控制好槽钢顶面标高。外模采用 10mm 厚的竹胶板加工而成，采用拉杆与护撞墙钢筋固定。桥面铺装时，内侧护栏混凝土浇筑到护栏内 3cm，外侧护栏混凝土浇筑到 T 梁边缘。在砂浆调平带外侧铺设好钢轨，作为振动梁和抹平活动架走行轨。

(3) 混凝土施工。混凝土施工前，重点检查槽钢和竹胶板顶面高程，用水平仪每两米检测一个点。由于桥面钢筋过多过密，运输车辆无法把混凝土直接运到施工现场，可采用混凝土灌车将混凝土从拌和站运到桥头，然后用吊车输送至现场。浇筑过程按以下程序进行：

① 布料摊铺。吊车把合格的混凝土输送到桥面后，人工用铁铲、钉耙把混凝土摊铺到桥面上，并进行初步整平，布料摊铺的厚度应超振捣密度后的桥面标高 2~3cm。

② 振捣、初平。布料摊铺一定长度后(5.0~10.0m)启动振动梁对已铺混凝土进行振捣密实，在振动梁行走振捣过程中，应安排专人观察振动梁下的混凝土面情况。过高阻碍振动梁行走时，应及时用铁铲铲除，过低处应及时用铁铲添加混凝土。振捣过程中，应随时用两侧模板检查桥面标高，超出允许误差时及时进行调整。

③ 整平、提浆。振动梁振捣完成 10~15m 后，采用滚杠反复来回滚压、整平、提浆，并根据滚压情况适当增、减混凝土，直到目测滚筒各处无间隙、混凝土面基本平整为止。

④ 清光、精平。滚杠滚压完成后，在轨道上设置一个木板平台。根据混凝土的凝结情况进行 3 次清光，第一次采用木模收光一次，第二次和第三次采用铁模进行二次清光，以清除混凝土在凝结过程中产生的收缩裂纹以及对铺装层进行精平。在 3 次清光过程中，设专人用 3m 直尺纵横向逐点检查平整度，低的地方应及时添补，高的地方及时清除，直到符合设计要求为止。

⑤ 刷毛、养护。清光、精平完成后，混凝土在终凝之前、初凝之后，采用钢丝刷对桥面混凝土进行刷毛。刷毛完毕后采用毡布覆盖，用高压水枪喷雾进行洒水养生，保证混凝土表面湿润。

3. 沥青混凝土桥面铺装施工

1）施工准备工作

(1) 沥青混凝土所用粗细集料、填料以及沥青均应符合技术规范要求，混合料配合比包括矿料级配、沥青含量、稳定度(包括残留稳定度)、饱和度、流值、马歇尔试件的密度与空隙率等。

(2) 沥青混合料拌和设备、运输设备以及摊铺设备均应符合技术规范要求。

(3) 路缘石、路沟、检查井和其他结构物的接触面上应均匀地涂上一薄层沥青。

(4) 要检查两侧路缘石完好情况，尤其要注意背面夯实情况，保证在摊铺碾压时，不被挤压、移动。

(5) 施工测量放样。

恢复中线：在直线每 10m 设一钢筋桩，桩的位置在桥面中心位置。

水平测量：对设立好的钢筋桩进行水平测量，并标出摊铺层的设计标高，挂好钢筋，作为摊铺机的自动找平基线。

(6) 沥青材料的准备：沥青材料应先加热，避免局部过热，并保证按均匀温度把沥青材料源源不断地从储料罐送到拌和设备内。

(7) 集料准备：集料应加热到不超过 170℃，集料在送进拌和设备时的含水量不应超过 1%，烘干用的火焰应调节适当，以免烤坏和熏黑集料，干燥滚筒拌和设备出料时混合料含水量不应超过 0.5%。

2）沥青混凝土的拌和及其运输

(1) 拌和。集料和沥青材料按工地配合比公式规定的用量测定和送进拌和，送入拌和设备里的集料温度应符合规范规定，在拌和设备内及出厂的混合料的温度，应不超过 160℃。把规定数量的集料和沥青材料送入拌和设备后，须把这两种材料充分拌和直至所有集料颗粒全部裹覆沥青结合料，沥青材料也完全分布到整个混合料中。拌和厂拌和的沥青混合料应均匀一致、无花白料、无结团块。拌好的热拌沥青混合料不立即铺筑时，可放入保温的成品储料仓储存，存储时间不得超过 72h，储料仓无保温设备时，允许的储料时间应以符合摊铺温度要求为准。拌和生产出沥青混合料，应符合批准的工地配合比的要求，并应在目标值的容许偏差范围内，集料目标值的偏差应符合技术规范要求。

(2) 沥青混合料运输。沥青混合料的运输采用自卸车运输，从拌和设备向自卸车放料时，为减少粗细集料的离析现象，每卸一斗混合料挪动一下汽车位置，运料时自卸车用篷布覆盖。

3）沥青混合料的摊铺及碾压

(1) 摊铺。

① 混合料摊铺使用自动找平沥青摊铺机(最大摊铺宽度 12.5m)，进行全宽度摊铺和刮平。摊铺机自动找平时，采用所摊铺层的高程靠金属边桩挂钢丝所形成的参考线控制，横

坡靠横坡控制器来控制，精度在±0.1%范围。

② 摊铺时，沥青混合料必须缓慢、均匀、连续不间断地摊铺，不得随意变换速度或中途停顿。摊铺机螺旋送料器中的混合料的高度保持不低于送料器高度的2/3，并保证在摊铺机全宽度断面上不发生离析。

③ 混合料的摊铺用国产摊铺机进行，以参考线控制铺筑层标高。

④ 上下两层之间的横向接缝应错开50cm以上。

⑤ 当气温低于10℃时，不得安排沥青混合料摊铺作业。

(2) 碾压。

① 一旦沥青混合料摊铺整平，并对不规则的表面修整后，立即对其进行全面均匀的压实。

② 初压在混合料摊铺后较高温度下进行，沥青混合料温度不应低于120℃，不得产生推移。碾压时将驱动轮面向摊铺机，碾压路线及碾压方向不得突然改变，初压两遍。

③ 复压要紧接在初压后进行，沥青混合料温度不得低于90℃，复压可用轮胎压路机、三轮压路机，复压遍数为4~6遍至稳定无显著轮迹为准。

④ 终压要紧接在复压后进行，沥青混合料温度不得低于70℃，采用轮胎压路机碾压2~4遍，并无轮迹，路面压实成型的终了温度应符合规范要求。

⑤ 碾压从外侧开始并在纵向平行于桥面中线进行，双轮压路机每次重叠30cm，逐步向内侧碾压过去；用梯队法或接着先铺好的车道摊铺时，应先压纵缝，然后进行常规碾压；在有超高的弯道上，碾压应采用纵向行程平行于中线重叠的办法，由低边向高边进行。碾压时压路机应匀速行驶，不得在新铺混合料上或未碾压成型并未冷却的路段上停留、转弯或急刹车。施工检验人员在碾压过程中，要检测密实度，以保证获得要求的最小压实度。开始碾压时的温度控制在不低于120℃，碾压终了温度控制在不低于70℃。初压、复压、终压三种不同压实段落接茬设在不同的断面上，横向错开1m以上。

⑥ 为防止压路机碾压过程中沥青混合料沾轮现象发生，可向碾压轮洒少量水、混有极少量洗涤剂的水或其他认可的材料，把碾轮适当保湿。

(3) 接缝、修边和清场。

沥青混合料的摊铺应尽量连续作业，压路机不得驶过新铺混合料的无保护端部，横缝应在前一次行程端部切成，以暴露出铺层的全面。接铺新混合料时，应在上次行程的末端涂刷适量黏层沥青，然后紧贴着先前压好的材料加铺混合料，并注意调整整平板的高度，为碾压留出充分的预留量。相邻两幅及上下层的横向接缝均应错位1m以上。横缝的碾压采用横向碾压后再进行常规碾压。修边切下的材料及其他废弃沥青混合料均应从桥面清除。

(4) 养护。

沥青混凝土路面碾压成型之后尚未完全冷却时，任何车辆禁止在上面行驶。当路面开放交通后，要专门安排人保持路面的整洁，不允许在路面上倒料或堆放砂、石、土等杂物，确保路面洁净美观，最大努力地减少污染。

二、其他附属工程施工

1. 防撞护栏

防撞护栏的外观要求极高，没有一套制作精细的模板是不可能浇筑出高质量护栏的。

一般由专业加工厂家进行加工制作，每节长1.5~2.0m，每节之间用螺杆联结；安装时用对称栏杆紧固，内模每隔1.5m用松紧螺丝调节其顺直度。所有模板之间接缝、外模板与梁板边接触面、内模底与混凝土铺装接触面均用海绵塞紧夹实，以确保不漏浆。

1）主要施工流程

放样→钢筋绑扎→模板安装→安装预埋件→浇筑混凝土→混凝土养护→拆模→安装护栏扶手。

2）主要施工方法

在施工桥梁防撞护栏之前，用水在其施工的表面冲洗干净，然后开始绑扎桥梁防撞护栏的钢筋。钢筋绑扎施工前，必须检查钢筋、焊条和预埋件的品种、规格及质量是否符合设计要求和现行有关钢筋、焊条的标准规定。钢筋工序施工时绑扎一定要牢固，钢筋应平直，表面不应有裂纹、油污和片状老锈。桥梁防撞护栏的钢筋绑扎一定要整齐，规格、间距、保护层厚度一定要符合设计及规范要求。钢筋绑扎好以后，再放置预埋件(顶部支撑钢板)，预埋件安装一定要准确，以利于下一道安装工序。

钢筋工序完成以后，进行模板工序的立模工作。防撞护栏的模板采用装配定型钢模板，模板的每节长度为1.5m，以利于组合。由于是组合定型钢模，钢模外侧直接搁置在底部预留钢筋上，预留钢筋间距为1.4m；在内外侧模板放置好以后，再用经纬仪对模板进行校核，使线形标高准确无误后，然后加以最后固定，模板拼缝一定要严密；模板工序施工完毕以后，进行防撞护栏混凝土浇筑工作。

防撞护栏混凝土浇筑可采用小型运输车运输与人工浇筑相结合的方法进行混凝土的浇筑工作。混凝土浇筑前，首先控制好混凝土搅拌质量，严格控制配合比，杜绝不合格材料，测定当天材料的含泥量、含水量，搅拌混凝土的坍落度，确保混凝土的质量关。混凝土浇筑应遵循“快插慢拔”的原则，振动次层混凝土时，振动棒应插入前层混凝土5~10cm，振捣应保持足够的时间，以彻底捣实混凝土。在振捣混凝土时，一定要用振捣棒把混凝土内的气泡随振捣棒的拔出慢慢赶出来，以使混凝土更加密实和减少混凝土表面气泡的产生。混凝土振捣时间不能持续太长久，以免造成混凝土的离析。不允许在模板内利用振捣器使混凝土长距离流动式运送混凝土，插入振捣器时应避免碰撞模板、钢筋及其预埋件，便于保护钢筋、预埋件位置的正确性。混凝土振捣时应随时观察模板、钢筋和预埋件是否有漏浆、松动、变形、垫块脱落等现象，如有应及时纠正。防撞护栏混凝土浇筑好以后，应及时进行收水工作，收水应确保混凝土表面平整度和光洁度；收水结束后，及时盖上塑料薄膜或土工布，进行浇水养护工作。浇水养护应有足够水温养护，确保混凝土的后期强度。

拆模时间可以控制在混凝土浇筑后5~10h进行，最后安装护栏钢扶手。

2. 锥体护坡

两桥头设置锥体护坡，锥体护坡在两桥头路堤填筑后进行，锥体护坡一般采用片石砌筑。

1）施工程序

刷坡→泄水管预埋→基础施工→平台及平台以下施工→平台以上至锥顶底部施工→锥顶施工。

2）工艺流程

（1）片石准备。

① 砌筑用石料应质地坚硬，不易风化，无裂纹，石料表面的污渍应清除。

② 石料强度等级应以边长为70mm的立方体试件在浸水饱和状态下的抗压极限强度表示。当采用边长为100mm或50mm的立方体试件时，其抗压极限强度应分别乘以1.14或0.86的换算系数。

③ 片石形状无要求，但中部厚度不得小于15cm。用作镶面的片石表面应平整、尺寸较大，边缘厚度不得小于15cm。片石长度及宽度不得小于厚度。

（2）测量放样。

根据桥台施工设计图，结合台背回填高度放出锥坡的轴线控制桩，放样点设带钉木桩、拉线确定锥坡坡度、碎石垫层厚度、片石砌筑厚度和基础开挖深度、尺寸并用白灰线撒出开挖轮廓线。拉线放样时，坡顶宜预先放高2~3cm，以消除后期锥体沉降对坡度的影响。

（3）坡面修整。

按照设计边坡标准线进行刷坡，锥体边坡可采用挖掘机进行刷坡，刷坡时预留20cm采用人工进行。边坡修整时用坡度尺拉线修整，修整后的边坡坡度不得大于设计值，同时将坡脚地面整平。刷坡时防止出现较大超欠挖，超挖部分要夯填密实，欠挖部分清挖至设计断面。

（4）基坑开挖。

开挖前基础轴线控制桩应延长至基坑外，用木桩加以固定，以便于基坑开挖完后能及时恢复垂裙线；根据测量放样的尺寸开挖基础，采用人工配合小型挖掘机进行开挖，基底预留20cm左右；采用人工按基础设计尺寸拉线进行开挖并修整，基底浮土全部清理干净，同时保证原土不受扰动。

（5）碎石垫层。

待基础砌筑完成后铺筑碎石垫层，碎石垫层厚10cm。垫层分两次铺筑，第一次铺至平台，待平台及平台以下施工完毕后方可铺筑平台以上坡段至锥顶底部。铺筑前先按设计尺寸要求挂线，碎石垫层铺筑时先由人工抛撒至坡面，抛撒应均匀，然后将碎石与坡面土夯接紧密，避免碎石下滑。

（6）泄水管预埋。

泄水管的预埋应与碎石垫层的铺设同时进行，一般泄水管采用直径5cm的PVC管，其间距不大于1.5m，采用梅花形布置。

（7）浆砌片石砌体砌筑。

基础、护坡、平台砌筑前先按设计图纸尺寸要求挂线，然后洒水湿润片石，表面如有泥土、水锈应清洗干净。

① 砂浆拌制。砂浆采用搅拌机搅拌，拌和时间控制在3~5min，严格按照配合比进行配置，随拌随用，每桶砂浆控制在2~4h内用完。已凝结的砂浆不得再使用。

② 片石砌筑。浆砌片石采用挤浆法分层、分段砌筑，分段位置宜设在沉降缝或伸缩缝处。各砌层应先砌外圈定位砌块，并与里层片石交错连成一体，定位砌块宜选用表面较平整且尺寸较大的石料，定位砌缝应铺满砂浆，不得镶嵌小石块。定位砌块表面砌缝的宽度不得大于4cm，砌体表面与三块相邻石料相切的内切圆直径不得大于7cm，两层间的错缝不得小于8cm，每砌筑120cm高度以内应找平一次。定位砌块砌完

后，应先在圈内底部铺一层砂浆，其厚度应使石料在挤压安砌时能紧密连接，且砌缝砂浆密实、饱满。镶面石砌筑宜用一顺一丁或两顺一丁方式砌筑，砌缝宽度不得大于3cm，采用水平分层砌筑。每层中相邻石块间的砌缝应竖直，每层高度宜固定不变，也可向上逐层递减。在丁石的上层或下层，均不得有垂直砌缝。当错缝确有困难时，丁石顶面或底面一侧的错缝可稍小，但不得小于4cm。砌筑腹石时，石料间的砌缝应互相交错、咬搭、砂浆密实，石料不得无砂浆直接接触，也不得干填石料后铺灌砂浆。石料应大小搭配，较大的石料应以大面为底，较宽的砌缝可用小石块挤塞。挤浆时可用小锤敲打石料，将砌缝挤紧，不得留有空隙。

(8) 勾缝养护。

① 勾缝。在砌体砌筑时应留出2cm深的空缝，勾缝采用凹缝形式，勾缝所用的砂浆强度不得小于砌体所用的砂浆强度。封面高度比砌体略低，勾缝砂浆面应平整、光滑。勾缝后砌石轮廓不能被掩盖，砌缝的准确位置和宽度应清晰可见。

② 养护勾缝完毕后应及时覆盖土工布或湿草帘，四周固定在牢固的物体上以免被风刮走，并经常洒水保持湿润，常温下养护期不得少于7d。养护期间避免外力碰撞、振动或承重。

3. 桥面泄水管

泄水管的安装按设计要求进行，泄水管应伸出结构物底面。道路上的桥梁，泄水管不宜直接挂在板下，可将泄水管通过纵向或横向排水管引向地面，管道要有良好的固定装置，泄水管入水端要做好处理，与周边防水层密合。泄水管施工时应注意以下事项：水泥混凝土桥面的泄水管道标高，宜略低于该处的桥面标高，以便雨水汇入；泄水管的顶盖应与泄水管及周围的桥面牢固连接；泄水管与桥墩附近的排水管道连接时，宜有一定的伸缩余量，使梁伸缩时，不会拉断泄水管。

4. 桥头搭板

施工工艺：下承层检测→钢筋绑扎→支设模板→浇筑混凝土→养护。

1）下承层检测

对下承层水泥稳定碎石的高程和横坡度进行检测，对高点进行刨除，低点用同标号混凝土找平。严禁用低标号混凝土回填，在水泥稳定碎石下基层上进行放样。

2）钢筋绑扎

在绑扎钢筋前用水将下承层清洗干净，严格按图纸要求进行钢筋的绑扎。钢筋长度和间距都应符合规范要求。钢筋网采用预先架设安装方式，布料时保证钢筋网不变形、不移位，采用钢筋支架进行支撑。

3）支设模板

依据放样位置支设模板，模板支设应牢固、严密。

4）浇筑混凝土

由混凝土运输车运送混凝土，输送泵泵送至混凝土面板，在泵送管前面使用5m软管，用人工抬软管布料，对于混凝土过高或者过低处先人工用铁锹大致找平，再用平板式振动器搓平，利用振动梁刮平并振实后用滚筒反复提浆，然后用磨光机收面并最终整平。在混凝土初凝后对混凝土表面进行拉毛纹处理。

5）养护

混凝土路面铺筑完成后，立即开始养生，用覆盖毛毡洒水养生，保持混凝土表面始终处于潮湿状态，并根据天气条件确定每天的洒水遍数。混凝土养生初期，严禁人、畜、车辆通行。面板达到设计弯拉强度后，方可开放交通。

5. 灯柱安装

灯柱通常只在城镇设有人行道的桥梁上设置，灯柱的设置位置有两种：一种是设在人行道上；另一种是设在栏杆立柱上。

第一种布设较为简单，在人行道下布埋管线，按设计位置预设灯柱基座，在基座上安装灯柱、灯饰，连接好线路即可。这种布设方法大方、美观、灯光效果好，适合于人行道较宽（大于1m）的情况。但灯柱会减小人行道的宽度，影响行人通过，且要求灯柱布置稍高一些，不能影响行车净空。

第二种布设稍麻烦一些，电线在人行道下预埋后，还要在立柱内布设线管通至顶部，因立柱既要承受栏杆上传来的荷载，又要承受灯柱的质量，因此带灯柱的立柱要特殊设计和制作。在立柱顶部还要预设灯柱基座，保证其连接牢固。这种情况一般只适用于安置单火灯柱，灯柱顶部可向桥面内侧弯曲延伸一部分，以保证照明效果。该布置法的优点是，灯柱不占人行道空间，桥面开阔，但施工、维修较为困难。

规范要求桥上灯柱应按设计位置安装，必须牢固、线条顺直、整齐美观，灯柱电路必须安全可靠。

大型桥梁须配置照明控制配电箱，固定在桥头附近安全场所。

检查验收标准：灯柱顺桥向位置偏差不能超过100mm，横桥方向偏差不能超过20mm，竖直度在顺桥向、横桥向偏差均不能超过10mm。

第四章

隧道施工技术

第一节 隧道施工常用方法与施工方案选择

一、矿山法

“矿山法”因其采用“钻眼爆破”方式破岩，故隧道工程中也称之为“钻爆法”。它是采用纵向分段、横向全断面或分部开挖，每一部分开挖成型后即对暴露围岩加以适当的支撑或支护，继而提供必要的永久性人工结构，以保持隧道长期稳定的施工方法。矿山法由于支撑或支护结构和材料的不同，人们习惯上将采用钢、木构件作为临时支撑的施工方法称为“传统矿山法”，日本隧道界则称之为“背板法”。

早期的传统矿山法主要采用木构件作为临时支撑，施作后的木构支撑只是作为围护围岩稳定的临时措施，待隧道开挖成型后，再逐步将其拆除，并代之以砌石或混凝土衬砌。由于木构支撑的耐久性差和对坑道形状的适应性差，尤其是支撑撤换工作既麻烦又不安全，且对围岩有进一步扰动，因此已很少采用。

后来，由于材料的改进和钢材产量的增加，传统矿山法发展为主要采用钢构件承受早期围岩压力，以维护围岩的临时稳定，然后在此基础上，再施作内层衬砌，以承受后期围岩压力，并提供安全储备。钢构件支撑具有较好的耐久性和对坑道形状的适应性等优点，施作后的钢构件支撑无须拆除和撤换，也更为安全。

二、掘进机法

掘进机施工法是指用掘进机开挖隧洞的施工方法。全断面掘进机(Tunnel Boring Machine，简称TBM)的施工具有快速、高效、安全可靠、施工质量好、成本低等优点，且集机械、电子、液压、激光、控制等技术为一体，实现了高度机械化和自动化，作为当前最先进的大型地下隧道开挖衬砌成套装备，得到了广泛应用。

三、明挖法

当隧道埋深较浅时，可将上覆一定范围内的覆土及隧道内的岩体逐层分块挖除，并逐次分段施作隧道衬砌结构，然后回填土。这种施工方法称为“明挖法”。采用明挖法修建的隧道(或区段)称为“明洞”。明挖法的优点是：施工技术简单、快速、经济及主体结构受力条件较好等，在没有地面交通和环境等条件限制时，应是首选方法。明挖法的缺点也是明显的，如阻断交通时间较长、噪声与震动等。

四、新奥法

“新奥法”是奥地利隧道学家腊布希维兹教授在总结锚喷支护技术的基础上首先提出的，简称为 NATM(New Austrian Tunnelling Method)。它是采用锚杆和喷射混凝土作为初期支护，达成围岩的基本稳定，待隧道开挖成型后，再逐步施作内层衬砌作为安全储备，以保持隧道长期稳定的施工方法。我国隧道施工技术规范称之为“锚喷构筑法”。

五、盾构法

盾构法最早始于 1818 年，是法国工程师布鲁诺(M. I. Brunel)受到蛀虫钻孔的启发后发明的隧道掘进的一种施工方法。盾构法是在一种钢制的活动防护装置的掩护下进行隧道开挖的方法，同时在盾构的尾部拼装预制的管片、砌块或者现浇混凝土以形成盾构法隧道的衬砌结构。盾构机借助于盾尾千斤顶的顶力实现掘进，与此同时，在衬砌结构和土体之间注入浆液以防止地层的过大变形，并在隧道开挖的同时确保线路周边的环境。

盾构机的基本工作原理就是：一个圆柱体的钢组件沿隧洞轴线边向前推进边对土壤进行挖掘。该圆柱体组件的壳体即盾壳，它对挖掘出的还未衬砌的隧洞段起着临时支撑的作用，承受周围土层的压力，有时还承受地下水压以及将地下水挡在外面。挖掘、排土、衬砌等作业在盾壳的掩护下进行。盾壳的厚度视地质情况、盾构直径大小和生产国家的不同而略有差异。

盾构施工主要是由稳定开挖面、掘进及排渣、管片拼装与壁后注浆四部分组成。其中，开挖面的稳定方式是其工作原理的主要方面，也是区别于山岭隧道硬质岩体全断面掘进的主要特征。通常硬质岩体全断面掘进施工时，大多数岩体稳定性较好，不存在开挖面失稳的问题，虽也会遇到掌子面不稳定的情况，但这种地质地段占整体隧道比例不会很大。

六、浅埋暗挖法

浅埋暗挖法是在距离地表较近的地下进行各种类型地下洞室暗挖施工的一种方法。继 1984 年王梦恕院士在军都山隧道黄土段试验成功的基础上，又于 1986 年在具有开拓性、风险性、复杂性的北京复兴门地铁折返线工程中应用，在拆迁少、不扰民、不破坏环境的前提下获得成功。同时，结合中国特点及水文地质系统，创造了小导管超前支护技术、8 字形网构钢拱架设计、制造技术、正台阶环形开挖留核心土施工技术和变位进行反分析计算的方法，突出时空效应对防塌的重要作用，提出在软弱地层快速施工的理念。由此形成了浅埋暗挖法，创立了适用于软弱地层的地下工程设计、施工方法。

浅埋暗挖法施工的地下洞室具有埋深浅(最小覆跨比可达 0.2)、地层岩性差(通常为第四纪软弱地层)、存在地下水(需降低地下水位)、周围环境复杂(邻近既有建筑物、构筑物)等特点。由于造价低、拆迁少、灵活多变、无须太多专用设备及不干扰地面交通和周围环境等特点，浅埋暗挖法在全国类似地层和各种地下工程中得到广泛应用。

同时，经过许多工程的成功实施，其应用范围进一步扩大，由只适用于第四纪地层、无水、地面无建筑物等简单条件，拓广到非第四纪地层、超浅埋(埋深已缩小到0.8m)、大跨度、上软下硬、高水位等复杂地层及环境条件下的地下工程中。

信息化技术的实施，实现了浅埋暗挖技术的全过程控制，有效地减小了由于地层损失而引起的地表移动变形等环境问题。不但使施工对周边环境的影响降到最低限度，由于及时调整、优化支护参数，提高了施工质量和速度，使浅埋暗挖法特点得到更进一步的发挥，为城市地下工程设计、施工提供了一种非常好的方法，具有重大的社会效益和环境效益，该方法在总体上达到国际领先水平。

浅埋暗挖法既可以作为独立施工方法，也可以与其他施工方法结合使用。车站经常采用浅埋暗挖法与明挖法相结合，区间隧道用盾构法与浅埋暗挖法结合施工。

七、施工方案选择

隧道施工方案的选择应考虑以下几个方面的因素：

(1) 施工条件。施工条件包括一个施工队伍所具备的施工能力、素质以及管理水平。目前，我国隧道施工队伍的素质和施工装备水平参差不齐，在选择施工方法时，应考虑这个因素的影响。

(2) 围岩条件。围岩条件包括围岩级别、地下水及工程地质现象等。围岩级别是对工程地质的综合判定，对施工方法的选择起着重要甚至决定性的作用。

(3) 埋深。埋深按照埋置深度可分为浅埋和深埋两类。在同样地质条件下，由于埋深的不同，施工方法也将有很大差异，通常在浅埋地段，尤其是存在偏压时可采用分部开挖法。

(4) 环境条件。当隧道施工对周围环境产生如爆破震动、地表下沉、噪声、地下水条件的变化等不良影响时，环境条件也应成为选择隧道施工方法的重要因素之一。

除此之外，隧道施工方案的选择还受到施工工期、工程投资与运营后的社会效益和经济效益、施工中动力和原材料供应情况、施工安全状况等因素的影响。

隧道常用施工方法的比较见表4-1。

表4-1　隧道常用施工方法的比较

<table>
<tr><th colspan="2">隧道施工方法</th><th>施工方法优点、缺点</th><th>适用条件</th></tr>
<tr><td rowspan="2">矿山法</td><td>传统矿山法</td><td rowspan="2">优点：适用于各种断面形式和变化断面；与明挖法比较，可减少对地面交通的影响
缺点：支撑复杂，材料消耗多，施工进度慢</td><td rowspan="2">应用于硬岩石层修建隧道、开山挖地下坑道、修建山岭公路隧道</td></tr>
<tr><td>新奥法</td></tr>
<tr><td rowspan="2">掘进机法</td><td>隧道掘进机法</td><td rowspan="2">优点：掘进效率高，施工安全，开挖面平整，对周围围岩扰动小
缺点：断面单一；对岩层变化的适应性差；主机重量大，运输不便</td><td>应用于岩石地质、修建山岭公路隧道</td></tr>
<tr><td>盾构掘进机法</td><td>应用于土质围岩、修建山岭公路隧道，尤其适用于软土、流沙、淤泥等特殊地层</td></tr>
<tr><td colspan="2">明挖法</td><td>优点：施工简单、快捷、经济、安全
缺点：对周围环境的影响较大</td><td>应用于修建地下铁道、城市市政隧道、浅埋及软土隧道</td></tr>
</table>

第二节　隧道洞口、明洞施工

一、洞口截水、排水施工

隧道洞口截水、排水施工包括边沟开挖和截水沟开挖。开挖出的水沟应形成洞口排水工程，包括边仰坡外的截水沟、洞口两侧边沟以及洞口改沟等。

洞口边坡、仰坡处的截水沟应于路槽土石方开挖前施工，截水沟上游进口应与原地面衔接紧密，不使出现溢流或渗漏；下游出水口应引入排水系统并妥善处理。开挖出的截水沟应及时采用砂浆封闭或浆砌片石铺砌，防止地表水流沿沟下渗。尤其是在土质和风化严重石质的坡面，裸沟排水下渗会造成坡体滑塌，应予以坚决制止。

洞口及洞顶范围地面上的坑洼积水应采取先排水、后夯填、再封顶的措施处理，对于黄土落水井和地陷应用黏土夯填处理，夯填土密实度要大于90%。

洞口边仰坡以外上方不得堆置弃土，以免弃土流失堵塞排水沟槽、威胁洞口安全。必须弃置的截水沟挖方，应有必要的防护措施。

改沟沟槽应就地形修整平缓顺直，并符合设计文件要求。有水流的沟槽应事先采取措施。

路槽开挖的技术要求见表4-2。外观鉴定需满足以下要求：路基表面平整，边线顺直；坡面平稳顺定、曲线圆滑、无松石亏坡；边沟排水顺畅。

表4-2　路槽开挖实测项目允许偏差

检查项目	允许偏差或允许值	检查频率要求
路基面高程	+0mm，-30mm	每100m水准仪测3点
中线偏位	+50mm，-50mm	每100m经纬仪测3点
路基宽度	+100mm，-0mm	每100m米尺测3处
横坡度	±0. 3%	每100m用3m直尺测2处
路基平整度	20~30mm	每100m用3m直尺测2处
边仰坡斜率	不陡于设计值	每100m测2处

截水沟、排水沟开挖技术要求详见表4-3。观察鉴定需满足以下要求：沟底无阻水现象。

表4-3　截水沟、排水沟开挖实测项目允许偏差

检查项目	允许偏差或允许值	检查频率要求
沟底纵坡	符合设计	每200m水准仪测4点
断面设计	不小于设计	每200m尺量2处
边坡坡度	不陡于设计	每200m检查2处
边棱直顺度	±50mm	每200m拉线检查2处

基坑开挖技术要求详见表 4-4。应将水流引排到制定的排水系统。

表 4-4　基坑开挖实测项目

检查项目	允许偏差或允许值	检查频率要求
中线平面偏位	±100mm	不少于 3 点
基底标高	+0mm，−20mm	不少于 5 点
平面长、宽尺寸	+25mm，−0mm	各边边长

开炸石质水沟应用小孔轻量炸药，超挖部分要用小石块填砌密实，沟底凸出部分应凿平。

洞口路槽两侧边沟，应徐缓引向路堤两侧的自然沟或排水沟，且不得冲刷路堤。对于下坡洞口路槽，设计文件如未规定边沟反坡排水，应设置临时反坡排水沟及洞口槽向暗沟一处，以便将水截断排出。

二、边坡、仰坡开挖和防护施工

1. 施工准备

隧道边仰坡治理的工艺流程为：测量放线→边坡开挖及修整→初喷约 4cm 厚的混凝土封闭坡面→砂浆锚杆施工→钢筋网片施工→喷射混凝土施工→养护。

在工程施工前，首先对要开挖的边仰坡位置做施工放样，对隧道中需要开挖的边仰坡部位进行表面土层松动以及人工清除石块的工作。同时，在开挖和修整边仰坡前，还应当结合地形设置截水沟，以有效地避免由于水流造成边仰坡塌方的事故。另外，由于采取喷射混凝土处理坡面，所以要准备好喷射混凝土所需的材料及设备，便于开挖边坡后及时采取喷射混凝土防护处理。

2. 边坡开挖及修整

边仰坡的开挖施工是重要的施工环节之一。开挖施工前，应当掌握隧道的实际情况，结合设计参数对其采取分层分段开挖施工处理。同时，为了避免事故，应边开挖边防护，在上层开挖面未做防护的情况下，不得继续开挖下层。

对于隧道边仰坡开挖，禁止采取大爆破形式，可结合实际的地质条件选取光面爆破、预裂爆破等爆破形式，并人工配合进行边坡修整。根据工程经验，为了确保边坡岩体的完整性，尤其是对于临空设计坡面 3～5m 范围内开挖的岩层，宜采取小药量爆破。为了避免爆破施工造成边坡岩层松动，应严格控制边坡上方的土体爆破。雨季进行边仰坡开挖施工时，应做好开挖坡面的防水处理。另外，对于开挖坡率等参数应当结合设计图纸要求，综合施工现场情况确定。边仰坡开挖完成后，结合边仰坡平台与坡面，搭设施工架来进行边仰坡钻孔、挂网、喷射混凝土。

3. 边坡防护施工

隧道边仰坡开挖完成后，应及时对其采取防护处理，通常的做法是：先封闭坡面，然后进行喷锚支护处理。在初喷混凝土处理后，应及时进行锚杆钻孔。应保证钻杆与岩面垂直。钻孔施工时，首先应根据设计图纸要求进行孔位标记，确保孔位偏差小于 15mm，锚杆的外露长度和入岩深度应满足设计要求。在锚杆施工完成后，还应抽取锚杆数的 1%进行抗拔力试验。单根锚杆的最小锚固力不能小于设计值的 90%，28d 抗拔力平均值应大于设计抗拔力。砂浆锚杆施工工艺流程如下：施工准备→测量定位→钻孔至设计深度→清孔→砂浆制备→注入砂浆→锚杆制作→置入锚杆→封口处理→拉拔试验。

锚杆施工完成后，进行混凝土喷射。从工程实施效果来看，为避免粉尘污染并提高喷射混凝土的质量，宜采用湿喷工艺。在混凝土中掺加速凝剂，掺量为水泥用量的 2%~4%。施工中，结合采用的施工工艺所需的凝结时间来合理定取外加剂的最佳掺量，同时还应合理设置混凝土的配合比。

三、洞口基础施工

1. 基坑开挖

钻机进场检修好后立即采用挖掘机开挖，开挖时间尽可能缩短，开挖时观察隧道洞门处变形情况。缩短基坑的暴露时间，保证洞口稳定。

2. 测量放线

基坑开挖完成后，利用人工清理多余土石方后，测量放线，测放钻孔位置，并用白灰标记。

3. 安装钻机

钻机要求与已设定好的孔口管方向垂直，必须精确核定钻机位置。用全站仪、挂线、钻杆导向相结合的方法，反复调整，确保钻机钻杆轴线与孔口管轴线相吻合。

4. 钻孔及清孔验收

为了便于安装钢管，钻头直径采用 Φ125mm。钻机采用 DK-300 型钻机钻孔。钻机开钻时，应低速低压，根据钻机钻进的状态判断成孔质量，及时处理钻进过程中出现的事故。认真做好钻进过程的原始记录，及时对孔口岩屑进行地质判断、描述，作为钢花管长度的参考资料。用地质岩心钻杆配合钻头进行反复扫孔，清除浮渣，确保孔径不小于 125mm、孔深不小于设计要求，防止堵孔。用高压风从孔底向孔口清理钻渣。

5. 安装钢护管

钢管四周钻设孔径 10~16mm 注浆孔（靠孔口 1m 处不钻孔），孔间距 15cm，呈梅花形布置。管头焊成圆锥形，便于入孔。钢花管顶进采用挖掘机压入孔底。接长钢管应满足受力要求，相邻钢管的接头应前后错开。同一横断面内的接头数不大于 50%，相邻钢管接头至少错开 1m。

6. 钢筋笼安装

导管插入后立即清孔，再插入钢筋笼后注浆。钢筋笼由 4 根 Φ18 主筋和固定环组成。固定环采用 Φ38 钢管，壁厚 4mm，长度为 10cm，固定环间距为 50cm。

7. 注浆

安装好有孔钢花管、放入钢筋笼清孔后即对孔内注浆，浆液由 ZJ-400 高速制浆机拌制。

(1) 注浆材料：注浆材料为水泥浆，水灰比为 0.8：1，必要时掺入速凝剂。单根花纹管注浆量按照式(4-1)计算：

$$Q=\pi\times R_k\times L\times\eta \qquad (4-1)$$

式中　Q——注浆量；

$R_k=0.6L_o$，L_o——注浆钢花管中至中的距离；

L——钢花管长度；

η——围岩孔隙率，根据现场地质条件该值取40%。

(2) 采用注浆机将水泥浆注入钢花管内，初压0.5~2.0MPa，终压2M，注浆采用双控，即注浆量和注浆压力，当注浆量达到设计注浆量80%以上并进浆速度缓慢，注浆压力达到终压2.0MPa并能够持续10min即可停浆。注浆结束后用M5水泥砂浆封堵预留止浆段。

(3) 钢管注浆采用双孔注浆，一孔为注浆孔，一孔为透气孔，透气孔深入钢管底部，以排出孔内积水和空气。当透气孔流出与注浆孔相同浓度的浆液时，方可关闭透气孔。注浆时先灌注“单”号孔，再灌注“双”号孔。

注浆量应满足设计要求，一般为钻孔圆柱体的1.5倍；若注浆量超限，未达到压力要求，应调整浆液浓度继续注浆，确保钻孔周围岩体与钢管周围孔隙充填饱满。

8. 基础混凝土浇筑

钢花管注浆全部施工完成后，尽快组织基础混凝土施工，经测量放线边线位置，利用20cm胶合板进行立模加固，泵送混凝土浇筑。

四、明洞施工

用明挖法修建的隧道称为明洞，明挖法是从地表面向下开挖，在预定的位置修筑结构物的方法的总称。在山岭隧道中，往往采用明洞结构来保护洞口的安全。明洞结构能否顺利施作直接影响到明(洞)暗(洞)交界的里程。在实际工程中，由于明洞施作与边仰坡刷坡配合得不好而导致明暗交界里程一再变动，致使明洞数次接长的实例不少。因此，对于明洞施工应该予以高度重视。根据地形、地质情况有以下3种施工方法。

1. 先墙后拱法

如图4-1所示，这种方法适用于埋深较浅且按临时边坡开挖能暂时稳定的对称式明洞。根据地质条件及井挖深度，选择临时边坡坡率(见图4-1中的1∶m、1∶n)，从上往下分台阶开挖，直至路基设计高程。如果地质条件较好，也可只用一种坡率。纵断面图中所示的开挖为分台阶直立坡，是为了坡体的稳定。如果地质条件较差，则应将直立坡改为斜坡(见图4-1中虚线)，随即灌注边墙及拱圈混凝土，并做外贴式防水层，最后进行两侧及洞顶回填。

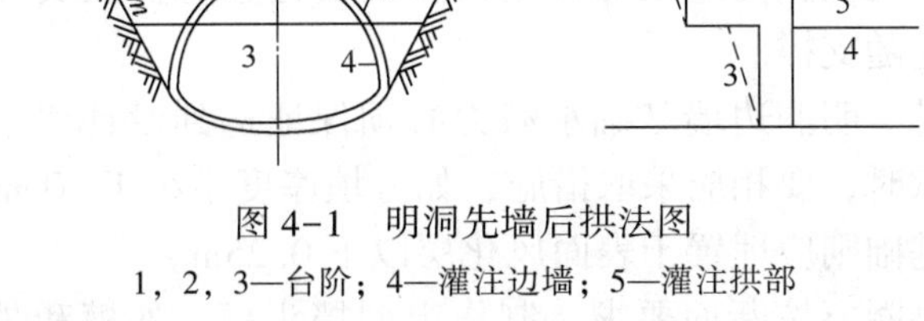

图4-1　明洞先墙后拱法图

1，2，3—台阶；4—灌注边墙；5—灌注拱部

先墙后拱法的优点是，衬砌整体性好，施工空间大，有利于施工，缺点是，土方开挖量大、刷坡较高。

2. 先拱后墙法

当路堑边坡较高、明洞埋置较深，或明洞位于松软地层中，不能明挖一挖到底时(全部明挖可能引起边坡坍塌)，应采用先拱后墙法施工。施工步骤为：开挖拱部以上土石(挖至拱脚)，灌注拱圈，做外贴式防水层，进行初步回填，然后暗挖拱脚以下土石，灌注边墙，故又称明拱暗墙法。因边墙是暗挖，在选择挖马口方式时要慎重，以防止掉拱。

先拱后墙法的优点是，土石方开挖量较小，刷坡较低；缺点是，衬砌整体性较差，边墙的施工空间窄小，防水层施作不方便。

3. 部分明挖拱墙交错法

此法较多地用于半路堑式明洞，或由于外侧地层较松，先做拱圈可能发生较大沉陷，先墙后拱法亦有困难时。

1）先做外侧边墙法

先做外侧边墙法的施工程序如图 4-2 所示。

(1) 先挖外侧墙基坑Ⅰ，然后将外侧墙Ⅱ砌筑至设计高程。

(2) 开挖内侧起拱线以上部分 3，挖出后立即架立拱架灌注拱圈Ⅳ，如有耳墙时，同时做好耳墙。

(3) 在拱内落底 5，应随落随加支护，以保持内侧边坡的稳定。

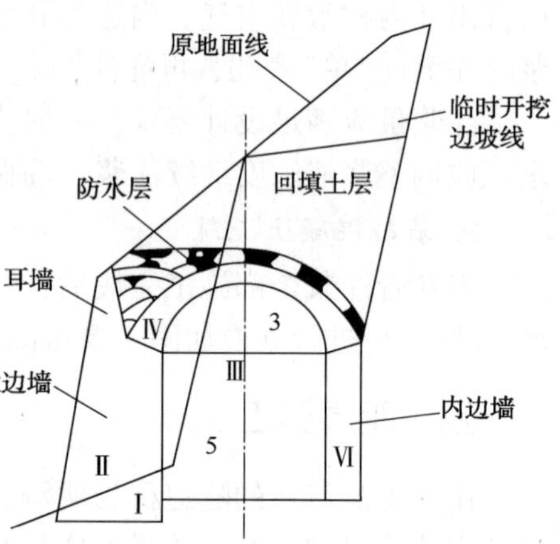

图 4-2　先做外侧边墙法

(4) 开挖内边墙马口，逐段施作内边墙Ⅵ，然后进行拱顶回填，并做防水层。

2）挖开灌注边墙法

若采用先拱后墙法施工的路堑式明洞，如开挖后发现地层松软，难以承受拱圈压力时，或采用先墙后拱法，出现路堑边坡明挖过深可能引起边坡坍塌等不安全情况时，均可采用挖开法或拉槽法灌注边墙。可在起拱线以上部分开挖后，采用跳槽挖井法先灌注两侧部分边墙，再施作拱圈，最后施作其余边墙。

明洞大多修筑于地质较差、地形陡峻的地段，受力条件复杂。施工中要特别注意安全和结构稳定，做到符合下列各项要求：

(1) 开挖前要做好全部临时排水系统；适当选用施工方法；要按照设计要求正确测定中线和高程，放好边桩和内、外墙位置。石质地段的开挖，应有防止爆破危害边坡及仰坡稳定措施；地质较差、边坡较高地段的开挖，除应设检查防护人员外，还应有必要的防护设施；必要时，要随挖随支撑。

(2) 认真处理基础。明洞边墙基础承载力必须保证达到设计要求；有地下水流时，及时予以引排；基础松软时，要相应采取措施，如夯填厚度不小于 10cm 的碎石层或扩大基础以提高承载力；岩石基础则应埋置于表面风化层以下 0. 25m。

(3) 明洞衬砌的拱圈要按断面要求，制作定型挡头板、外模和骨架，并防止走模；采用跳槽挖井法灌注拱圈时，应保证拱脚稳定；先做一侧边墙随即灌注拱圈时，应防止另一侧拱脚沉落；先拱后墙法施工的拱圈，在起拱线以上 1m 范围内应紧贴岩壁灌注，并同时做好纵向或竖向排水设施。

3）明洞墙背、拱背回填

明洞衬砌完成后，应及时进行回填，明洞的回填土石主要起缓和边、仰坡上的落石，防止坍塌和支挡边坡稳定的作用，应按设计厚度和坡度进行施工。

（1）明洞墙背回填施工。

① 当墙背垂直开挖，超挖数量较小时，应采取与边墙相同的材料同时灌注；超挖数量较大时，应采用浆砌片石回填。

② 由墙底起坡开挖或在已成路堑增建明洞时，必须按设计要求办理，不得任意抛填土石。

③ 墙后有排水设施时，应与回填同时施工，并保证能使渗水顺畅排出。

（2）明洞拱背回填施工。

① 拱圈灌注完成，在外模拆除后应立即施作防水层，随即回填拱背。

② 拱圈混凝土达到设计强度 70%，且拱顶回填高度达到 0.7m 时，方可拆除拱架。

③ 拱背回填必须对称分层夯实，每层厚度不宜大于 0.3m，其两侧回填的土面高差不得大于 0.5m；回填至拱顶后亦满铺分层填筑。

回填土石与边坡接触处，要挖成台阶，并用粗糙透水材料填塞，防止回填土石沿边坡滑动。

明洞与隧道衔接的施工方法，有先做明洞后进隧道和先进隧道后做明洞两种。在明洞长度不大和洞口地层松软，开挖仰坡和边坡易引起塌方，或在已塌方的地段，一般是先做明洞后进隧道。在地层较为稳定或工期较紧的长隧道设有较长明洞；或是洞口路堑开挖后可能发生坍塌时，则可采用先进隧道后做明洞的施工方法。

不论是先隧后明，还是先明后隧，隧道部分的拱圈都应由内向外和明洞拱圈衔接，必须保证仰坡的稳定和内外拱圈衔接良好。

第三节　隧道开挖与初期支护施工

一、超前预支护与预加固施工

1. 预留核心土与喷射混凝土稳定工作面

预留核心土方法与喷射混凝土稳定工作面法常常配合使用，在留核心土仍不能满足工作面稳定的要求时，可及时喷射混凝土封闭开挖工作面，喷射混凝土厚度一般为 5～10mm。这样可以大大提高工作面土体的稳定性，将工作面由二维受力状态变成三维受力状态。

2. 超前锚杆

超前锚杆是沿开挖轮廓线，以 10°～30°的外插角，向开挖面前方钻孔安装锚杆，形成对前方围岩的预锚固，在提前形成的围岩锚固圈的保护下进行开挖等作业。这是一种先加固后开挖的逆作业，即安装锚杆先于岩体开挖，故称为超前锚杆。其主要施工要点如下：

(1) 超前锚杆的长度、环向间距、外插角等参数，应视围岩地质条件、施工断面大小、开挖循环进尺和施工条件而定。一般超前长度为循环进尺的3~5倍，宜采用3~5m长，环向间距采用0.3~1.0m；外插角宜用10°~30°；搭接长度宜为超前长度的40%~60%，即大致形成双层或双排锚杆。

(2) 超前锚杆宜用早强砂浆全黏结式锚杆，锚杆材料可用不小于$\phi 22$的螺纹钢筋。

(3) 超前锚杆的安装误差，一般要求孔位偏差不超过10cm，外插角不超过1°~2°，锚入长度不小于设计长度的96%。

(4) 开挖时应注意保留前方有一定长度的锚固区，以使超前锚杆的前端有一个稳定的支点。其尾端应尽可能多地与系统锚杆及钢筋网焊连。若掌子面出现滑坍现象，则应及时喷射混凝土封闭开挖面，并尽快打入下一排超前锚杆，然后才能继续开挖。

(5) 开挖后应及时喷射混凝土，并尽快封闭环形初期支护。

(6) 开挖过程中应密切注意观察锚杆变形及喷射混凝土层的开裂、起鼓等情况，以掌握围岩动态，及时调整开挖及支护参数，如遇地下水时，则可钻孔引排。

3. 超前小导管

超前注浆小导管是在开挖前，沿坑道周边向前方围岩内打入带孔小导管，并通过小导管向围岩压注起胶结作用的浆液，待浆液硬化后，坑道周围岩体就形成了有一定厚度的加固圈。在此加固圈的保护下即可安全地进行开挖等作业。若小导管前端焊一个简易钻头，则可钻孔、插管一次完成，称为自进式注浆锚杆。

其主要施工要点如下：

(1) 小导管钻孔安装前，应对开挖面及5m范围内的坑道喷射5~10cm厚的混凝土封闭。

(2) 小导管一般采用$\phi 32$mm的焊接管或$\phi 40$mm的无缝钢管制作，长度宜为3~6m，前端做成尖锥形，前段管壁上每隔10~20cm交错钻眼，眼孔直径宜为6~8mm。

(3) 钻孔直径应较管径大20mm以上，环向间距应按地层条件而定，一般采用20~50cm；外插角应控制在10°~30°，一般采用15°。

(4) 极破碎围岩或处理坍方时可采用双排管；地下水丰富的松软层，可采用双排以上的多排管；大断面或注浆效果差时，可采用双排管。

(5) 小导管插入后应外露一定长度，以便连接注浆管，并用塑胶泥(40°Be水玻璃拌525号水泥)将导管周围孔隙封堵密实。

(6) 注浆材料种类及适用条件。

① 在断层破碎带及砂卵石地层(裂隙宽度或颗粒粒径大于1mm，渗透系数$k \geq 5\times10^{-4}$m/s)等强渗透性地层中，应采用料源广且价格便宜的注浆材料。一般对于无水的松散地层，宜优先选用单液水泥浆；对于有水的强渗透地层，则宜选用水泥-水玻璃双浆液，以控制注浆范围。

② 断层带，当裂隙宽度(或粒径)小于1mm，或渗透系数$k \geq 10^{-5}$m/s时，注浆材料宜优先选用水玻璃类和木胺类浆液。

③ 细粉砂层、细小裂隙岩层及断层地段等弱渗透地层中，宜选用渗透性好、低毒及遇

水膨胀的化学浆液，如聚胺酯类或超细水泥浆。

(7) 注浆材料的配比。注浆材料的配比应根据地层情况和胶凝时间要求，并经过试验而定，一般来说：

① 采用水泥浆液时，水灰比可采用0.5∶1~1∶1，需缩短凝结时间，则可加入氯盐、三乙醇胺速凝剂。

② 采用水泥-水玻璃浆液时，水泥浆的水灰比可用0.5∶1~1∶1；水玻璃浓度为25°~40°Be，水泥浆与水玻璃的体积比宜为1∶1~1∶0.3。

4. 超前大管棚

管棚是利用钢拱架沿开挖轮廓线以较小的外插角、向开挖面前方打入钢管构成的棚架来形成对开挖面前方围岩的预支护。采用长度小于10m的钢管的称为短管棚；采用长度为10~45m且较粗的钢管的称为长管棚。

其主要施工要点如下：

(1) 管棚的各项技术参数要视围岩地质条件和施工条件而定。长管棚长度不宜小于10m，一般为10~45m；管径70~180mm，孔径比管径大20~30mm，环向间距0.2~0.8m；外插角1°~2°。

(2) 两组管棚间的纵向搭接长度不小于1.5m；钢拱架常采用工字钢拱架或格栅钢架。

(3) 钢拱架应安装稳固，其垂直度允许误差为±2°，中线及高程允许误差为±5cm。

(4) 钻孔平面误差不大于15cm，角度误差不大于0.5°，钢管不得侵入开挖轮廓线。

(5) 第一节钢管前端要加工成尖锥状，以利导向插入。要打一眼，装一管，由上而下顺序进行。

(6) 长钢管应用4~6m的管节逐段接长，打入一节，再连接后一节，连接头应采用厚壁管箍，上满丝扣，丝扣长度不应小于15cm；为保证受力的均匀性，钢管接头应纵向错开。

(7) 当需增加管棚刚度时，可在安装好的钢管内注入水泥砂浆，一般在第一节管的前段管壁交错钻10~15mm孔若干，以利排气和出浆，或在管内安装出气导管，浆注满后方可停止压注。

(8) 钻孔时如出现卡钻或坍孔，应注浆后再钻，有些土质地层则可直接将钢管顶入。

5. 水平旋喷超前预支护

喷射注浆法又称旋喷法，分为垂直旋喷注浆和水平旋喷注浆两种方法。水平旋喷注浆法是在一般的初期导管注浆的基础上发展起来的，以高压旋喷的方式压注水泥浆，从而在隧道开挖轮廓外形成拱形预衬砌的超前预支护工法。水平旋喷注浆的施工原理类似于垂直旋喷注浆，只是一个为水平，一个为垂直，我国垂直旋喷注浆技术已比较成熟。水平旋喷注浆技术在我国已初步获得应用，如神延铁路的沙哈拉峁隧道和宋家坪隧道。其施工方法为：首先使用旋喷注浆机，沿着隧道掌子面周边的设计位置旋喷注浆形成旋喷柱体，通过固结体的相互咬合形成预支护拱棚。一般每根旋喷体，首先通过水平钻机成孔，钻到设计位置以后，随着钻杆的退出，用水泥浆或水泥-水玻璃双浆液旋喷注入钻成的孔腔，通过高压射流切割腔壁土体，被切割下的土体与浆液搅拌混合、固结形成直径600mm左右的固结体，同时周围地层受到压缩和固结，其土体的物理力学性能得到一定程度的改善。旋喷柱体沿隧道拱部形成环向咬合、纵向搭接的预支护拱棚，在松散不稳定地层隧道中，可有效控制坍塌和地层变形。水平旋喷注浆桩主要适用于黏性土、砂类土、淤泥等地层。

6. 预切槽超前预支护

机械预切槽法首次运用于20世纪70年代法国巴黎快速轨道运动系统的一个车站的建造工程中。它是利用专业的切槽机械，沿隧道外轮廓切割一定深度的切槽。切槽方式有带踞式和排钻式两种。在硬岩地层中，利用该切槽，作为爆破振动的隔振层，主要起隔振或减振的目的。在软石或砂质地层中，在切槽内填筑混凝土，形成预支护拱，提高隧道稳定性。

其作业过程如下：

(1) 用预切槽锯沿隧道外廓弧形拱深切宽15~30cm、长约5m的切槽。

(2) 在切槽内立即填充高强度喷射混凝土，形成长3~5m的整体连续拱，两次连续拱的搭接长度为0.5~2.0m，视围岩的不同而定。

(3) 在安全稳定的作业环境下，用挖掘机或臂式掘进机开挖前作业面。自卸汽车或翻斗车可穿行于预切槽机内。

(4) 必要时，作业面装以玻璃纤维锚杆，以稳定作业面，随后在作业面上喷混凝土。

(5) 紧随其后，安装隧道防水层，进行二次衬砌。

7. 超前深孔帷幕注浆

上述超前注浆小导管，对围岩加固的范围和止水的效果是有限的，作为软弱破碎围岩隧道施工的一项主要辅助措施，它占用时间和循环次数较多。因此，在不便采取其他施工方法(如盾构法)时，深孔预注浆止水并加固围岩就较好地解决了这些问题。注浆后即可形成较大范围的筒状封闭加固区，称为帷幕注浆。

其施工要点如下：

(1) 注浆管和孔口套管。深孔注浆一次式注浆时，孔内可用注浆管或不用；分段式注浆时需用注浆管。注浆管一般采用带孔眼的钢管或塑料管。止浆塞常用的有两种，一种是橡胶式，一种是套管式。安装时，将止浆塞固定在注浆管上的设计位置，一起放入钻孔，然后用压缩空气或注浆压力使其膨胀而堵塞注浆管与钻孔之间的间隙，此法主要用于深孔注浆。另外，若采用全孔注浆，因浆液流速慢，易造成“死管”问题，尤其是深孔注浆时，因此多采用前进或后退式分段注浆。

(2) 钻孔。钻孔可用冲击式钻机或旋转式钻机，应根据地层条件及成孔效果选择。

(3) 注浆顺序。应先上方后下方，或先内圈后外圈，先无水孔后有水孔，先上游(地下水)后下游顺序进行。应利用止浆阀保持孔内压力直至浆液完全凝固。

(4) 结束条件。注浆结束条件应根据注浆压力和单孔注浆量两个指标来判断确定。单孔结束条件为：注浆压力达到设计终压；浆液注入量已达到计算值的80%以上。全段结束条件为：所有注浆孔均已符合单孔结束条件，无漏注。注浆结束后必须对注浆效果进行检查，如未达到设计要求，应进行补孔注浆。

二、钻爆开挖施工

(1) 钻眼。目前，在隧道开挖过程中，广泛采用的钻孔设备为凿岩机(rock drill)和钻孔台车(drill jumbo)。为保证达到良好的爆破效果，施钻前应由专门人员根据设计布孔图现场布设，必须标出掏槽眼和周边眼的位置，严格按照炮眼的设计位置、深度、角度和眼径进行钻眼。如出现偏差，由现场施工技术人员决定取舍，必要时应废弃重钻。

(2) 装药。在炸药装入炮眼前，应将炮眼内的残渣、积水排除干净，并仔细检查炮眼的位置、深度、角度是否满足设计要求。装药时应严格按照设计的炸药量进行装填。隧道爆破中常采用的装药结构有连续装药、间隔装药和不耦合装药。连续装药结构按照雷管所在位置不同又可分为正向起爆、反向起爆和多点起爆 3 种起爆形式。隧道周边眼一般采用小直径药卷连续装药结构或普通药卷间隔装药结构。当岩石很软时，也可用导爆索装药结构，即用导爆索取代炸药药卷进行装药。

(3) 填塞。填塞是保证爆破成功的重要环节之一，必须保证足够的填塞长度和填塞质量，禁止无填塞爆破。隧道内所用的炮眼填塞材料一般为沙子和黏土混合物，其比例大致为沙子 40%~50%，黏土 50%~60%，填塞长度视炮眼直径而定。当炮眼直径为 25mm 和 50mm 时，填塞长度不能小于 18cm 和 45cm。填塞长度也和最小抵抗线有关，通常不能小于最小抵抗线。填塞可采用分层捣实法进行。

(4) 起爆。爆破网路必须保证每个药卷按设计的起爆顺序和起爆时间起爆。爆破工程在起爆前后要发布 3 次信号，即预警信号、起爆信号和解除警戒信号。第一次预警信号：该信号发出后爆破警戒范围内开始清场工作。第二次起爆信号：起爆信号应在确认人员、设备等全部撤离爆破警戒区，所有警戒人员到位，具备安全起爆条件时发出。起爆信号发出后，准许负责起爆的人员起爆。第三次解除警戒信号：安全等待时间过后，检查人员进入爆破警戒范围内检查、确认安全后，方可发出解除爆破警戒信号。在此之前，岗哨不得撤离，不允许非检查人员进入爆破警戒范围。

(5) 爆后检查及处理。隧道开挖工程爆破后，经通风吹散炮烟、检查确认隧道内空气合格、等待时间超过 15min 后，方准作业人员进入爆破作业地点。爆后检查内容主要检查有无冒顶、盲炮、危岩、支撑是否破坏、炮烟是否排除等。爆后检查人员发现盲炮及其他险情，应及时上报或处理。处理前应在现场设立危险标志，并采取相应的安全措施，无关人员不应接近。盲炮的处理按有关规定进行。

三、出渣、运输与卸渣施工

1. 出渣

将开挖的石渣迅速装车运出洞外，是提高隧道掘进速度的重要环节。该项作业往往占全部开挖作业时间的 50%左右，控制着隧道的施工速度。因此，正确选择并准备足够的装渣运输方案，维修好线路，减少相互干扰，提高装渣效率是加快隧道施工速度，尤其是加快长大隧道施工速度的关键。

装渣就是把开挖下来的石渣装入运输车辆。

(1) 渣量计算

出渣量应为开挖后的虚渣体积，可按式(4-2)计算：

$$Z = R\Delta LS \tag{4-2}$$

式中 Z——单循环爆破后石渣量；

R——岩体松胀系数，见表4-5；

Δ——超挖系数，视爆破质量而定，一般可取1.05~1.15；

L——设计循环进尺；

S——开挖断面面积。

表4-5　岩体松胀系数R值

岩体级别	Ⅵ		Ⅴ		Ⅳ	Ⅲ	Ⅱ	Ⅰ
土石名称	沙砾	黏性土	砂夹卵石	硬黏土	石质	石质	石质	石质
松胀系数	1.15	1.25	1.30	1.35	1.6	1.7	1.8	1.85

2）装渣方式

装渣的方式可采用人力装渣或机械装渣。人力装渣劳动强度大、速度慢，仅在短隧道缺乏机械或断面小无法使用机械装渣时才考虑采用。机械装渣速度快，可缩短作业时间，目前隧道施工中经常采用，但仍需配少数人工辅助。

3）装渣机械

隧道用的装渣机又称装岩机，要求外形尺寸小、坚固耐用、操作方便和生产效率高。装渣机械的类型有很多，按其扒渣机构形式可分为铲斗式、蟹爪式、立爪式、挖斗式。铲斗式装渣机为间歇性非连续装渣机，有翻斗后卸、前卸和侧卸式3个卸渣方式。蟹爪式、立爪式和挖斗式装渣机是连续装渣机，均配备刮板(或链板)转载后卸机构。

装渣机的走行方式有轨道走行和轮胎走行两种，也有配备履带走行和轨道走行两种走行机构的。轨道走行式装渣机需铺设走行轨道，因此其工作范围受到限制。但有些轨道走行式装渣机的装渣机构能转动一定角度，以增加其工作宽度。必要时，可采用增铺轨道来满足更大的工作宽度要求。轮胎走行式装渣机移动灵活，工作范围不受限制，但在有水土质围岩的隧道中，有可能出现打滑和下陷。

隧道施工中较为常用的装渣机有以下几种：

(1) 翻斗式装渣机。又称铲斗后卸式装渣机，有风动和电动之分。它是利用机体前方的铲斗铲起石渣，然后后退并将铲斗后翻，经机体上方将石渣投入机后的运输车内。该机具有构造简单、操作方便的特点，但工作宽度一般只有1.7~3.5m，工作长度较短，需将轨道延伸至渣堆，且一进一退间歇装渣，工作效率低，其斗容量小，工作能力较低，一般只有30~120m^3/h(技术生产率)，主要使用于小断面或规模较小的隧道中。

(2) 蟹爪式装渣机。这种装渣机多采用履带走行，电力驱动。它是一种连续装渣机，其前方倾斜的受料盘上装有一对由曲轴带动的扒渣蟹爪。装渣时，受料盘插入岩堆，同时两个蟹爪交替将岩渣扒入受料盘，并由刮板输送机将岩渣装入机后的运输车内。因受蟹爪拨渣限制，岩渣块度较大时，其工作效率降低，故主要用于块度较小的岩渣及土的装渣作业。工作能力一般在60~80m^3/h。

(3) 立爪式装渣机。这种装渣机多采用轨道走行，也有采用轮胎走行或履带走行的。以采用电力驱动、液压控制的为佳。装渣机前方装有一对扒渣立爪，可以将前方或左右两侧的石渣扒入受料盘，其他同蟹爪式装渣机。立爪扒渣的性能较蟹爪式的好，对岩渣的块度大小适应性强，轨道走行时，其工作宽度可达到3.8m，工作长度可达到轨端前方3.0m，工作能力一般在 120～180m^3/h。

（4）挖掘式装渣机。这种装渣机（如 ITC312H4 型）是近几年发展起来的较为先进的隧道装渣机。其扒渣机构为自由臂式挖掘反铲，其他同蟹爪式装渣机，并采用电力驱动和全液压控制系统，配备有轨道走行和履带走行两套走行机构。立定时，工作宽度可达 3.5m，工作长度可达轨道前方 7.11m，且可以下挖 2.8m 和兼作高 8.34m 范围内清理工作面及找顶工作，生产能力为 250m^3/h。

（5）铲斗式装渣机。这种装渣机多采用轮胎走行，也有采用履带走行或轨道走行的。轮胎走行的铲斗式装渣机多采用铰接车身、燃油发动机驱动和液压控制系统。轮胎走行铲斗式装渣机转弯半径小，移动灵活；铲取力强，铲斗容量大，达 0.76～3.8m^3，工作能力强；可侧卸也可前卸，卸渣准确，但燃油废气污染洞内空气，需配备净化器或加强隧道通风，常用于较大断面的隧道装渣作业。轨道走行及履带走行的铲斗式装渣机，多采用电力驱动。轨道走行装渣机一般只适用于断面较小的隧道中，履带走行的大型电铲则适用于特大断面的隧道中。

2. 运输

隧道施工的运输（出渣和进料）可以分为有轨运输和无轨运输两种方式。

双线隧道，掘进长度在 3000m 以下时，可采用无轨运输。单线隧道，长度在 1000m 以下时，宜采用无轨运输；长度大于 1500m 时，宜采用有轨运输。

1）有轨运输

（1）牵引电力机车。铁路隧道施工有轨运输的牵引电力机车，一般又称为蓄电池车。以前常用的为直流蓄电池工矿机车。最近几年，中铁隧道股份有限公司开发出直交流变频电机车，克服了直流机车换挡时的扭矩波动大、制动结构复杂、串激电机碳刷与换向器日常维护工作量大等不足。机车吨位有 8t、12t、15t、18t、25t、35t、45t 等系列产品，每种吨位的机车有 762mm 和 900mm 两种规格。

（2）梭式矿车。梭式矿车是放在两个转向架上的大斗车，车底设有链板式或刮板式输送带，石渣从前端装入，依靠输送带传递到后端，石渣就可布满整个矿车的底部。梭式矿车具有在长车厢内输渣功能，是专门为配合带有转载设备的装渣机使用的，例如配合翻斗式、立爪式装渣机。梭式矿车还可串列转渣，由一辆机车牵引两辆梭式矿车。梭式矿车由机车牵引，与凿岩台车、装渣机等配套使用，组成隧道机器化作业线。由于梭式矿车本身具有自卸料功能，所以在卸料场不需配置辅助卸料设备，但需在料堆的上方卸渣。梭式矿车近年来向大型化发展，由过去的 8m^3、12m^3 发展到现在的 16m^3 和 20m^3。采用大容量的梭式矿车增大了运输量。

（3）侧卸式矿车。小型（6m^3 以下）侧卸式矿车一般用于斜井施工，由提升机牵引，运行速度不超过 1m/s，装料后牵引动力引至专用的曲轨卸料机构，当车厢翻至与水平成最大角度时，车侧门也开到最大限度，这时矿车卸料得以全部完成。返回时，矿车通过曲轨，侧门又自动关闭到位。

2）有轨运输作业要求

（1）线路铺设标准和要求。①钢轨类型：不宜小于 38kg/m。②道岔型号：宜选择不小于 6 号的道岔，并安装转辙器。③轨枕：间距不应大于 0.7m。④道床：厚度不应大于

20cm。⑤有轨运输设单道时，每间隔300m应设一个会车道。

（2）有轨运输作业规定：①机动车牵引不得超载；②列车连接必须良好，机车摘挂后调车、编组和停留时，应备有刹车装置；③车辆在同方向行驶时，两组列车的间距不得小于100m；④轨道旁临时堆放的材料，距钢轨边缘不得小于80cm，高度不得大于100cm；⑤卸渣场线路应设置安全线，并设置1%~3%的上坡道，卸渣码头应搭设牢固，并设有挂钩、栏杆及车挡装置，注意防止溜车；⑥车辆运行时，必须鸣笛或按喇叭，并注意瞭望，严谨非专职人员开车、调车和搭车，以及在运行中进行摘挂作业；⑦长隧道施工上下班的载人列车，应制定安全措施。

3）列车运行图

列车运行图是根据隧道施工方法、轨道布置及机车车辆配备情况、各施工工序在隧道中所处的位置和进度安排，以及装渣、调车、编组、运行、错车、卸渣、列车解体等所需要的时间，综合考虑确定列车数量后编制而成的。

图4-3所示为列车运行图，横坐标表示时间，纵坐标表示距离，列车的运行用斜线表示，装渣、卸渣、编组、解体、调车等用水平线表示。该图所示的是一个隧道的出渣列车运行图，共有3组列车，洞内设编组站一个，洞外设会让站一个。以第一组列车为例，重车运行20min，卸渣10min，空车返回到会让站5min，在会让站停车待避5min，再运行10min到编组站，在编组站停车待避5min，再行车5min到终点，空车解体、装渣、重车编组15min，全列车往返循环一次共75min。

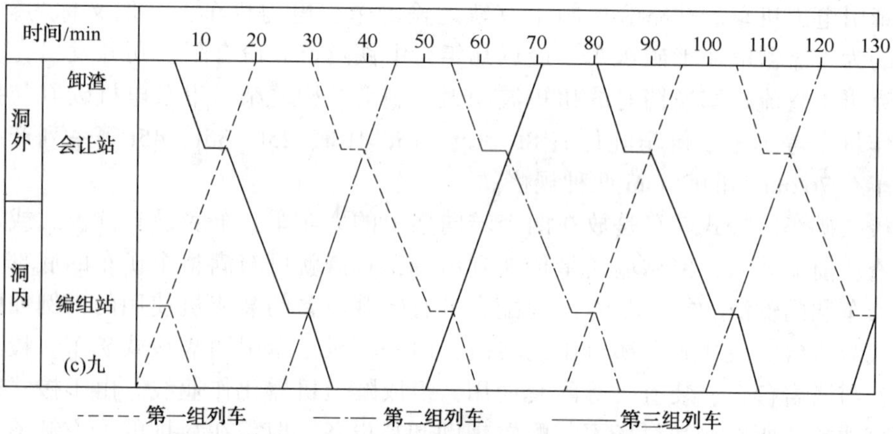

图4-3 列车运行图

在实际的隧道施工中，运行图中所需要的时间应实测确定，随着隧道施工的不断向前推进和卸渣线的不断向前延伸，运输距离越来越长，因此运行图也要定期修正。

当列车运行图编制完成，一旦付诸实践之后，各项作业均应遵照执行，不得随意改动，以免打乱全局计划。

4）无轨运输

（1）自卸汽车。自卸汽车主要用于洞内无轨运输，它以燃油为动力，载质量为5~25t，还有铰接式双向驾驶车辆，与装载机或装渣机配合。

（2）仰拱栈桥。仰拱栈桥是为了满足客运专线仰拱施工和填充，解决仰拱施工与隧道内运输相矛盾、桥上通行运输车辆、桥下修筑仰拱而开发的一种专用的配套设备。

5）无轨运输作业要求

（1）运输道路应铺设路面，与仰拱、底板混凝土配合施工，并做好排水和路面的维修工作。

（2）行车速度，施工作业地段不得大于 15km/h。

（3）洞内应加强通风，洞内环境应符合劳动卫生标准。

（4）单线隧道采用无轨运输时，应在每间隔 150~300m 处设一个会车点。

（5）单线隧道采用无轨运输时，宜采用轮式正铲侧卸装载机等小型装渣设备；当采用立爪轨行装岩机时，应在距开挖面 70~80m 范围内铺设轨道，轨枕采用 I20 行槽钢代替，并与钢轨焊接成整体。

（6）隧道采用无轨运输时，严谨汽油机进洞，内燃机宜采用尾气净化装置并加强通风。

3. 卸渣

洞内的石渣运至洞外渣场卸掉称为卸渣。无轨运输中采用自卸翻斗汽车卸渣，此处不做过多介绍。重点介绍有轨运输卸渣施工，主要包括两个内容：洞外轨道布置和卸渣作业。

1）洞外轨道布置

（1）洞外应布置卸渣线、错车线、编组线及各种专用线(运料线)等。

（2）卸渣线应不少于两条，以便使重载列车尽快卸渣回空，避免因等待卸渣而延误时间。

（3）错车线是为解决洞外错车问题而设置的，要求道岔设置合理，并有足够的有效长度，以减少列车运行中的相互干扰。

（4）编组线是供混合列车编组之用，应选择在适当地点铺设。

（5）沙石场、水泥库、混凝土搅拌台、木料堆放场、木工房、机修房、充电房等均需设置专用线。专用线的布置应力求紧凑，并与运输线路分开，互不干扰。

2）卸渣

（1）根据地形特点并考虑弃渣的利用和处理，进行全面的规划，合理安排卸渣。

（2）要注意节约用地，不占或少占农田；洞口有桥涵而又必须弃渣时，要事先制定可靠措施，避免对洞口桥墩台造成偏压而使之移位、变形；沿河弃渣时要注意避免堵塞河道。

（3）根据洞口地形，布置较短的卸渣线路，堆渣场地势要低。应尽量避免倒运弃渣，并充分考虑卸渣场地的伸展。对于可利用洞内弃渣做路基及衬砌材料的卸渣场地，还要考虑到取用时的方便。如洞口附近地势平坦，弃渣困难时，可根据机械设备情况，采用绞车牵引至高台卸渣或远运。

（4）卸渣码头的设置应不少于两个，码头要搭设牢固，并备有挂钩、栏杆、车挡等，有 3 种卸渣方式：延伸轨道侧式卸渣、横移扩展侧式卸渣、换装码头卸渣。下面重点介绍前面两种：

①延伸轨道侧式卸渣。沿地形等高线或傍山较陡山坡及沟坎铺设卸渣线路，逐段卸渣时，亦可填筑傍山路堤。外侧路肩宜用片石砌成适当高度的陡坎。卸渣轨道可一次铺够，亦可逐段延长。延伸轨道侧式卸渣可使成列车辆同时卸渣，不需拨道，易于保持码头及轨道经常处于良好状态。

②横移扩展侧式卸渣。在渣堆上铺设卸渣轨道，随渣堆的扩展拨道使卸渣线位于渣堆边缘，此方法多用于凹地弃渣场。在洞口地形陡窄，需利用弃渣堆作为洞外工作场地时，此法最宜采用。但需经常扒平轨道旁余渣，且轨道不易保持良好状态。拨道时，对卸渣有干扰。

四、初期支护与二次衬砌施工

1. 初期支护

1）基本概念

隧道是围岩与支护结构的综合体。隧道开挖破坏了地层的初始应力平衡，产生围岩应力释放和洞室变形，过量变形将导致围岩松动甚至坍塌。在开挖后的洞室周边，施作钢、混凝土等支撑物，向洞室周边提供抗力，控制围岩变形，这种开挖后隧道内的支撑体系，称为隧道支护。为控制围岩应力适量释放和变形，增加结构安全度和方便施工，隧道开挖后立即施作刚度较小并作为永久承载结构一部分的结构层，称为初期支护。

初期支护一般由锚杆、喷射混凝土、钢架、钢筋网等及它们的组合组成，它是现代隧道工程中最常用的支护形式和方法。

2）锚杆

(1) 水泥砂浆锚杆。

普通水泥砂浆锚杆，是以普通水泥砂浆作为黏结剂的全长黏结式锚杆。

杆体材料宜用 20MnSi 钢筋，亦可以采用 A3 钢筋；直径 14～22mm 为宜，长度 2～3.5m，为增加锚固力，杆体内端可劈口叉开。

水泥一般选用普通硅酸盐水泥，沙子粒径不大于 3mm，并过筛。

砂浆标号不低于 M10；配合比一般为水泥：沙：水=1：(1～1.5)：(0.45～0.5)。

孔径应与杆径配合好，一般孔径比杆径大 15mm（采用先插杆体后注浆施工的孔径比先注浆后插杆体施工的孔径要大一些），这主要考虑注浆管和排气管占用空间。孔位允许偏差为±15～±50mm；孔深允许偏差为±50mm。钻孔方向宜适当调整以尽量与岩层主要结构面垂直。孔钻好后用高压水将孔眼冲洗干净（若是向下钻孔，还需用高压风吹净水），并用塞子塞紧孔口，防止石渣掉入。

锚杆应按设计要求的尺寸截取，并整直、除锈和除油，外端不用垫板的锚杆应先弯制弯头。

黏结砂浆应拌和均匀，并调整其和易性，随拌随用，一次拌和的砂浆应在初凝前用完。

先注浆后插杆体时，注浆管应先插到钻孔底，开始注浆后，徐徐均匀地将注浆管往外抽出，并始终保持注浆管口埋在砂浆内，以免浆中出现空洞。

注浆体积应略多于需要体积，将注浆管全部抽出后，应立即迅速插入杆体，可用锤击或通过套筒用风钻冲击，使杆体强行插入钻孔。

杆体插入孔内的长度不得短于设计长度的 95%，实际黏结长度亦不应短于设计长度的 95%。注浆是否饱满，可根据孔口是否有砂浆挤出来判断。

杆体到位后要用木楔或小石子在孔口卡住，防止杆体滑出。砂浆未达到设计强度的 70%时，不得随意碰撞，一般规定 3d 内不得悬挂重物。

（2）早强水泥砂浆锚杆。

早强水泥砂浆锚杆的构造、设计和施工与普通水泥砂浆锚杆基本相同，所不同的是：早强水泥砂浆锚杆的黏结剂是由硫铝酸盐早强水泥、沙、T1 型早强剂和水组成的。因此，它具有早期强度高、承载快、不增加安装困难等优点，弥补了普通水泥砂浆锚杆早强低、承载慢的不足，尤其是在软弱、破碎、自稳时间短的围岩中显示出其一定的优越性。另外，以快硬水泥或树脂作为黏结剂的全长黏结式锚杆，也具有以上优点，但费用较高。

（3）早强药包内锚头锚杆。

早强药包内锚头锚杆由内锚头(快硬水泥卷、早强砂浆卷或树脂)、螺纹钢锚杆体、垫板、螺母组成。不管采用什么类型的药包，其设计、施工基本一致。下面以快硬水泥卷内锚头锚杆为例说明。

用 2~3mm 直径，长 150mm 的锥子，在快硬水泥卷端头扎两个排气孔。然后将水泥卷竖立放于清洁水中，保持水面高出水泥卷 100mm。浸水时间以不冒气泡为准，但不得超过水泥初凝时间，必要时要做浸水后的水灰比检查。

将浸好水的水泥卷用锚杆送至眼底，并轻轻捣实。若中途受阻，应及时处理；若处理时间超过水泥终凝时间，则应换装新水泥卷或钻眼作废。

将锚杆外端套上连接套筒(带有六方旋转头的短锚杆；断面打平，对中焊上锚杆螺母)，装上搅拌机，然后开动搅拌机，带动锚杆旋转，搅拌水泥浆，并用人力推进锚杆至眼底，再保持 10s 的搅拌时间(总时间 30~40s)。

轻轻卸下搅拌机头，用木楔楔住杆体，使其位于钻眼中心。自浸水后 20min，快硬水泥有足够强度时，才能使用扳手卸下连接套筒(可准备多个套筒周转使用)。

采用树脂药包时，还需注意：搅拌时间应根据现场气温决定。20℃时，固化时间为 5min。温度下降 5℃，固化时间大致会延长 1 倍，即 15℃时，为 10min，10℃时，为 20min。因此，隧道工程在正常温度下，搅拌时间约为 30s，温度在 10℃以下时，搅拌时间可适当延长为 45~60s。

（4）缝管式摩擦锚杆。

缝管式锚杆由前端冠部制成锥体的开缝管杆体、挡环以及垫板组成。缝管式锚杆是一种全长锚固，以及主动加固围岩的新型锚杆，它立体部分是一根纵向开缝的高强度钢管，当安装于比管径稍小的钻孔时，可立即在全长范围内对孔壁施加径向压力和阻止围岩下滑的摩擦力，加上锚杆托盘托板的承托力，从而使围岩处于三向受力状态。

缝管式锚杆的锚固力与锚杆的材质、构造尺寸、围岩条件、钻孔与锚管直径之差、锚固长度等有直接关系，其中，钻孔与缝管直径之差是设计与施工要严格控制的主要因素。锚固力与孔、管径差的关系是：径差小，锚杆安装推进阻力小，锚固力亦小；径差大，锚杆安装推进阻力大，锚固力也大。

可根据需要和机具能力，选择不同直径的钻头和管径，通过现场试验来确定最佳径差。另外，施工中还应考虑到因钻头磨损导致孔径缩小等情况。

缝管式锚杆的杆体一般要求材质有较高的弹性极限。

安装时先将锚杆套上垫板，将带有挡环的冲击钎杆插入锚管内(钎杆应在锚管内自由转动)，钎杆尾端套入凿岩机或风镐的卡套内，锚头导入钻孔，调正方向，开动凿岩机，即可将锚杆打入钻孔内，至垫板压紧围岩为止。停机取出钎杆即告完成。2.5m 长的锚杆，一般 20~60s 时间即可安装完毕。

若作为永久支护，则应做防锈处理，并灌注膨胀性的砂浆。

(5) 楔缝式内锚头锚杆。

楔缝式内锚头锚杆由杆体、楔块、垫板和螺母组成。

楔缝式锚杆的安装是先将楔块插入楔缝，轻敲，使其固定于缝中，然后插入眼底；并以适当的冲击力冲击锚杆尾，至楔块全部楔入楔缝为止。有时为了防止杆尾受冲击发生变形，可以采用套筒保护。

一般均要求锚杆具有一定的预应力，此时可采用测力矩扳手或定力矩扳手来拧紧螺母，以控制锚固力。

若要求在楔缝式锚杆的基础上再做灌浆处理，则除按砂浆锚杆灌浆外，楔块预张力应在砂浆初凝前完成，并注意减小砂浆的收缩率。

另外，若只要求作为临时支护，则可以改楔缝式锚杆为楔头式锚杆或胀壳式锚杆。楔头式锚杆及胀壳式锚杆均可以回收，但锚头加工制作复杂，故一般在煤矿中应用稍多。

(6) 胀壳式内锚头预应力锚索。

胀壳式内锚头预应力锚索主要由机械胀壳式内锚头、锚索(钢绞线)外锚头以及灌注的黏结材料等组成。

胀壳式内锚头预应力锚索的加工应符合设计质量要求，在运输、存放及安装过程中不能有损伤、变形。

钻孔一般采用冲击式潜孔钻，也可以选用各种旋转式地质钻。钻后应予以清洗，并做好孔口支墩。

锚索安装要平直不紊乱，同时安装排气管。

锚索推送就位后，即可进行张拉。一般先用 20%~30%的预应力值预张拉 1~2 次，促使各相连部位接触紧密、绞线平直。最终张拉值应有 5%~10%的超张量，以保证预应力损失后仍能达到设计预应力值要求。张拉时，千斤顶后严禁站人。

预应力无明显衰减时，才最后锁定，且 48h 内再检查。注浆应饱满，注浆达到设计强度后，进行外锚头覆盖。

3) 喷射混凝土

喷射混凝土既是一种新型的支护结构，又是一种新的施工工艺。它是使用混凝土喷射机，按一定的混合程序，将掺有速凝剂的细石混凝土喷射到岩壁表面上，并迅速固结成一层支护结构，从而对围岩起到支护作用。

喷射混凝土可以作为隧道工程的永久性和临时性支护，也可以与各种形式的锚杆、钢纤维、钢拱架、钢筋网等构成组合式支护结构。它的灵活性很大，可以根据需要分次追加厚度。

(1) 喷射工艺种类。

① 干喷和潮喷。干喷是将骨料、水泥和速凝剂按一定的比例干拌均匀，然后装入喷射机，用压缩空气使干集料在软管内呈悬浮状态送到喷枪，再在喷嘴处与高压水混合，以较高速度喷射到岩面上。干喷的缺点是产生的粉尘量大、回弹量大，加水是由喷嘴处的阀门

控制的，水灰比的控制程度与喷射手操作的熟练程度有关。但使用的机械较简单，机械清洗和故障处理容易。

潮喷是将骨料预加少量水，使之呈潮湿状，再加水泥拌和，从而降低上料、拌和与喷射时的粉尘。但大量的水仍是在喷头处加入和喷出的，其喷射工艺流程和使用机械同干喷工艺。目前施工现场较多使用的是潮喷工艺。

② 湿喷。湿喷是将骨料、水泥、水和外加剂按设计比例拌和均匀，用湿式喷射机压送到喷头处，再在喷头上添加速凝剂后喷出。

湿喷混凝土质量容易控制，喷射过程中的粉尘和回弹量很少，是应当发展应用的喷射工艺，但对喷射机械要求较高，机械清洗和故障处理较麻烦。对于喷层较厚的软岩和渗水隧道，则不易使用湿喷。

③ 混合喷射。混合喷射又称水泥裹砂造壳喷射法，是将一部分砂加第一次水拌湿，再投入全部水泥强制搅拌造壳；然后加第二次水和减水剂拌和成 SEC 砂浆；将另一部分砂和石、速凝剂强制搅拌均匀；然后分别用砂浆泵和干式喷射机压送到混合管混合后喷出。

混合喷射是分次投料搅拌工艺与喷射工艺的结合，关键是水泥裹砂（或砂、石）造壳技术。

混合喷射工艺使用的主要机械设备与干喷工艺基本相同，但混凝土的质量较干喷混凝土质量好，且粉尘和回弹率有大幅度降低，但使用机械数量较多，工艺较复杂，机械清洗和故障处理很麻烦。因此，混合喷射工艺一般只用在喷射混凝土量大和大断面隧道工程中。

另外，由于喷射工艺的不同、喷射混凝土强度不同，干喷和潮喷混凝土强度较低，一般只能达到 C20，而混合喷射和湿喷则可达到 C30~C35。

（2）素喷混凝土施工。

素喷混凝土喷射作业应注意以下事项：

① 喷射时应分段（不超过 6m）、分部（先下后上）、分块（2.0m×2.0m），严格按先墙后拱、先下后上的顺序进行，以减少混凝土因重力作用而引起的滑动或脱落现象发生。

② 喷射时可以采用 S 形往返移动前进，也可以采用螺旋形移动前进。

③ 喷射时喷嘴要垂直于受喷面，倾斜角不大于 10°，距离 0.8~1.2m。

④ 对于岩面凹陷处应先喷多喷，凸出处应后喷少喷。

⑤ 喷射时一次喷射厚度不得太薄或太厚，它主要与混凝土的黏聚力和受喷部位及回弹情况等有关，一般规定按表 4-6 执行。

表 4-6　一次喷射厚度　　（单位：cm）

部位	掺速凝剂	不掺速凝剂	部位	掺速凝剂	不掺速凝剂
边墙	7~10	5~7	拱部	5~7	3~5

⑥ 若设计喷射混凝土较厚，应分层喷射，一般分 2~3 层喷射；分层喷射的间隔时间不得太短，一般要在初喷混凝土终凝以后再进行复喷；喷射混凝土的终凝时间受水泥品种、施工温度、速凝剂类型及掺量等因素影响。间隔时间较长时，复喷应将初喷混凝土表面清洗干净，复喷应将凹陷处进一步找平。

⑦ 喷射混凝土的养护应在其终凝 1~2h 后进行水养护，养护时间一般不少于 7d。

⑧ 冬季施工时喷射混凝土作业区的气温不得低于5℃；若气温低于5℃，亦不得洒水；混凝土强度未达到设计强度的50%时，若气温降低到5℃以下，则应注意采取保温防冻措施。

⑨ 回弹物料的利用。实测表明，采用干法喷射混凝土时，一般边墙的回弹率为10%~20%，拱部为20%~35%，回弹量相当大。除应设法减少回弹外，尚应将回弹物料回收利用。

及时回收的洁净而尚未凝结的回弹物，可以按一定比例掺入混合料中重新搅拌后喷射，但掺量不宜大于15%，且不宜用于喷射拱部；回弹物的另一处理途径是掺进普通混凝土中，但掺量也应加以控制。

（3）钢筋网喷射混凝土。

钢筋网喷射混凝土是在喷射混凝土之前，在岩面上挂设钢筋网，然后再喷射混凝土。其物理力学性能基本上同钢纤维喷射混凝土，只是其配筋均匀性较钢纤维差。目前，我国在各类隧道工程中应用钢筋网喷射混凝土支护的比较多，主要用于软弱破碎围岩，而更多的是与锚杆或者钢拱架构成联合支护。

钢筋网喷射混凝土施工要点如下：

① 钢筋网应根据被支护围岩面上的实际起伏形状铺设，且应在喷射一层混凝土后再行铺设。钢筋与岩面或与初喷混凝土面的间隙应不小于3cm，钢筋网保护层厚度不小于3cm，有水部位不小于4cm。

② 为便于挂网安装，常将钢筋网先加工成网片，长宽可为100~200cm。

③ 钢筋网应与锚杆或锚钉头连接牢固，并应尽可能多点连接，以减少喷射混凝土时使钢筋发生“弦振”。锚钉的锚固深度不得小于20cm。

④ 开始喷射时，应缩短喷头至受喷面之间的距离，并适当调整喷射角度，使钢筋网背面混凝土密实。对于干燥土质隧道，第一次喷射不能太厚，以防起鼓剥落。

4）钢拱架

无论是采用喷射混凝土还是锚杆（抑或是加长、加密锚杆）或是在混凝土中加入钢筋网、钢纤维，都主要是利用其柔性和韧性，而对其整体刚度并未做过多要求。这对支护不太破碎的围岩使其稳定是可行的，但当围岩软弱破碎严重、其自稳性差时，开挖后要求早期支护具有较大的刚度，以阻止围岩的过度变形和承受部分松弛荷载。钢拱架就具有这样的力学性能。

钢拱架施工要点如下：

（1）钢拱架应架设在隧道横向竖直平面内，其垂直度允许误差为±2°。

（2）钢拱架的拱脚应稳定，一般有垫板、纵向托梁、锁脚锚杆等。

（3）钢拱架的安设应在开挖后的2h内完成。

（4）钢拱架应尽可能多地与锚杆露头及钢筋网焊接，以增强其联合支护效应。

（5）可缩性钢拱架的可缩性节点不宜过早喷射混凝土，待其收缩合拢后，再补喷射混凝土。

（6）喷射混凝土时，应注意将钢拱架与岩面之间的间隙喷射密实。

（7）喷射混凝土应分层分次喷射完成，初喷混凝土应尽早进行，复喷混凝土应在量测指导下进行，以保证其适时、有效。

5）联合支护

在隧道工程中，为适应地质条件和结构条件的变化，常将各种单一支护方法进行恰当组合，共同构成较为合理的、有效的和经济的支护结构体系。但不论何种组合形式，将其通称为联合支护。目前在隧道工程中，作为初期支护，使用最多的组合形式是锚杆（主要指系统锚杆）加喷射混凝土（素喷或网喷）。因此，初期支护可以称为锚喷支护，它是一种最基本的组合形式。

2. 二次衬砌

按照现代支护理论和新奥法施工原则，二次衬砌是在围岩与支护基本稳定后施作的，此时隧道已成型。为保证衬砌质量，衬砌施工按先仰拱、后墙拱，即由下到上的顺序连续灌筑。在隧道纵向，则需分段进行，分段长度一般为9~12m。

1）施工流程

二次衬砌施工工艺流程具体如图4-4所示。

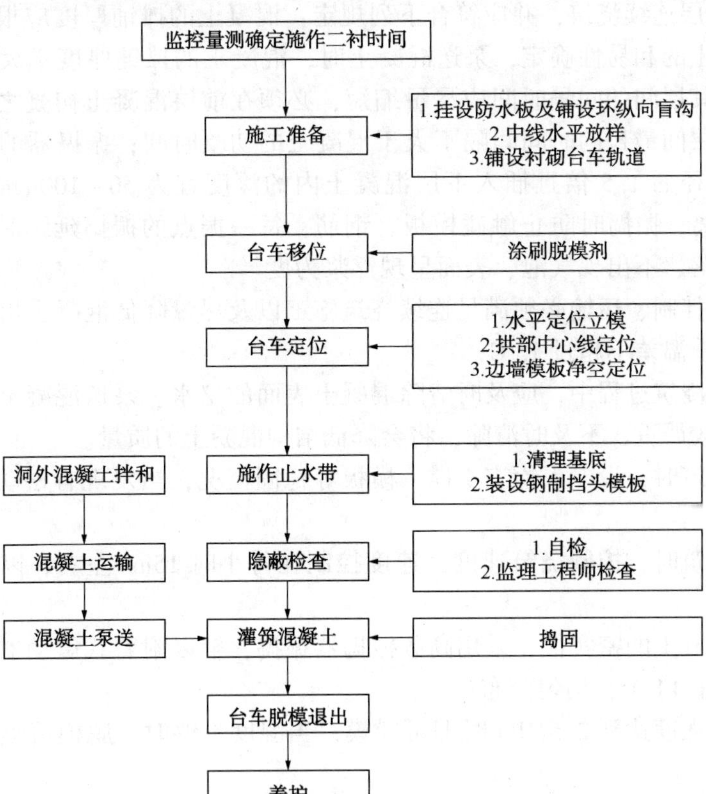

图4-4 二次衬砌施工工艺流程图

2）施工方法

隧道拱墙衬砌在围岩及初期支护变形基本稳定后进行，适度紧跟开挖。隧道二次衬砌采用10.5m衬砌台车，整体浇筑。混凝土由洞外自动计量拌和站集中拌和，再由混凝土搅拌输送车运输至浇筑地点，然后由混凝土输送泵泵送入衬砌台车模板内。

特殊地段(如锚段、风机段)采用台架和组合钢模板衬砌。

(1) 钢筋制安。钢筋混凝土衬砌地段，钢筋在洞外下料加工，弯制成型，洞内绑扎或拼装焊接，钢筋绑扎采用多功能作业台架施工。

(2) 衬砌台车定位。施工前准确测量使衬砌台车定位，保证衬砌台车中线与隧道中线一致，拱墙模板成型后固定，测量复核无误；然后清理基底杂物、积水和浮渣，装设挡头模板，按设计要求装设止水带，并自检防水系统设置情况。

(3) 混凝土浇筑。各隐蔽工程验收合格后，开盘浇筑混凝土，灌注混凝土应自下而上、先墙后拱、对称浇筑。

① 混凝土运送到施工现场，实验室要对每车混凝土进行检测实验。检测混凝土坍落度是否符合要求，不合格的混凝土不能用于混凝土浇筑的施工。

② 控制混凝土自落高度，高度不宜超过2m，当超过2m时，应通过串筒辅助下落，串筒出料口距混凝土浇筑面的高度不宜超过1m。避免推、赶混凝土的现象发生，保证混凝土的均匀性，减少混凝土泌水发生的可能。

③ 混凝土分层连续浇筑，并应符合下列规定：混凝土的摊铺厚度应根据所用振捣器的作用深度及混凝土的和易性确定，泵送混凝土时，混凝土的摊铺厚度不大于600mm；对称分层连续浇筑，其层间的间隔时间应尽量缩短，必须在前层混凝土初凝之前，将其次层混凝土浇筑完毕；层间最长的时间间隔不大于混凝土的初凝时间；振捣器的移动间距不宜大于振捣器作用半径的1.5倍且插入下层混凝土内的深度宜为50~100mm，与侧模应保持50~100mm的距离，振捣时防止触碰模板、钢筋，每一振点的振捣延续时间宜为20~30s，以混凝土不再沉落、不出现气泡、表面呈现浮浆为度。

④ 混凝土的拌制、运输必须满足连续浇筑施工以及尽量降低混凝土出罐温度等方面的要求，入模混凝土温差不超过15℃。

⑤ 在混凝土浇筑过程中，应及时清除混凝土表面的泌水。泵送混凝土的水胶比一般较大，泌水现象也较严重，不及时清除，将会降低结构混凝土的质量。

⑥ 混凝土浇筑时，设专人检查支撑、模板等稳固情况，当发现有松动、变形、移动时及时处理。

⑦ 混凝土浇筑时，控制浇筑速度，速度控制在每小时15m^3左右，以防止浇筑速度过快而出现爆模。

⑧ 为保证混凝土的密实性，采用高频振捣器振捣，辅以附着式震动器。每个台车附着式震动器不应少于14个，均匀分布。

⑨ 当混凝土强度达到2.5MPa时即可脱模，当湿度不够时，脱模后喷雾洒水养护，养护期14d。

⑩ 为保证衬砌混凝土与防水板及初支之间相互密贴，衬砌背后预埋注浆管，待混凝土达到强度后进行衬砌背后回填注浆。

(4) 拱顶衬砌混凝土施工。混凝土泵送软管从模板台车的进料窗口(从最低一级窗口逐渐上移)处注入混凝土。当混凝土浇筑面接近顶部(以高于模板台车顶部为界限)，进入封顶阶段。为了保证空气能够顺利排除，在堵头的最上端预留两个圆孔，安装排气管，其大小以φ50mm为宜。排气管采用轻质胶管或塑料管，以免沉入混凝土之中。将排气管一端伸入仓内，且尽量靠前，以免被泵管中流出来的混凝土压住堵死，另一端即露出端不宜过长，以便于观察。随着浇筑继续进行，当发现有水(实为混凝土表层的离析水、稀浆)自排气管中流出时(以泵压≤0.5MPa为宜)，即说明仓内已完全充满了混凝土，立即停止浇筑混凝土，撤出排气管和泵送软管，并将挡板的圆孔堵死。

封顶混凝土按规范严格操作，尽量从内向端模方向灌注，排除空气，保证拱顶灌注厚度和密实。要落实三级检查签认制度，并配备相应的无损检测仪器(地质雷达)进行检测。

第四节　防水与排水施工

一、防水、排水基础措施

1. 防水措施

1）模筑混凝土衬砌

模筑混凝土本身就具有一定的抗渗阻水性能，但普通混凝土的抗渗性较差。尤其是在施工质量不高的情况下，如振捣不密实，施工缝、沉降缝、伸缩缝处理不好，以及混凝土配比不当等，则更易形成水的渗漏、漫流。当地下水有侵蚀性时，对混凝土的腐蚀就更为严重。工程中，改善和提高混凝土衬砌的抗渗防水性能，可以从两个方面来考虑。

（1）防水混凝土的抗渗标号及抗压强度应满足设计要求，其配合比选择应注意以下几点：①水灰比不得大于0.6；②水泥用量不得少于280kg/m^3；③砂率应适当提高，并不得低于35%。

（2）防水混凝土衬砌施工必须采用机械振捣。施工缝、沉降缝及伸缩缝则可以采用中埋式塑料或橡胶止水带，或采用背贴塑料止水带止水。如果能保证混凝土衬砌的抗渗防水性能，则不需要另外增加其他防水堵水措施。因此，充分利用混凝土衬砌的防水性能是经济合算、基本的防水措施。

2）塑料板

当围岩有大面积裂隙滴水、流水且水量压力不太大时，可于喷射混凝土等初期支护施作完毕后、内层衬砌施作前，在岩壁大面积铺设塑料板堵水。塑料板厚度一般为2mm，塑料板铺设固定时不能绷得太紧，要预留一定的松弛度，使得在灌注内层衬砌混凝土时，塑料板能向凹处变形，避免产生过度张拉和破坏。塑料板防水层是十多年来国际上发展起来的一项防水新技术，具有优良的防水性能和耐腐蚀性能，在隧道及地下工程中得到了日益广泛的应用。

3）分区隔离

隧道穿越地层范围大，地下水的埋藏条件复杂，往往在同一座隧道中的不同区段，地下水的出露情况差异很大。目前隧道工程中，尤其是在运营隧道的防水维修中，已采用“分区隔离防水、排水技术”，即在隧道长度方向将地下水分区隔离，并针对富水地段，重点采取有效的防水、排水措施，以达到提高全隧道防水效果，降低防水、排水成本的目的。

2. 排水措施

隧道排水设施应结合混凝土衬砌来施作。常用的结构排水设施有盲沟(管)、泄水孔、排水沟(管)。其排水过程是：水从周岩裂隙进入衬砌背后的盲沟，盲沟下接泄水孔(泄水孔穿过衬砌边墙下部)，水从泄水孔泄出后，进入隧道内的纵向排水沟，并经纵向排水沟排出洞外。

(1) 盲沟(管)。前文提过，盲沟指的是在路基或地基内设置的充填碎石、砾石等粗粒材料并辅以倒滤层的排水、截水暗沟。盲沟又叫暗沟，是一种地下排水渠道，用以排除地下水，降低地下水位。塑料盲沟是由改性聚丙烯的乱丝热熔后相互搭结而形成的框架结构。

(2) 泄水孔。泄水孔是指进口有一定淹没深度的坝体泄水建筑物，可供泄洪、预泄库水、放空水库、排放泥沙或施工导流之用。泄水孔一般设置在混凝土坝和浆砌石坝，如重力坝、拱坝、支墩坝的坝体内，应设有闸门控制，可随时提闸放水。

(3) 排水沟(管)。隧道内的排水沟是承接泄水孔泄出的水，并将其排出隧道的纵向排水沟。隧道内的排水沟，有单侧式、双侧式、中心式这 3 种布置形式。

二、防水、排水施工流程与要点

1. 防水、排水施工流程

隧道防水要求很高，通常都在复合式衬砌中设防水板；用防水混凝土灌注二次衬砌；施工缝及变形缝中都设止水带。每个环节都要认真处理才能保证质量。隧道结构防水、排水施工工艺流程示意图如图 4-7 所示。

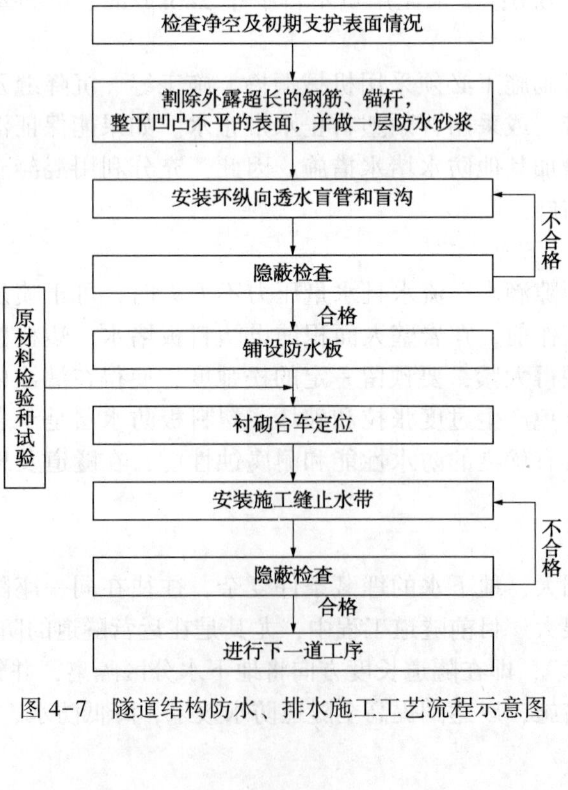

图 4-7　隧道结构防水、排水施工工艺流程示意图

2. 防水、排水施工要点

（1）环向盲沟。严格按照设计间距设置洞内环向盲沟，环向盲沟的底部要插入“三通接头”并与拱脚纵向排水管相连。

（2）拱脚纵、横向排水管。纵向排水管与三通接头连接后，要用土工布进行包裹。

（3）用防水板将纵向排水管进行反包，并在防水板上剪一圆孔，将三通接头的出水口穿过该孔，要做好纵向排水管的标高控制，确保排水畅通。

（4）将横向排水管与三通接头的出水口相连，横向排水管的出水口直通隧道排水边沟。

（5）防水板铺挂前应认真进行基面处理，严格检查验收制度；对超挖较大的部位必须挂网喷锚；基面明水应提前设盲管引排；对于洞顶的大面积渗水，可用防水板集中引排到临时排水边沟。

（6）二衬止水带按设计提供的型号购买和安装，安装止水带时，一定注意将其设在二衬厚度的中间，并且使止水带的中线位于二衬的施工缝上，不得有较大偏位，对止水带的定位钢筋应认真设置。

（7）拱脚的横向排水沟要能够及时有效地将二衬背后的水排入边沟，施工过程要经常检查，以确保整个排水系统的通畅。

（8）隧道排水边沟。排水边沟的几何尺寸和沟底纵坡要严格按设计施工，以使洞内水顺利排出。

第五节　风水电作业及通风防尘施工

一、供风作业施工

在隧道施工中，以压缩空气为动力的风动机具主要有凿岩机、风钻台车、装渣机、喷射混凝土机具、锻钎机、压浆机等。要保证这些风动机具的正常工作，需有足够的压缩空气供应，既要有足够的风量和风压供应给各个风动机具，同时还应尽量减少压缩空气在管路输送过程中的风压和风量损失，以达到既能保证风动机具进行正常工作，又能达到降低消耗、节约能源、降低成本及保证施工质量的目的。空压机可以提供足够的风量与风压，保障风动机具正常工作。

二、供水作业施工

1. 施工供水

凡无臭味、不含有害矿物质的洁净天然水都可以做施工用水，但应做水质实验分析。对混凝土拌制用水，要求硫酸盐含量不大于1500mg/L，氢离子含量（pH值）不小于4，且无油、糖、酸等杂质。作为防尘用水，要求大肠杆菌指数每升水中不超过3个。生活用水要求新鲜清洁。

供水方式主要根据水源情况而定。在选择水源时，要根据当地季节变化，要求有充足的水量，保证不间断供水。通常应尽量利用自流水源，以减少抽水机械设备。一般是把山上流水或泉水、河水或地下水(打井)用水管或抽水机扬升到修建于山顶的蓄水池中，然后利用地形高差形成水压，通过管路送达使用地点。

蓄水池一般为开口式，水池容量根据最大计算用水量、水源及抽水机等情况而定。为防止抽水机发生故障或偶尔停电，还应考虑备用水量。蓄水池位置应选在基地坚固的山坡上，避开隧道洞顶，以防水池下沉开裂后漏水渗入隧道，造成山体滑坡或洞内塌方。

2. 施工排水

洞内施工排水方式，根据线路坡度情况可分为顺坡排水和反坡排水两种情况。

1) 顺坡排水

顺坡即进洞为上坡，一般只需按线路设计坡度，在坑道一侧挖出纵向排水沟，水即可沿沟自然排出洞外，此种情况不需要抽水机。

2) 反坡排水

反坡即进洞为下坡，此时水向工作面汇集，需要抽水机排水。一般是在侧沟每一段上设一集水坑，用抽水机把水排出洞外，此种情况需要抽水机。

三、供电作业施工

1. 供电线路

隧道供电电压一般三相四线 400V/230V，动力机械电压标准是 380V，成洞地段照明用 220V，工作地段照明 24~26V。对于长隧道考虑到低压输电，因线路过长而使末端电压降得太多，故用 6~10kV 高压电缆进洞，然后在洞内适当地点设变电站，将高压电变为 400V/230V，再送至工作地点。洞内 220V 照明线均应使用防潮绝缘导线，并架设在离地面 2.2m 以上高的瓷瓶上。高压电缆的架设高度应高出地面 3.5m。隧道施工供电有自设发电站和地方电网两种方式。一般应尽量采用地方电网供电，只有在地方供电不能满足施工用电要求或距离地方电网太远时，才自设发电站。在成洞地段用 400V/230V 供电线路，一般采用塑料绝缘铝绞线或绝缘铝芯线架设；开挖未衬砌地段及手提灯应使用铜芯橡皮绝缘电缆。布置线路时应注意以下几点：

(1) 输电干线或动力、照明线路安装在同一侧时，必须分层架设。其原则是：高压在上，低压在下；干线在上，支线在下；动力在上，照明在下；且应在风管、水管相对的一侧。

(2) 隧道内配电线路分低压进洞和高压进洞两种。隧道在 1000m 以下，一般采用低压进洞，电压为 400V，配电变压器设在洞外。当隧道在 1000m 以上，则采用高压进洞，以保证线路终端电压不致过低。高压进洞电压一般为 10kV，配电变压器设在洞内。

(3) 根据隧道作业特点，供电线路架设分两次进行。在进洞初期，先用橡套电缆装设临时电路，随着工作面的推进，在成洞地段用胶皮绝缘线架设固定线路，换下电缆供继续前进的工作面使用。

(4) 不允许将通信的多余电缆盘绕堆放，以免引起电缆过热发生燃烧。

2. 施工照明

隧道施工采用电灯照明，照明光线要充足均匀。以往施工照明采用白炽灯，既费电，亮度又差，且易造成事故。近年来已开始采用高压钠灯、低压卤钨灯、钠铊铟灯、镝灯等新光源。另外，在隧道内还应设置避难紧急照明用灯，采用电池供电。

1）高压钠灯

高压钠灯的发光效率为 20~30lm/W，透雾性好，没有眩光。尽管洞内放炮后烟雾弥漫，但灯下物体仍清晰可见。此灯能经受爆破冲击波的振动，锈蚀少，使用寿命长，可达 2000~5000h，是洞内施工较理想的照明光源。

2）低压卤钨灯

低压卤钨灯的发光效率为 20~30lm/W，通常使用的有两种：一种为 36V、300W 或 36V、500W 卤钨灯，寿命大于 600h，亮度为白炽灯的 2 倍；另一种是 36V、500W 溴钨灯，使用寿命大于 500h，亮度为白炽灯的 3 倍，适用于作业面的照明。

3）钠铊铟灯

钠铊铟灯是一种新型气体放电灯，发光率为 60~80lm/W，光色好，适用于大面积照明，灯的使用寿命为 1000~2000h。但在洞内使用时透雾性能差，悬挂高度在 15m 以下时有眩光。

4）镝灯

镝灯是一种高强度气体放电灯，发光率在 70lm/W 以上，显色性能好，光色洁白，清晰宜人，灯的使用寿命大于 500h，适用于洞外场地照明。

随着新型照明灯具的出现，隧道内应该积极采用照明效果更为理想的光源。

四、通风防尘作业施工

1. 风机、风管布置及安装

（1）通风机应安装于稳固的基础或台架上，基础或台架要能承受机体重力及其运行时产生的振动。风机进气口应安装喇叭口，以提高吸入的效率。注意在风机进气口附近不要放置液体和固体物品，以免被风机吸入造成损坏。

（2）隧道内的风管，应布设在不妨碍运输作业、衬砌作业的空间处，如隧道拱顶中央、隧道中部或靠边墙墙角等处。一般拱顶中央处通风效果较佳。在衬砌模板台车附近，不要使风管急剧弯曲，以减小风压损失。风管安装要牢固，以免受到冲击振动而发生移动、掉落。一般采用夹具将其固定在锚杆或钢拱架等构件上。若无锚杆或钢拱架，可设置小型膨胀螺栓，并悬挂承力索，然后用吊钩将风管悬挂在承力索上。风管的连接应密贴，以减少漏风，一般硬管用密封带或垫圈连接，软管则用紧固件连接。

2. 防尘措施

1）湿式凿岩

湿式凿岩就是在钻眼过程中利用高压水湿润粉尘，使其成为岩浆流出炮眼，防止岩粉的飞扬。根据现场测定，这种方法可降低 80% 粉尘量。目前，我国生产并使用的各类风钻都有给水装置，使用方便。对于缺水、易冻害或岩石不适于湿式钻眼的地区，可采用干式凿岩孔口捕尘，其效果也较好。

2）机械通风

施工通风可以稀释隧道内的有害气体浓度，给施工人员提供足够的新鲜空气，同时也是防尘的基本方法。因此，除爆破后需要通风外，还应保持通风的经常性，这对于消除装渣运输中产生的粉尘是十分必要的。

3）喷雾洒水

喷雾一般在爆破时实施，主要是防止爆破中产生粉尘浓度过大。喷雾器分两大类，一类是风水混合喷雾器，另一类是单一水力作用喷雾器。前者是利用高压风将流入喷雾器中的水吹散而形成雾粒，更适合于爆破作业时使用；后者则无须高压风，只需一定的水压即可喷雾，且这种喷雾器便于安装、使用方便，可安装于装渣机上，故适合于装渣作业时使用。洒水是降低粉尘浓度的简单而有效的措施，即使在通风条件较好的情况下，洒水降尘也仍然需要。因为单纯加强通风，还会吹干湿润的粉尘使之重新飞扬。对渣堆洒水必须分层洒透，一般每吨岩石洒水为10~20L，如果岩石湿度较大，水量可适当减少。

4）个人防护

对于防尘而言，个人防护主要是指佩戴防护口罩，在进行凿岩、喷混凝土等作业时还要佩戴防噪声的耳塞和防护眼镜等。

第六节 不良和特殊地质地段隧道施工

一、富水地层隧道施工

1. 排水法

排水法的目的是降低地下水位及工作面的涌水压力，其使用普遍、费用低、工期短。

（1）自然排水。如果隧道开挖为上坡（顺坡施工），且坡度足够大（一般不宜小于3%）就可采用自然排水法。具体方法是，可在隧道两侧或中心，开挖一条（或数条）排水沟。必要时，也可采用木槽、钢管等替代。排水沟（管）断面积可根据排水量、坡度及表面粗糙度，按无压流量公式进行计算。

（2）机械排水。当隧道为下坡开挖（反坡施工），以及采用竖井、斜井作为辅助坑道时，洞内渗水和涌水不能顺坡排出洞外，应采用机械排水。机械排水一般采用水泵排水，其布置方式包括分段开挖反坡排水沟和隔开较长距离开挖集水坑。

（3）导坑排水及钻孔排水。导坑排水沟及钻孔排水可单独使用，也可同时使用，常与注浆法结合使用。当隧道开挖掌子面遇到很大水压时，可采用小导坑掘进，或者在主隧道左右两侧开挖横断面小的排水导坑。如这种小断面的排水导坑仍不能起到排水作用，而掌子面的掘进还是很困难时，就从掌子面上钻几个几米到几十米的排水钻孔以降低地下水位。排水导坑与正洞之间的距离，从排水效果来看，应尽可能缩短。如距离太近，由于岩体的松动会影响正洞的安全。一般采用中心距离1~20m，且较正洞低。排水导坑应在正洞前面掘进，如遇开挖崩塌，无法掘进时，则开挖面应全面支护，在它的后方10m左右处另开岔线，进行迂回掘进。此时可在停止的开挖面上进行钻孔排水，以保障分岔的迂回坑道的掘进。排水钻孔一般采用辅助导坑施工，长尺钻孔的场合使用大型机械，开挖时间长，为了尽可能地避免作业间的干扰，应在断面外进行开挖。钻孔长度应根据开挖目的、调查需求以及搭接长度等决定。钻孔的方向应靠近隧道，一般向上2°~5°、向外2°的施工场合比较多。

(4) 井点排水及深井降水。井点与深井的采用取决于隧道的覆盖土、环境、土壤性质及水压力等因素，一般适用于覆盖厚度不大和地层渗透性高的隧道中。井点法适用于未固结层(沙砾、粗沙、中沙、细沙等地层)，渗透系数范围为 $5\times10^{-7}\sim5\times10^{-3}$ m/s，设备简单，因此只要没有特殊情况，从经济上考虑，就可采用。深井降水法的特点是可以在大范围内大幅度地降低水位，但此法是重力排水方式，水流入井的渗透速度有一定的限度，当不能将水位完全降低时，还需要采用井点补充降水。

2. 止水法

(1) 冻结法适用于各种复杂的含水地层(尤其适用于深厚的冲积层)，且安全性较高。但它需要庞大的制冷设备与管理系统，投资昂贵，施工期较长，混凝土衬砌在低温下作业。故一般只有当遇到特别不良地层时，才考虑采用这种方法。

(2) 压气法多用在软弱层，常与盾构法一起使用。由于人员在气压下作业受 0. 3MPa 气压的限制，故它只能用在水压不大于 0. 3MPa 的场合，而且一次作业时间也有限制。

(3) 注浆法是目前国内外隧道工程中最常用的一种止水方法。它可通过浆液使原来松散软弱结构的围岩得到胶结硬化，变得相对密实，使裂隙、空洞封闭，截断围岩渗水通路。

二、断层破碎带隧道施工

根据断层破碎带的规模，断层分为小断层、中断层、大断层，处治时应根据不同的规模及断层物质组成成分采取不同的处治措施。

1. 小断层

小断层：沿隧道纵向断层宽度小于 5m 的断层带。对小断层，岩体组成物为坚硬岩块且挤压紧密、围岩稳定性相对较好时，隧道通过这样的断层，不宜改变施工方法，与前后段落的施工方法一致，避免频繁变更施工方法，影响施工进度。但通过断层带要加强初期支护和适当的辅助施工措施，如超前锚杆与系统锚杆配合、加厚喷射混凝土、并增设钢筋网等措施，必要时可增设格栅钢架。超前锚杆在拱部设置，锚杆直径一般为 22m，长 3. 5m，环向间距 40cm，外插角约为 10°，每 2m 设一环，保证环间搭接水平长度大于 1. 0m，用早强砂浆作为超前锚杆杆体与岩层孔壁间的胶结物，以及早发挥超前支护作用，在超前支护下掘进。开挖后应立即施作径向锚杆、挂钢筋网、喷射混凝土等初期支护。

2. 中断层

中断层：沿隧道纵向断层宽度为 5～10m 的断层带。对中断层，岩体破碎时，宜采用超前小导管、钢筋网、喷混凝土、格栅钢架等加强初期支护，并在拱部施作超前小导管周壁预注浆，对洞周岩体进行预加固和超前支护。在超前支护下，宜采用上下台阶留核心土或上下台阶法开挖。在台阶上部施作超前小导管，上部开挖后及时施作拱部初喷混凝土、径向锚杆，挂钢筋网和格栅钢架。在做好拱部初期支护后方能开挖台阶下部。超前小导管管径根据钻孔直径选择，一般选用直径为 42～50mm 的直热轧钢管，长 3. 5～5. 0m，外插角 10°～20°，管壁每隔 10～20cm 交错钻眼，孔口 150cm 段不钻孔，眼孔直径 6～8mm，采用水泥砂浆或水泥水玻璃浆液灌注，导管环向间距 30～50mm，纵向两组导管间水平搭接长度不小于 1. 0m。

3. 大断层

大断层：沿隧道纵向断层宽度大于 10m 的断层带。对大断层，岩体破碎时，宜采用超前管棚和钢架进行联合支护。管棚长度一般 10~40m，能一组管棚穿过断层破碎带，则采用一组管棚，但受地质和施工条件限制，断层宽度大，可分组设置，纵向两组管棚的搭接长度不小于 3.0m。管棚用钢管直径为 80~150mm，一般多采用 φ108 厚壁热扎无缝钢管，环向钢管中心间距为管径的 2~3 倍，即 30~40cm。钢架根据地质情况，可采用型钢或格栅钢架，其间距 0.5~1.0m 一榀。在管棚支护下，采用上下台阶留核心土法开挖；在做好上台阶的锚、网、喷、钢架等到初期支护后，才能开挖下台阶。

三、岩溶地段隧道施工

1. 引排水

（1）当暗河和溶洞有水时，宜排不宜堵。在查明水源流向及其与隧道的位置关系后，用暗管、涵洞、小桥等设施宣泄水流，或开凿水洞，将水排出洞外。

（2）当水流的位置在隧道的上方或高于隧道时，应开凿引水斜洞或引水槽，将水位降低到隧道底部以下，再行引排。

2. 堵填

（1）对已停止发育、径跨较小、无水的溶洞，可根据其与隧道的相交位置及其充填情况，采用混凝土、浆砌片石或干砌片石等予以回填封闭，并根据地质情况决定是否需要加深边墙基础。

（2）对拱以上的空溶洞，可视溶洞岩石破碎程度采用锚喷支护加固，或加设护拱及拱顶回填的办法进行处理。

3. 跨越

当溶洞较大较深时，可采用梁、拱跨越，但梁端或拱座应置于稳固可靠的基岩上，必要时还需用圬工加固。

四、流沙地段隧道施工

1. 加强调查，制订方案

施工中应调查流沙特性、规模，了解地质构成、贯入度、相对密度、粒径分布、塑性指数、地层承载力、滞水层分布、地下水压力和透水系数等，并制订出切实可行的治理方案。

2. 因地制宜，综合治水

隧道通过流沙地段，处理地下水的问题，是解决隧道流沙、流泥施工难题中的首要关键技术。施工时，因地制宜，采用“防、截、排、堵”的治理方法。

（1）防　建立地表沟槽导排系统及仰坡地表局部防渗处理，防止降雨和地表水下渗。

（2）截　在正洞之外水源一侧，采用深井降水，将储藏丰富的构造裂隙水，通过深井抽水排走，减少正洞的静水和动水压力，对地下水起到拦截作用。

（3）排　有条件的隧道在正洞水源下游一侧开挖一条洞底低于正洞仰拱的泄水洞，用以降排正洞的地下水，或采用水平超前钻孔真空负压抽水的办法，排除正洞的地下水。

(4) 堵　采用注浆方法充填裂隙，形成止水帷幕，减少或堵塞渗水通道。以上几种施工方法，应根据工程地质、水文地质条件和地下水的性质、类型、赋存部位以及工期要求和经济效益等因素综合分析，合理选用。

3. 先护后挖，加强支护

开挖时必须采取自上而下分部进行，先护后挖，密闭支撑，边挖边封闭，遇缝必堵，严防沙粒从支撑缝隙中逸出。也可采用超前注浆，以改善围岩结构，用以水泥浆或水泥水玻璃为主的注浆材料注入或用化学药液注浆加固地层，然后开挖。

在施工中应观测支撑和衬砌的实际沉落量的变化，及时调整预留量。架立支撑时应设底梁并纵横、上下连接牢固，以防箱架断裂倾倒。拱架应加强刚度，架立时设置底梁并垫平楔紧，拱脚下垫铺牢固。支撑背面用木板或槽型钢板遮挡，严防流沙从支撑间逸出。

在流沙逸出口附近较干燥围岩处，应尽快打入锚杆或施作喷射混凝土，加固围岩，防止逸出扩大。

4. 尽早衬砌，封闭成环

流沙地段，拱部和边墙衬砌混凝土的灌筑应尽量缩短时间，尽快与仰拱形成封闭环。这样，即使围岩中出现流沙也不会对洞身衬砌造成破坏。

五、岩爆地段隧道施工

1. 强化围岩

强化围岩的措施有很多，如喷射混凝土或喷钢纤维混凝土、锚杆加固、锚喷支护、锚喷网联合、钢支撑网喷联合、紧跟混凝土衬砌等。这些措施的出发点是给围岩一定的径向约束，使围岩的应力状态较快地从平面转向三维应力状态，以达到延缓或抑制岩爆发生的目的。

2. 弱化围岩

弱化围岩的主要措施是注水、超前预裂爆破、排孔法、切缝法等。注水的目的是改变岩石的物理力学性质，降低岩石的脆性和储存能量的能力，即解除能量，使能量向有利的方向转化和释放。切缝法和排孔法能将能量向深层转移，使围岩内的应力，特别是在切缝或排孔附近周边的切向应力显著降低。同时，围岩内所积蓄的弹性应变能也得以大幅度地释放，因而可有效防治岩爆。

六、膨胀性和挤压性围岩地段隧道施工

1. 加强对围岩压力和流变的调查及量测

在膨胀地层中开挖隧道，除了开挖前应调查其特性和规模，并参考其他类似情况的工程实例，认真实施设计文件所提出的技术要求外，在施工过程中，还应对围岩压力及其流变情况进行充分的调查和量测，分析其变化规律。对地下水探明其分布范围及规律，了解地下水对隧道施工的影响程度，以便根据围岩动态采取相应的施工措施。

2. 选择合理施工方法

1) 宜采用短台阶法或中央导坑法开挖，但开挖部分不宜过多

应紧跟开挖尽快对围岩施加约束，可用锚喷构筑法施工及钢拱架式格栅联合支护；膨胀压力很大时，可在隧道底部打设锚杆，也可在隧道顶部一定范围内打入斜向超前锚杆或小导管，形成闭合环。斜向锚杆的外斜角度、杆长、间距、范围等可按设计或隧道施工技术规范设定。

2）喷射混凝土宜采用钢纤维混凝土，以提高喷层的抗拉和抗剪能力

衬砌的顶部和侧墙宜同时施工，仰拱应尽早完成。仰拱与侧墙连接处应尽量做成圆弧状，衬砌混凝土与围岩面必须紧密结合。当围岩压力极大时，其变形速率难以收敛，应在上台阶或中央导坑的底部先修筑临时混凝土仰拱，待变形基本收敛后再开挖下部台阶。在施工开挖时应尽量减少对围岩的扰动和防止水的浸湿，故宜采用无爆破掘进法。同时在开挖的过程中要尽可能地缩短围岩暴露时间，及时衬砌，减少围岩的膨胀变形。

3）钢架支撑要采用可缩性结构，其制作和安装要符合要求

钢支撑的可缩接头，要根据位移量来确定，一般可设置 2~3 个；每个接头的最大伸缩量不宜超过 10cm，可缩接头的滑动阻力可以按照钢架支撑轴向力的 1/2 进行计算确定；当采用钢管制作支撑时，应设灌浆孔，可缩接头收缩合拢后，管内灌满 C15 混凝土或 10 号砂浆；可缩接头处的喷射混凝土要设置纵向伸缩缝，待可缩接头合拢后用喷射混凝土封闭；

3. 加强支护

（1）膨胀土地段隧道，除开挖后立即喷射混凝土外，还要及早进行支护；

（2）在膨胀压力较大时，可采用不同类型的型钢，如 H、U、I 型等，或者用钢筋格栅拱架支撑等，具体如何采用，要根据工程实际情况和围岩变形状态设定；

（3）当采用木支撑或钢木混合支撑时，其间距应加密，支撑与围岩间用木板或钢板和锲子填塞密实，上导坑与拱部扩大的支撑，要预留足够的沉降量；

（4）拱圈灌注后，拱脚部位要立即设置足够强度的支撑，以抵挡两侧围岩向内挤压变形。

七、高原冻土地区隧道施工

日本提出了绝热处理的防治冻害方法，是根据气象统计资料并运用极限分布解析方法，计算隧道内年平均温度、年气温变化幅度、日气温变化幅度，并将其代入隧道-地层的非稳态热对流和热传导绝热处理分析模型中，在气象条件周期性和隧道地层热状况相结合的基础上，选择绝热防冻设施的材料。该方法需要的基础资料多，计算公式较为复杂，使用时有一定难度。

欧洲各国大多采用防水防冻棚和隔离墙板的方法防治冻害，是以隧道面积、长度和坡度及冷冻指数为参数，在设计时查表选用绝热层厚度。该方法适用于围岩比较稳定的地质情况，使用比较方便，具有一定的工程推广价值。

前苏联水电资源丰富，提出了隧道运营时采暖的方法防治冻害，其计算方法是求解根据岩层和机车车辆之间气流热交换的能量方程得到热平衡方程，这种方法不仅可以计算沿整条隧道长度的年、月、日的平均温度分布，还可以计算隧道中列车运行时的瞬时温度分布。该方法计算公式复杂，不便于工程技术人员掌握。

我国隧道工作者在总结工程实践经验的基础上，提出了以排水为主，在排水过程中加

强保温的防治冻害方法，即在实际工程中建立完善、畅通的防排水系统，并适当采取保温措施，如防寒泄水洞、防寒水沟、保温水沟等。该方法与国外相比节省了材料，节省了能源。同时，我国在利用绝热材料防治隧道冻害方面也取得了一定的进展，大坂山隧道、昆仑山隧道、风火山隧道在设计施工时就采用了隔热保温层。

八、黄土地区隧道施工

黄土地层隧道施工，首先要做好黄土构造节理和分布状况的调查。对因构造节理切割而形成的不稳定部位，在施工时重点注意加强支护，防止坍塌。

黄土围岩开挖后不能暴露时间过长，否则围岩周壁风化至内部，围岩松弛会加快，进而造成塌方。因此宜采用复合式衬砌，在开挖时少扰动，开挖后及时喷射混凝土，并以锚杆、钢筋网和拱架支撑作为初期支护，快速形成严密的支护体系。必要时还可采用超前锚杆、管棚预支护加固围岩。在初期支护基本稳固后，进行永久支护的施工，并要求衬砌背后尤其是拱顶回填要密实。

做好洞顶、洞门及洞口的防排水系统，并妥善处理好陷穴、裂缝，以免地面积水侵蚀洞体周围，造成土体坍塌。在含水或地下水量较大的地层中，要做好排水设施，并采用井点降水法将地下水位降至隧道衬砌底部以下，以改善施工条件。

在开挖时宜采用短台阶开挖法或分部开挖法(留核心法)。初期支护要紧随开挖面进行，并注意观察开挖面情况，及时紧凑地进行施工。

九、煤系地层隧道施工

隧道穿过瓦斯逸出地段，应预先确定瓦斯探测方法，并制定瓦斯稀释措施、防爆措施和紧急救援措施等。

隧道通过瓦斯地区的施工方法，宜采用全断面开挖，因其工序简单、面积大、通风好，随掘进随衬砌，能够很快缩短煤层的瓦斯逸出时间和缩小围岩暴露面，有利于排除瓦斯。

加强通风是防止瓦斯爆炸最有效的办法。把空气中的瓦斯浓度吹淡到爆炸浓度以下的1/5~1/10，将其排出洞外。有瓦斯的坑道，决不允许用自然通风，必须采用机械通风。通风设备必须防止漏风，并配备备用的通风机，一旦原有通风机发生故障，备用机械能立即供风，保证工作面空气内的瓦斯浓度在允许限度内。当通风机发生故障或停止运转时，洞内工作人员应撤离到新鲜空气地区，直至通风恢复正常，才允许进入工作面继续工作。

洞内空气中允许的瓦斯浓度应控制在下述规定以内：洞内总回风风流中小于0.75%；从其他工作面进来的风流中小于0.5%；掘进工作面2%以下；工作面装药爆破前1%以下。如瓦斯浓度超出上述规定，工作人员必须立即撤到符合规定的地段，并切断电源。

开挖工作面风流中和电动机附近20m以内风流中瓦斯浓度达到1.5%时，必须停工、停机，撤出人员，切断电源，进行处理。开挖工作面内，局部积聚的瓦斯浓度达到2%时，附近20m内，必须停止工作，切断电源，进行处理。因瓦斯浓度超过规定而切断电源的电气设备，都必须在瓦斯浓度降到1%以下时，方可开动机器。

瓦斯隧道必须加强通风，防止瓦斯积聚。由于停电或检修，使主要通风机停止运转，必须有恢复通风、排除瓦斯和送电的安全措施。恢复正常通风后，所有受到停风影响的地段，必须经过监测人员检查，确认无危险后方可恢复工作。所有安装电动机和开关地点的20m范围内，必须检查瓦斯，符合规定后才可启动机器。局部通风机停止运转，在恢复通风前，亦必须检查瓦斯，符合规定方可开动局部风机，恢复正常通风。

如开挖进入煤层，瓦斯排放量较大，使用一般的通风手段难以稀释到安全标准时，可使用超前周边全封闭预注浆。在开挖前沿掌子面拱部、边墙、底部轮廓线轴向辐射状布孔注浆，形成一个全封闭截堵瓦斯的帷幕。特别对煤层垂直方向和断层地带进行阻截注浆，效果会更佳。开挖后要及时进行喷锚支护，并保证其厚度，以免漏气和防止围岩的失稳。

采用防爆设施。遵守电器设备及其他设备的保安规则，避免发生电火。瓦斯散发区段，使用防爆安全型的电器设备，洞内运转机械须具有防爆性能，避免运转时产生高温火花。凿岩时用湿式钻岩，防止钻头产生火花；洞内操作时，防止金属与坚石撞击、摩擦产生火花。爆破作业，使用安全炸药及毫秒电雷管，采用毫秒雷管时，最后一段的延期时间不得超过130ms。爆破电闸应安装在新鲜风流中，并与开挖面保持200m左右距离。洞内只准用电缆，不准使用皮线，使用防爆灯或蓄电池灯照明。铲装石渣前必须将石渣浇湿，防止金属器械摩擦和撞击发生火花。

第五章

道路附属设施施工

第一节　道路安全设施施工

一、护栏施工

1. 护栏施工

1）混凝土护栏

（1）现浇水泥混凝土护栏。可采用固定模板法和滑动模板法施工。固定模板宜采用钢模板，厚度不应小于4mm。混凝土浇筑前温度应维持在10～32℃。滑模机的施工速度应根据旋转搅拌车、混凝土卸载速度以及成型断面的大小决定。两处伸缩缝之间的混凝土护栏必须一次浇筑完成，伸缩缝应与水平面垂直，宽度应符合图纸的规定，缝内不得连浆。混凝土初凝后，严禁振动模板，预埋钢筋不得承受外力。应根据气温和混凝土强度确定拆模时间，一般在混凝土终凝后3～5d拆除混凝土侧模。拆模后应按图纸要求的间距和规格进行假缝切割，并保证断面光滑、平整。

（2）预制混凝土护栏。预制场地应平整、坚实、排水良好、交通方便；宜采用固定规格的钢模板；每块预制混凝土护栏必须一次浇筑完成。拆模时混凝土强度不应低于设计强度的70%。混凝土护栏的安装应从一端逐步向前推进，护栏的线形应与道路的平纵线形相协调。

2）波形梁钢护栏

施工之前应根据设计图纸进行立柱放样，并以桥梁、涵洞、通道、立交、中央分隔带开口及紧急电话开口、互通式立体交叉等控制立柱的位置，进行测距定位。放样后应调查每根立柱下的地基状况，如遇地下管线、排水管等设施，或构造物顶部埋土深度不足的情况，应根据实际情况改变立柱固定方式或调整立柱位置。立柱放样时可利用调节板段调节间距，利用分配方法处理间距零头数。

立柱安装应与图纸相符，并与道路线形相协调。施工可采用打入法、挖埋法和钻孔法施工。钢立柱打入时，应注意不破坏预埋管线；采用挖埋法施工时，回填土应采用良好的材料并分层夯实，压实度不应小于规定值；当立柱埋入岩石时，应预先钻洞，立柱定位后应用与路基相同的材料填实。

防阻块、托架应通过连接螺栓固定于护栏板和立柱之间，在拧紧连接螺栓前应调整防阻块、托架，使其准确就位。设有横隔梁的中央分隔带护栏，应在立柱定位后安装横隔梁。在护栏板安装前，横隔梁与立柱间的连接螺栓不应过早拧紧。

二、防眩设施施工

1. 平曲线路段防眩设施的设置

在平曲线路段，车辆前照灯的光线沿曲线切线方向射出。外侧车道上的车辆前照灯光线射向路外，不会使对向车道的驾驶员产生眩目；而内侧车道车辆的前照灯光线射向外侧车道，使外侧车道上的驾驶员受到瞬间眩光的照射，心理上感到不舒适，严重的会导致瞬间失明，甚至使车辆沿切线方向越出路外造成交通事故。为在平曲线路段上获得和直线路段一样的遮光角，防眩设施的遮光角应予以调整。

2. 竖曲线路段防眩设施的设置

1）凸形竖曲线路段

（1）防眩设施和混凝土护栏配合使用时，其下缘和护栏顶面接触，可完全遮光；与波形梁护栏配合时，护栏本身有一定宽度，可据计算确定其宽度能否满足阻挡对向车辆前照灯光线的要求。若不能，可考虑采用下面(2)、(3)的方法。

（2）防眩设施和护栏高度不变，在中央分隔带上种植密集式矮灌木。

（3）降低防眩设施的下缘高度。凸形竖曲线路段防眩设施设置的范围至少为凸形竖曲线顶部两侧各 120m。

2）凹形竖曲线路段

（1）根据防眩设施高度的变化，加宽中央分隔带的宽度，种植足够的高树木。

（2）若防眩设施高度变化幅度较小，可取某一平均高度作为整个凹形竖曲线路段防眩设施的高度。

（3）在凹形竖曲线路段底部种植树篱。为使防眩设施的高度能与道路的横断面比例协调，不使防眩设施受冲撞后倒伏在行车道上，以及减少行驶压迫感，防眩设施的高度一般不宜超过 2m。

三、视线诱导设施施工

1. 柱式轮廓标施工工序

1）测量放样、开挖基础

施工前，根据设计间距要求，定出具体位置，用石灰线做标记。按照设计尺寸要求开挖基坑，并清理干净。

2）浇筑混凝土

基础混凝土用的水泥、沙、碎石、钢筋等各项原材料质量应满足设计或规范要求，并根据施工进展情况及时到位。

3）柱体加工

轮廓标的柱体应在鉴定合格的生产厂家集中加工制作，并运输至现场安装，加工质量应符合国家标准的规定。

4）柱体的安装

轮廓标的柱体应采用装配式，可直接插入预留孔中，或采用法兰盘连接方式，也可采用现浇混凝土基础方式。安装过程中应注意以下几点：

(1) 设置高度(指反射器的中心高度)应与附着式轮廓标的高度大致相同。

(2) 轮廓标反射器的安装角度，无论在直线段或者在曲线段上，都应尽可能与司机视线方向垂直。

(3) 反射器与柱体或者支架之间应黏结牢固，以免脱落。

(4) 柱体应垂直于地平面，三角形柱体的顶面平分线应垂直于道路中心线。

(5) 柱式轮廓标施工应于路面施工完成后进行。

2. 附着式轮廓标、线形诱导标施工工序

1）放样

根据设计间距要求，定出具体位置，并做标记。

2）轮廓标安装

(1) 附着于波形梁上的轮廓标，由反射器、支架、连接件组成。根据建筑物的种类及埋置的部位采用不同形状的轮廓标和不同的连接方式。附着于波形梁护栏中间的槽内时，反射器为梯形，与后底板铆接在一起，其后底板固定在护栏与立柱的连接螺栓上，且不能采用气割孔进行螺栓固定。后底板应做成一定的角度，角度的大小以保证汽车前照灯光能大致与其保持垂直为原则。

(2) 附着于混凝土护栏、隧道侧墙上的轮廓标，应按设计高度、间距要求先做好标记，后用电钻在侧墙上打孔，采用膨胀螺栓将支架固定。打孔时不得损坏混凝土结构物。

3）线形诱导标安装

附着于护栏上的线形诱导标，由反射器、底板、立柱和连接件组成，立柱通过抱箍与护栏柱连接固定。面板应与驾驶员视线尽量垂直，安装高度应满足设计要求，安装过程中应保持面板的平整度。

3. 视线诱导设施的表面防腐处理

凡用钢材制造的部件，如底板、夹具、钢管、紧固件等钢材部件，可采用热浸镀锌进行金属防腐处理。底板、夹具、钢管的镀锌量为 500～600g/m²，紧固件的镀锌量为 350g/m²。螺栓、螺母在热浸镀锌后，必须清理螺纹或做离心分离处理。当条件允许时，螺栓、螺母等紧固件可采用粉镀锌技术处理。

四、交通标志施工

1. 施工要点

标志工程的特点是布点分散，结构复杂，类型众多。施工前应到现场结合图纸进行实地踏勘，以便及时发现问题。应重点关注标志桩号、版面设计内容与实际是否相符，标志设置后有无视线干扰、设置位置处有无高压线(会影响起重机工作)、标志基础预留预埋情况(特别是附着在桥梁上的预留基础)、线外路网指路标志情况等。各种因素应综合考虑，发现问题后及时上报，努力在施工前解决。实践证明，现场踏勘(或称实地放样)对日后工程的顺利进行起着重要作用。

道路交通标志的施画方法有：人工漆刷法、热熔涂布法、反光标志带贴附法，钉、钻、埋法以及用手推式画线机、画线车画线等。

2. 施工中应注意的问题

1）标志基础

（1）要特别注意互通立交区段的开挖，因为立交区内光缆、电缆众多，要防止开挖过程中出现损坏光缆、电缆的情况。

（2）从基坑中挖出的剩余材料，运至监理认可的地方；所有基坑挖方应保持良好的排水；基础的排水方法和采取的措施应取得监理的批准。

（3）通常，标志施工设计图纸中标志基础所在的边坡比例为 1∶1.5，而实际中边坡比例不尽如此。如果仍按设计进行施工，则可能会出现基础顶面埋设在土中或基础顶端外露过多的情况。

（4）混凝土基础中的预埋地脚螺栓和基底法兰盘位置要准确，特别是门架、悬臂标志预埋件的位置直接影响标志安装后的角度、板面净空等，应特别注意。

2）标志板面制作

交通标志的形状、图案、颜色、字体和所采用的反光膜、铝合金板、铝合金槽应严格按设计图及规范规定执行。在此着重介绍铝合金板的拼接。为了保证标志板面的平整度，设计中对于尺寸小于 $8m^2$ 的标志板一般采用厚度为 2mm 的铝合金板制作，其余交通标志牌采用厚度 3mm 的铝合金板，并采用铝合金龙骨加固。板与板、板与龙骨的连接一般采用铆接方式，目前出现了新的拼接工艺焊接。随着道路等级不断提高，车辆行驶速度越来越快，要求的标志板面尺寸也越来越大，对标志板质量也提出了更高要求。

五、交通标线施工

1. 施工工艺流程

路面清扫→施工放样→涂下底油→涂料加热→涂画标线→撒布玻璃珠→交通管制。

2. 施工要点

（1）交通标线施工温度和速度的掌握对施工质量有着相当重要的影响，因此要求施工操作人员必须具备有关标线涂料及其施工技术的基础知识。在操作过程中，能够根据涂料的不同性能指标，调整设备、施工温度和速度，以达到理想的质量效果。

（2）施工最佳条件：环境温度 5~32℃。对于气温过高或者车流量较大的施工区域，应延长车辆禁行时间。

(3) 振动标线的型号、形状和间距设定，必须根据使用者的目的、用途以及道路特征、车速车流量等设定科学合理的最佳方案。

(4) 施工设备应经常维护保养，否则会影响图形的美观和成形。

第二节　道路绿化工程施工

一、道路绿化工程的概念

道路绿化是指在道路用地范围内，以路为中心，通过相应的空间划分和绿化植物的合理配置，对路体各部位实施乔、灌、草、花的定位栽植。道路绿化是高标准的生态工程建设，具有多重效应和综合效益，也是道路建设中的一项重要内容。绿化的目的是稳固路基、保护路面、美化路容、改善环境、减少噪声、舒适旅行、引导汽车行驶，也是防风、防沙、防雪、防水的重要措施之一。道路绿化工程要求“功能”与“景观”相互协调统一，并贯穿于工程设计与施工的始终。

二、道路绿化工程施工要点

1. 定点、放线

定点放线要以设计提供的标准点或固定构筑物等为依据(道路绿化常用路缘石外沿为标准点)。定点放线应符合设计图纸要求，位置要准确，标记要明显(可用油漆标记)。定点放线后应由设计或有关人员验点把关，合格后方可施工。绿篱和色带、色块的放线，应在沟槽边线处用白灰线标明。

2. 挖坑

挖坑的位置应准确，严格以定点放线的标记为依据。坑的规格，应视土质情况和树木根系大小而定。一般规定：乔木树种 80cm~1m 见方，花灌木树种 40~60cm 见方。树坑宽度应在根系和土球外两侧各加大 15~20cm，深度应在根系和土球外加大 10~15cm。如遇土质不好，需进行客土或采取施肥措施的应适当加大树坑规格。挖坑质量要求：树坑应垂直下挖，坑壁要平滑，上下口径大小要一致，挖出的表土和底土、好土、坏土分别置放。

3. 客土和施肥

道路边坡土和中央分隔带土常常因为施工过程中的机械反复碾压而使土壤容重偏高，不利于植物扎根。而且道路施工过程中的石灰、粉煤灰、水泥、沥青混凝土等，往往对边坡土和分隔带土产生污染。因此，经常需要换土。

具体要求如下：

(1) 种植树木所必需的最低土层应视树木规格大小而定，一般较树木根系加深 30~40cm 以上；

(2) 种植前对土壤进行勘探，化验理化性质和测定土壤肥力；

(3) 对不宜树木生长的建筑弃土，或含有害成分的土壤，必须进行客土，换上适宜树木生长的种植土。

为供给树木养分，促进发育生长，可采取施肥措施，施肥一般要求如下：

(1) 施肥所需肥料应是经过充分腐熟的有机肥。

(2) 施肥量应根据树木规格、土壤肥力、有机肥效高低等因素而定。

(3) 施肥的方法：将有机肥搅碎、过筛与细土拌匀，平铺坑底，上面覆 10cm 种植土。

4. 选苗、卸苗和假植

有绿化任务的道路站，应派专人到指定苗圃进行选苗、号苗。选择苗木规格符合规定要求，树干顺直、发育正常、无病虫害的优质壮苗，用红漆标上标记，确保苗木质量。要求对所号苗木要随起苗、随运输、随栽植，尽量做到苗木从起到栽不过夜。

卸苗时应保护好苗木，做到轻拿、轻放，必须保证根系和土球的完好，严禁摔坨。同时应按苗木大小顺序进行放苗，保证栽植苗木的成段整齐有序。如果苗木不能及时栽植，要选好地点进行假植，假植时，最好选在距离近、阴冷背风处。挖条沟将苗木码齐逐层覆土，将根埋严，缩短根部暴露时间。

5. 修剪

树木修剪是为了减少水分散发，平衡树势，提高植树成活率。修剪时剪口必须平滑。对树木的根部进行修剪，应在卸苗后种植前进行。根系的修剪原则如下：

(1) 将太长的侧根截短，以防栽时窝根，影响生长；

(2) 将伤根、断根及机械损伤严重的根系清除，以免发生腐烂而感染病害；

(3) 剪去病虫根。

道路绿化所用落叶乔木的树冠修剪一般进行统一齐头处理，这样有利于形成统一的冠形，长势整齐一致。对灌木、绿篱的修剪，除根部修剪在种植前进行外，树冠部分修剪应在种植后浇过第二遍水扶直后进行。常绿乔木一般可不修剪，仅剪去病虫、枯死、劈、裂、断枝条和疏剪过密、重叠、轮生的枝条。

6. 苗木定位

裸根树木种植时，应使苗干处于树坑中心。可每隔 10 株或 20 株按规定位置准确栽上一株标兵树作为依据，然后再分别栽植。道路绿化时，一般要求定做“T”字尺。“T”字尺的长度以树坑中心距路缘石距离为长。栽植苗木时，“T”字尺的横杆与路缘石对齐，其长杆所指末端即为苗干应定的位置。种植苗木时，树身应保持与地面垂直，不得倾斜。种植时应注意苗木的丰满一面或主要观赏面应朝主要视线(道路)方面(主要是常绿树种)。种植时要达到横平竖直，树木应在一条直线上，不得相差半树干，遇有树弯时方向要一致，树弯应在顺路方向与路平行。

7. 栽植

栽植时，先填最初挖出的表土作为回填土，然后再填底土。裸根树木栽植时，技术要领可用“三埋两踩一提苗”来概括，具体就是：先埋 1/5 深(20cm)表土；然后将苗放入，再埋土至 2/3 深(7cm 左右)，将苗往上提提，以利根系舒展、不窝根，同时达到根系与土壤密接，然后踩紧实；最后埋土至地面，再次踩紧实。

栽植带土球苗木时，必须保持土球完好，树木放入树坑后，将土球放稳，保持树干直立，随后拆除并取出包装物。随填土随踏实，踏实时注意不要砸坏土坨。种植绿篱时，土球完好的应在入槽前拆除包装物，再置于槽内。种植苗木深浅应适合，一般乔灌木应与原土痕持平。个别易成活的树种可较原土痕栽深 5~15cm，常绿树栽时土球应与地面平或略高于地面 3~5cm。

8. 开堰

开堰俗称“打埝”，种植后应在树木四周筑成高 15~20cm 的灌水土堰，土堰内边应略大于树坑 10cm 左右，筑堰应用细土筑实，不得漏水。

9. 浇水

新植树木栽后 24h 内必须浇第一遍水，使根部与土壤紧密结合，以利根系的发育。半月之内，再浇第二遍和第三遍水。同时做到及时扶正树干，浇过第三遍水后即可封堰。封土高度可以略高出地面 10cm。

第六章 路桥改扩建施工

第一节 路基改扩建施工

一、既有路基利用与处治

1. *既有路基结构物的利用*

既有路基结构物的利用及处理应符合下列规定：

(1) 既有结构物的处理及利用应满足路基改扩建的技术要求。

(2) 查明既有结构物无明显损害，且强度及稳定性满足改扩建要求时，应全部利用；若部分损坏或不满足改扩建要求，可加固利用或拆除重建。

(3) 加固利用的既有结构物，新、旧混凝土或砌体结构应紧密连接，形成整体。

2. *既有路基的处治*

既有路基的利用应与既有路面的利用及加铺设计相结合，根据路基病害或拼宽结构的影响程度，采取针对性的处治措施，包括以下主要措施：

(1) 当既有路基回弹模量满足新建路基的要求，既有路面未出现破损，且拼宽后，通过加铺设计可满足路面设计要求时，宜充分利用既有路基。

(2) 当既有路基回弹模量不满足新建路基的要求，且路面出现严重破损时，可分别采取改善排水、补充碾压、换填处治等工程措施。

(3) 当条件受限不能翻挖既有路基时，可采取路基补强措施，如注浆等。注浆材料通过高压注入软弱土基进行加固，灌浆材料可长期与土发生化学反应，可使土体固结，逐渐达到土基稳定的目的。注浆加固技术对道路进行养护，不必进行开挖，具有节约资源、施工方便快速、对交通影响小的优点。

(4) 当既有路基处于中湿状态以下时，应增设排水垫层或布设地下排水设施等措施。

二、路基拼宽

为增加新旧路基的整体协调性，避免或减少横向错台和纵向裂缝的发生，在加宽填筑路基前，要先对老路基边坡和加宽路基的基底进行清坡处理，并对基底采用重型压路机强震碾压。

1. 填方路基拼宽

（1）拼宽部分的地基需要处理的路段，应按要求进行地基处理。

（2）路基填筑前，应对边坡表面进行处理，应对路基拓宽范围内的地基进行处理和表面清理，清表后如果地面横坡陡于 1∶5，原地面还应挖成台阶，台阶的宽度不小于 1m，高度宜小于 50cm，并用压实机具加以压实。

（3）当拓宽路堤受地下水影响时，应在新路基底部填以水稳定性优良、不易风化的砂、沙砾、碎石等材料或采用无机结合料(石灰、水泥等)进行加固处治，使基底形成水稳定性好、厚约 30cm 的稳定层，或设置隔离层。

（4）路基填筑时应遵循分层填筑、分层压实的原则，还应考虑老路基所挖台阶高度。填筑应由最低一层台阶填起，并分层夯实，然后逐台向上填筑。边坡及地表清理物不能作为路堤填料。

（5）为保证路基的压实度，当拓宽路基的宽度不足机械最小压实宽度时，应采用超宽填筑或翻挖原有路基等措施，在路基填筑、压实施工完毕后，进行削坡处理，形成最终的路基断面，严禁出现贴坡现象。

（6）填土路基的压实首先应分段确定路堤的最佳含水量和最大干密度，然后按土质类别、压实度要求、压实机具功能、碾压遍数等经过试验确定每层的最大松铺厚度。经压实度检验合格后方可转入下道工序，不合格处应进行补压后再做检验，一直达到合格为止。对于含水量过大的土，可进行掺石灰处理，以降低其含水量，达到最佳含水量，以取得最佳的压实效果。

（7）填石路堤的压实，应采用重量较大的振动压实机分层碾压，碾压遍数按碾压下沉值等于 0 稳定不变时为止。对于块石路堤，由于块石粒径较大，经振动压实机分层碾压至下沉值为零后，再用冲击压实机进行检验性补压 20 遍，如下沉量在 5~7cm，表明原来的碾压合格。

（8）桥台或挡土墙的砌体砂浆强度达 70% 以上时，才可以回填墙背填料，优先选用渗水性较好的沙砾土填筑，严禁使用膨胀土和高塑性土，如有困难采用不透水土壤填筑时，应在土中掺加石灰、水泥进行处治。浸水挡墙背应全部用水稳定性和透水性较好的材料填筑。墙背回填要均匀摊铺平整，并设不小于 3% 的横坡填筑，逐层夯实，不允许向着墙背斜坡填筑。每层压实厚度不宜超过 20cm，碾压机具和填料性质应进行压实试验，确定填料分层厚度及碾压遍数。压实时应注意勿使墙身受较大的冲击影响，应采用小型压实机具碾压。

（9）路堤与桥台、横向构筑造物(涵洞、通道)连接处应设置过渡段，路基压实度不应小于 96%，并注意填料强度、地基处理、台背防排系统等综合设计。过渡段长度宜按 2~3 倍路基填土高度确定。

（10）高路堤、陡坡路堤及不良地质、特殊岩土路段的路堤，应作为独立工点进行设计。首先应对既有高路堤或陡坡路堤进行分析评价，并在掌握场地水文地质条件、填料来源及其性质的基础上，进行地基处理、结构形式、排水设施、边坡防护等综合设计。路基拼接的施工过程中应根据实际情况变化，及时调整设计，保证新老路基的稳定。

2. 挖方路基拼宽

1）改扩建路堑边坡的拓宽方式

对于改扩建路堑边坡，其拓宽方式主要有以下 3 种，如图 6-1 所示。

(1) 图 6-1(a)为大面积分级开挖、分级支护方式，采用这种方式对路基景观效果好，有利于边坡稳定和植物防护，减少防护的圬工数量，但同时占地数量大、土方数量大，如果原边坡有支护结构，还需要先对支护结构进行大面积拆除。

(2) 图 6-1(b)为小面积放坡开挖，避免了大面积开挖的不利因素，但需要在坡脚设置挡土墙结构来增强边坡的整体稳定性；如果坡度较陡，还需在放坡部位增加锚杆(索)框格加固支护结构。

(3) 图 6-1(c)为在拓宽边线处先增加坡脚强支护措施，如抗滑桩、排架桩、预应力锚索桩等，然后再开挖拓宽部位岩土体。这种方式占地数量小、开挖方量小，避免了大面积开挖对边坡的扰动，但路基效果景观较差、防护的圬工数量大，而且施工技术要求高、工程造价高。

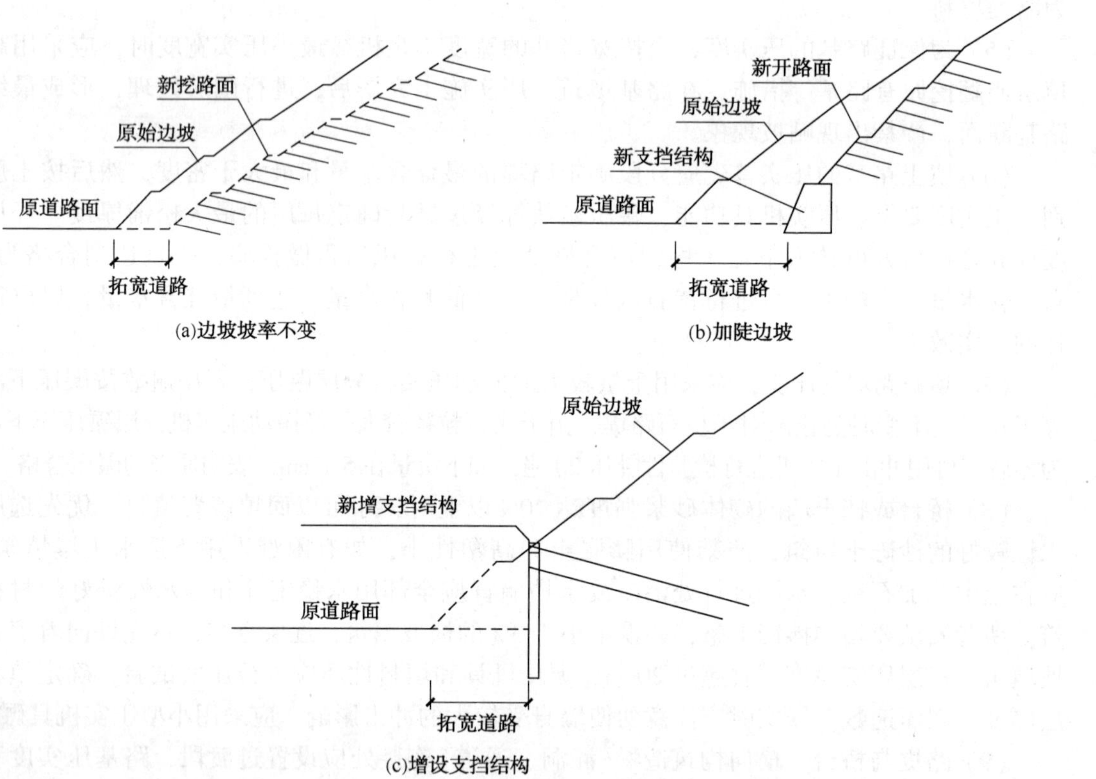

(a)边坡坡率不变　　(b)加陡边坡

(c)增设支挡结构

图 6-1　挖方路基拓宽方式

3 种方案各有优缺点，具体采取哪种方案要在确保边坡稳定的前提下，根据沿线土方平衡、减少圬工防护、环保景观、施工难易程度、施工经济性等因素综合考虑。

2) 施工要求

(1) 放坡卸荷、分级开挖。为了保证边坡在施工过程中的稳定性，可以采用分级开挖的方法，将每级边坡按该地层中的稳定边坡坡率放坡，该方法适用于具备开挖地形、边坡高度不超过 30m 且放坡稳定的边坡。当坡面表存含有一些浅层小块体或松散土层时，可以辅之一些坡面防护措施，如挂网、浆砌片石骨架护坡等。对于一些软岩边坡，还可以在坡脚采用类似挡土墙的加固措施。

(2) 分级开挖、分级锚固。当边坡过高，且无较大的放坡条件时，可以采用分级设置预应力锚杆(索)方法。施工时可以待边坡全部分级开挖完成后再施工锚杆(索)，也可以采用“开挖一级、支护一级”的方法，具体采用哪种情况视边坡稳定性及施工条件而定。这种方法适用于边坡较陡的情况，也可与一些坡面防护结合使用。

(3) 坡脚支护桩预加固。对于一些地质条件较差的高边坡，坡脚会产生较大的应力集中，极易造成失稳，这时可以在坡脚采用支护桩预加固的方法。这种方法不会由于坡脚开挖时边坡应力释放而引起过大变形。具体施工中可以在整体开挖前施工预应力支护桩，然后再进行大面积开挖；也可以在开挖边坡上部土体后，对坡脚进行预加固，待桩达到一定强度后，再开挖坡脚土体。对于地质条件极差的岩土体，也可采用预应力锚索桩结构。

(4) 分级开挖、分级加固、坡脚预加固。对于软质岩土体边坡，或边坡体强度低、岩体有碎裂状节理裂隙发育，开挖造成了边坡原始应力状态发生改变，从而导致边坡局部出现应力集中，使其应力值大于土体自身强度，以上情况均需通过预加固支挡技术进行边坡防护。边坡开挖过程采用分级边开挖边加固、同时坡脚桩预加固的防护施工方法。

(5) 分级稳定、坡脚桩预加固。边坡开挖顺序为由外向内分层开挖，刷坡过程中，边坡坡度按照设计的稳定边坡坡率一次完成，不留陡坎；完成边坡开挖后，马上进行护墙或护坡施工，护墙或护坡施工前首先应去掉边坡松土、反滤层、伸缩缝沥青木板。坡脚桩预加固的施工时间为边坡开挖至桩顶标高后，停止土方开挖，进行施工锚固桩，最后进行桩间挡土墙、护面墙或挂板等工程的施工。

(6) 在雨水较多的地区，为防止岩土体强度因水而降低，可以采用支撑渗沟疏干边坡内部渗入的水；对于一些风化严重的边坡，可以采用拱形骨架护坡对坡面进行防护，防止边坡土体浅层溜坍；有时为了增加边坡的整体稳定性，还可以在坡脚设片石混凝土挡土墙加固，坡面采用拱形骨架草皮护坡等。

(7) 及时防护。对于开挖完成后的边坡，原则上应该及时做好坡面的防护工作，以防边坡开挖后在气候变化及雨水作用下，长期暴露于干湿循环状态下，以致边坡土体强度减小，从而产生冲蚀、浅层坍滑等破坏现象。因此，为了尽量减小外界因素对边坡产生的不利条件，就应及时做好坡面防护工程。

(8) 临时排水措施。由于边坡在雨水冲刷下，坍滑、坡面冲蚀等边坡病害会随之出现，因此边坡开挖设计中应对临时排水系统给予重视，尽量减少雨水渗入边坡土体或冲刷边坡。

三、特殊路基改扩建

1. 滑坡地段

滑坡地段路基改扩建设计前应查明滑坡性质及滑坡体附近的地形地貌、水文地质和工程地质条件，以及滑坡的成因类型与滑坡规模特征等，分析评价滑坡稳定状况、发展趋势和对路基的危害程度，及时采取有效措施，保证路基稳定。滑坡防治应根据滑坡类型、规模、稳定性，并结合滑坡区工程地质条件、施工条件及其他要求，采取排水、减载、反压与支挡工程的综合治理措施。高边坡、特殊岩土和存在不利结构面的边坡，应采取必要的预防措施，避免产生工程滑坡。

滑坡路段路基改扩建必须进行稳定性分析，评价标准和计算方法可遵循现行《路基设计规范》的相关规定。滑坡地段的主要防治措施有排水工程、减载与反压措施、抗滑支挡工程。

滑坡防治应进行滑坡监测与动态设计。滑坡防治监测包括施工安全监测、防治效果监测和营运期监测，应以施工安全监测和防治效果监测为主。在施工期间，监测结果应作为判断滑坡稳定状态、指导施工、反馈设计和防治效果检验的重要依据。防治效果监测应结合施工安全和营运期监测进行。防治效果监测时间应在整治工程完工后不少于一年，施工期监测数据采集时间宜为每天一次，营运期监测数据采集时间间隔宜为7~15d。在外界扰动较大时，如暴雨期间，应加密观测次数。应及时分析滑坡监测资料，预测滑坡位移、变形的发展趋势和整治工程的效果，适时调整滑坡整治工程设计和施工方案，保证工程施工安全和路基稳定。

2. 岩溶地区

岩溶地区路基改扩建设计，应采用遥感、物探、钻探及其他有效方法进行勘察，取得岩溶地貌、岩溶发育程度、发展规律、溶洞围岩分级以及地面水、地下水活动规律等方面的资料。位于岩溶地段路基，应结合工程实际判别岩溶对路基工程的危害程度，选择合理的方法进行处治。

当岩溶地貌位于既有路基两侧时，应判定岩溶对路基的影响。对于开口的岩溶地貌可参照自然边坡来判别其稳定性及其对路基的影响；对于地下溶洞可按坍塌时的扩散角计算其影响范围，计算方法见现行《路基设计规范》第7.6.3条的规定。

一般岩溶地区路基改扩建的主要防治措施有排水工程、干砌片石填塞或回填夯实、注浆加固、复合地基、构造物跨越等。

如果通过溶洞围岩分级判断或计算判断下伏溶洞有坍塌可能时，宜采用以下方法进行加固：

(1) 洞径大、洞内施工条件好的无充填溶洞，宜采用干砌片石、浆砌片石或钢筋混凝土的支撑垛、支撑墙、支撑柱进行加固。

(2) 深而小的溶洞不便于洞内加固时，宜采用石盖板或钢筋混凝土盖板跨越可能的破坏区。

(3) 对于顶板较薄的溶洞，当采取地表构造物跨越有困难或不经济时，可炸除顶板，按明洞的方式进行处理。

(4) 对于有充填物的溶洞，宜优先采用注浆法、旋喷法等进行加固，不能满足设计要求时宜采用构造物跨越。

(5) 如需保持洞内流水通畅时，应设置排水通道。

3. 膨胀土地区

膨胀土地区路基改扩建设计前应查明膨胀土分布范围、成因类型、土体的结构层次、地下水分布及埋藏条件和膨胀土的矿物成分、物理性质、力学性质及膨胀特性等资料。应综合考虑膨胀土类型、土体结构与工程特性、环境地质条件与风化深度等因素，避免大填、大挖，保证路基稳定，满足路用要求。路基设计应以防水、保湿、防风化为主，结合坡面防护，降低边坡高度，连续施工，及时封闭路床和坡面。

拓宽路基基底为膨胀土时，宜挖除地表0.30~0.60m的膨胀土，并将路床换填非膨胀土或掺灰处理。若为强膨胀土，挖除深度应达到大气影响深度。强膨胀土不应作为路堤填料。采用中等膨胀土作为路堤填料时应经改性处理后方可填筑。弱膨胀土作为路堤填料时，若胀缩总率不超过0.7%，可直接填筑，并采用防水、保温、封闭、坡面防护等措施；否则，应按道路等级、气候、水文特点、填土层位等具体情况，结合实践经验采用不同的处置方法。

若采用弱膨胀土及中等膨胀土作为路床填料时，应经改性处理后方可填筑，改性后的胀缩总率不得超过0.7%，且其边坡坡率应根据路堤边坡的高度、填料重塑后的性质、区域气候特点，并参照既有路基的成熟经验综合确定。膨胀土填筑的路基，应及时碾压密实，在确定路堤填筑的最佳含水量和最大干密度时，宜采用湿土法重型击实试验。

膨胀土路堑边坡坡率应根据土质的性质、软弱层和裂隙的组合关系、气候特点、水文地质条件，以及自然山坡、人工边坡的稳定坡度等综合确定。边坡设计应遵循“缓坡率、宽平台、固坡脚”的原则。

应对路堑路床0.80m范围内膨胀土进行超挖，换填为符合要求的填料，或者进行土质改良或采取其他适宜的加固措施。对强膨胀土、地下水发育、运营中处理困难的路堑，路床的换填深度应加深至1.0~1.5m，并应采取地下排水措施。

4. 多年冻土地区

多年冻土地区路基改扩设计前应查明沿线多年冻土的分布、类型、冻土层上限及水文地质等情况。在冻土沼泽、冰丘、冰椎、热融湖(塘)地段修筑路基，应详细调查其范围、规模、发生原因及发展趋势等。按工程环境特点和工程建设不同阶段采用区段设计和场地设计相结合的原则。根据冻土的类型及年平均地温采用保护、一般保护和一般路基的设计原则。

路基填料设计应考虑冻结层上水的发育情况及填料的冻胀敏感性，有条件时应优先采用卵石土或碎石土做填料。严禁使用塑性指数大于12、液限大于32%的细粒土，富含腐殖质的土及冻土。保温护道填料应就地取材，采用泥炭、草皮、塔头草或用细粒土。

路基位于少冰冻土、多冰冻土地段，可按一般路基设计；位于富冰冻土、饱冰冻土、含土冰层地段，以及冰丘、冰椎、多年冻土沼泽、热融湖(塘)、地下水路堑地段，应进行特殊设计。

路基改扩建设计应与路面结构设计综合考虑，减少其路基过大变形或不均沉降而引起路面结构性破坏。

应根据地下水类型、水量、积水和地层情况，采用冻结沟、积冰坑、挡冰堤、挡冰墙或渗沟等措施，排除路基有危害的地下水。采用渗沟排除地下水时，渗沟及检查井均应采取保温措施。出水口的位置应选在地势开阔、高差较大、纵坡较陡、向阳、避风处，并采用掩埋式椎体或其他形式的保温措施。路堑边坡有地下水出露时，必须将水引排，并应在边坡上采取保温措施。

5. 滨海地区

滨海路基改扩建设计前应根据路基所处的地理环境及特点，考虑地形、地貌、地质、水文、气象等因素，结合施工条件及材料供应情况，复核既有路基设计高程。路基高程应不低于高潮水位频率的设计潮水位加波浪侵袭高，以及0.5m的安全高度。不能满足要求时，应设置防浪墙等。

选择适宜的路基改扩建总体方案及路基防护形式，保证路基的整体稳定性、耐久性、耐腐蚀性。路堤两侧有较大的水头差时，宜检查并接长既有过水构造物，经过验算可适当增设过水设施。当堤身或地基可能发生管涌潜蚀时，应在低水位一侧边坡下部设置排水设施、放缓边坡或设护坡道以及在路堤中心设置防渗墙等防渗加固措施。

路堤填料应选择渗水性好的材料，有困难时，可采用细粒土，并应采取适当的防护和加固措施。滨海路基宜采用斜坡式，特殊情况下也可采用直墙式。

滨海路堤边坡坡率应根据填料性质、路堤高度、浸水深度、防护形式及海洋水文条件等确定，边坡坡率不宜陡于1∶1.5。

滨海路堤边坡坡面防护应根据水深、波浪特点、施工条件及材料情况等采用条石、块石、混凝土异型块体、土工合成材料等护坡；为减弱波浪对路堤的破坏作用，提高路堤边坡的稳定性，可在堤前采取防浪林、顺坝及潜坝等措施。各种防护工程应能抗海水及生物侵蚀，在寒冷地区还应具有耐冻和承受冰凌撞击的能力。外海侧护坡底部应设抛石棱体，其顶面高程应高于施工水位，顶宽不应小于1.0m。外海侧坡脚应根据最大冲刷深度、地形、基础形式等采取妥善的护底措施，护堤石厚度不应小于1.0m，宽度不应小于5m。

四、路基排水

1. 中央分隔带排水

从路面的防水考虑，为防止中央分隔带中的绿化浇水、雨水渗入到路面中，应改绿化带为表面用水泥混凝土或者沥青层封住，将水排到路面上。但是为了景观的需要而要保留绿化时，则应考虑中央分隔带的排水设计。

为排除中央分隔带填土内的积水，在通信管道下设置纵向碎石盲沟，盲沟设于路床顶面以下，采用梯形或者矩形尺寸。渗沟周围包裹反滤织物，反滤织物选用由聚酯类、尼龙或聚丙烯材料制成的具有渗滤功能的无纺织物，能透水，但细粒土不能随水一起透过，以免水携带的细粒将渗沟堵塞。渗沟上的回填料与路面结构的交界面处铺设涂双层沥青的土工织物隔渗层或者直接采用不透水土工膜，纵向盲沟顶面铺透水土工布。纵向集水管可采用软式透水管、PVC管或者塑料渗沟，间隔40~80m设置横向排水管。横向排水管为PVC管时，为避免被压碎，可包裹混凝土或者直接浇注在混凝土槽中设置，管伸出加宽的路基边坡，用涂沥青网布包裹以防堵塞，出水口下方铺设防冲刷混凝土垫板。

2. 分隔带排水

新老路基结合部上方设置分隔带时，需在分隔带设置排水设施。分隔带由纵向集水沟和排水管组成，下方铺设不透水土工布。渗入分隔带的水分，先流入由透水性材料组成的纵向集水沟，并汇流入沟中的带孔(或槽口)排水管内，再由间隔一定距离布设的横向出水管排引出路界。

集水沟的断面形状多设置成梯形或碟形，梯形坡度为1∶1~1∶1.5，深度通常与垫层底面齐平或略低些；在冰冻地区，集水管应尽可能在冰冻深度以下。集水沟中的不透水材料可由不含细料的开级配碎石、砾石等组成，集水管两侧各有至少10cm宽的透水性填料。透水性填料的底面和外侧铺设防水土工布，集水沟的顶面以反滤织物覆盖。集水沟和集水管的纵向坡度不低于路线纵坡。集水管设在集水沟的底部，沿纵向集水管，间隔适当的距离设置不带孔的横向出水管，纵向集水管上游起端与横向出水管相接。

出水管的横坡为3%~5%以上，视出口处的路基排水情况选定。埋设出水管和通气管所挖的沟须回填低透水性材料。出水口的下方应对泄水坡面进行浆砌抹面防护，且出水水流尽可能排引至涵洞、边沟或排水沟中。

3. 新老路基内部排水

排除路基地下水的方法宜用拦截、汇集、隔离和导流等形式，在某些情况下，还需降低地下水位。常用的方法有：(1)用土工布做隔离层排除路基地下水；(2)利用天然沙砾排除路基地下水；(3)用盲沟排除地下水；(4)暗沟排水；(5)渗沟排水；(6)深边沟排水等。

4. 路界表面排水设施

在拓宽路基的外侧，往往需要重新设置路界表面的排水设施。首先应拆除清理老路原有的边沟、截水沟、急流槽等表面排水设施，然后换填沙、碎石等性能好的材料整平压实，再重新设置拓宽路基的地表排水设施，各地表排水设施的设计和施工与新建路界表面排水相同，其沟顶均应高出设计水位 0.2m 以上。

拓宽路基为填方路堤时，拓宽路基外侧需重新设置边沟；拓宽路基为挖方路堑时，拓宽路基外侧需重新设置边沟及截水沟。

第二节　路面改扩建施工

一、既有路面处治

1. 重度裂缝开槽处治技术

对于横纵向裂缝破损程度较重的路段，采用在裂缝处局部开槽的方式进行处治。由于裂缝较严重、缝宽较大，水浸入更加便利，裂缝周围面层和基层材料老化严重，且有较大范围的松散，因此这种处理方式的处治力度较大。不同于普通沥青路面养护时的沥青层裂缝开槽处治，其开槽范围及填料选用也没有具体的参考依据。

重度裂缝开槽处治要求填料具有一定的刚度和抗裂能力，常规沥青路面修复开槽所用的沥青或其他聚合物显然已不再适用，各种碎石结合料虽具有较高的刚度，但难以施工压实，也不宜选用。故推荐选用刚度大且便于施工的素混凝土材料。分析模型如图 6-2 所示，重点关注素混凝土层底 BD、顺槽壁面以下三渣部分 BC、槽壁 AB、老三渣层底 CG 的应力情况，以考察开槽尺寸(深度和宽度)对处治效果的影响。

比较严重的裂缝基本上是贯穿整个路面结构的，但新的填料要求有一定的抗裂能力，可以阻断裂缝的进一步扩展。因此，开槽在深度方向无须贯穿整个裂缝，只需综合考虑合理选用即可。不同的开槽宽度对最佳开槽深度也会有一定的影响，计算时先假定开槽宽度分别为 0.5m、0.7m 和 1.0m，深度变化范围取 0.1~0.3m。由图 6-3 可知，开槽深度越大，槽口边缘处最大剪应力及结构层层底最大拉应力越小，但到了 0.2m 之后，减小趋势放缓，且槽宽为 0. 5m 时，槽壁处最大剪应力在深度大于 0. 2m 以后小幅增加，故建议开槽深度取为 0. 2m 左右。

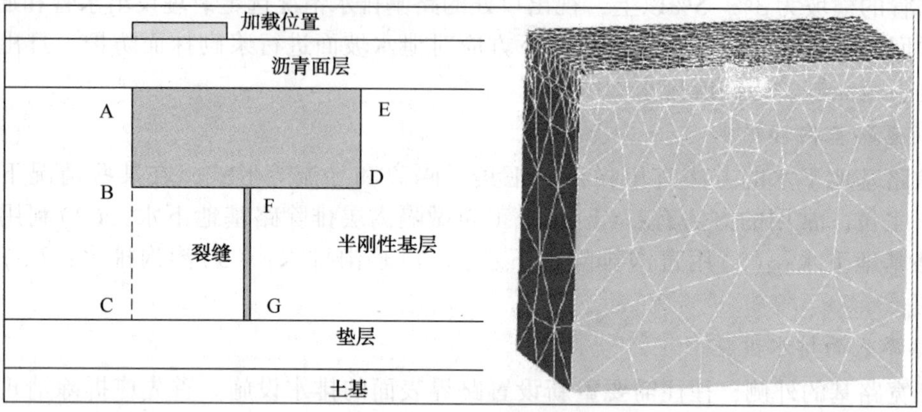

图 6-2　路面结构及有限元计算模型

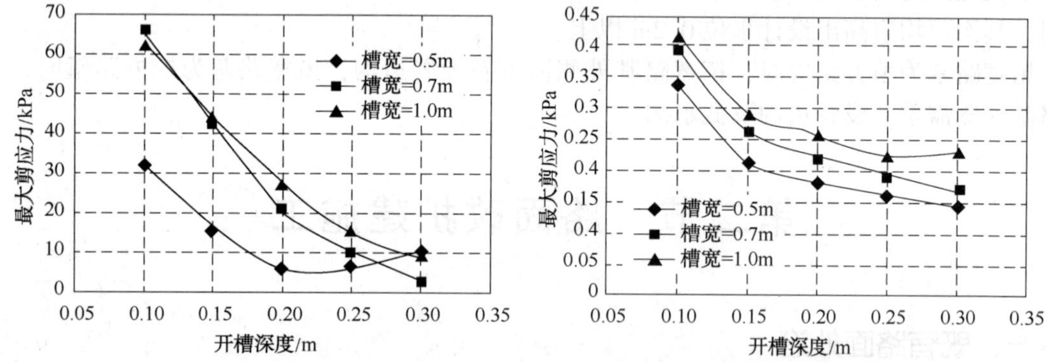

图 6-3　开槽深度对槽壁最大剪应力和素混凝土板底最大拉应力的影响

以最佳开槽深度即 0. 2m 为基准，计算不同开槽宽度下各不利位置处应力应变情况，计算结果如表 6-1 所示。当开槽宽度从 0. 7m 减为 0. 5m 时，槽壁处的最大剪应力从 20. 98kPa 减为 5. 89kPa；当继续减少宽度时，剪应力又小幅增加到 6. 88kPa。中心点弯沉及传荷能力随宽度变化不明显。混凝土板底最大拉应力则随着开槽宽度的减少而减小。综合考虑各方面因素，最终对于一般性严重的横向裂缝，开槽宽度取为裂缝两侧 25cm 范围为最佳。

表 6-1　不同开槽宽度力学响应结果

开槽宽度/m	剪应力/kPa		弯沉/μm		传荷系数	层底最大拉应力/MPa	
	xy	xz	中心点	20cm 处		混凝土板	老三渣
0. 4	6. 88	3. 01	132	102	1. 3	0. 145	0. 104
0. 5	5. 89	3. 62	131	101	1. 299	0. 183	0. 092
0. 6	10. 57	4. 14	129	99	1. 298	0. 197	0. 096
0. 7	20. 98	5. 26	127	98	1. 296	0. 225	0. 101

最终确定的开槽方案为：开槽面为长方形，深度 20cm；对于横向裂缝，开槽宽度沿裂缝向两侧各延长 0.25m；对于纵向裂缝，考虑到附近常伴有网状裂缝、损坏更为严重，开槽宽度沿裂缝向两侧各延长 0.5m，然后浇筑素混凝土到老路铣铇面，并在接缝处以加铺聚酯纤维布的措施给予处治（若铣刨面上层因新路设计标高较大而加铺水泥稳定碎石的，应在水泥稳定碎石上表面对应位置加铺聚酯纤维布）。

2. 换填处治技术

换填加铺主要针对原承载力不符合利用要求路段，在原铣刨面基础上继续往下铣 20cm，然后浇筑素混凝土至原铣刨面，以上部分按加铺方案进行。依托工程实际情况，探讨不同加铺厚度下换填处治所能达到的处治效果。

分析采用弯沉指标控制的模型，计算参数取值与前面的取值相同。根据不同的加铺方案分 3 种情况表示，最终分别得到换填加铺后道路使用寿命的计算公式如式（6-1）~式（6-3）所示，计算结果如图 6-4 所示。

$$N_f=4.654\times10^{14}\times BB^{-5.1355}\times1.0605^{\Delta h}(\Delta h\leqslant12) \tag{6-1}$$

$$N_f=2.249\times10^{14}\times BB^{-5.0199}\times1.0499^{\Delta h}(12<h\leqslant20) \tag{6-2}$$

$$N_f=1.711\times10^{14}\times BB^{-4.9289}\times1.0368^{\Delta h}(20<\Delta h\leqslant35) \tag{6-3}$$

可见，换填加铺对原路面结构性能的提高效果较为明显，即使在高差为 0 的情况下，也可以使老路弯沉为 31.43（0.01mm）的路段在加罩后寿命达到设计要求 24.3（0.01mm）。计算得到不同新老路面高差条件下，直接采用换填加铺处治技术老路所允许的最大弯沉值，如图 6-5 所示。当老路弯沉低于该值时，通过换填处治就可以使加铺后的路面结构承载能力达到设计要求；当老路弯沉高于该值时，换填处治也不能使加铺后的路面结构承载能力达到设计要求，工程中需将既有路面结构挖除，进行重建。

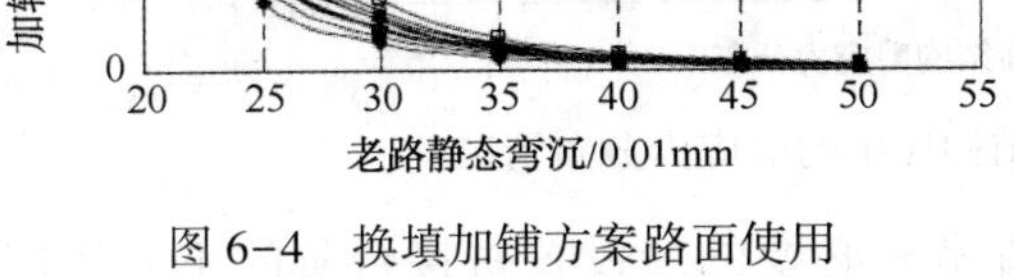

图 6-4　换填加铺方案路面使用寿命计算结果

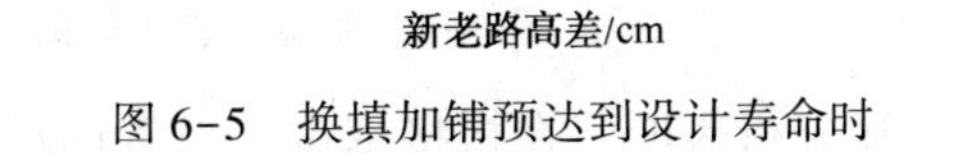

图 6-5　换填加铺预达到设计寿命时原路所允许的最大弯沉值

二、新老路面拼接部处治技术

1. 拼接台阶

1）拼接台阶工作机理

在面层中设置台阶后，基层拼接面上方面层内的剪应力分布发生了变化。图 6-6 给出未设置台阶和设置台阶时，拼接路面结构中的剪应力云图，图中颜色越深，表示该部位的剪应力越大。可见，当不设置面层台阶时，y 轴下方拼接面上沥青面层内深色的分布范围，集中在从路表到老路面层之上的部分，最大剪应力达到了 0.25MPa；而层底剪应力则相应很小。当设置台阶时，y 轴下方近表面处为深色的高剪应力区域，向下为次深的区域，表明此时拼接面上面层内的剪应力分布较为均匀，最大剪应力明显降低，约为 0.19MPa。

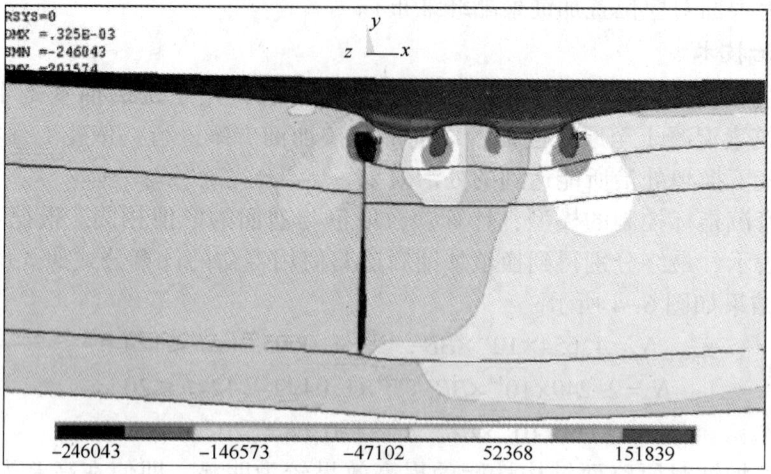

(a)无台阶时拼接路面结构剪应力分布

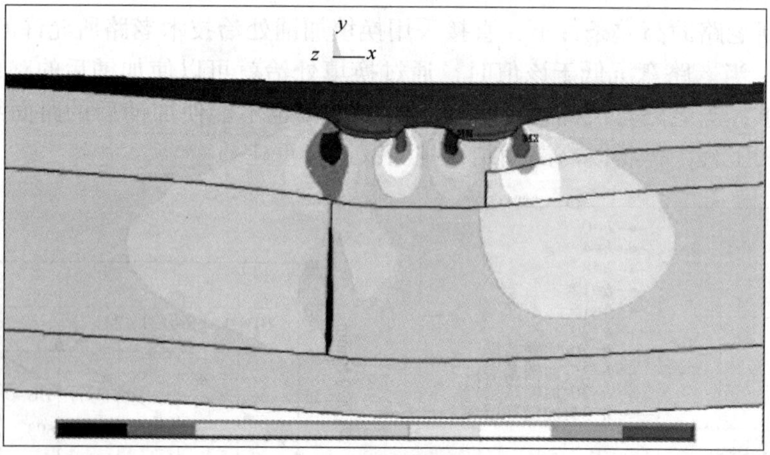

(b)有台阶时拼接路面结构剪应力分布

图 6-6　面层设置台阶前后各结构层中的剪应力分布情况

上述分析表明，在拼接部位，设置面层台阶是有必要的。设置拼接台阶的主要作用有两个方面：

（1）使新老面层的拼接面与新老基层拼接面位置错开，从而使基层拼接面上方面层内的剪应力均匀分布。

（2）在基层拼接面上方面层底部的剪应力最大，通过设置面层台阶，使刚度较高的新下面层参与承担此剪应力。

2）面层台阶尺寸

分析不同台阶宽度时，图 6-7 显示了 A 点的顶面变形、面层最大剪应力（A 点附近靠下）以及面层层底 B 点的剪应力值。

由图 6-8 可见，在基层拼接面上方，顶面竖向变形随着面层台阶宽度的增加而降低；当台阶宽度较小时，台阶宽度的影响显著；当台阶宽度大于 20cm 时，台阶宽度对于降低顶面竖向变形的作用明显变小。由图 6-9 可见，设置一定宽度的台阶可以显著降低拼接面上面层内的最大剪应力；但是当台阶宽度大于 20cm 时，对于面层内剪应力的降低已经不起作用。由图 6-10 可见，当在面层中设置台阶时，拼接面上方面层底部（B 点）的剪应力随着台阶宽度的增加而增大；当台阶宽度大于 20cm 时，面层底部剪应力则几乎与台阶宽度无关。因此，建议面层台阶宽度大于 20cm。

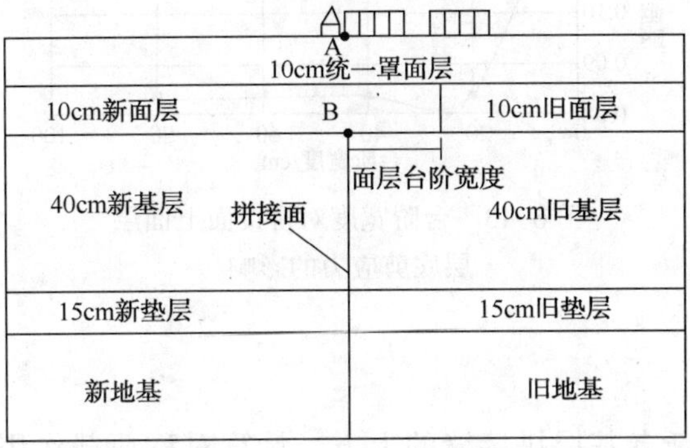

图 6-7　面层拼接台阶示意

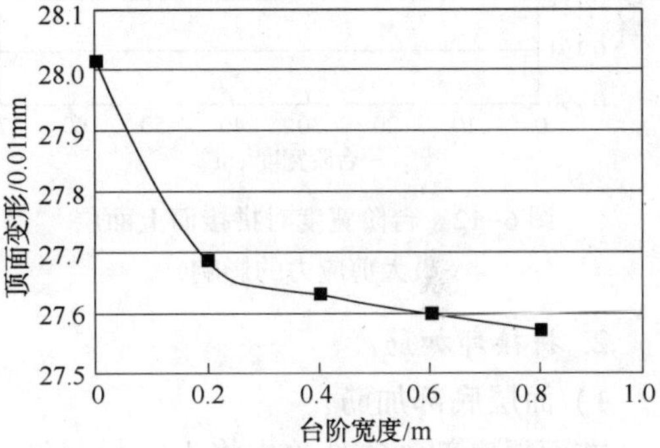

图 6-8　不同面层台阶宽度时路表拼接线处变形

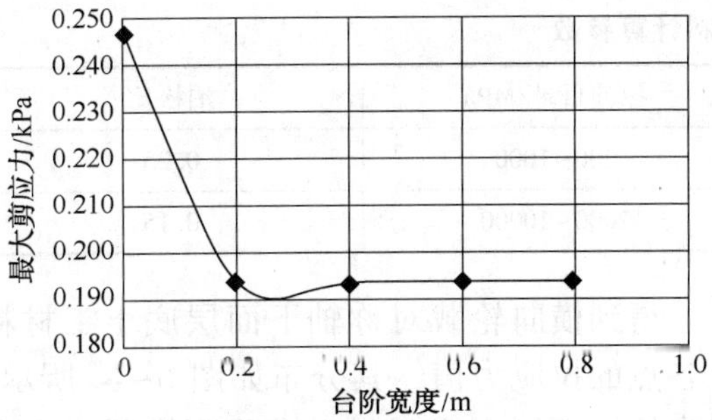

图 6-9　不同面层台阶宽度时面层最大剪应力

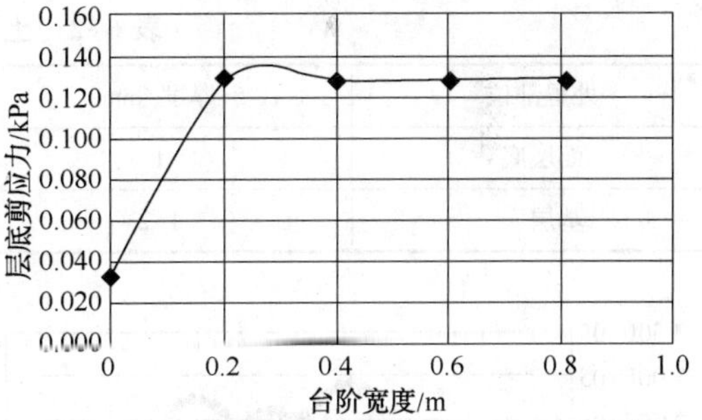

图 6-10　不同面层台阶宽度时面层层底剪应力

3）基层台阶尺寸

提取不同台阶宽度时，图 6-11 展示了顶面变形、面层最大剪应力以及面层层底剪应力值。剪应力与基层台阶宽度的关系绘制成图 6-12和图 6-13。图中“连续”指新老基层搭接面连续，“滑动”指新老基层搭接面的接触条件为滑动。

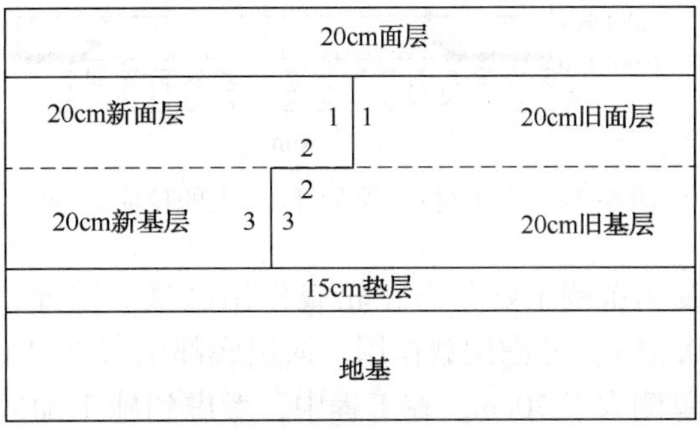

图 6-11　基层拼接台阶

可见，在基层设置拼接台阶，对改善拼接路面结构的受力及变形状况是有利的，尤其是拼接部位的搭接面滑动时，设置台阶对改善拼接路面结构的受力及变形状况更为显著。这可能是因为搭接面滑动时，一定程度上缓和了拼接结构的不协调变形。综合考虑新老基层搭接面不同接触条件下，顶面拼接线处的变形及拼接面上面层内的最大剪应力和层底剪应力，基层台阶宽度大于40cm即可。

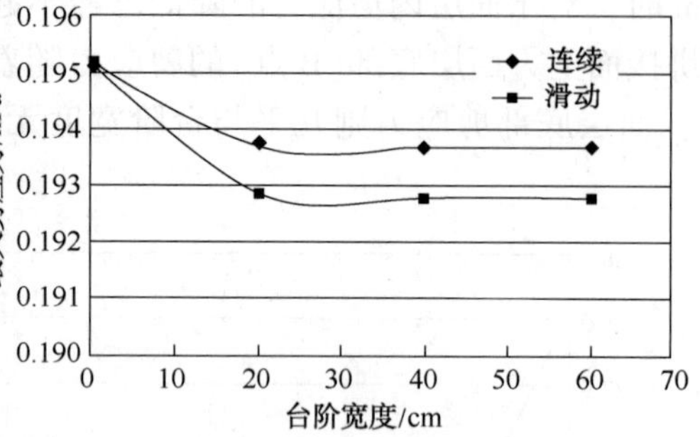

图6-12　台阶宽度对拼接面上面层最大剪应力的影响

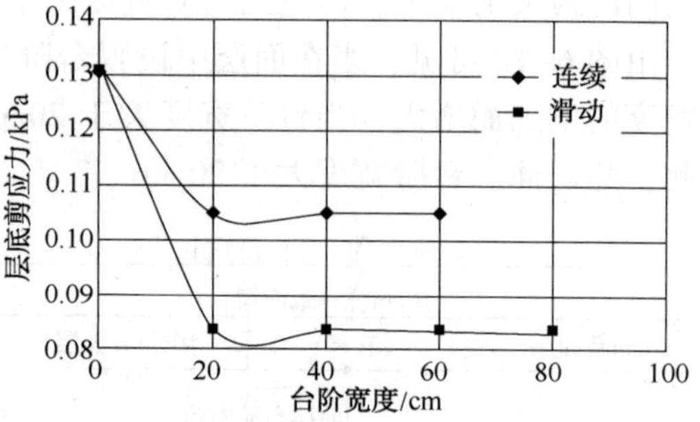

图6-13　台阶宽度对拼接面上面层层底剪应力的影响

2. 拼接部加筋

1）面层底部加筋

在面层底部加筋处治中将土工材料铺设在新老基层拼接缝的上方。计算对称荷载作用下土工材料的变形及应力状况，以确定土工材料的合适铺设宽度。路面结构计算参数选择结构的计算模量组合，土工材料参数见表6-2。

表6-2　土工材料计算参数

处置部位	厚度/mm	拉伸目录/MPa	泊松比
面层底	1	200~1000	0.25
基层底	1.2	2000~10000	0.15

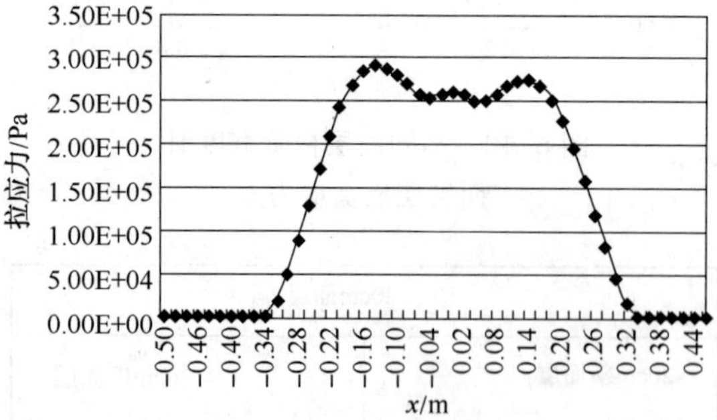

图6-14　土工材料（聚酯纤布）上的拉应力分布

得到横向轮载对称轴下面层底土工材料上各点的拉应力值，其分布如图6-14所示。横坐标为面层底土工材料沿路面横断面方向上的位置，原点处为轮载的对称中心，双轮的横坐标值分别在-0.24~-0.08m和0.08~0.24m范围。可见，在轮载双轮的中点下方（-0.16m和+0.16m），土工材料所受拉应力最大，土工材料的受力范围为-0.34~+0.34m，约0.7m，略大于轮载作用宽度（0.5m）。也就是说，面层底部土工材料内的受力范围主要分布在轮载作用区域。因此，面层底部土工材料的单侧铺设宽度不应小于0.35m。考虑偏载作用，面层底部土工材料的单侧宽度应不小于轮载双轮宽度，取铺设宽度单侧大于70cm。在工程中，考虑到施工加固要求以及土工材料与路面结构层的结合要求，可适当增大土工材料的铺设宽度，取土工材料的单侧 70~100cm，总宽度 150~200cm。

当基层模量不同时，面层底部土工材料中应力应变与土工材料自身模量的关系见表 6-3。当基层模量增加时，土工材料中的拉应力和拉应变均明显增加；当土工材料的模量增加时，土工材料的拉应力增加，而拉应变减小。虽然如此，当基层模量和土工材料的拉伸模量变化时，土工材料的拉应变在数值上均很小，远小于常用土工材料的拉伸破坏伸长率(如 3%或 8%)。因此，主要对土工材料的拉伸强度提出要求。

表 6-3　面层底部土工材料受力

土工材料拉伸模量/MPa	基层模量/MPa					
	3000		2000		1000	
	σ_{max}/MPa	$\varepsilon_{max}/10^{-6}$	σ_{max}/MPa	$\varepsilon_{max}/10^{-6}$	σ_{max}/MPa	$\varepsilon_{max}/10^{-6}$
100	0.0038	31.4	0.006	45.1	0.0097	63.5
1000	0.0367	29.7	0.0575	43.1	0.0938	61.1
5000	0.1637	25.2	0.2567	37.5	0.4177	54
10000	0.2908	21.7	0.4628	23.9	0.7419	48.3

在《土工合成材料测试规程》中，对土工材料窄条试样拉伸强度的定义为：宽度 5cm 试样所能承受的极限荷载。不同基层模量下、不同土工材料拉伸模量时，土工材料应满足的拉伸强度，结果见表 6-4。

表 6-4　土工材料拉伸强度

土工材料拉伸模量/MPa	基层模量/MPa		
	3000	2000	1000
	T/kN	T/kN	T/kN
100	0.38	0.6	0.97
1000	3.67	5.75	9.38
5000	16.37	25.67	41.77
10000	29.08	46.28	74.19

2）基层底部加筋

基层处治与面层处治的计算模型相似，不同的是，在基层底部铺设高强度土工材料，因为这样可以发挥其抗拉能力。另外，为方便计算，新老基层拼接面假定连续，不做接触处理。路面结构选择结构 1，因为其面层模量较小，基层底部的土工材料受拉作用较为明显。

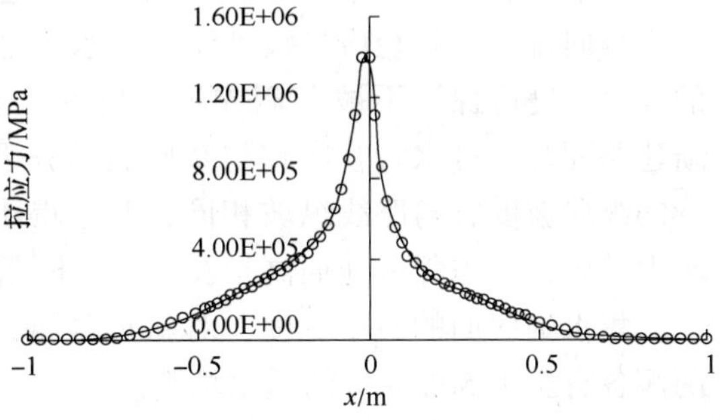

图 6-15　土工格栅上沿横向拉应力变化

图 6-15 是在基层底部铺设土工材料，单

侧铺设宽度1m时，横向轮载对称轴下各点土工材料的拉应力分布。可见，土工格栅上轮载中心处的拉应力最大，向两侧迅速减少，在两侧70cm外趋于零。因此，实际施工铺设宽度应大于单侧70cm，可取单侧100~200cm，总宽度200~400cm。

同样得到不同基层模量及不同土工材料模量时土工材料的拉伸强度(5cm宽试样)的要求值，见表6-5。

表6-5　土工材料拉伸强度

土工材料拉伸模量/MPa	基层模量/MPa		
	3000	2000	1000
	T/kN	T/kN	T/kN
100	0.95	1.1	1.35
1000	8.95	10.6	12.6
5000	39.7	45.55	51.5
10000	114.5	124	130

三、路面防排水

改扩建路面设计应考虑路面防排水，遵循“以防为主、防排结合”。路面排水设计应在既有路面排水系统的基础上进行改造优化设计，重新验算排水能力，设计排水出路。路面拼接缝部位应喷涂黏结沥青。路面排水设计时应兼顾施工期间的排水，以保证施工期间不积水。桥面沥青铺装整体铣刨重铺时，应重新设置防水层。重点做好路面内部系统的排水，路面内部排水系统可由路面边缘排水系统、排水基层或排水垫层单独或组合构成。遇有下列情况之一时，宜设置路面内部排水系统。(1)年降水量为600mm以上的湿润多雨地区，路床由渗透系数不大于10^{-4}mm/s的细粒土填筑的道路。(2)路基两侧有滞水，可能渗入路面结构内。(3)重冰冻地区，路床为粉性土的潮湿路段。(4)需排除积滞在路面结构内的水。路面内部排水系统中各种排水设施的设计排泄量均应不小于路面表面水渗入量的2倍。

1. 路面边缘排水系统

改扩建道路工程，需重新构建的路面边缘排水系统，路面内部边缘排水系统由透水性填料集水沟、纵向排水管、横向出水管和过滤织物组成。

纵向排水管管径应按设计流量由水力计算确定，宜在70~150mm范围内选用。排水管的埋设深度应保证不被车辆或施工机械压裂，并应超过当地的冰冻深度。在非冰冻地区，新建路面时，排水管管底宜与基层底面齐平；改建路面时，管中心应低于基层顶面。排水管的纵向坡度宜与路线纵坡相同，并不得小于0.25%。横向出水管径间距和安设位置应由水力计算并考虑邻近地面高程及道路纵横断面情况确定。出水管的横向坡度不宜小于5%。

集水沟底面的最小宽度，对新建路面，不应小于300mm；对改建路面，应保证排水管两侧各有至少50mm宽的透水填料。

2. 排水基层或排水垫层

路表面渗入路面结构的水量大，仅设置路面边缘排水系统难以迅速排除时，可在面层下设置排水基层，地下水丰富的低填和挖方路段的路基顶面应设置排水垫层。路面内部设置专门排水层，排水层的主要功能是聚集渗透进路面的水，在允许时限内，将水排至路面边缘排水系统。排水层的材料可采用开级配沥青稳定碎石、开级配水泥稳定碎石或级配碎石。

排水基层厚度 H_b 应根据所需排放的水量和基层材料的渗透系数，通过式(6-4)计算确定，并满足最小厚度的要求。采用沥青处治碎石时，最小厚度不得小于60mm；采用水泥处治碎石时，最小厚度不得小于80mm；采用级配碎石时，最小厚度不得小于120mm。排水基层的宽度应根据面层施工需要确定，宜超出面层宽度300~900mm。

$$H_b=\frac{Q_{cb}}{k_b i_h} \tag{6-4}$$

式(6-4)中，Q_{cb} 为纵向每延米排水基层的泄水能力，$m^3/(d\cdot m)$；k_b 为排水基层设计渗透系数，m/d；

i_h 为基层横坡。

渗入水在路面结构内的最大渗流时间，冰冻地区不应超过1h，其他地区不应超过2h。渗入水在排水基层内的渗流时间可按式(6-5)计算确定：

$$T\approx 0.69\frac{n_e L_t}{k_b J_0} \tag{6-5}$$

$$L_t=B\sqrt{1+\frac{i_z^2}{i_h^2}} \tag{6-6}$$

式(6-5)中，T 为渗流时间，h；n_e 为排水基层的有效空隙率；L_t 为渗流路径长，m；k_b 为排水基层的渗透系数，m/s；J_0 为路面合成坡度；i_z 为基层纵坡。

美国AASHTO对排水基层的排水能力进行分级，见表6-6，建议2h内排出50%的可排水。

表6-6　排水层的排水能力

排水能力	排水时间	排水能力	排水时间
优	2h	差	1月
良	1d	很差	无法排水
中	7d		

确定排水能力需要路面设计要素、材料特性，例如道路几何要素（横坡、纵坡、车道宽度）、排水基层厚度、排水集料的孔隙率和有效孔隙率。使用这些参数，就可以计算出排水时间参数。在这些信息的基础上，选择最终设计方案。美国AASHTO2002排水层设计方法如下：

（1）假定一个期望排水度 U，对于标准高速公路，$U=0.5$。

（2）选择排水基层的厚度 H。

（3）根据实验室试验确定拟用基层材料的渗透系数 k。

（4）根据已知道路的纵坡 S、横坡 S_X、透水性基层宽度 W，计算综合长度 L_R 和综合坡

度 S_R。

$$L_R = W\left[1+\left(\frac{S}{S_X}\right)^2\right]^{1/2} \tag{6-7}$$

$$S_R = (S_X^2+S^2)^{1/2} \tag{6-8}$$

(5) 根据已知的毛体积比重 G_{sb}、容重 γ_d、失水系数 W_L，计算出基层材料的孔隙率 N 和有效孔隙率 N_e。

$$N=\left(1-\frac{\gamma_d}{9.81\times G_{sb}}\right) \tag{6-9}$$

$$N_e = N\times W_L \tag{6-10}$$

(6) 使用式(6-11)计算从饱和透水性基层($U=0.5$)中排出50%可排水，所需要的排水时间。将这个值与期望值相比较，如果不满足，改变参数重新计算，直到得到期望值为止。

$$t_{50}=\frac{N_e+L_R^2}{2k(S_R L_R+H)} \tag{6-11}$$

路基与排水层之间要设置隔离层，形成一道不透水的屏障，使水沿排水基层水平排至路面边缘排水系统。

四、工程实例

1. 工程简介

某省道扩建工程项目，路线起于西部沿海高速公路雅韶收费站出口，止于白沙街道省道S277线，路线全长17.857km。沿线跨越4条河流，下穿铁路，依次平交多条县道、省道。公路等级为一级公路；远期为城市主干路；路基宽度为双向六车道34m(一般路段)，双向六车道44m(城南新区路段)。

路面工程中，级配碎石底基层43314.3m^3，5%水泥稳定碎石下基层43788.6m^3；5%水泥稳定碎石上基层(m^3)42701.9m^3，4cm厚AC-13C改性沥青20097.895m^3，6cm厚AC-16C改性沥青混凝土23219.773m^3，8cm厚AC-20C沥青混凝土18522.214m^3。

2. 路面结构形式及断面尺寸

既有路面结构形式和新建路面结构形式分别见表6-7和表6-8。

表6-7 既有路面结构形式一览表

结构层次	厚度/cm	材料类型
上面层	4	细粒式改性沥青混凝土AC-13C
中面层	6	中粒式改性沥青混凝土AC-16C
既有路面上面层	5	改性沥青混凝土GAC-16C
既有路面中面层	4	抗滑式沥青混凝土AK-16A
既有路面下面层	6	6cm中粒式沥青混凝土AK-25I
既有路面基层	32	6%水泥稳定碎石
既有路面底基层	18	4%水泥稳定碎石

表 6-8　新建路面结构形式一览表

结构层次		路面结构
主线新建	上面层	4cm 改性沥青混凝土 AC-13C
	中面层	6cm 改性沥青混凝土 AC-16C
	下面层	8cm 沥青混凝土 AC-20C
	基层	36cm 水泥稳定碎石
	底基层	18cm 级配碎石
	总厚度	72cm

桥面沥青铺装层结构形式见 6-9。

表 6-9　桥面沥青铺装层结构形式一览表

结构层次	结构形式	
结构层	K8+065.049、K4+187.354、K13+612.550 中小桥(既有桥梁宽度)	小桥、中桥、大桥、特大桥加铺(拼宽新建)，K10+085.415、K11+595.254、K13+43.590 中小桥(既有桥梁宽度)
上面层	铣刨掉原有铺装层厚度，重新摊铺相同厚度的桥面铺装层改性沥青混凝土(AC-13C)	4cm 细粒式改性沥青混凝土(AC-13C)
中面层		6cm 中粒式改性沥青混凝土(AC-16C)

路基路面标准断面宽度为 34m，断面布设为：2×[0.5m(左侧路缘带)+3×3.75m(行车道)+3.5m(硬路肩，含右侧路缘带)+0.75m(土路肩)]+2.0m(中央分隔带)。

K5+723~K9+224 段路面两侧各加宽 5m 绿化带，路基总宽度为 44m，断面布设为：2×[0.5m(左侧路缘带)+3×3.75m(行车道)+3.5m(硬路肩，含右侧路缘带)+5m(绿化带)+0.75m(土路肩)]+2.0m(中央分隔带)。

K2+304.504~K3+386.198 段为下穿通过深茂铁路，中央分隔带处有中央分隔带桥墩，中分带宽度由 2m 逐渐加宽到 6m 通过，路基总宽度为$(34+\Delta B)$m$(0<\Delta B<4$m$)$，断面布设为：2×[0.5m(左侧路缘带)+3×3.75m(行车道)+3.5m(硬路肩，含右侧路缘带)+0.75m(土路肩)]+$(2.0+\Delta B)$m(中央分隔带)。

3. 施工方案

1）新建及新旧路面衔接设计方案

路面拼接设置情况如图 6-16 所示，旧路硬路肩路面挖除、刨铣成 15~25cm 宽台阶，新旧路面完成横向拼接。

（1）基层接缝和碾压。新铺的基层和老路基层接缝处要清理干净无松散、灰尘，且接缝位置准确，线形顺直以保证摊铺和碾压质量。基层摊铺前用 1∶0.5 的水泥净浆对老路拼接缝侧面进行涂刷；水泥浆涂刷完成后，及时进行基层摊铺和碾压；碾压时从低向高碾压，压路机碾压时需重叠 20~30cm，路面边部加压一遍，在距离拼缝 15~20cm 处时，压路机应骑缝碾压。

（2）沥青层接缝和碾压。老路拼接处摊铺时，用火焰对老路面切缝处预热并涂刷热沥

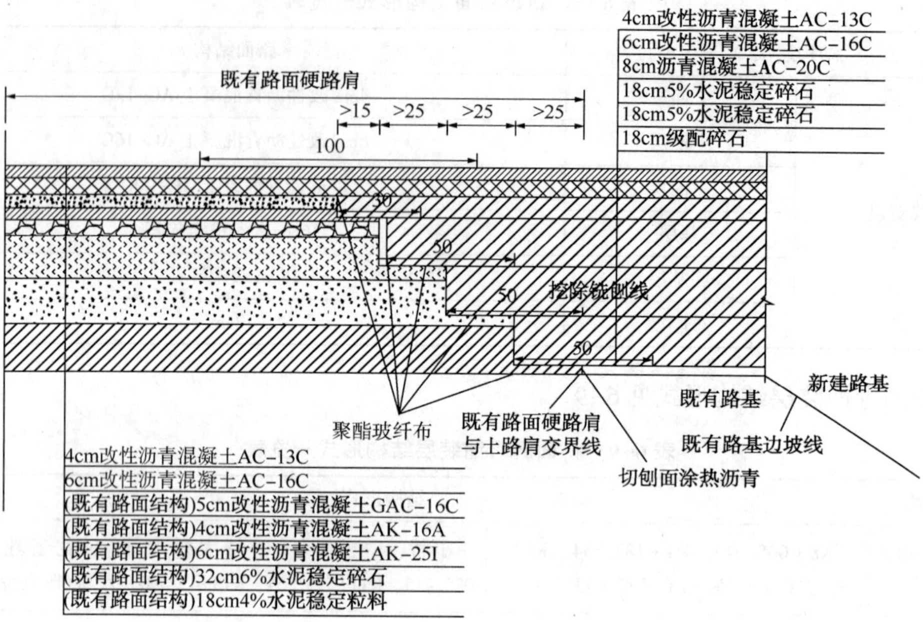

图 6-16　新旧路面拼接设计图

青，形成相对热接缝。对接缝处沥青混合料的碾压，压路机位于刚摊铺好的面层上，由低处向高处碾压，每碾压一遍，向拼接缝移动 15~20cm；在距离拼接缝 15~20cm 处时，压路机骑缝碾压，然后继续移动，直至压路机全部压过接缝。

2）改建路面设计方案

旧路找平方案设计图如图 6-17 和图 6-18 所示。

高程差：设计标高-旧路标高/cm	(20~25)	(15~12)	(12~10)	(10~6)
代号	I-1-1	I-1-2	I-1-3	I-1-4
纵面方案	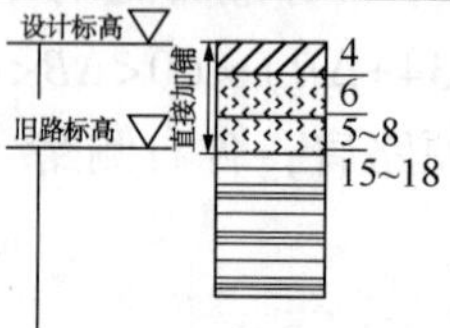	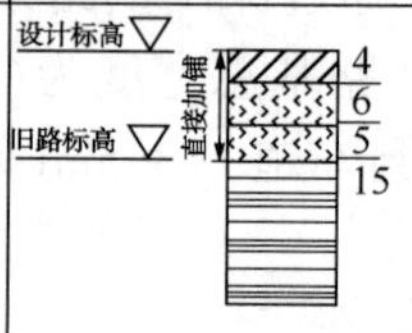	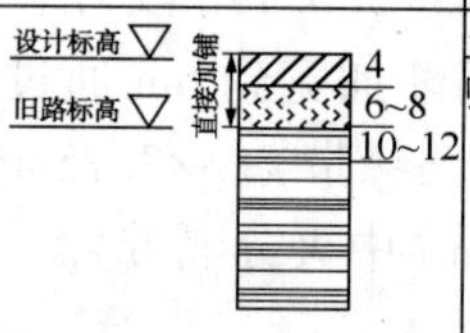	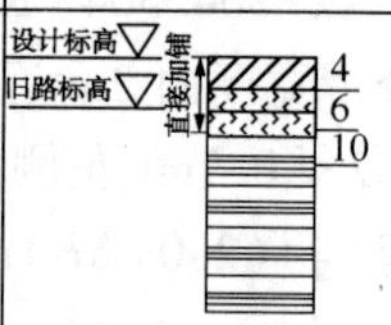

图 6-17　旧路找平方案设计图(一)

（1）Ⅰ-1-1 适用于纵面找平时高程差为 20~15 范围的路段，该路段直接加铺 5~8cmAC-16C+6cmAC-16C+4cmAC-13C；

（2）Ⅰ-1-2 适用于纵面找平时高程差为 15~12 范围的路段，将旧路铣刨至设计标高-15cm，然后加铺 5cmAC-16C+6cmAC-16C+4cmAC-13C；

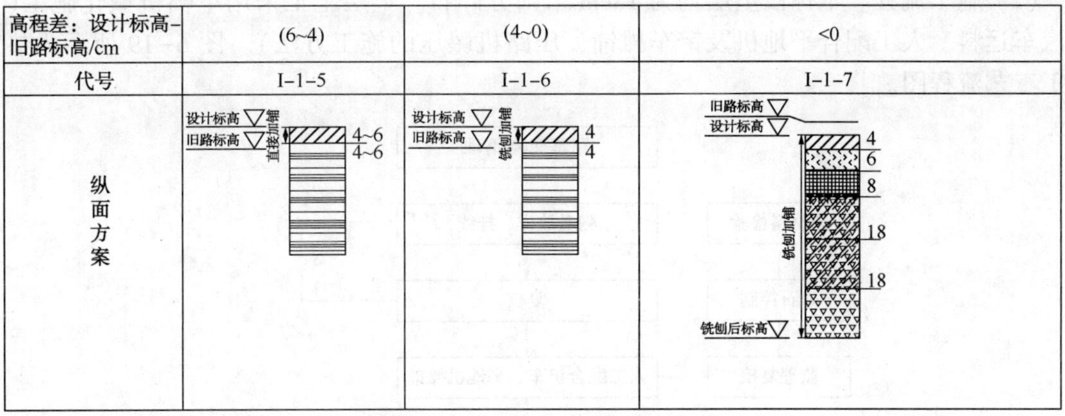

图 6-18　旧路找平方案设计图(二)

(3) Ⅰ-1-3 适用于纵面找平时高程差为 12~10 范围的路段，该路段直接加铺 6~8cmAC-16C+4cmAC-13C；

(4) Ⅰ-1-4 适用于纵面找平时高程差为 10~6 范围的路段，将旧路铣刨至设计标高-10cm，然后加铺 6cmAC-16C+4cmAC-14C。

纵断面加铺方案应结合路面病害处治方案同步进行，对于铣刨挖除后的路面结构层，加铺前应保证其不松散、无病害，最小施工长度原则上不小于 20m，具体长度应结合现场纵断面及病害情况综合考虑。路面沥青层间应洒布黏层，沥青层与水泥稳定碎石层间应做透层+封层。旧路路面结构层仅为示意。

4. 施工工艺

1) 垫层施工工艺

(1) 材料要求。垫层采用 18cm 级配碎石，其颗粒组织应符合表 6-10 的规定；级配碎石垫层塑限指数应小于 6，粗集料的压碎值不大于 30%，针片状颗粒含量不大于 20%。集料应至少分为 4 档：0~5mm、5~10mm、10~20mm、20~30mm。级配碎石的级配可根据工程特点和使用要求，采用振动成型方法进行混合料设计，施工现场压实度为 97%。

表 6-10　级配碎石垫层集料级配组成

通过以下筛孔百分率		通过以下筛孔百分率	
筛孔/mm	通过率/%	筛孔/mm	通过率/%
31.5	100	2.36	19~28
26.5	90~95	1.18	12~20
19	72~84	0.6	8~14
16	65~79	0.3	5~10
13.2	57~72	0.15	3~7
9.5	47~62	0.075	2~5
4.75	30~40		

（2）施工流程。本标段垫层均为18cm未筛分碎石。垫层施工采用单幅机械化施工（自卸汽车运料、人工配合平地机及铲车摊铺、压路机碾压的施工方法）。图6-19所示为垫层施工工艺流程图。

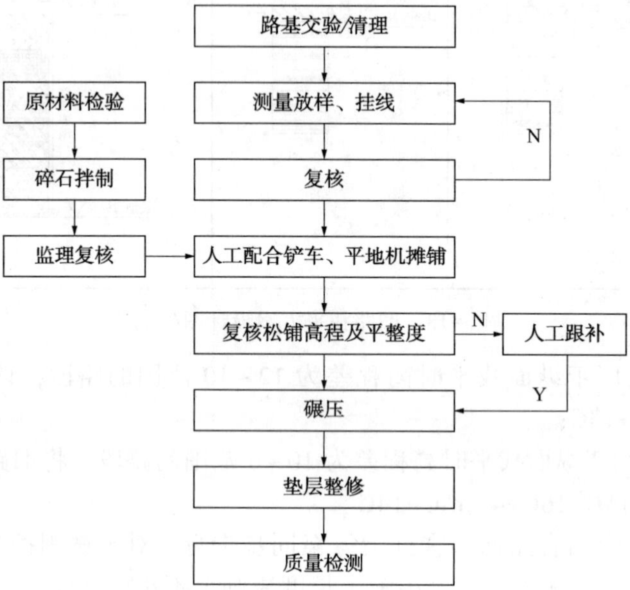

图6-19　垫层施工工艺流程图

（3）施工方法。

① 施工准备。

a. 下承层准备：施工垫层前应先完成下承层（路槽）的检测验收工作。施工前应清除工作面上杂物，对局部松散和车辙的部位进行压实处理。施工横向排水管时，须经监理工程师验收隐蔽工程。

b. 测量放样：下承层上每20m（曲线段10m）逐桩恢复中线桩，在对应中线桩的法线上放出中边桩和外边桩；进行水准测量，并计算出中边桩、外边桩位置处垫层设计标高；并按照松铺系数计算出每个点的挂线高度。基准线材料及安装：该路面挂线采用直径3~4mm的钢丝线，要求能够承受1000N以上的拉力。基准线桩采用约60cm长、直径约15mm的圆钢筋，下部打尖，便于打入下承层。基准线托杆为长度30~40cm、直径8~10mm的光圆钢筋，头部开有挂线口。基线桩间距直线段20m，曲线段10m；施工时先将垫层顶面用石灰线画出来，保证施工时边部顺直美观。基准线连接要求：由于采用机械化施工，一天施工长度远远大过基准线长度，因此，一根基准线长度不够，施工又不得中断时，需要边摊铺边在前方将基准线连接并设置安装好。基准线连接时，需要保证最前端的基准线的第一根桩是同一根公共桩，两条基准线都挂在这根桩的挂线切口内，测量人员应将连接头部处理平滑。

② 拌和。上料时严格按照总监办批复的配合比混合上料，至施工现场采用自卸汽车运输（装载机上料），前场装载机粗平，平地机精平摊铺。经过两次上、卸料，混合料已基本均匀。

③ 运输。应配备足够数量的运输车辆，以满足拌和楼出料和现场摊铺为标准。运输车辆装料后应尽快运送到铺筑现场，车上混合料用帆布进行覆盖，减少水分损失。运输车装料时，严格按照总监办批复的配合比混合上料。

④ 摊铺。未筛分碎石垫层采用平地机配合铲车进行作业，厚度采取按标高挂线控制；施工前检查平地机和铲车是否运行正常；在平地机和铲车后面应设专人消除离析现象，特别应该铲除局部粗集料“蜂窝”，并用符合要求的混合料填补；施工时应该洒水碾压，混合料的含水量宜高于最佳含水量0.5%~1.0%，以补偿施工过程中的水分损失；现场试验人员及时对到场的混合料进行取样，测试含水量和级配，若发现异常及时与后场联系，进行验证检测后，做相应调整；应避免雨季和雨天进行施工，在过分潮湿路段施工，应采取降低潮湿程度，消除积水。

⑤ 压实。施工中规定碾压长度为50m左右，碾压段落必须层次分明，设置明显的分界标志，并有监理工程师旁站；碾压过程中，压路机行走速度为1.5~2.0km/h，直线段由边缘向中心碾压，平曲线段超高内侧向外侧碾压。碾压时要保持重叠二分之一轮宽，以使碾压均匀；压路机倒车换挡要轻且平顺，不能拉动垫层；在第一遍初步稳压时，倒车尽量原路返回，换挡位置应在已压好的段落上，在没碾压的一头换挡倒车位置错开，要成齿状；出现个别拥包时，应专配工人进行铲平处理。碾压过程中采用人工配合进行离析窝处理、撒补细料、推移起包铲除、局部弹簧处理等作业。终压完成后，采用人工对底基层边缘按图纸设计要求进行整修、适当洒水、撒布细料、拍实。

⑥ 横缝处理。施工前对前段已摊铺压实端头松散及不垂直的部分铲除约10cm，形成垂直面，对前后两段施工间隔部分，人工进行摊铺、整平，并与新摊铺垫层一起碾压。在碾压过程中，应将接缝修整平顺。

⑦ 纵缝处理。新铺的基层和老路基层接缝处要清理干净无松散、灰尘，且接缝位置准确、线形顺直，以保证摊铺和碾压质量，基层摊铺前用1：0.5的水泥净浆对老路拼接缝侧面进行涂刷，水泥浆涂刷完成后，及时进行基层摊铺和碾压；碾压时从低向高碾压，压路机碾压时需重叠20~30cm，路面边部加压一遍，在距离拼缝15~20cm处时，压路机重叠碾压。

⑧ 交通管制。在施工垫层完成后，尽量避免后期车辆行驶对垫层的破坏，并尽快对已施工垫层进行底基层覆盖。

2）水泥稳定级配碎石施工工艺

水泥稳定级配碎石集料中不应含有泥土等杂物。基层中集料压碎值不大于22%（花岗岩集料压碎值不大于25%），基层碎石应采用反击破碎石。

基层的水泥用量为5%~6%，七天浸水无侧限抗压强度为5.0~7.0MPa，压实度≥98；底基层的水泥用量为3%~4%，七天浸水无侧限抗压强度为3.0~5.0MPa，压实度≥97。

水泥剂量，试验配比应以强度控制。对于水泥用量达最大值时，强度仍达不到要求时，调整集料级配。

水泥稳定级配碎石基层应至少分5档备料，分别为0~5mm、5~10mm、10~15mm、15~20mm、20~25mm；水泥稳定级配碎石低基层应至少分4档备料，分别为0~5mm、5~10mm、10~20mm、20~25mm。

本项目采用5%水泥稳定碎石基层。

（1）原材料技术要求。

① 水泥：选用PC32.5复合硅酸盐水泥。

② 水：人或牲畜的饮用水均可用于水泥稳定土施工。遇有可疑水源时，应进行试验鉴定。

③ 集料：水泥稳定级配碎石基层和底基层应采用骨架密实型结构，集料最大粒径不大于31.5mm，集料级配范围宜符合表6-11的规定。

表6-11 水泥稳定级配碎石集料级配组成

通过下列方筛孔的质量百分率		通过下列方筛孔的质量百分率	
筛孔/mm	通过率/%	筛孔/mm	通过率/%
26.5	100	2.36	22~31
19.0	82~86	1.18	13~22
16.0	73~79	0.6	8~15
13.2	65~72	0.3	5~10
9.5	53~62	0.15	3~7
4.75	35~45	0.075	2~5

（2）配合比设计。

施工前应按设计文件要求或规范要求做好配合比设计，混合料的级配、强度等指标应满足设计文件及规范的要求。配合比必须经总监办平行验证后方可使用。

（3）施工流程。

水泥稳定碎石施工采用集中厂拌法配制混合料，人工配合摊铺机摊铺，振动压路机+胶轮压路机碾压。施工流程如下：下承层准备→施工放样→两侧支立钢模→材料准备→拌和→运输→摊铺→碾压→接缝处理→养生及交通管制。图6-20所示为水稳施工工艺流程。

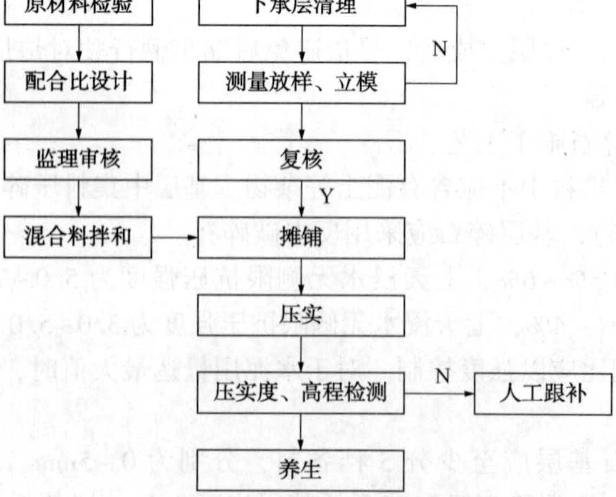

图6-20 水稳施工工艺流程

（4）施工方法。

① 下承层准备。施工底基层前应先完成下承层（碎石垫层或路槽）的检测验收工作。摊铺前应清除工作面上杂物，对局部松散和车辙的部位进行压实处理，根据摊铺进度及时对工作面进行适当洒水湿润。

② 测量放样及外侧边部施工。下承层上每 20m（曲线段 10m）逐桩恢复中线桩，在对应中线桩的法线上放出中边桩和外边桩；进行水准测量，并计算出中边桩、外边桩位置处垫层设计标高；并按照拟定的松铺系数计算出每个点的挂线高度。基准线材料及安装：该路面挂线采用直径 3～4mm 的钢丝线，要求能够承受 1000N 以上的拉力。基准线桩采用约 60cm 长、直径约 15mm 的圆钢筋，下部打尖，便于打入下承层。基准线托杆为长度 30～40cm、直径 8～10mm 的光圆钢筋，头部开有挂线口。基线桩间距直线段 20m，曲线段 10m；施工时先将底基层顶面用石灰线画出来，根据石灰线布设钢模，将钢模顶面调顺，模的外侧用钢筋撑加固，以防挤压翻倒钢模。基准线连接要求：由于采用机械化施工，一天施工长度远远大过基准线长度，因此，一根基准线长度不够，施工又不得中断时，需要边摊铺边在前方将基准线连接并设置安装好。基准线连接时，需要保证最前端的基准线的第一根桩是同一根公共桩，两条基准线都挂在这根桩的挂线切口内，测量人员应将连接头部处理平滑。

③ 拌和。水泥稳定级配碎石采用集中厂拌法进行拌和、拌制时，应符合下列要求：

a. 原集料的颗粒组成、含水量和水泥用量都达到规定的要求。原集料的颗粒组成发生变化，重新调试设备及生产配合比，拌和设备的水流比率要进行核实与标定。

b. 配料应准确，拌和应均匀，不同规格的碎石或砾石以及细集料（石屑）应隔离，分别堆放。装载机上料时禁止串斗、装错斗。

c. 在正式拌制混合料之前，必须先调试所用的设备，使混合料的颗粒组成和含水量都达到规定的要求。

d. 拌和楼生产时，试验员按照规范要求频率检测水泥含量、含水量及碎石颗粒组成级配，并及时向拌和楼控制室提供试验数据。

④ 运输。应配备足够数量的运输车辆，以满足拌和楼出料和现场摊铺为标准，运料车宜采用载重较大的运输车辆，减少摊铺机收斗次数。运输车辆装料后应尽快运送到铺筑现场，车上混合料用帆布进行覆盖，减少水分损失。如运输车在运输途中发生故障，立即以最短的时间排除；当车内混合料不能在水泥初凝前运到工地摊铺压实时，应予以废弃。装料时为了减少混合料离析，采取“前、后、中”的顺序装料。

⑤ 摊铺。采用挂线法摊铺，施工前测量班放出边桩，直线段每 10m 一个桩，曲线段每 5m 一个桩；挂线的桩采用铁钎，基准线采用钢线，铁钎必须固定牢固，钢线必须拉紧。水泥稳定碎石采用两台摊铺机并排摊铺作业，厚度采取按标高挂线控制，松铺系数通过试验路确定。摊铺之前将下结构层表面洒水湿润，并检查摊铺机各部分是否运行正常。通过试铺使拌和机生产能力与摊铺机摊铺能力相互匹配，保证摊铺机连续摊铺。两台摊铺机采用梯队作业，前后相隔 10m 左右，摊铺速度保持匀速，宜在 1.5m/min 左右，摊铺过程中应保证边部钢模部位布料的饱满。在摊铺机后面应设专人消除粗细集料离析现象，特别应该铲除局部粗集料“蜂窝”，并用新拌混合料填补。摊铺时混合料的含水量宜高于最佳含水量

0.5%~1.0%，以补偿摊铺及碾压过程中的水分损失。如遇特殊情况摊铺机需要待料时，摊铺间隔时间不得超过2h，超2h时，应将已摊铺的水泥稳定土及时整平、碾压，设置工作缝。每个工作段碾压结束后，应将压实成型的混合料修整成垂直于地面的竖直面。应避免雨季和雨天进行施工，在过分潮湿路段施工应采取降低潮湿程度，消除积水。

⑥ 压实。用1台26t重型振动压路机+2台19t振动压路机+1台26t胶轮压路机组合进行碾压，完成压实后的表面不得出现高低不同的压实面及隆起、裂缝或松散等现象。任何混合料离析处均应在碾压前挖除，用合格的材料替换。含水量过大或过小的混合料均不得进行摊铺碾压。每层的压实厚度不宜超过20cm，基层分两层摊铺完成。碾压时压路机应重叠1/2轮宽，压路机碾压速度第1~2遍为1.5~1.7km/h，以后各遍应为1.8~2.2km/h。

⑦ 接缝处理。基层接缝和碾压：新铺的基层和老路基层接缝处要清理干净无松散、灰尘，且接缝位置准确、线形顺直，以保证摊铺和碾压质量，基层摊铺前用1∶0.5的水泥净浆对老路拼接缝侧面进行涂刷，水泥浆涂刷完成后，及时进行基层摊铺和碾压；碾压时从低向高碾压，压路机碾压时需重叠20~30cm，路面边部加压一遍，在距离拼缝15~20cm处时，压路机应骑缝碾压。

⑧ 养生。水泥稳定碎石摊铺、碾压成型后，养生是保证其强度和施工质量的一个重要环节。每一段碾压完成后立即进行质量检查，并开始养生。施工完成后洒水，然后覆盖土工布+薄膜，接缝处设置压块，以防刮风时翘起。在7d养生期内保持基层处于湿润状态。养生结束后，应将覆盖物清除干净，并将养护牌移走。基层、底基层养生期不少于7d。

3）透层、黏层、下封层、防水黏结层的施工工艺

（1）气候限制。

只有在处治层已风干或含水量不超过使沥青材料能够均匀洒布和达到要求渗透所容许的范围时，才能洒布沥青材料。当气温低于+10℃或大风天气、有降雨可能时，不得洒布沥青材料。

（2）原材料的选择、试验及验收。

① 沥青材料。透层的沥青材料采用慢裂的洒布型高渗乳化沥青（PK-P），其技术指标应满足《公路沥青路面施工技术规范》（JTGF40—2004）表4.3.2的有关规定。透层油使用前应按照《公路工程沥青及沥青混合料试验规程》（JTGE20—2011）的方法进行试验，且满足规范的要求。

黏层的沥青材料采用快裂的洒布型改性乳化沥青（PCR），黏层沥青材料使用前应按照《公路工程沥青及沥青混合料试验规程》（JTGE20—2011）的方法进行试验，且满足规范的要求。下封层、桥面铺装及隧道的防水黏结层沥青采用I-D级SBS改性热沥青，其技术性能均应符合技术规范和设计图纸的要求。

② 集料。下封层、防水黏结层用碎石宜采用坚硬、清洁、干燥、无风化、无杂质并有适当级配的颗粒组成的石料，其技术指标应符合招标文件的规定。

（3）透层施工方法。

① 透层采用智能喷量控制系统的沥青洒布车进行喷洒。

② 透层应在基层养生后及时进行，如果路面基层完工后时间较长，洒布透层沥青前的下承层表面过分干燥时，对下承层进行清扫，在其表面洒少量水，并待表面稍干后，再洒

布透层沥青。

③ 喷洒透层沥青，用沥青洒布车喷洒液体沥青，洒布量通过试验路来确定，应符合 JT-GF40—2004 规范的要求，洒布量宜在 0.7~1.5/m^2，宜通过试洒确定，透层油洒布后应不致流淌，渗透入基层的深度通过钻孔确认，渗透深度不得小于 5mm。

(4) 黏层施工方法。

上、中、下面层沥青混合料层之间必须喷洒乳化沥青黏层油。黏层油的用量应通过试洒确定，并满足 0.3~0.6L/m^2；黏层油宜在当天洒布，待乳化沥青破乳、水分蒸发完成后，紧跟着铺筑沥青层，确保黏层不受污染。在沥青上、中、下面层之间及新加铺沥青层与老路沥青层之间，在桥头搭板、水泥混凝土过渡板上，所有与新铺沥青混合料接触的侧面，如纵横向施工缝、雨水进水口、路缘石等侧面，应均匀洒喷黏层油。

(5) 下封层、防水黏结层施工方法。

下封层、防水黏结层采用同步封层车洒布，沥青采用 SBS 改性热沥青。

本项目对沥青铺装桥面、桥头搭板设防水黏结层。

① 防水黏结层采用 SBS 改性热沥青+瓜米石，碎石的粒径为 4.75~9.5mm，热沥青采用 70 号沥青，改性剂采用 SBS，沥青用量为 1.2~1.6kg/m^2，厚度为≥6mm，碎石覆盖率为 60%~70%，以不满铺、不重叠为宜，下封层矿料用量宜为 5~8m^3/1000m^2，采用同步封层洒布车进行施工。

② 施工桥面防水层前须对桥面板清除浮浆并铣刨，铣刨深度不小于 2mm；并须严格保证铺装层厚度。

③ 下封层能起到封水与增进层间黏结的作用，可在施工与营运过程中对基层形成有效的保护。在透层油洒铺完毕后进行封层铺设。碎石的粒径为 4.75~9.5mm，热沥青采用 70 号沥青，改性剂采用 SBS，沥青用量为 1.2~1.6kg/m^2，碎石覆盖率为 60%~70%，以不满铺、不重叠为宜，下封层矿料用量宜为 6~9m^3/1000m^2。为增强碎石的黏结效果，可采用 0.2%~0.3%的油石比对碎石进行预拌。封层应采用同步封层洒布车进行施工。

(6) 养护及开放交通。

① 对洒好的透层、封层、黏层的基层和面层进行养护，并保持良好状态。

② 在沥青材料充分渗入基层之前，禁止车辆和行人通行，如需通行工地运输车辆时，为了防止车轮沾油，应撒铺吸油材料，以覆盖尚未吸收的沥青。

③ 在铺筑沥青面层前如发现局部地方透层沥青剥落，应予以修补，并扫除基层上多余的砂。

(7) 施工中应注意的问题。

沥青应做到喷洒均匀，数量符合规定。起步、终止应采取措施，避免喷洒量过多，纵向和横向搭接处做到沥青既不喷量过多也不漏洒。对于漏洒的地方应用手工补洒。对于基层表面不平整，或表面有坑槽的情况，应防止在低洼处沥青用量过大，形成软层。

4) 沥青面层施工工艺

(1) 材料技术要求。

① 沥青技术要求。本项目沥青路面上面层、中面层、下封层、防水黏结层采用 SBS 改性沥青，基质沥青选用符合道路石油沥青技术要求的 A 级 70 号沥青。各种沥青的技术

指标应符合表 6-12 的规定。

表 6-12 70 号道路石油沥青及其改性后技术要求

指标		单位	A 级 70 号沥青	SBS(I-D)改性沥青
针入度(25℃，5s，100g)		0.1mm	60~70	40~60
针入度指数 PI(选择性指标)		—	-1.5~-+1.0	不小于 0
软化点(R&B)	不小于	℃	47	60
60℃动力黏度	不小于	Pa·s	180	180
运动黏度 135℃	不大于	Pa·s	—	3
延度 5℃，5cm/min	不小于	cm	—	20
10℃延度	不小于	cm	15	—
15℃延度	不小于	cm	100	—
蜡含量(蒸馏法)	不大于	%	2.2	2.2
闪点	不小于	℃	260	230
溶解度	不小于	cm	99.5	99
弹性恢复 25℃	不小于	cm	—	75
贮存稳定性离析，48h 软化点差	不大于	℃	—	2.5
质量变化	不大于	%	±0.8	±1
残留针入度比(25℃)	不小于	%	61	65
残留延度(5℃)	不小于	cm	—	15
残留延度(10℃)	不小于	cm	6	6
残留延度(15℃)	不小于	cm	15	15

沥青与集料的黏附性需达到 5 级。

② 集料技术要求。沥青混合料用骨料采用石灰岩。

各层集料要求干燥、洁净、无风化、无杂质，各项技术指标符合相关规范要求。

沥青各层骨料级配范围见表 6-13~表 6-15。

沥青上、中、下面层细集料应采用石灰岩材质的机制砂。细集料应洁净、干燥、无风化、无杂质，并有适当的颗粒级配，不得使用天然砂。其质量规格应符合表 6-16 和表 6-17。

表 6-13 沥青面层用粗集料质量技术要求

级配类型		下列筛孔孔(mm)通过率/%												
		31.5	26.5	19	16	13.2	9.5	4.75	2.36	1.18	0.6	0.3	0.15	0.075
AC-13C	上限				100	100	85	68	50	38	28	20	15	8
	下限					90	65	38	24	15	10	7	5	4

续表

级配类型		下列筛孔孔(mm)通过率/%												
		31.5	26.5	19	16	13.2	9.5	4.75	2.36	1.18	0.6	0.3	0.15	0.075
AC-16C	上限			100	100	92	80	62	48	36	26	18	14	8
	下限				90	76	60	34	20	13	9	7	5	4
AC-20C	上限		100	100	92	80	72	56	44	33	24	17	13	7
	下限			90	78	62	50	26	16	12	8	5	4	3

表 6-14 上面层粗集料质量技术要求

指标	单位	技术要求	指标	单位	技术要求
石料压碎值	%	不大于 26	坚固性	%	不大于 12
洛杉矶磨耗损失	%	不大于 28	针片状颗粒含量	%	不大于 15
表观相对密度	t/m^3	不小于 2.60	水洗法<0.075mm 颗粒含量	%	不大于 1
吸水率	%	不大于 2.0	软石含量	%	不大于 3
与沥青的黏附性	级	不小于 5	石料磨光值	PSV	不小于 42

表 6-15 中、下面层沥青混合料用粗集料质量技术要求

指标	单位	技术要求	指标	单位	技术要求
指标	单位	技术要求	与沥青的黏附性	级	不小于 4
石料压碎值，不大于	%	28	坚固性，不大于	%	12
洛杉矶磨耗损失，不大于	%	30	针片状颗粒含量，不大于	%	18
表观相对密度，不小于	—	2.5	水洗<0.075mm 颗粒含量，不大于	%	1
吸水率，不大于	%	3.0	软石含量	%	不大于 5

表 6-16 沥青混合料用细集料质量技术要求

指标	单位	技术要求	指标	单位	技术要求
表观相对密度	t/m^3	不小于 2.5	砂当量	%	不小于 60
坚固性(>0.3mm 部分)	%	不大于 12	棱角性(流动时间)	s	不小于 30
含泥量(小于 0.075mm 颗粒含量)	%	不大于 3	亚甲蓝值	g/kg	不大于 25

表 6-17 机制砂规格要求

公称最大粒径/mm	水洗法退稿各筛孔(mm)的质量百分率/%							
	9.5	4.75	2.36	1.18	0.6	0.3	0.15	0.075
0~3		100	80~100	50~80	25~60	8~30	0~15	0~10

沥青混合料的矿粉必须采用石灰岩等憎水性石料磨细得到的矿粉，原石料中的泥土杂质应除净。矿粉应干燥、洁净，能自由地从矿粉仓流出，其质量应符合《公路沥青路面施工

技术规范》(JTGF40—2004)表 4. 10. 1 之规定。不得使用回收粉代替矿粉。矿粉质量应该符合表 6-18 要求。

表 6-18　沥青混合料用矿粉质量要求

项目	单位	指标
表观相对密度，不小于	t/m^3	2. 5
含水量，不大于	%	1
粒度范围 <0. 6mm <0. 15mm <0. 075mm	% % %	100 90~100 75~100
外观	—	无团料结块
亲水系数	—	<1
塑性指数	%	<4

沥青混合料质量和沥青混凝土技术性能指标应分别满足表 6-19 和表 6-20 的要求。

表 6-19　沥青混合料质量技术要求

试验指标	单位	AC-13C	AC-16C	AC-20C
试件尺寸	mm	ϕ101. 6×63. 5	ϕ101. 6×63. 5	ϕ101. 6×63. 5
击实次数(双面)	次	75	75	75
空隙率 VV (深约 90mm 以内)	%	4~6	4~6	4~6
沥青饱和度 VFA	%	55~70	55~70	55~70
稳定度 MS，不小于	kN	8	8	8
流值 FL	mm	1. 5~4	1. 5~4	1. 5~4
VMA/%，不小于	设计空隙率/%	AC-13	AC-16C	AC-20C
	3	13	12. 5	12
	4	14	13. 5	13
	5	15	14. 5	14
	6	16	15. 5	15

表 6-20　沥青混合料性能试验技术要求

	AC-13C	AC-16C	AC-20C
1. 高温抗车辙试验(60℃)			
动稳定度，不小于(次/mm)	2800	2800	1000
2. 水稳定性试验			

续表

	AC-13C	AC-16C	AC-20C
浸水马歇尔残留稳定度，不小于/%	85	85	80
冻融劈裂残留强度比，不小于/%	80	80	75
3. 低温弯曲试验(-10C，50mm/min)			
破坏应变，不小于(με)	2500	2500	2000
4. 渗水试验			
室内渗水系数，不大于(mL/min)	120	120	120
施工中沥青层层面上控制的渗水系数，不大于(mL/min)	300	300	300

a. 上面层改性沥青混合料(试验条件 60℃，0.7MPa)动稳定度≥3200 次/mm，中面层改性沥青混合料动稳定度≥3200 次/mm，下面层沥青混合料动稳定度≥1000 次/mm。

b. 沥青混凝土应具有良好的水稳定性。沥青混合料的水稳性指标需要满足：沥青混合料浸水马歇尔残留稳定度上、中面层不小于 85%，下面层不小于 80%；冻融劈裂试验残留强度上、中面层比不小于 80%，下面层不小于 75%。沥青混合料层各层试件渗水系数应≤120mL/min。

c. 沥青混合料在温度-10℃、加载速率 50mm/min 时低温弯曲试验破坏应变应符合以下要求：普通沥青混合料(με)不小于 2000，改性沥青混合料(με)不小于 2500。

d. 沥青面层国际平整度指数 IRI<2.0m/km、σ<1.2mm。横向力系数 SFC60≥54，摆值 Fb≥45，路面宏观构造深度 TD≥0.70mm。

其他各项指标应满足现行规范要求。

路面大面积施工前，上、中、下面层沥青混凝土的配合比设计必须严格按目标配合比设计、生产配合比设计及生产配合比验证三个阶段进行，确定施工级配允许波动范围。

(2) 混合料配合比设计。

沥青面层施工前，需按以下步骤进行配合比设计，直到配合比经试验路验证合格后方可大面积施工。

① 沥青混合料所需原材料包括沥青、碎石、石粉、矿粉、纤维等，必须进行原材料检测，未经检测或者经检测不合格的材料，不得用于施工。

② 目标配合比设计。

③ 生产配合比设计。

④ 生产配合比验证：通过铺筑试验路，对混合料各项性能指标进行检测，以验证生产配合比的可靠性。

(3) 沥青面层施工方法。

① 拌和。在沥青混凝土面层施工过程中，拌和站生产能力及成品质量制约和影响路面施工进度及沥青混凝土面层的综合性能。为了保证沥青混凝土面层的施工质量，工程应从源头控制沥青混合料的质量，为此将采取以下措施：

a. 本项目采用购买商品沥青混合料，商品拌和楼具有足够的生产能力，其配有电子重量传感器和红外线温度传感器，计算机控制整个生产流程，配合比控制和称量数量自动化。

为了确保沥青混合料矿料级配和油石比在整个施工过程中的稳定性，装载机上料应准确、及时，严禁溢仓、混仓或漏装现象发生；拌和楼操作人员应严格按配合比拌料，并保证配合比实施的准确性，严禁手动操作，集料称量误差控制在±3%以内，沥青称量误差控制在±1%以内，若连续超过上述误差范围应及时查明原因并予以纠正；拌和楼操作人员每日开机时，必须开启自动记录系统，以保证查询和检验实施的配合比在各个热料仓下料重量误差的波动范围是否合理。

b. 做好混合料温度控制工作，由于本项目的沥青层结构形式多样，各混合料的施工温度也不尽相同，根据本项目招标文件技术规范的要求，各种混合料的施工温度见表6-21。

表6-21 混合料施工温度范围

施工工序	沥青类型	
	普通沥青	改性沥青
沥青加热温度/℃	155~165	160~165
集料加热温度/℃	比沥青加热温度高10~30	190~220
混合料出料温度/℃	145~165	170~185
混合料运到现场温度/℃	不低于145	不低于160
混合料废弃温度/℃	高于195	高于195
混合料摊铺温度/℃	不低于135	不低于160
混合料碾压温度/℃	不低于130	不低于150
碾压终了温度/℃	不低于70	不低于90

c. 出厂前逐车检测沥青混合料的均匀性，若出现花白料应废弃及停机分析原因。在实际操作中，发现有以下几种原因会造成花白料：冷料比不合理出现闷筛；沥青用量不足；搅拌时间不够；搅拌锅叶片磨损；细集料用量偏多；矿料、沥青加热温度不够。

d. 拌和场的面积和配套建设满足使用要求，且堆料场及场内运输道路进行硬化。拌和场设置在空旷、干燥、运输条件良好的地方，符合国家有关环境保护、消防、安全等规定。沥青分类分标号密闭储存。各种矿粉分别堆放，矿粉等填料不得受潮。拌和场确保有可靠的电力供应和良好的排水设施。

e. 拌和楼配备了一个贮量50t的保温成品料仓，缩短汽车装料等待时间，使拌和机工作连续，保证级配稳定。

f. 试验员应每个台班对每台拌和楼取样1~2次，进行马歇尔试验和抽提筛分试验，以检查沥青用量及级配是否符合要求。

g. 每天结束后，用拌和楼打印的各料数量以总量控制，以各仓用量及各仓级配计算平均施工级配、油石比并与施工厚度和抽提结果进行校核。在拌和机拌和过程中逐盘打印沥青与各种矿料的用量及拌和温度。

h. 每周分析一次检测结果，计算油石比、各级矿料通过量和沥青混凝土物理力学指标检测结果的标准和变异系数，检验生产是否正常。

i. 出厂的沥青混合料运输车用地磅称重，并按现行试验方法测量运料车中沥青混合料的温度，签发一式三份的运料单，一份存拌和厂，一份交摊铺现场，一份交司机。

② 运输。为了确保混合料的温度、不离析和具备略有富余的运量，对沥青混合料运输采取如下措施：根据拌和楼和摊铺机生产能力以及运距计算车辆数，采用了大吨位双桥车作为运输车，保证运力满足要求。运输前对车辆性能进行检测，防止运料过程中坏车。车厢应清扫干净，并洗刷适当的植物油，严禁泥沙或其他杂物残留车厢。装车过程中，严格服从指挥、料车应前后移动，分三堆装料，以免形成锥形料堆，使混合离析。为保证混合料温度，车辆均配备足够大的蓬布覆盖混合料。运料途中不得随意停驶，尽量匀速行进，避免突然加速和急刹车。前场卸料服从指挥，准确到位，严禁提前卸料到路面或集料大量撒落路面。连续摊铺过程中，运料车在摊铺机前 10~30cm 处停住，卸料过程中料车应挂空挡，靠摊铺机推动前进，运输车辆不得撞击摊铺机，以保证摊铺出的路面的平整度。

③ 摊铺。摊铺是保证路面平整度的最重要的环节之一。因此，摊铺机的性能参数以及正确使用、调整是至关重要的，为此将采取以下措施：

a. 选择性能可靠、技术先进的摊铺机。为确保路面平整度，沥青面层将采用带全自动找平功能的摊铺机来摊铺，并尽量采用全幅路面摊铺。沥青路面采用两台摊铺机成梯队作业进行联合摊铺，相邻两幅的摊铺应有 5~10cm 宽度的摊铺重叠；相邻两台摊铺机前后宜相距 5m 左右，避免相距过远产生冷接缝。

b. 下面层摊铺作业时，必须安放引导摊铺机走向控制基准的钢丝绳。选用 F2~F3 的带油钢丝绳作为导向基准，并且每 10m 设一支承柱。避免因钢丝绳本身重量或支承间距太大造成基准线有微量挠度。此挠度反映到高度传感器上，将使摊铺机在纵向长度上铺出波浪式的路面，导致摊铺层不平整增加。

c. 中上面层摊铺时，采用非接触式平衡梁控制摊铺厚度及平整度。

d. 摊铺机夯锤和振动轴进行合理匹配。夯锤的选择直接决定路面的密实度，而振动轴直接决定了熨平板的熨平效果。这二者的合理匹配，在很大程度上决定了路面的平整度和密实度。

e. 每天摊铺机在工作前要对熨平板进行充分预热，加热目的是减少乃至消除熨平板与混合料之间大的温差，以避免混合料冷沾在熨平板底面上，使摊铺层出现拉沟或裂纹。预热时间一般在 20~30min，外界气温较低时应适当加长预热时间，使熨平板表面温度大于 130℃，但加热过程不能过快，温度不能过高，以避免熨平板本身的变形和加速磨耗。

f. 纵坡传感器的安装、检查、调整与厚度调节手柄的使用：按照施工技术要求，自动调平系统采用单侧或双侧纵坡控制，纵坡传感器安装必须牢固。调节熨平板上的厚度调节手柄，调节出合适的摊铺厚度，纵向传感器指示灯上下闪动表示调节完毕。纵向传感器的灵敏度选择在刻度值的 5~7 内(数值越大，灵敏度越高)。摊铺中、下面层时采用灵敏度相对高的刻度值；摊铺上面层时采用灵敏度相对低的刻度值，以满足纵坡和平整度要求。每一层的纵向传感器灵敏度刻度值应通过试验路段具体确定。沥青混合料摊铺时一般在厚度调整过后，可不必多去调整，只是在确有凹凸处才进行调整，调节时按摊铺机每前进 1m 转动 1/4 圈调整，这样经多次调节后方得到较为平整的铺层。

g. 松铺层的准备：通过试验路，测定相应的混合料松铺系数。在实际摊铺过程中，按松铺系数确定熨平板初始的松铺厚度和自动找平梁基准下的垫板厚度，在熨平板宽 1/3 点处各放一块，宽度为20~30cm。自动找平梁的后部在全长方向上与熨平板垫同样的垫板，并保证垫板平直。初次摊铺的垫板厚度为路面设计厚度乘以松铺系数；与路面对接摊铺的垫板厚度为松铺厚度与路面设计厚度之差。

h. 摊铺机在作业时，如送料车撞击摊铺机，将使摊铺机向后移动，而造成摊铺完的沥青混凝土起拱，从而破坏平整度。如摊铺机与送料车配合不协调，则使沥青混合料撒落在摊铺机两边的行走履带下面；如不及时清除，使履带行驶在凹凸不平的层面上，摊铺机左右晃动使自动调平系统的工作仰角发生变化，从而导致摊铺机熨平板两侧产生明显的横坡变化。因此，将安排专人负责指挥送料车倒车卸料，禁止送料车推动摊铺机滚轮。

i. 摊铺速度应均匀连续。根据拌和、碾压能力选择合适的摊铺速度，按2~4m/min予以调整选择，避免摊铺速度过快，造成摊铺层表面的粗颗粒在熨平板下沿摊铺方向滑动，使表面粗颗粒后方形成小的空洞，从而影响平整度。

j. 输料器送料应均匀稳定。将沥青摊铺机螺旋喂料器调整到最佳状态，使螺旋喂料器中混合料的高度将螺旋的2/3埋没，摊铺机集料斗在刮板尚未露出，尚有约10cm厚混合料时，料车开出，同时拢料。料斗两翼复位后，下一料车开始卸料。这个问题看似简单，但需要技术人员有一定的经验，不应忽视，为此将配备有多年操作经验的摊铺机手。

k. 沥青层施工前，应将路面上所有的松散材料、废屑或其他不合适的材料用清扫机械从工作面上清扫干净，以提高平整度。

l. 摊铺前应在立缘石、平缘石及其他结构物与沥青面层接触面上均匀地刷上一薄层热沥青结合料(或用适当溶剂溶解的黏稠沥青或稀释沥青)。涂刷时不得污染周围的非涂刷区。

m. 严格按规范要求控制混合料摊铺温度，为确保摊铺质量，当天气温度低于10℃时不宜施工。

n. 随时观测摊铺质量，发现离析和其他异常现象，及时分析原因，予以处理。

o. 当遇雨或下层潮湿有积水时，不得摊铺沥青混合料。对未经压实即遭雨淋的沥青混合料，应全部清除，更换新料。

④ 碾压。沥青路面最后的平整度和密实度都是通过压路机的碾压来实现的，因此，碾压工艺的好坏对平整度的高低和密实度的大小起着重大作用。

a. 碾压的工具。应选择合理的压路机组合方式，为达到最佳效果，拟采用钢筒式静态压路机与轮胎压路机及振动压路机相组合的方式。

b. 压实的参数。压实频率选择：沥青混合料压实中，振动压路机的频率可选用33~60Hz，最佳频率为45~50Hz。

实振幅选择：沥青混合料联结层、磨耗层压实时，振动压路机的振幅可选用0.35~0.88mm，最佳振幅为0.4~0.6mm。

压实速度选择：根据速度与频率的关系及铺筑层厚、材料种类、级配构成因素，振动压路机最佳碾压速度参考规范(JTGF40—2004)表7.7.4。

振动力大小的选择：压路机振动力的大小取决于基层材料的情况、压实层的厚度、粒料的级配和油石比的状况，选择原则是宁小勿大。强振对于粒料有损害，破坏路面级配，而且机械损耗大，司机操作也较困难，当然也影响到平整度。碾压工作面长度的选择应根据施工时的气温、摊铺现场与搅拌站的距离、摊铺速度等情况而定。在允许的情况下，碾压工作面的长度应选择在100~150m。如工作面太短，压路机必须增加掉头停车次数。压路机停车掉头等不良操作对路面平整度有较大影响。

c. 碾压的规则。为保证各阶段的碾压作业始终在混合料处于稳定的状态下进行，碾压作业应按下述规则进行：由下而上(沿纵坡和横坡)；先静压后振动碾压；初压和终压使用双轮压路机，初压可使用组合式钢轮-轮胎压路机，复压使用振动压路机和轮胎压路机；碾压时驱动轮在前，从动轮在后；后退时沿前进碾压的轮迹行驶；压路机的碾压作业长度应与摊铺机的摊铺速度相平衡，随摊铺机向前推进；压路机折回去不在同一断面上，而是呈阶梯形；当天碾压完成尚未冷却的沥青混凝土层面上不应停放一切施工设备(包括临时停放压路机)，以免产生形变；压实成型的沥青面层完全冷却后才能开放交通；在强振条件下操作时应特别注意起步要稳、停车要慢，切记不能在未碾压完的路面上转弯、急刹车等。

d. 碾压的步骤。沥青混凝土面层的碾压通常分为3个阶段进行，即初压、复压和终压。

初压：采用2台13t双钢轮压路机，压路机驱动轮在前，静压匀速前进，后退时沿前进碾压时的轮迹行驶进行振动碾压。初压1~2遍。

复压，第二阶段复压是主要压实阶段。在此阶段至少要达到规定的压实度，因此，复压应该在较高温度下并紧跟在初压后面进行。中下面层复压期间的温度不应低于110~120℃，拟采用2台13t双轮振动压路机(用振动压实)和2台26t以上的轮胎压路机组合，振动压路机和轮胎压路机一起进行碾压。碾压遍数参照铺筑试验段时所得的碾压遍数确定，通常不少于8遍，碾压方式与初压相同。

终压：第三阶段终压是消除缺陷和保证面层有较好平整度的最后一步。由于终压要消除复压过程中表面遗留的不平整，因此，沥青混合料也需要有较高的温度。终压拟采用静力双轮压路机并紧接在复压后进行。普通沥青终压结束时的温度不应低于100℃，改性沥青终压结束时的温度不应低于120℃，沥青混合料碾压应尽可能在较高温度下结束终压。

横向接缝的碾压：横向接缝的碾压是工序中重要一环。碾压时，应先用双轮压路机进行横向(垂直于路面中心线)碾压，需要时，摊铺层的外侧应放置供压路机行驶的垫木。碾压时压路机应主要位于已压实的混合料层上，伸入新铺混合料的宽度不超过20cm。接着每碾压一遍向新铺混合料移动约20cm，直到压路机全部在新铺面层上碾压为止。然后进行正常的纵向碾压。在相邻摊铺层已经成型必须施做冷纵向接缝时，可先用钢轮压路机沿纵横碾压一遍，在新铺层上的碾压宽度为15~20cm，然后再沿横向接缝进行横向碾压。横向碾压结束后进行正常的纵向碾压。

纵向接缝的碾压：压路机先在已压实路面上行走，同时碾压新铺混合料10~15cm，然后碾压新铺混合料，同时跨过已压实路面10~15cm，将接缝碾压密实。

⑤ 接缝处理。

a. 纵向接缝处理。老路拼接处摊铺时，用火焰对老路面切缝处预热并涂刷热沥青，形成相对热接缝；对接缝处沥青混合料的碾压，压路机位于刚摊铺好的面层上，由低处向高处碾压，每碾压一遍，向拼接缝移动15~20cm，在距离拼接缝15~20cm处时，压路机骑缝碾压，然后继续移动，直至压路机全部压过接缝。为此，可沿摊铺带一侧敷设一根导向线，并在机械上安置一根带链条的悬杆，驾驶员只要注视所悬链条对准导向线行驶即可。

b. 横向接缝处理。横向接缝，相邻两幅及上下层的横向接缝均应错位1m以上。沥青面层应采用垂直的平接缝，铺筑接缝时碾压前应将预热用的混合料铲除。斜接缝的搭接长度与层厚有关，一般为0.4~0.6m。搭茬时，可以在压实部分上面铺一些热混合料使之预热软化，以加强新旧混合料的黏结，但在搭接处应清扫干净并洒黏层油。当搭接处混合料中的粗集料颗粒超过压实层厚时应予剔除，并补上细料。斜接缝应充分压实并搭接平整。为保证接缝的压实度、平整度、外观美观，建议采用平接缝。平接缝应做到紧密黏结、充分压实、连接平顺，施工可采用下列方法：

在施工结束时，摊铺机在接近端部前约1m处将熨平板稍抬起驶离现场，用人工将端部混合料铲齐后再予碾压，然后用3m直尺检查平整度，趁混合料尚未冷透时垂直刨除端部层厚不足的部分，使下次施工时直角连接。

在预定的摊铺段的末端先撒一薄层砂带，摊铺混合料后摊铺层上挖一道缝隙，缝隙位于撒砂的交界处，在缝中嵌入一块与压实层厚等厚的木板或型钢，待压实后铲除撒砂的部分，扫尽砂子，撤去木板或型钢，在端部洒黏层沥青接着摊铺。

在预定的摊铺段未端先铺上一层麻袋或牛皮纸，摊铺碾压成斜坡，下次施工时将铺麻袋或牛皮纸的部分用人工刨除，在端部洒黏层沥青接着摊铺。

在以预定摊铺段的末端先撒一薄层砂带，再摊铺混合料，待混合料稍冷却后用切割机将撒砂的部分切割整齐后取走，再用干拖布吸走多余的冷却水，待表面干燥后在端部洒黏层沥青接着摊铺，不得在接头有水或潮湿的情况下铺混合料。

对于横向接缝，应于接缝处起继续摊铺混合料前，用3m直尺检查已铺路面端部平整度，不符合要求时应予清除。在摊铺新混合料时应调整好预留高度，接缝摊铺层施工结束后再用3m直尺检查平整度，当有不符合要求者应趁混合料尚未冷却时立即处理，以保证横向接缝处的路面平整度。

⑥质量检测。施工后，检测是一个很重要的环节。检测内容包括压实度、厚度、平整度、弯沉值、透水性等。它们是评定沥青面层质量的重要指标。

现场检测的各项指标和室内试验结果都应符合《公路工程质量检验评定标准》(JTGF 80/1—2004)的要求。

第三节　桥涵改扩建施工

一、既有桥梁、涵洞处治

1. 桥面系病害处治

1）护栏、栏杆

钢筋混凝土防撞护栏普遍存在竖向开裂、剥落露筋、混凝土破损等现象，轻者可灌注环氧树脂，重者应凿除破损部分，重新修补完整。栏杆扶手、立柱存在松动、缺失、断裂、生锈、起皮等病害的应按原样修复。

2）桥面铺装

公路桥梁桥面铺装的常见病害为纵横向裂缝、沥青铺装层在车辆荷载反复作用下产生的车辙、波浪和鼓包等破坏形式。铺装层的开裂破坏，为雨水侵蚀桥面板提供了途径，钢筋的锈蚀会直接影响桥梁功能，应及时进行修复。如果出现表面车辙、波浪、碎裂等表面破坏，应将破损部分凿除，及时修复。损坏面较大者，应将整孔凿除，重新铺设铺装。

桥面防水层如有损坏，修补后其防水性能、整体强度、与下层黏结强度和耐久性等指标应满足原设计要求。

3）伸缩缝

伸缩缝处治要视其病害的程度而采取不同的措施：对于橡胶条拉裂、老化或脱落，但其他部位完好的伸缩缝，仅需更换跨缝材料；对于锚固混凝土的破碎或出现粗长裂缝，但型钢及伸缩缝钢筋完好、使用功能未受损害的伸缩缝，则酌情对锚固混凝土重新浇筑；对于型钢或钢筋裸露、变形，而致使使用功能明显受损的伸缩缝，则需要更换整个伸缩缝装置，包括跨缝材料和锚固件。

4）排水系统

排水系统的常见病害为：因泄水管产生局部破裂、损伤，出现了洞穴或裂纹而产生漏水现象；泄水管体脱落，主要由于接头连接不牢或接口损坏而产生掉落，失去排水作用。为了确保桥梁的正常运营，损坏的排水系统应进行更换。对于泄水管道内被泥石杂物堵塞引起的排水不畅、水流不通等应及时疏通。

2. 混凝土病害处治

1）混凝土裂缝

混凝土桥梁上部结构最主要病害是裂缝，主要发生的位置在梁的跨中、支座两侧、梁侧面以及梁底。混凝土结构裂缝是由材料内部的初始缺陷、微裂缝的扩张引起的。引起裂缝的原因有很多，可以归纳为结构性裂缝和非结构性裂缝。

结构性裂缝主要由外荷载引起，其分布与宽度都与外荷载密切相关。对结构性裂缝，应根据裂缝等级的不同，分别采取下列措施：

（1）当裂缝宽度大于允许最大裂缝宽度时，应查明开裂原因，进行裂缝危险评估，确定处理措施；

（2）预应力混凝土构件受压区，一旦发现裂缝，应立即封闭交通，严禁车辆和行人在桥上、桥下通行，并委托有资质的检测部门进行结构承载力评估，判别裂缝的危害程度，并提出相应的处治措施；

（3）预应力混凝土构件受拉区出现结构性裂缝，应进行裂缝危害性评估，确定处理措施。

非结构性裂缝主要由温度、收缩引起。结构变形受到限制时，在结构内部就会产生自应力，当自应力达到混凝土的抗拉极限时，就会引起混凝土裂缝。对于非结构性裂缝，应封闭处理。当裂缝宽度小于或等于规定值时，应采用化学灌浆方法进行处理；如果大于规定值，应采用压力灌浆法灌注环氧树脂胶。

2）混凝土碳化、剥蚀及钢筋锈蚀

钢筋混凝土结构桥梁受所处地理位置的环境影响，再加上其本身材料容易受到环境侵蚀，易发生混凝土碳化、氯离子侵蚀和钢筋锈蚀等病害。

混凝土碳化是指混凝土中的氢氧化钙与渗透进混凝土中的二氧化碳或其他酸性气体发生化学反应的过程。碳化作用的实质是商品混凝土失去碱性的现象；当钢筋表面的 pH 值降到 10 以下时，钢筋的钝化膜被破坏，混凝土也就失去了对钢筋的保护作用；在水与空气存在的条件下，钢筋开始锈蚀，锈蚀引起体积膨胀使混凝土保护层遭到破坏，从而发生界面出现裂缝及保护层剥落等现象。

混凝土桥梁的另一种腐蚀破坏是氯离子的侵蚀。钢筋混凝土结构受外界环境中的氯离子侵蚀，出现了开裂、钢筋锈胀等大量病害，将影响结构的安全使用。

对于已经发生混凝土碳化、剥蚀的混凝土应凿去已经松动的保护层，直至露出完好的混凝土，并清除钢筋锈迹，涂刷防锈剂，采用环氧树脂或聚合物类修补材料进行修补。修补材料必须与原混凝土结合良好，成为一体。凿除混凝土不得明显降低结构承载力，必要时分批修补。

3. 下部结构病害处治

1）支座

板式橡胶支座的常见病害是脱空、剪切变形、老化失效等缺陷，盆式橡胶支座的主要病害是固定螺栓剪断、螺母松动等；部分支座出现钢垫板锈蚀、垫块开裂破损等现象。对于出现病害的支座应进行整修或更换，更换支座时可进行桥梁顶升。

2）墩台、基础

墩台、基础的混凝土裂缝及钢筋锈蚀等病害的处置方法同上文的混凝土病害处置方法。墩台发生水平位移和倾斜，应分析原因，制订合理的加固方案进行加固；墩台基础沉降和位移超过容许限值时，应采取相应措施予以纠偏及加固。

二、桥梁拼宽

1. 拼宽原则

(1) 新旧桥梁的结构受力体系应尽量一致，新拓宽桥梁与相应旧桥的跨径和结构形式一般取为相同或者相近，下部结构及基础形式亦如此。

(2) 新旧桥尽量形成一体，为拓宽后整体桥面铺装提供平台，保证新旧桥梁上部的拼接结构在纵向和横向对应且便于对齐。

(3) 桥梁病害严重但经维修加固还能利用，且新旧桥梁之间不易拼接或拼接难度大的特大桥不考虑横向拼接方案，采用在原桥旁新建桥梁的方案。

2. 拼宽技术要求

(1) 对老桥结构进行切割、凿除时，应严格按结构不被破坏、不降低结构承载能力的原则进行。设计要求尽量采用切割的拆除方式，对混凝土切割面须按施工缝处理，以保证新老混凝土的可靠连接。

(2) 拼接部分在拼接之前应尽量减小拓宽部分桥梁的沉降量，并调整跨中上拱度。加大拓宽部分梁板的安装龄期，拼接时间宜控制在上部结构施工完成 2~3 个月后。对于连续箱梁结构，为减小收缩徐变的影响，建议主体结构完成之后延迟 3~5 个月再进行拼接连接。

(3) 当原桥上部为预应力结构时，考虑到预应力引起的徐变影响，新拼宽桥部分的上部梁板宜按部分预应力混凝土 B 类构件设计。

(4) 为减小新老桥基础沉降差异，在不影响老桥基础承载力的条件下，宜适当加大新桥基础的桩长和桩数。

(5) 为控制架设梁、板后的顶面高程与老桥梁、板的顶面高程一致，设计应依据外业实测数据校核新、老桥结构在拼接处的高程。

(6) 新老桥上部结构连接宜采用补偿收缩混凝土，并加强养护，尽量避免出现裂缝。

3. 拼宽施工技术

拼接施工前，根据老桥设计资料和设计提供的维修加固标准，对老桥检查评估、修复和补强加固后，方可实施拼接。

施工过程中对差异沉降进行控制，除对桩基基底沉渣厚度、上部结构延缓拼接时间严格控制外，施工过程中的沉降观测极其重要。在新桥施工结束、整体化桥面混凝土浇筑完成后，新旧桥拼接前测定新桥沉降状况，当沉降差大于 5mm 时要分析其原因。拼接施工完成后，待湿接缝达到强度后需 2 次观测新桥的沉降，并检查拼接部位有无异常情况，如是否出现裂缝等。对先行实施拼接的桥梁所取得的经验及时总结，在工程后续进行的拼接桥梁中推广。为避免由于新旧桥差异沉降对加宽工程带来的不利影响，新桥架梁完成后，应使新桥有一定的自然沉降时间，该时间以 30~50d 为宜，并通过合理施工组织，尽可能延长新旧结构拼接时间，必要时可以采用桩底后注浆工艺减少沉降。

桥梁拼宽施工技术涵盖拼接部位旧桥混凝土的切割、凿除施工、植筋施工、新旧混凝土湿接缝施工等关键工序。相应施工技术要求及工序要求均应满足加固施工技术规范相应要求，质量验收应满足相应验收规范标准。

1) 特(大)桥梁加宽技术方案

目前，在国内外公路改扩建项目中，旧桥加宽的方法主要有以卜儿种。

(1) 分离式加宽，结构不连接。

第一种，新、旧结构间留一条纵缝，或用钢板包边，如广州北二环高速公路。这种连接形式需要采用刚性桥面，可以解决啃边问题，但不能解决新旧桥挠度差的问题，且高速行驶中当车轮驶于钢板上时容易打滑，行车安全性降低。

第二种，用纵向伸缩缝连接。这种做法在欧洲及中国香港较为成功，要求桥面铺装采用刚性桥面。广佛高速改建时，采用此法尝试了一座桥，由于是柔性路面，不成功，且造价很高。

(2) 整体式加宽，结构连接。

这种方法是在纵缝左右一定范围内重做桥面铺装，在纵缝上布置横向钢筋来实现新旧结构连接，如俄罗斯、日本许多桥梁的加宽就是采用这种方式。但这种连接方式存在的问题是要求结构跨径小，相对挠度差较小，否则会引起桥面开裂。俄罗斯规定使用年限不超过 10 年时才容许采用此横向连接的方式。日本规定：施工时，车辆通行引起的相对挠度差在0.2mm以下，才容许通车状态下浇筑混凝土。与我国不同的是，按这种类型加宽时，对于其下部结构，一般均按加宽后的宽度一次建成。这种加宽方式存在一个难题，即在不封闭交通的情况下，如何保证混凝土的浇筑质量。

（3）根据我国多条高速公路改扩建的经验教训，结合桥梁上、下部使用状况，产生出在新旧桥梁之间，从上部到墩台盖梁、墩台身、基础，有相互连接或不连接等多种方案。桥梁拼接方案对比见表6-22。

表6-22 桥梁拼接方案对比表

加宽拼接方案	上、下部均不连接	上、下部均连接	上部连接、下部不连接
优点	新旧桥梁完全独立，各自受力，简化了施工程序，消除了连接的技术问题，可以避免由于新旧桥梁混凝土收缩、徐变和地基沉降差在拓宽后桥梁上部结构中产生的影响	新旧桥梁构成整体，能够较好地共同受力	新旧桥梁间下部受力互不影响，上部连接对下部结构内力产生的影响很小，而且上部结构连接可以满足桥面铺装的整体化
缺点	新旧桥梁的不均衡挠度及沉降差会造成连接部位沥青铺装层破坏，形成纵向裂缝和横桥向错台，影响行车舒适性和桥面外观，增加后期的养护维修费用	由于新旧桥梁的沉降差及材料的差异会产生较大的附加内力，易使下部结构“盖梁、系梁、桥台连接处”产生裂缝；同时上部结构也有产生裂缝的可能，维修困难；工程成本高，施工技术复杂、步骤烦琐	由于新旧桥梁的沉降差及材料的差异会使上部连接部位产生一定的附加内力，使上部结构有产生裂缝的可能

综上所述，采用上部结构互相连接、下部结构不连接的方法能减少桥梁上下部结构之间的相互影响程度，而且随着桥梁维修加固中新技术、新材料的不断发展，特别是植筋技术、界面胶结技术的发展和应用，为新旧桥上部结构桥面拼接面板的实现提供了更大的保证。

2）中小桥梁加宽技术方案

中小桥梁主要是装配式预制空心板拼宽。下面讨论湿接缝连接的拼接方案。

先将原桥的边板悬臂部分切除，然后在原桥部分植筋，与新桥空心板预留钢筋进行连接，再加入纵向钢筋，浇筑补偿收缩混凝土，在新旧桥梁之间形成湿接缝将其连接形成整体。加宽桥采取预压措施或架设4个月后，再进行湿接缝连接，减少收缩徐变及基础沉降的影响。

其优点主要有以下几点：

（1）整体性好，确保新旧结构整体共同受力；

（2）湿接缝连接处刚度较大，并在板端部设置加强横梁，确保有足够的强度去抵抗因收缩徐变和基础沉降等产生的附加内力和变形；

（3）桥面现浇层参与受力，共同抵抗连接处附加内力和变形。

(4) 避免拆除原桥下部结构；

(5) 加宽后桥面美观、行车舒适；

(6) 后期养护成本低。

而湿接缝连接的拼接方案存在的主要问题是：对于连接的时间以及不均匀沉降的控制范围要求较高，并且施工工艺较复杂，植筋数量较多。

三、涵洞接长

1. 涵洞接长与拼接

1) 涵洞接长

涵洞接长方案根据公路加宽方式的不同而有所区别。对于整体式路基路段，涵洞按原有结构形式、交角、洞身几何尺寸接长，并设置沉降缝。对于分离式路基段落新建涵洞主要根据实际地形，以不破坏原有自然排水系统为原则，按路基排水、耕地灌溉需要相应布置。

2) 涵洞拼接

对于整体式路基路段，基础及地基处理应根据地质条件考虑新老结构物之间的差异沉降等因素。为减少新旧基础的差异沉降，结合原有路基边坡的处理措施和地质情况，加宽涵洞可采用素混凝土桩、PTC 管桩、灰土桩或碎石垫层等方案处理。加宽涵洞一定范围内可采用碎石土或石灰土回填以减少路基沉降。

3) 施工注意事项

根据原有涵洞的结构形式、孔径进行接长设计时，涵洞基底应力必须满足最小设计承载力要求。若为软土地基，涵洞施工需待路基软基处理过后再进行。洞口处理要充分考虑其横向和路基纵向排水的协调，注意两端洞口与原沟渠的衔接。

暗涵上、下行中间一般不断开，可设变形缝。当暗涵顶面扣除路面结构厚度后的填土厚度小于 50cm 时，该部分的填土应采用透水性材料加以填充。

施工过程中，当盖板式涵洞、通道顶覆土厚度<0.5m 时，严禁任何重型机械和车辆通过，严禁采用振动或碾压设备对涵顶和洞身范围内的填土进行碾压；填土高度不足 1.0m 时，采用人工或小型机具夯填；填土高度超过 1.0m 时，方可采用机械填筑。

对于处于填方路基上的涵洞、通道施工时应注意先行将构造物所处段落的填方路基施工至基础顶部标高；压实度应按正常路基段落提高一个级别，基底承载能力不小于最小设计承载力要求；然后静置 6 个月使路基能完成自然沉降后才能进行通道、涵洞的正常施工。

为避免涵洞与路基的不均匀沉降，涵洞两侧路基的压实度应不小于 96%。

其余未尽事宜应按照《公路桥涵施工技术规范》(JTGT F50—2011) 的有关规定严格执行。

2. 原有涵洞加固

在对原有涵洞加宽拼接前首先要对其病害进行处理。针对不同的病害原因，分别采取相应的处理措施。

1) 常见混凝土缺陷及处理措施

(1) 混凝土碱化处理。对混凝土泛碱部位用干刷子用力刷除，再用水和刷子清洗(对不溶于水的泛碱物质可以用稀释后的弱酸清洗)，然后灌注环氧树脂浆液封闭裂缝，用水泥基灌浆材料修复混凝土破损表面。同时完善排水系统等排除积水方法切断碱集料反应的发生条件。

(2) 混凝土碳化处理。具体处理措施是：先将松散部分清除，再用水泥基灌浆材料进行修补。已出现露筋、保护层剥落时，先将松动的保护层凿去，清除锈迹，用水泥基灌浆材料修复，恢复保护层。

(3) 混凝土裂缝处理。裂缝宽度大于或等于 0.1mm 的裂缝采用压浆法进行修补，裂缝宽度小于 0.1mm 的裂缝采用封闭法进行修补。

2) 八字翼墙处理

由于施工原因或涵身与八字翼墙之间发生不均匀沉降，造成八字翼墙与涵身间填缝料脱落。处理方法：用干燥麻絮浸透沥青后填实。对于需要双侧加宽的涵洞、通道，由于原八字翼墙需进行拆除，因此其范围内不再进行处理。

3) 沉降缝处理

去掉缝内杂物，塞满沥青麻丝，安装止水带，并用机械高压喷砂清除伸缩缝两侧混凝土表层碳化物，用环氧树脂粘贴好 3 层玻璃丝布，使其表面无浪边、无气泡、坚实牢固。

4) 边坡处理

由于路基边坡被水冲刷，造成边坡出现大面积塌陷。处理方法：对于边坡的塌陷，在边坡上挖台阶重新填土冲击碾压后，恢复原有的护坡。

5) 铰缝脱落、涵顶铺装处理

加固时首先将涵顶铺装全部凿除，将铰缝的细石混凝土清理干净；然后在铰缝两侧的行车道板顶植筋，将植筋向企口缝处扳倒与相邻板块的植筋相互焊接；再向铰缝处喷注高强抗拉复合砂浆，在板底加焊连接钢板；最后加铺涵顶铺装。涵顶铺装按照新的结构进行施工。双侧拼宽新涵洞通道的涵顶铺装同改造后的涵顶铺装，板顶不植筋。

6) 盖板处理

由于施工质量或钢筋锈蚀较为严重等各方面原因，已影响到暗涵盖板正常的使用功能的情况，需对盖板进行处理，可采用原位铆粘钢板修复。

7) 洞口、洞内淤积，排水不畅

由于水中的杂物、土逐步沉积，造成洞口、洞内淤积，排水不畅，影响涵洞的使用性能，因此应该对淤积物进行及时清理，保持通畅。

四、桥涵拆除

在公路改扩建工程中，拆除上跨分离式立交既要考虑结构自身安全，还要保证主线行车安全，针对不同桥型可以考虑不同的拆除方案。目前，这些施工方法中主要包括连续刚构的整体切割、分段切割方案，简支结构分块拆除吊运，也有全部和局部封闭交通的切割法。这些方法在工程中均有采用，目前应用最为广泛的是凿除法。对于大跨径的连续主线桥梁，一般采用逆序拆除(逐节切割吊运)法、浮吊切割吊运法、浮船支架法等进行拆除。下面介绍几种常用的桥涵拆除施工工艺。

1. 爆破法

爆破法是利用介质激发的能量，破坏其周围的结构物，达到拆除目标的技术手段。一般分为控制爆破法、静态爆破法和水压爆破法 3 种。

1）控制爆破拆除法

控制爆破拆除法主要是以可控制雷管或炸药为媒介，通过对结构进行爆破设计，对结构实施有目的拆除的一种方法。此方法需要满足以下要求：要能控制被爆体的破碎程度、爆破破坏范围、被爆体的倒塌方向和碎渣堆积范围以及控制爆破所产生的有害效应。

优点：速度快、效果明显，倒塌方向、破坏范围等参数可以通过爆破设计来进行控制。

缺点：噪声大，爆破容易产生许多飞溅的碎渣，有时可能对周围的结构物、机械或人员产生破坏，一次爆破不能完全分离结构，还需后续大面积的清理工作，所需场地大；控制爆破拆除法需设置防护网，爆破产生的空气冲击波、振动、飞散物、粉尘、噪声也会对周围的相邻结构造成伤害。

2）静态爆破拆除法

静态爆破法就是采用无声膨胀材料，利用其产生的膨胀压力实现对结构物的破碎。这种方法已经大量用于桥梁拆除工程，各种新型膨胀材料也不断出现。

优点：无噪声、无振动、无飞石等，公害少，特别适宜构筑物的解体，如在邻近公路、城市周围的土木工程、原子能发电炉等破碎拆除方面。爆破材料非易燃、易爆危险品，运输、保管、使用安全；爆破操作简单，不需堵炮孔，不用雷管，不需点炮等操作，不需专业工种；另外经过适当设计可进行定向破碎，特别是对大体积脆性材料的破碎及切割效果良好。

缺点：使用的膨胀材料，水上作业时会造成水质污染，并且可能对施工人员造成伤害。

3）水压爆破法

在结构物中充水，然后埋置炸药，以水为介质，利用爆炸时产生的水冲击波和高压气团膨胀形成的水压作用，传递给结构物达到拆除的目的。这种方法多用于拆除能够充水的建筑物，近年来在桥梁拆除中逐步运用。

优点：拆除效率高，爆破材料使用较少，相对比较经济。

缺点：水压爆破法的使用条件相对比较苛刻，只能限于可盛水结构。

2. 机械法

机械法是采用人工机械进行拆除的方法，一般分为切割法、热熔法和预裂法。机械法主要在于机具的性能，常用的机具有以下几种：风镐、风钻、炮头机、高温喷枪、劈裂机以及切割设备等。该拆除方法的优点是施工时无环境污染，施工较为简单。缺点是人工施工需要搭设防护网，需要将桥梁结构就地破碎，工作量大，工期较长。

3. 综合拆除法

综合拆除法就是综合利用以上两种拆除方法进行有机结合的一种方法，兼顾各种方法的优点进行优化。目前桥梁拆除多采用综合拆除法。

五、桥梁顶升

1. 桥梁顶升技术分类

桥梁顶升技术是指通过千斤顶系统、顶升限位系统、顶升临时支撑系统、顶升反力系统和顶升监控系统等，在不改变原桥梁形态的前提下，将桥梁安全地顶起升高至所需高度的一种新型桥梁纠偏技术。桥梁加宽中对旧桥支座的更换、桥面标高的抬升，均可采用桥梁顶升技术。

桥梁顶升技术按顶升方式的不同，可分为分段顶升和整体顶升两种。分段顶升主要针对简支梁桥，或者桥型不一致，需要不同顶升高度的结构，此法可以降低顶升难度，有利于快速、稳定地完成顶升过程；而整体顶升法主要针对连续梁桥，或顶升高度较大，跨度较长的结构，此法对顶升的技术、设备及工人素质要求相对较高，但目前液压同步技术得以支撑其取得迅速发展。

按反力作用位置不同，可分为直接顶升和断墩顶升两种。直接顶升主要以承台、自然地面或者盖梁等作为反力基础，直接进行顶升的一种方法；断墩顶升则是托住梁体，在中部截断桥墩，顶升到位后浇筑桥墩连接部混凝土连成整体。

2. 顶升技术的施工步骤

顶升施工的关键步骤包括施工准备、顶升设备安装、试顶升、顶升阶段监测。顶升施工一般步骤如下：施工总体设计→施工准备→安装顶升托架→顶升设备校验调试→顶升设备安装→封锁交通→拆除桥面连续→安装限位装置→如需断桩则在此截断立柱→桥梁称重确定支点反力→试顶升 1cm(顶升阶段监测)→分级顶升至所需高度(顶升阶段监测)→立柱加高加固→恢复交通。

3. 空心板顶升

空心板桥顶升的步骤如下：

(1) 铣刨桥面沥青混凝土铺装层；

(2) 拆除桥台处桥面连续和伸缩装置，安装顶升装置；

(3) 移去原来的垫石和砂浆垫层，按照新的厚度要求重新浇筑砂浆垫层，放入新预制垫石，更换支座；

(4) 落梁；

(5) 实施空心板更换、铰缝、裂缝处理等其他病害处治工作。

4. 交替式顶升

交替式顶升在顶升过程中，梁体处于两组千斤顶交替支撑状态，两组千斤顶交替支撑时，梁体位移均处于受控状态，在每一组支撑状态下，支撑体系压缩量几乎不产生变化，因而梁体内力也几乎不产生变化。在这种作业方式下，梁体位移自顶升开始到顶升结束均连续处于受控状态。每个千斤顶压力也均连续监控，包括梁体在内的整个支撑体系也处于监控状态中。整个桥梁顶升系统处于安全可控状态。

桥梁结构顶升系统和顶升方法通过在桥梁结构底部设置两组可主动施加顶升力的千斤顶，并由控制台控制液压泵站驱动两组千斤顶进行反复交替顶升，同时在一组千斤顶顶升的过程中，在另一组千斤顶的底部垫设钢支撑垫块，起到消除各支撑点之间的高差问题，从而有效保证桥梁结构顶升过程中的结构安全。

第四节　隧道改扩建施工

一、隧道改扩建概述

随着我国经济建设的迅速发展，交通隧道的建设也迅猛增长，对公路隧道日交通量的要求也越来越高。在一些经济发达地区，双向四车道乃至双向六车道公路隧道已不能适应交通量日益增长的需求，在原有公路隧道基础上改建或新建成为双向八车道公路隧道的建设显得尤为迫切。

公路隧道改扩建应根据道路等级、技术标准，并结合地形、地质、路线总体、已建构造物以及隧道运营情况、既有隧道现状，通过技术经济比较后确定。公路隧道改扩建可分为新建、改扩建及洞(口)外接线改造3类。

公路隧道改扩建一般采用分离式路基方案，分离线位间距应满足相关规范要求，并充分考虑新老隧道工程的相互干扰问题。应结合地形条件，对旧路平纵面指标的选用情况、与地形的协调性等方面进行分析，对公路两侧或单侧加宽、另辟新线等方案进行综合比选论证。

公路由原来四车道扩建成六车道或八车道，需要在既有隧道内增加1~2个车道，使其跨径更大，建设难度增大，经过综合经济技术比较后多采用新建方案。

对于扩建成六车道的情况，可采用单洞三车道或在两隧道一侧或中间设一单洞双车道隧道(隧道较短、无横洞)。

对于扩建成八车道的情况，可根据新选隧道轴线地质、地形条件采用双洞四车道(结合隧道长度采用分离式、小净距或连拱形式)或单洞四车道的布置方式。

单洞扩建成四车道，施工难度大，造价高、工期长，但占地和拆迁数量少，洞口两端接线顺畅，运营管理简单。

当受地形及各种因素制约，经过综合比较后只能将已建隧道进行扩挖增加行车道时。扩挖可采用单侧扩挖(相当于紧急停车带)或两侧扩挖方案，在设计中应首先对原有隧道设计、施工情况与运营使用状态有一个准确的调查与评价，尤其是在施工期间出现大塌方地段、不良地质地段以及出现严重渗漏水与开裂地段。

二、隧道改扩建施工

1. 隧道改扩建的内容及特点

隧道改扩建分为技术改造和加固修复两大类。技术改造包括蒸汽改为电化、单线改为双线或多线、线路中线改移所引起的净空不足、碎石道床改为整体道床、增添较大的防排水及通风设施等。加固修复是指隧道病害严重，衬砌结构需大修、重建或隧道结构需加固(如直墙变为曲墙、增设仰拱、补建衬砌、全部或局部更换衬砌等)。

隧道改扩建设计时必须考虑到隧道的改扩建施工是在通车情况下且在扰动过的围岩中进行的。如对围岩压力估算时，不仅考虑隧道所处的工程及水文地质情况，而且还需考虑原隧道施工所采用的方法、工程质量和对围岩扰动程度等。

将隧道扩建为多线时，要调查围岩的岩性、产状和构造是否产生不对称压力。新建隧道开挖时应考虑到对原隧道的影响。

隧道改扩建施工中应尽可能减少列车停车、限速慢行、封锁线路次数和一次封锁线路的时间，并避免在运输繁忙季节封锁线路等，以使运营损失减至最小程度。

2. 隧道改扩建方案

1）加大净空高度

当净空高度侵限很少时，只在拱顶90°范围内局部凿除即可。如拱部衬砌厚度较薄或净空高度侵限较大而难以用上述方法增加净空高度时，则可采取以下措施。

（1）落底，即降低隧道底部标高，施工方法近似于先拱后墙法的马口开挖。如基底围岩坚实且落底量不大时，可只挖深有水沟一侧，局部挖深道床，另一侧边墙底留有台阶不动，如图6-21(a)所示。当落底量较大且基岩较差时，两侧边墙应同时加深，最后落底，如图6-21(b)所示。必要时隧道可增设横撑或仰拱。

（2）挑顶，即将隧道顶部提高。当洞外线路无法降低纵坡时，可采用挑顶法。如围岩坚实，且挑顶高度不大时，可按图6-22(a)所示方法进行施工，即先拆除整个或部分旧拱圈1，扩挖拱部2，修筑新拱圈Ⅲ。要注意旧拱圈的支撑，最好采用分段间隔施工。若围岩较差且挑顶高度较大，则可按图6-22(b)所示的方法进行施工，即先开挖小导坑1，跳跃分段扩挖拱部2，拆除旧拱拱圈3，修筑新拱圈Ⅳ。

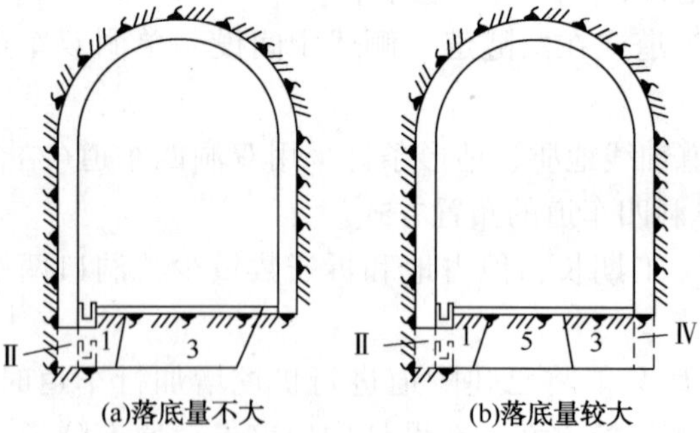

图6-21　落底施工

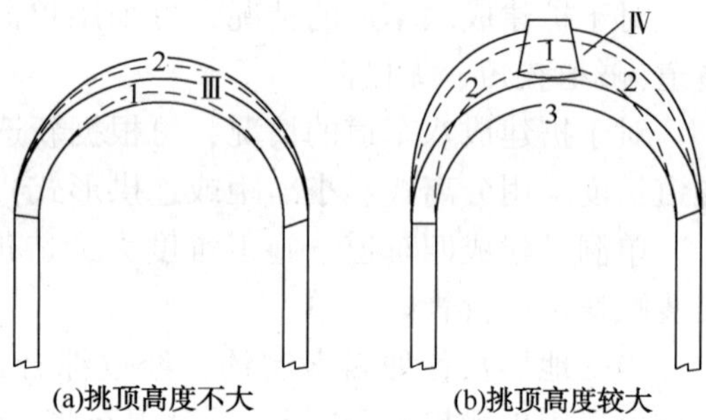

图6-22　挑顶施工

2）加大净空宽度

如用凿除法不能满足增大净空宽度要求时，可采取以下措施。

（1）利用旧拱圈，只拆除边墙，它适用于拱圈质量好且无病害的情况。施工顺序见图6-23。施工前先行压浆加固围岩，用钢拱支撑加固衬砌，然后用跳挖马口方法交错拆除旧边墙1，挖马口2，修筑边墙Ⅱ。

（2）当线路改移，中线偏移隧道一侧或单线改双线时，可利用一侧边墙及部分旧拱圈。在先行压浆加固围岩及钢拱支撑加固衬砌后，采用分段间隔方式进行施工，其方法有以下两种。

① 先墙后拱法，如图6-24(a)所示。施工顺序为：拆除旧拱1，扩挖拱部2，拆除边墙3，扩挖马口4，修筑边墙Ⅴ及拱圈Ⅵ。在施工中注意拆除旧拱圈时边拆边用支撑将围岩顶

紧在钢拱架上，防止钢拱架受偏压而变形，招致旧拱圈开裂。

② 先拱后墙法，如图 6-24(b)所示。施工顺序为：拆除旧拱 1，扩挖拱部 2，修筑新拱圈 1，拆除边墙 4，扩挖马口 5，修筑边墙Ⅵ。注意应使新拱圈承托在托梁上，每次拆建拱圈 2~3m，待拱圈连续建成 20~30m 后，再采取开挖马口的方法扩建边墙。

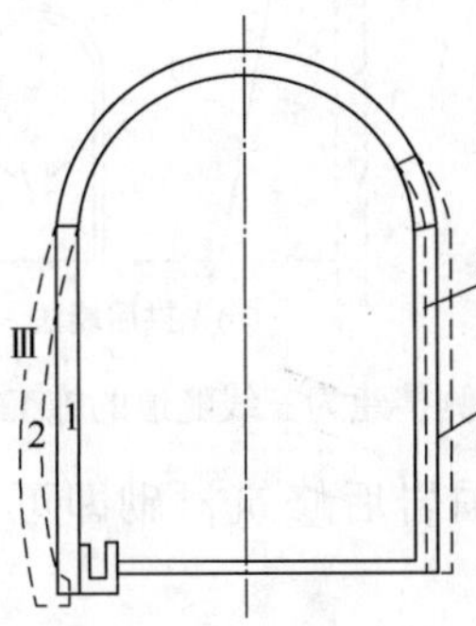

图 6-23　拆除边墙施工

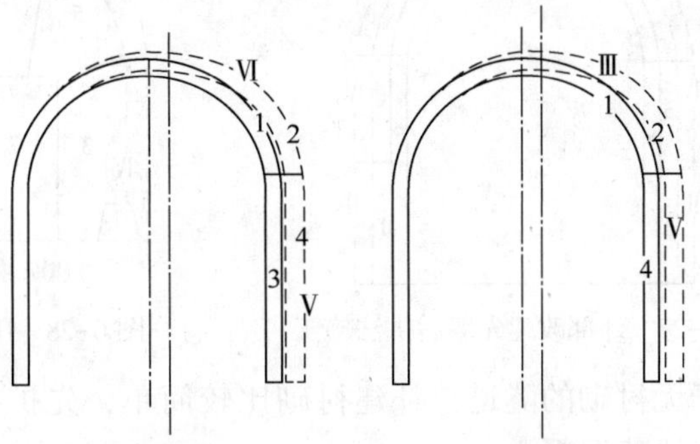

(a)先墙后拱法　　(b)先拱后墙法

图 6-24　分段间隔方式施工

3）加大净空高度及宽度

当同时加大隧道净空高度及宽度时，可采取以下方法。

（1）内部改建法。此法可利用部分旧衬砌，它的施工顺序如图 6-25 所示。将保留的一侧边墙 1 加厚补强，并用钢支撑加固原有衬砌，开挖小导坑 2，扩挖拱部 3、4，拆除旧拱圈 4′，修筑新拱圈Ⅴ，待拱部连续建成 20~30m 后，下部分段扩挖边墙 6、7，修筑边墙Ⅶ，拆除剩余的边墙旧衬砌 9。

（2）外部改建法，即沿原有衬砌周围进行开挖，并修筑新衬砌，最后拆除旧衬砌。单线隧道改成双线隧道时多采用此法。

当围岩较差时，用先拱后墙法（见图 6-26）。开挖前先用支撑加固旧衬砌，然后自上而下开挖、衬砌，最后拆除旧衬砌。

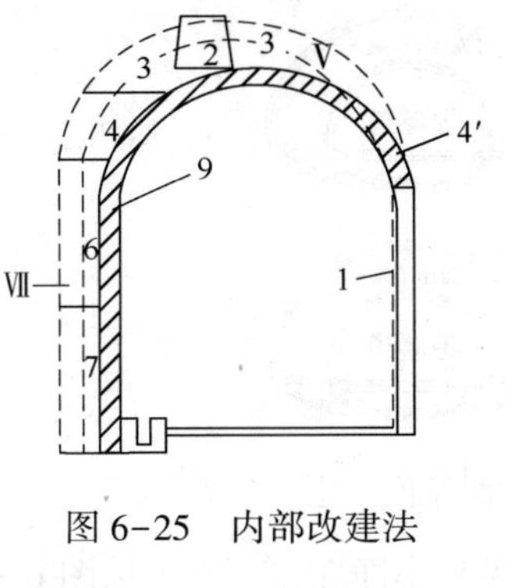

图 6-25　内部改建法

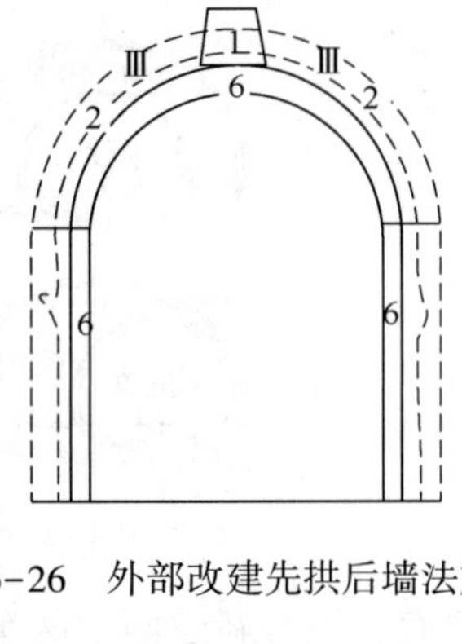

图 6-26　外部改建先拱后墙法施工

当围岩坚固时，用先墙后拱法（见图 6-27）。对旧衬砌进行加固后开挖 1、3 时，要用支撑将旧边墙支固在围岩上，以保持旧衬砌及围岩的稳定。

图 6-28 为单线隧道向一侧扩建为三线隧道的施工方法。在中等坚硬围岩中，如拱脚地

基承载力较差时可用先墙后拱法施工，如图 6-28(a)所示。若拱脚地基承载力足够时，可用先拱后墙法施工，如图 6-28(b)所示。

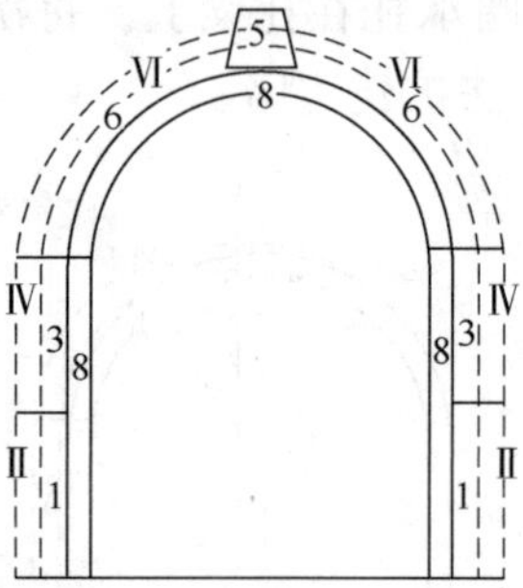

图 6-27　外部改建先墙后拱法施工

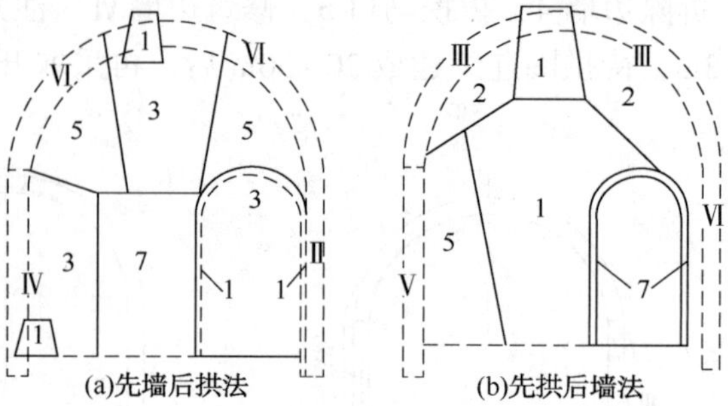

图 6-28　单线隧道向一侧扩建为三线隧道的施工方法

对于无衬砌的隧道，补建衬砌比较简单，先扩挖侵限的围岩后修筑衬砌即可。衬砌可用模筑或锚喷混凝土。

三、工程实例

1. 隧道扩建的主要形式

双洞四车道隧道扩建成八车道隧道有 3 种形式。

(1) 双洞原位扩建(见图 6-29)，即把原有两车道隧道原位扩建成两个四车道隧道，形成双洞双向八车道大断面隧道。原位扩建又分有以下 3 种形式：

① 单侧扩建，即原隧道的一侧边与扩建隧道重合；

② 两侧扩建，即原隧道在扩建隧道的中间，但底边与原隧道重合；

③ 周围扩建，即原隧道在扩建隧道的内部，边缘与扩建隧道均不重合。

图 6-29　扩建形式一：双洞原位扩建

(2) 在原有隧道旁新建两个两车道隧道，形成四洞小净距隧道群(见图 6-30)。

(3) 一个洞原位扩建成四车道大断面隧道，另新建一个两车道隧道，形成三洞小净距隧道群(见图 6-31)。

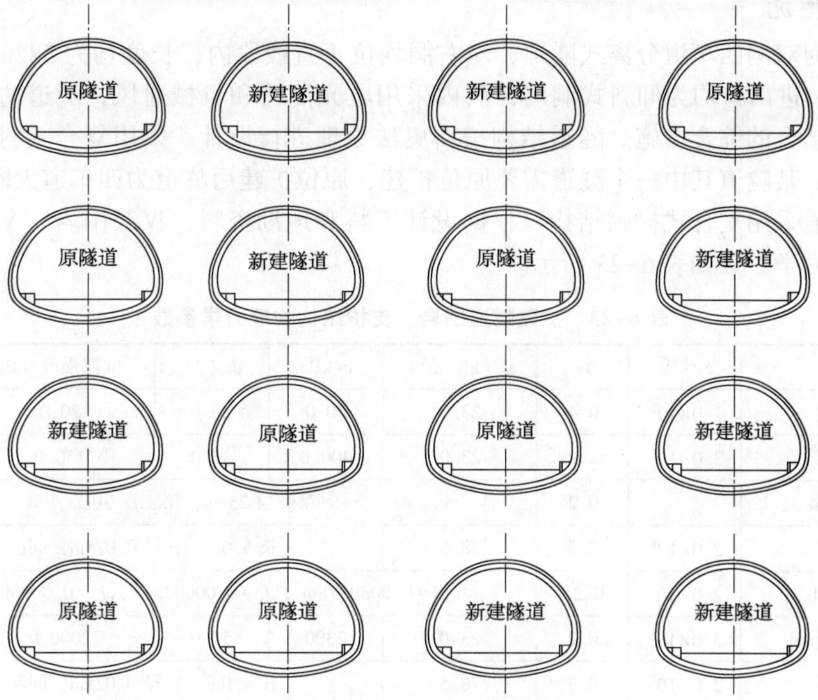

图 6-30　扩建形式二：新增两个两车道隧道

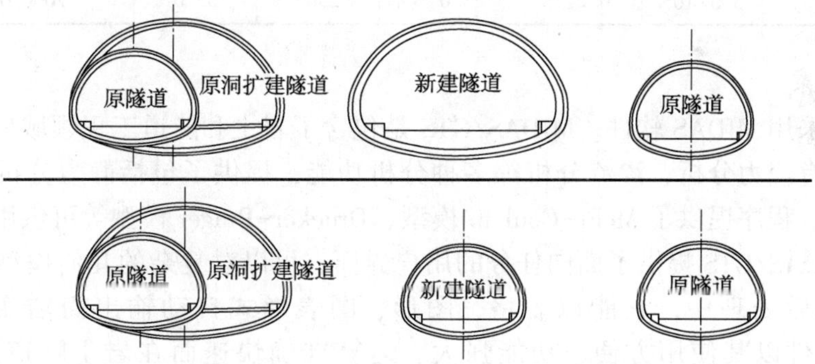

图 6-31　扩建形式三：一个原位扩建，另增一个四车道或两车道隧道

在原隧道旁新增隧道和小净距隧道类似，施工工艺相对简单，目前施工经验也相对成熟；但在原有隧道基础上原位扩建成大断面隧道在国内外都非常少见，可参考的资料极少。查阅国内外相关文献资料，目前原位扩挖隧道的类似工程主要有日本天王山隧道扩挖——老旧隧道扩挖、日本大藏隧道扩挖以及关村坝隧道扩建喇叭口工程等。因此，对隧道原位扩建是一个新的课题，需要研究和解决的方面较多，很有必要开展这方面的研究工作。

单侧扩建、两侧扩建和周围扩建这 3 种隧道原位扩建形式虽然都能达到扩大隧道断面的目的，但是不同的形式对围岩的扰动或稳定性影响是不同的，其施工工序也不同，都有其优缺点。下文以某隧道为例，采用数值计算手段，分析 3 种不同原位扩建形式下围岩的稳定性情况，从而提出合理的扩建形式。

2. 工程概况

某隧道为双洞四车道分离式隧道，左右洞均位于直线段内，长度均为582m。隧道纵坡均为-2.0%，进出口均为仰斜式洞门，洞内采用电光照明和机械通风，隧道防水采取以排为主、防排结合的综合措施。隧道结构按新奥法原理进行设计，采用复合式衬砌。受扩建路线的影响，某隧道其中一个隧道需要原位扩建，原位扩建后隧道为四车道大断面隧道。

扩建隧道采用复合式衬砌结构。根据设计资料和地勘资料，Ⅳ级围岩、Ⅴ级围岩、支护结构物理力学参数如表6-23所示。

表6-23　扩建隧道围岩、支护结构物理力学参数

名称		E/kPa	μ	γ/(kN/m^3)	c/kPa	ϕ/(°)	抗拉强度/kPa	K
Ⅴ级围岩		1.0×10^6	0.4	23.0	50.0	20.0	20.0	0.3
Ⅳ级围岩		3.0×10^6	0.35	23.0	400.0	35.0	150.0	0.5
Ⅴ级	喷射混凝土		0.2	第一层25cm，第二层20cm				
	锚杆	2.0×10^8	0.3	78.5	长5.0m，直径0.025m，间距0.7m			
	工20b	2.0×10^8	0.26	$A=0.0039578\text{m}^2$，$I_x=0.000025\text{m}^2$，$I_y=0.00000169\text{m}^2$				
	二衬55cm	3.0×10^8	0.2	23.0	2300	55.0	2000.0	0.3
Ⅳ级	锚杆	2.0×10^8	0.3	78.5	长4.0m，直径0.025m，间距1.0m			
	工18	2.0×10^8	0.26	$A=0.0030756\text{m}^2$，$I_x=0.0000166\text{m}^2$，$I_y=0.00000122\text{m}^2$				
	二衬50cm	3.0×10^8	0.2	23.0	2300	55.0	2000.0	0.5

3. 计算方案

本次计算采用MIDAS软件。MIDAS/GTS是包含了岩土和隧道工程领域最近发展技术的专业程序，具有应力分析、渗流分析等多种分析功能，提供了包括静力分析、施工阶段分析等强大功能。程序提供了Mohr-Coulmb模型、Drucker-Prager模型等可供用户选择的各种本构模型。MIDAS/GTS提供了面向任务的用户界面，可以对复杂的几何模型进行可视化的直观建模。在后处理中，它能以表格、图形、图表形式自动输出简洁实用的计算书。MIDAS/GTS软件以其使用方便、功能强大、运算准确快速而在岩土隧道工程领域迅速发展。

根据前述隧道原位扩建方案和某隧道情况，下文对某隧道采用单侧扩建、两侧扩建和周围扩建3种形式采用有限元进行计算，分析3种扩建形式下Ⅳ级和Ⅴ级围岩的应力、屈服情况，从而为选取合理的扩建形式提供依据。

图6-32为某隧道3种不同扩建形式的有限元网格划分，采用平面应变单元进行计算。

数值计算模拟整个隧道的施工过程，分施工步进行计算。具体过程如下：

(1)扩建形式一。

施工步1：初始应力状态模拟。

施工步2：开挖左侧导洞(包括拆除原洞二衬)。

施工步3：隧道左侧导坑初期支护、临时支护和开挖右侧导坑上台阶。

施工步4：右侧导坑上台阶初期支护、临时支护、开挖右侧导坑下台阶，右侧导坑下台阶初期支护。

施工步5：隧道二次衬砌。

(2) 扩建形式二、三。

施工步1：初始应力状态模拟。

施工步2：开挖右侧导洞上台阶(包括拆除右侧导洞上台阶原洞二衬)、右侧导洞上台阶初期支护。

施工步3：开挖右侧导洞下台阶(包括拆除右侧导洞下台阶原洞二衬)、右侧导洞下台阶初期支护。

施工步4：开挖左侧导洞上台阶(包括拆除右侧导洞上台阶原洞二衬)、左侧导洞上台阶初期支护。

施工步5：开挖左侧导洞下台阶(包括拆除左侧导洞下台阶原洞二衬)、左侧导洞下台阶初期支护。

施工步6：隧道二次衬砌。

4. 计算结果及分析

1) 位移分析

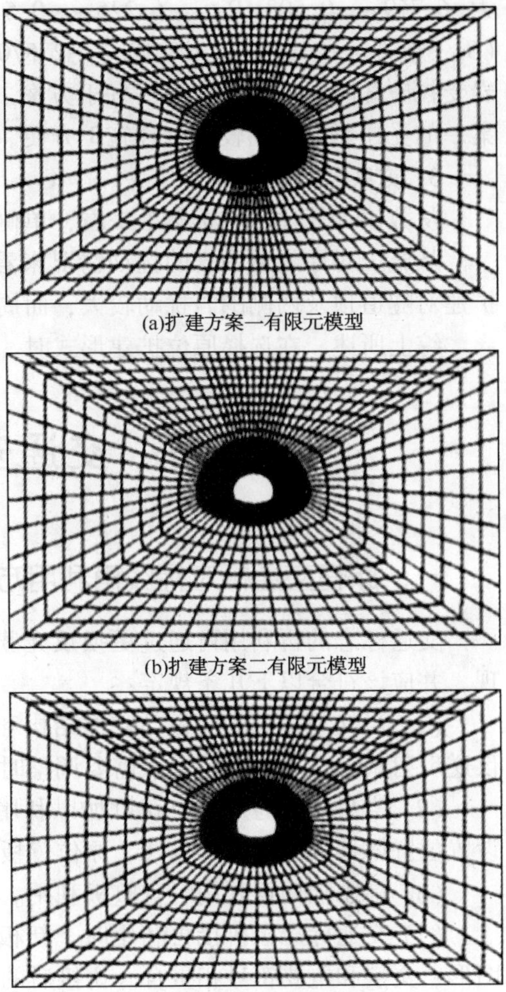

(a)扩建方案一有限元模型

(b)扩建方案二有限元模型

(c)扩建方案三有限元模型

图6-32　有限元计算模型

由计算结果看出，3种方案拱顶的最大下沉位移分别为8mm、5mm和5mm，最大水平位移分别为5mm、3mm和3mm。方案一位移最大，但方案一最大位移分布范围最小。因此，Ⅴ级围岩下3种方案位移对围岩稳定性影响基本相同。

同样，Ⅳ级围岩下3种方案拱顶的最大下沉位移分别为7mm、6mm和6mm，最大水平位移分别为2mm、2mm和2mm。方案一位移最大，但方案一最大位移分布范围最小。因此，Ⅳ级围岩下3种方案位移对围岩稳定性影响也基本相同。

2) 应力分析

从计算结果看出，隧道开挖完成后3个方案围岩的最大主应力(σ_1)分别为-0.954~0.098MPa、-1.016~0.087MPa和-0.575~0.118MPa；最小主应力(σ_3)分别为-2.639~-0.075MPa、-2.251~-0.175MPa和-1.970~-0.147MPa；围岩最大压剪应力(S_{xy})分别为-0.481~0.475MPa、-0.776~0.516MPa和-0.779~0.331MPa。可见，考虑围岩受拉破坏时，方案一好于方案二，方案三好于方案一，但方案三的受拉影响范围较大，且施工复杂。因此，Ⅴ级围岩下方案一优于其他两种方案。

从计算结果看出，Ⅴ级围岩下隧道开挖完成后3个方案Ⅳ级围岩的最大主应力(σ_1)分别为-1.16~0.305MPa、-1.372~0.408MPa和-1.383~0.212MPa；最小主应力(σ_3)分别为-6.769~-0.508MPa、-6.225~-0.518MPa 和-6.214~-0.517MPa；围岩最大剪应力(S_{xy})分别为-2.168~2.408MPa、-2.570~1.522MPa 和-2.549~1.494MPa。可见，考虑围岩受拉破坏时，σ_1显示方案一好于方案二，方案三好于方案一，S_{xy}显示方案一最差，但方案一的受拉影响范围较小，且施工方便。因此，方案一优于其他两种方案。

3）方案比选

从数值计算比较分析结果来看，单侧扩建方案要优于其他两种方案。

从施工对原隧道围岩的扰动情况来看，单侧扩建对隧道顶及一侧围岩扰动较大，两侧扩建对隧道顶及两侧围岩扰动较大，而周围扩建对原隧道周围的岩体均产生较大的扰动。

综上所述，在选择原位扩建形式时，应尽量选择单侧扩建的方案。

第五节　交通安全设施改扩建施工

一、原有交通标志标线再利用方案

交通标志的再利用可通过更换反光膜、更换面板、标志位移、板面内容增删等方法实现，并应该符合以下几条规定：

（1）当交通标志的面板、支撑结构和基础均可以直接利用，仅板面内容需要调整，或仅逆反射系数达不到规范要求需要调整时，可通过更换反光膜的方法改造。

（2）当只需要通过移位就可加以利用时，可将既有的标志移位改造。移位可采用纵向设置位置挪移、横向位置挪移、原位置板面高度调整等。

（3）标志板面再利用时宜整板利用。

（4）交通标志板拼接再利用时，新板和既有板的厚度应一致，且拼缝不得与标志中的图形、文字和重要符号相重合。拼接后的标志板面整体强度不得低于整板。

改扩建时未重新铺筑路面或罩面的路段，当交通流特性发生变化时，应对既有标线重新施划。当交通流未发生变化时，既有标线使用状况良好的，可继续使用。交通标线所用材料应具有良好的耐久性、抗滑性、施工方便性和经济性，在白天和晚上均应具有良好的可视性。新施划的交通标线的初始逆反射系数应符合现行国家标准《新划路面标线初始逆反射亮度系数及测试方法》(GB/T 21383—2008)的规定，白色及黄色标线的逆反射亮度系数应分别不低于 150mcd/(m^2·lx)及 100mcd/(m^2·lx)。

二、原有护栏再利用方案

（1）混凝土护栏可通过加高或在其顶部加装有效防撞构件等方法，使其安全性能达到现行《公路护栏评价标准》的要求。桥梁混凝土护栏改造时，应对桥梁结构局部受力进行验算；当混凝土护栏强度不能满足金属构件安装时，应将混凝土护栏拆除重建。

对于混凝土护栏，可将既有混凝土部分凿毛，采用植筋的方式，重新构造混凝土护栏，也可采用在既有混凝土护栏上加装有效钢构件等办法提高护栏的防护等级。

对于桥梁混凝土护栏，由于改扩建前后车辆碰撞护栏条件的不同和护栏高度的增加，导致改造后的护栏存在 3 处薄弱区域：一是原护栏底部与桥梁翼缘板的连接部分，二是混凝土护栏本身最不利截面处的强度，三是新增构件和混凝土护栏连接处。因此，需要对桥梁翼缘板与护栏连接的可靠性进行验算，同时，也需要对混凝土本身进行强度验算。当混凝土护栏与翼缘板连接处、护栏本身和新增金属构件连接处强度不足时，需要将混凝土护栏拆除重建。可采用改造方案如去掉原来上部构件，改用型钢构件，改造后的护栏能达到 SB 级防撞等级；也可采用马鞍型钢构件；还可采用在原混凝土护栏植筋加高的方式。

（2）将满足设计要求的原护栏予以利用，无法直接利用的护栏立柱，可通过内套管或外套管加长立柱、加密立柱等方式加以利用，且应保证其整体性能达到现行《公路护栏评价标准》对防护等级的要求。重复利用的立柱，在拆除后应进行防腐处理。

对于在改扩建工程中路面加铺导致护栏有效防护高度不足的情况，可采用内套管、外套管或内外套管的方式对立柱进行加高。采用内套管加高时，需要保证内套管的有效截面面积不小于现行规范规定的立柱截面面积，且要考虑加高立柱与原立柱间空隙的防水措施。同时，加高套管套入原立柱的部分要足够长，加高套管与原立柱通过螺栓连接，保证受力的有效传递，原立柱上的螺栓孔应进行防腐处理。

（3）将满足设计要求的原护栏板和防阻块等材料予以利用，无法直接利用的原护栏板，可将原有护栏板组合或加强后使用。采用护栏板组合或加强后，护栏整体安全性能应符合现行《公路护栏评价标准》的要求。重复利用的护栏板，在拆除后宜进行翻新处理。

公路改扩建工程应本着资源节约的理念，对于在交通事故中经车辆碰撞变形或由于自然及其他原因腐蚀等，造成性能衰减不能利用的原护栏外，外观完好、满足现行设计要求的原护栏板和防阻块等材料应予利用。例如，目前部分公路的改造中就采用了双排波形梁的护栏结构，其防护等级能达到 160kJ。广东广韶高速公路改造采用两块波形梁板对叠成 8 字梁的护栏结构，其防护等级能达到 93kJ。

（4）护栏的改造设计，其外观、材料尺寸及安装方式与现行《安全设施设计细则》不符的，应进行碰撞试验，达到现行《公路护栏评价标准》对防护等级要求时方可采用。

通过改造利用原护栏，达到满足现行规范对护栏防护等级的要求，有利于资源的节约。但新护栏结构通常在护栏构造、外观、断面尺寸及安装方式等方面与原护栏相差较大。因此，改扩建中通过改造原护栏结构形成的新护栏应根据《公路护栏评价标准》进行安全性评价。

三、临时交通安全设施

临时安全设施包括用于路网分流、路段通行保障和施工保障等各种场合的设施。

（1）用于路网分流的临时交通安全设施应设于改扩建施工路段具有交通流分流转换关系的区域路网，并结合改扩建施工的交通组织方案，在路网各分流结点设置交通分流的标志标线、隔离设施等临时设施。临时交通安全设施设置应易于拆装及挪移和重复使用。

（2）用于路段通行保障的临时交通安全设施的设置应该符合下列规定：

① 在主体工程改扩建施工需要对原来的出口预告等标志进行拆除前，应设置替代既有公路主线功能的临时交通标志。该类标志可设置在中央分隔带，标志板面内容可简化，仅保留出口、重要地点、服务设施等信息。中央分隔带有波形梁护栏时，临时标志可固定在

中央分隔带护栏立柱上，其他情况下可设活动式混凝土基础。

高速公路采用两侧拼接加宽的方式进行改扩建时，需要在中央分隔带设置的临时交通标志包括服务区标志、出口预告标志、收费站及预告标志、地点距离标志、限速标志、救援标志等。这些标志一般在改扩建工程开工时事先设置，和路侧的相关标志共同发挥作用，以便给驾驶员一定的过渡适应时间。随着路基拼宽作业的进展，路侧的标志会被拆除，此时依靠中央分隔带临时标志提供相应的信息。

② 高速公路的出口预告、方向地点、限速标志等用于路段通行保障的重要临时交通标志设置在中央分隔带上时，不得侵入建筑限界，标志板面可在满足通行视认性的前提下进行调整。

临时交通标志应专门设计。对于保通车速为60~80km/h的一般改扩建工程而言，临时交通标志汉字字高采用40cm左右是较合适的，而且一般情况下中央分隔带可以容纳得下。该类标志图案应基本与《道路交通标志和标线》(GB 5768—2009)相符，可以不设英文，汉字的高宽比可适当压缩，采用1∶0.8~1∶0.75的数值。个别重要的标志，为避免标志板面过小影响视认，可以采用标志在中央分隔带上加高、重复预告等方法。

③ 服务区和互通立体交叉前宜增设3km临时预告标志。

(3) 用于施工保障的临时交通安全设施应根据施工交通组织的需要设置，并应符合现行《公路养护安全作业规程》(JTG H30—2015)的相关规定。

(4) 用于路网分流和路段通行保障的临时标志，其图案、颜色、字符形式等应满足《道路交通标志和标线》以及《公路交通安全设施规范》的相关规定。主线临时标志的设置不宜过于集中。字高及汉字的高宽比应满足施工路段维持通行的基本需求，且字高不小于40cm，重要信息不应遗漏。

(5) 高速公路改扩建施工时，应设置完善的施工区临时标志。需进行交通转换时，应设置施工区交通转换的交通标志。维持通行的车道和施工作业区之间以及对向行车的车道之间，应设置临时隔离设施。当维持通行路段的车速为60km/h及以上时，临时隔离设施宜采用连续设置并互锁的混凝土护栏预制块，注水(或砂)且连续布设互锁的水马、波形梁护栏等。

高速公路在改扩建期间应尽量提供高品质的服务，使其符合高速公路的底线要求。如施工对于通车干扰过于严重，势必影响到高速公路的服务水平。保持通行的高速公路，其一般路段应满足60km/h的行车速度要求。在此情况下，通车区和施工区之间需要施行硬质隔离。

(6) 改扩建中拆除且不准备在改扩建完成后继续使用的安全设施，宜优先用作临时交通安全设施。

(7) 在满足使用条件下，临时标志支撑结构可采用附着于护栏立柱、跨线桥、移动支架等形式。

四、隔离栅和桥梁护网

1. 改扩建项目隔离栅和桥梁护网设计

隔离栅能够阻止人、畜进入高速公路或其他禁入的区域，防止非法侵占高速公路用地。

可有效地排除横向干扰，避免由此产生的交通延误或交通事故，保障高速公路效益的发挥。所以，改扩建高速公路的外侧应连续设置隔离栅，高度宜为 1. 50~1. 80m，形式主要为焊接网或编制网，并尽量考虑采用与既有高速公路所用材料及规格相同或相近的隔离栅。

上跨改扩建高速公路的桥梁应在高速公路用地范围内的两侧设置桥梁护网，高度宜为 1. 80~2. 10m。

2. 改扩建项目隔离栅和桥梁护网的重复利用

拆除的隔离栅、防落网等设施的网材、支撑钢材等，经局部修补或翻新等方式进行处理、检验合格后，可重复利用或作为施工期间临时设施使用。

隔离栅能否再利用需要考虑其使用年限、外观状况以及对高速公路改扩建后的适应性。严重腐蚀、损坏、有碍美观、无法满足改扩建后设计要求的隔离栅不可再利用，但应考虑有没有其他用途，核算其剩余价值。

五、其他安全设施

高速公路防眩设施主要包括防眩板、防眩网和植树防眩 3 种形式，改扩建工程新设置的防眩设施类型宜与既有防眩设施相一致。既有防眩设施经局部修复，并经检测合格后重复利用。在中央分隔带开口处活动护栏上，宜设置防眩设施。

改扩建高速公路主线出入口、匝道、分离式改扩建工程分合流点以及线形变化较大的路段，视需要设置分流或合流诱导标、线形诱导标等设施。

改扩建高速公路主线出口、匝道分流点、分离式改扩建工程分流点需设置防撞垫。防眩设施、轮廓标、视线诱导标和防撞垫等其他交通安全设施的设置均需满足现行《高速交通设施规范》的要求。

第七章

路桥工程施工风险评价与预警

第一节 施工风险辨识与评价方法

一、风险辨识方法

针对路桥施工过程中众多的风险因素，必须采用科学的、系统的辨识方法来识别风险因素。这样不仅能够节约成本提高效率，还能根据风险因素的特征对其进行归纳和分类，为后续的风险评价、风险管控和安全预警创造有利的条件。建设工程中常用的风险因素识别的方法有很多，主要分为直观经验法和系统安全分析法，这些风险辨识方法同样适用于路桥施工过程。

（1）直观经验法：安全管理人员可通过查阅相关文献资料、类似项目的经验、现场分析观察、类比推断、使用调查问卷、询问交谈、头脑风暴法、咨询专家等方法辨识风险因素。

（2）系统安全分析法：事故树分析法（FTA）、作业危害分析（JHA）、安全检查表法（SCL）、危险可操作性研究（HAZOP）等常规方法。

上述风险辨识方法使用方便、操作灵活，对使用人员的专业知识要求低，非常适合在路桥施工中应用。

二、风险评价方法

风险评价方法是用来确定被评价对象风险度大小和事故后果的方法，一般可分为定性评价和定量评价两种类型。定性评价通常是根据评价者的经验和分析判断能力，使用诸如较安全、较危险等模糊的词语来描述事物的风险大小，不能给出确切的风险数值；定量评价是采用数学的方法将事物的危险性用明确的数量关系来表示，可以直接得出被评价对象风险数值。不论是定性还是定量评价方法，都能为风险的预防和处理提供一定的指导和依据。

风险评价方法有很多种，这些评价方法越精确，其应用过程和计算过程往往越烦琐，应根据路桥施工的特点和评价人员的素质来选择一些操作性强、可靠性高的评价方法。同时，在选择评价方法时还要遵循充分性、系统性、合理性、适用性和针对性等原则。能广泛应用于路桥施工中的定性评价方法有安全检查表法、德菲尔法(Delphi)、作业条件危险性评价法(LEC)等，常用的定量评价方法包括事故树法、层次分析法和模糊综合评价等。各方法的优缺点、适用范围见表 7-1。

表 7-1　评价方法比对表

评价方法	优点	缺点	定性/定量	适用范围
安全检查表	简单快捷、专业要求低、结果全面、应用范围广	需根据不同要求事先编制，检查表的质量受编制人员素质和经验影响大	定性	适用范围广，可应用于大多数领域
德菲尔法	简单易行、评价结果比较客观全面	易受评价专家的知识、经验和主观影响	定性	适用于类比工程项目、系统和装置
LEC 法	使用简便、数据便于统计和获取、适用范围广	危险等级的划分受主观影响大，使用时应根据经验对评价结果进行适当修正	定性/半定量	适用范围广，常用于化工、工程等领域
事故树法	生动形象、逻辑性强、可直观地找出事故因果关系并能预防事故的发生	对分析人员要求高，定量计算、分析难度大，对数据要求高	定性/定量	化工、建设工程、冶金、机械、航空
层次分析法	应用范围广、可系统性地分析问题、需要的定量数据少	权重确定困难、易受主观影响、计算过程复杂	定量	多目标、多准则的复杂系统
模糊综合评价	能够将定性问题定量化、评价结果清晰完整、系统性强	评价结果受评价人员的主观影响较大、计算复杂	定量	模糊系统

第二节　施工质量风险评价

一、路桥工程施工质量风险识别

1. 路桥施工质量风险的类型

以某路桥工程为例，通过文献分析、现场调查和专家访谈等研究方法，归纳出以下几种路桥施工质量风险：(1) 锈蚀问题；(2)碱蚀问题；(3)裂缝问题；(4)塌方问题；(5)连接处问题；(6)路面不平整问题；(7)铺装层脱落问题。

2. 路桥施工质量风险影响因素分析

1) 人方面的影响因素

人员牢固的专业知识、工艺技术、成熟的心理素质、良好的职业道德修养以及积极的主观能动性是项目在实施过程中质量管理的推动力。人方面的风险影响因素包括：(1)领导者的素质；(2)人员的技术素质；(3)人员的思想素质；(4)人员的生理、心理素质；(5)人员的错误行为；(6)人员的流动性。

2）物方面的影响因素

路桥工程建设中物对其质量问题的影响主要体现在采购、进场检验、运输、储存和使用上，主要包括：(1)材料、机械设备的采购来源；(2)材料的进场检验与供应状况；(3)材料的仓储与使用状况；(4)机械设备的进出场状况；(5)机械设备的使用和维修保养状况；(6)材料和机械设备的相容性与先进性。

3）环境方面的影响因素

路桥工程的建设处于不断变化的周边环境、项目现场条件和周围水文地质情况的内部环境，以及在政治、经济、社会、技术等方面的外部环境中，主要包括：(1)项目现场施工条件；(2)工程水文地质条件；(3)项目周边环境(相邻构筑物、建筑物和地下工程、管线、通信和道路等)；(4)项目外部环境(政治、经济、社会和自然)。

4）方法方面的影响因素

影响路桥施工质量风险的方法要素主要包括：(1)项目各参与方内部及之间的组织协调；(2)健全的质量风险管理体系；(3)质量风险管理的严格执行；(4)详细合理的施工方案；(5)全面彻底的技术交底；(6)成熟先进的工艺技术；(7)标准的过程检验；(8)合理的招投标方式；(9)合同的履约能力；(10)合同变更与索赔纠纷；(11)合理的工期；(12)良好的财务管理能力。

二、路桥施工质量风险评价

1. 施工质量风险评价指标体系构建

1）问卷设计及发放

本问卷针对上一小节中初步识别出的28个风险影响因素设计问卷进行调查，调查对象为路桥参建人员和相关技术、咨询方面的专业人员，问卷内容包含28个初步风险清单。对回收的有效问卷进行统计，综合专家意见、样本结果显示减少2个相关风险指标，共为26个，减少的因素分别是“机械设备的进出场状况、项目外部环境”。

2）风险评价指标体系的确定

再次聘请路桥工程项目业主方、教授级高工和高级工程师、咨询单位、政府主管部门和路桥总承包商，共42位专家对已经辨识出的26个风险因素进行进一步分析、筛选、补充以及归类，最终保留专家认可度在60%以上的指标。在26个指标中专家认可度小于60%的分别是：“人员的流动性、机械设备的使用和维修保养状况、项目周边环境”3项指标，将这3项指标剔除。最终形成由剩余23个指标构成的评价体系。

$$专家认同度=\frac{认同指标能较好地反映高速公路工程质速公路的专家}{受访访专家总人}$$

2. 施工质量风险评价模型建立

1）基于熵值法的权重计算

(1) 建立决策矩阵：m个评价人员，n项风险指标，建立决策矩阵$X=(x_{ij})_{m\times n}$

$$x_{ij}=\begin{bmatrix} x_{11} & \cdots & x_{1n} \\ M & O & M \\ x_{m1} & \cdots & x_{mn} \end{bmatrix} \tag{7-1}$$

(2) 计算标准化矩阵：对式(7-1)进行标准化处理，运用式(7-2)计算第 j 项指标下第 i 个方案占该指标的比重 p_{ij}，并得到标准化矩阵式(7-3)：

$$P_{ij}=\frac{x_{ij}}{\sum_{i=1}^{m} x_{ij}} \tag{7-2}$$

$$p_{ij}=\begin{bmatrix} p_{11} & \cdots & p_{1n} \\ M & O & M\cdots \\ p_{m1} & \cdots & p_{mn} \end{bmatrix} \tag{7-3}$$

(3) 计算指标熵值：根据信息熵式(7-4)计算第 j 项指标的熵值 H_j：

$$H_j=\begin{cases} -k\sum_{i=1}^{m} p_{ij}\ln p_{ij},\ 0<p_{ij}<1 \\ 0,\ p_{ij}=0 \end{cases} \tag{7-4}$$

式(7-4)中 $k>0$，通常取 $k=\frac{1}{\ln m}$，以使 $0\leqslant H_j\leqslant 1$。

(4) 计算指标差异性序数

$$g_j=1-H_j \tag{7-5}$$

(5) 计算指标权重：利用式(7-6)计算各指标的权重：

$$w_j=\frac{g_j}{\sum_{j=1}^{n} g_j},\ (j=1,\ 2,\ 3,\ \cdots n) \tag{7-6}$$

最终得到一级指标权重的权重集，见式(7-7)；二级指标权重的权重集，见式(7-8)：

$$W_i=\{w_1,\ w_2,\ \cdots w_n\}$$
$$W_1=\{w_{11},\ w_{12},\ \cdots w_{1n}\} \tag{7-7}$$

$$w_2=\{w_{21},\ w_{22},\ \cdots w_{2n}\}$$
$$W_m=\{w_{m1},\ w_{m2},\ \cdots w_{mn}\} \tag{7-8}$$

2）基于模糊综合评价法的质量风险评价

(1) 设立项目评价等级。

将项目风险等级划分为 5 个——高、较高、中等、较低、低，用 $V_i(i=1,\ 2,\ \cdots,\ 5)$

表示。

$$V^T=(V_1, V_2, V_3, V_4, V_5)=(100, 80, 60, 40, 20) \tag{7-9}$$

（2）建立模糊关系矩阵。

① 建立隶属函数。根据已确定的风险评价指标体系，邀请专家对每个指标进行打分。

② 统计结果。对打分结果进行票数统计记为 c_{ij}，得出各二级指标风险因素的评价集合。

③ 建立模糊关系矩阵。根据公式(7-10)建立从 A 到 V 的模糊关系 R，见式(7-11)：

$$r_{ij}=\frac{c_{ij}}{\sum_{i=1}^{n} c_{ij}} \tag{7-10}$$

$$R_i=\begin{bmatrix} r_{11} & r_{12} & \cdots & r_{1n} \\ r_{21} & r_{22} & \cdots & r_{2n} \\ M & M & M & M \\ r_{m1} & r_{m2} & \cdots & r_{mn} \end{bmatrix} \tag{7-11}$$

c_{ij}是对第 i 项因素的第 j 种评价，即专家赞成某一风险因素属于相应风险等级的票数，指邀请评价专家的总人数。$R_i(i=1, 2, \cdots, n)$表示第 i 个因素的模糊关系矩阵。

④ 建立因素权重集。因素权重集见“基于熵值法的权重计算”小节，见式(7-7)和式(7-8)。

（3）模糊综合评判。

根据式(7-11)计算每一个二级指标的模糊综合评价：

$$B_1=W_1\times R_1=(w_{11}, w_{12}, \cdots w_{1n})\times\begin{bmatrix} r_{11} & r_{12} & \cdots & r_{1n} \\ r_{21} & r_{22} & \cdots & r_{2n} \\ M & M & M & M \\ r_{m1} & r_{m2} & \cdots & r_{mn} \end{bmatrix}=(b_{11}, b_{12}, \cdots b_{1n}) \tag{7-12}$$

根据式(7-12)计算一级指标的模糊综合评价：

$$B=W\times R=(w_1, w_2, \cdots w_n)\times\begin{bmatrix} b_{11} & b_{12} & \cdots & b_{1n} \\ b_{21} & b_{22} & \cdots & b_{2n} \\ M & M & M & M \\ b_{m1} & b_{m2} & \cdots & b_{mn} \end{bmatrix}=(b_1, b_2, \cdots b_n) \tag{7-13}$$

根据式(7-13)计算该项目的模糊综合评价值 F：

$$F=B\times V^T \tag{7-14}$$

（4）质量风险评价等级。

模糊评估风险等级包括高、较高、中等、较低、低，相对应的评语集是[0，100]的任意某数，把指标集分入与之对应的风险级别中，例如：（较高风险，风险大小[0.6，0.8]，评语集(60，80]）。在实际路桥项目中可运用上述方法对施工质量风险进行科学评估。

三、路桥施工质量风险防控对策

1. 人的风险应对

1）强化人员风险管控意识

积极调动路桥工程参建人员的主观能动性，定期在工程施工的前、中、后等关键时点开展有关质量风险教育讲座，切实强化施工人员、管理人员和技术人员等的风险管控意识。

2）提高人员整体素质

业主尽量与拥有相关专业资质且信誉良好的设计单位、监理单位和施工单位等进行合作，定期组织专业培训，提高各类人员对专业知识的掌握度与熟练度。

3）增强人员监督考核

增强对各类参建人员进行监督考核，可以通过实行工作绩效机制和奖惩机制对人员进行管理，借助外力督促各项工作的顺利推进。

2. 物的风险应对

1）建立规范的材料设备采购体系

选择材料设备合格、信誉良好、反馈评价好的供应商作为合作方，并在签订的合同中要求对方对其供应的材料设备质量进行担保。

2）制订动态的材料设备供应计划

项目执行人员需要通过每日跟进路桥工程实际建设进度、现场材料设备储备情况和工程不同阶段实际需求，提前制订满足现场需求的供应计划。

3）严格执行材料设备的检查工作

在材料进场前和使用前交由专业检测部门进行详细的质量检查工作，若发现使用质量不合格的材料，应立即采用替代品进行施工，并对已施工的地方重新检测。

3. 环境的风险应对

1）创造良好的施工现场环境

通过规范工地现场的秩序和纪律，合理制订施工方案、安排人员和配置资源，促进各类参建人员之间的交流沟通等，营造和谐、优质的现场环境氛围以协调配合工程施工。

2）制订自然灾害应对计划

按照季节气候特点，制订自然灾害应对计划，尤其注意突发性降雨和洪水等灾害的发生。同时，在勘察设计阶段，应做好全面深入的地质勘察与分析，设计合理的施工图纸和方案。

3）做好社会安置工作

在项目前期需要与当地居民进行沟通交流，给予居民一定数量的拆迁费用或购房优惠政策等福利，维护居民的切身利益并保障其基本居住需求，减小路桥施工阻力。

4. 方法的风险应对

1）健全项目风险管理体系

为了更好地预测和预防风险事故的发生，健全的路桥项目施工质量风险管理体系必不可少。在实际工程中可以运用现代互联网技术对工程情况进行实时监控。

2）详细施工文件并规范各项施工流程

施工单位应全面熟悉设计图纸并做好施工交底等工作，严格审查施工组织计划，并对各项工序的施工流程进项严格监督，防止因不规范的施工操作造成安全质量事故。

3）加强施工过程监督与管控

让监理单位协助业主对施工所需的材料质量、机械设备质量等进行入场检验、使用检验，监督各阶段具体施工流程，检测评定隐蔽工程质量等工作。

第三节 施工安全风险评价

一、路桥工程六大事故风险提示

高处坠落、坍塌、触电、机械伤害、起重伤害、物体打击是工程施工的六大伤害，也是通过大量的数据统计分析出的路桥工程的高发事故类型。

（1）高空坠落始终是施工安全事故发生率最高的一类，且呈现出点多面广的特征，因此，防范高坠事故的发生，具有很大的难度。

（2）深基坑、路桥工程涉及大量的高大模板支架搭设，几十米的高度跨度、上万立方米的混凝土浇筑、几十名甚至百名工人同时作业，一旦发生坍塌事故，后果不堪设想。

（3）虽然路桥施工安全用电管理的水平在近年来不断提高，但是路桥工程线状、长距离的工程特性导致了用电设备、电缆线路难以管理，电工操作人员技能低下，导致触电事故在一定的时间和范围内无法杜绝。

（4）现代路桥工程在施工过程中，机械化程度越来越高，各类大型、中小型机械设备众多，由于工人操作不当和设备本身的隐患，机械伤害事故始终存在。

（5）路桥工程施工中的起重吊装规模，远超于一般的房屋建筑工程，经常涉及上百吨的混凝土构件及钢结构吊装，一旦安全技术管理不到位，将会产生极为严重的安全事故。

（6）在施工周期短、施工时间紧，劳动力、施工机具、物料投入较多，个体防护不规范的交叉作业时，人员在机械运行、物料传接、工具的使用过程中，可能出现物体打击事故。

二、路桥施工安全风险评价

1. 施工安全风险评价指标体系建立

1）路桥安全风险源识别

（1）作业人员情况。

① 作业时间。作业时间指的是作业人员施工所用的时间总和，当作业时间过长，则表明作业人员作业效率会有所降低，疲惫感增加，容易对引起安全事故的注意事项放松警惕；然而，作业时间越短，并不意味着对引起安全事故的注意事项越警惕。

② 作业人员生活规律。作业人员生活越规律，间接表示该作业人员做事的态度越严谨，其对安全事故的警惕性相对越高，不代表其跟安全事故是相关关系，但作业人员生活规律是评价安全风险的指标之一。

③ 作业人员的地区差异。作业人员地区差异指的是作业人员常住生活地与施工地点的生活及饮食习惯相差很大，作业人员在地区差异性较大的施工区，当其无法快速适应地区

差异，则存在严重的安全隐患，也会导致安全事故发生的概率增大。

④ 作业人员学历程度。作业人员学历程度的不同，对安全操作指令、安全守则以及安全学习等在理解上会有一定程度的不同，因此作业人员的学历程度会对施工安全性有一定的影响。

⑤ 作业人员是否存在安全作业违规行为。如果作业人员存在安全作业违规行为，则说明该作业人员曾经的安全意识较差，但不代表曾经出现违规行为，就一定会对项目有安全隐患。如果该安全违规作业人员经过安全教育学习，安全意识提高，则其对项目安全隐患较小；反之，则存在较大的安全隐患。

⑥ 安全专业素质。良好的安全专业素质代表作业人员在进行作业时拥有良好的安全作业操守，用最标准的安全作业业务能力去完成路桥施工项目；因此安全专业素质的高低直接影响路桥施工项目的安全系数。

⑦ 安全人员岗位匹配状况。安全人员岗位匹配指的是每个专项施工的项目必须由专业的作业人员操作，否则由非专业人员进行专项施工，尤其是特大危险项目施工，则会大幅度降低项目的安全系数。

（2）组织管理。

① 安全施工检查与监督。安全施工检查与监督是建立在安全施工指导纲要上的，检查与监督小组应该按照安全施工纲要保质保量地去完成。当安全施工检查与监督工作只是摆设而已，那么项目的安全工作则变得岌岌可危。

② 安全应急预案。应急预案指的是当项目出现安全事故后，可立马提供的处理方案。一套完整的安全应急预案将会大幅度降低安全事故的波及影响范围及项目的损失率；因此安全应急预案指标是路桥安全施工评价的另一大指标。

（3）设施与设备。

① 施工设备的检测、使用。经常性地检测施工设备能否正常使用以及防护安全性能是否完好，将避免很多施工作业过程中的安全隐患。

② 安全与防护设施。良好的安全与防护设施能够保障作业人员的生命安全，保障项目的顺利进行；当安全与防护设施受损而长期得不到修复，则会在一定程度上威胁到作业人员的生命安全。

③ 大型设备安拆安全控制。大型设备是路桥施工阶段必不可少的使用机械，很多大型设备比如起重机、桩机等的安拆工作如果不注意细节，则一定会在细节上留下安全隐患。因此，对大型设备安拆的安全控制相对于在减少项目的安全隐患。

④ 设施设备先进性。当设施设备越先进，表示其与时代越同步、越智能，但是设施设备越先进，意味着使用者通常不具备操作的熟练性及经验性。

⑤ 设备维修率。设备维修率指的是设备维修的次数，设备维修次数越大，表示设备故障越多，但不代表故障多，就一定安全隐患大，但是其是影响安全事故发生概率的主要影响因素之一。

⑥ 设备配备率。设备配备率指的是配置设备的密集度，路桥项目施工需要必备的设备。设备配备率越高，表示施工效率会提高，却存在设备使用不当、安全隐患增多的问题。

（4）作业环境。

① 地质条件、地下水及气候条件。地质条件指的是路桥项目所在地的土质是否为软土

等特殊土质，如果为软土等特殊土质，则需要采取基础加固措施，否则地质条件弱的地基将无法承载上部结构荷载以及路桥运营后期的动车荷载，这将会带来巨大的安全隐患。地下水情况，分为地下水含量及地下水类别；地下水含量越充足，越不利于路桥工程的基坑施工以及上部荷载的承受能力；地下水类别分为潜水、包气带水以及承压水，公路基础所处的地下水类别与基坑深度有关，较浅的基坑遇到水的类型为潜水和包气带水。因此，合适的地下水含量有助于减弱基坑施工的安全风险系数。

气候条件是指路桥施工所在的季节是否为雨季、高温季节或者冰冻季节等特殊季节，需要对特殊季节施工的路段采取安全防护措施以及作业人员的人身安全防护措施；否则，特殊季节将会是项目安全隐患高发的季节。

② 夜间施工照明情况及安全标志和信号设置情况。夜间施工模式若照明情况欠佳，或者安全标志和信号设置欠佳，则作业人员很大概率上因照明不清晰、操作失误以及安全标志和信号设置问题，误入非安全区，造成严重的安全事故。因此，夜间施工照明情况及安全标志和信号设置情况是项目施工安全评价的指标之一。

③ 施工现场布置及作业空间。施工现场布置越井井有条，发生安全事故的概率就越低；作业空间越大，越有施展的空间，发生安全事故的概率也会相对降低。

(5) 作业现场安全施工。

① 基础施工。基础施工中包括基坑深度及基坑支护等工序。基坑深度指的是基坑开挖的实际施工深度；基坑支护的目的是为稳固基坑，以便基础施工的稳固性。在路桥工程的基坑施工中，基坑越深，则表示安全系数越低，但是过小的基坑深度，又无法满足承载力及施工需求。基坑支护未按施工组织保质保量地完成，则会因为基坑支护的不稳定性，导致项目严重的安全事故。因此合适的基坑深度和保质保量地完成基坑支护有助于减弱基坑施工的安全风险系数。

② 桥台墩柱施工。墩柱施工中，墩柱高度指的是墩柱实际施工的高度。墩柱施工高度过高，意味着高空作业难度系数增加，施工安全系数变低，容易出现高处坠落。物体打击等一系列安全事故；墩柱高度过低，则不符合设计规范和施工要求。因此墩柱的设置会影响路桥施工项目的安全系数。

③ 其他工序。其他工序中，都存在模板、混凝土及运输等工艺，若不按照安全施工工艺流程，则容易出现施工安全事故。例如，桥架机坡度过大，则容易造成失稳，出现高处坠落等安全事故。

2）安全风险主要影响中关键因素筛选模型构建

通过比选，决定采用层次分析法对路桥安全风险主要影响因素中的关键因素进行筛选，将通过层次分解分析法计算综合重要度大于等于0.1的因素界定为关键影响因素。

层次分析法是从不同层面上对研究对象进行分析评价的一种方法，该方法最早起源于美国，它既可以对研究对象进行定性研究，也可以通过一定的数学模型和公式对研究对象进行定量分析。

该方法属于嵌套式方法，将研究对象分为目标层 O、准则层 P 及指标层 R 三个层面，将这三个层面分别进行指标权重嵌套式对比评价分析。

2. 施工安全风险评价模型建立

1）灰色关联白化权模糊综合评价

1982 年邓聚龙教授发表《灰色控制系统》，灰色关联于开始在中国诞生。灰色系统理论是基于不确定性系统的研究方法，利用计算分析少量的原始数据来预判其发展变化的规律，其主要针对数据少、灰色性问题的研究。

白化权函数是指在直角坐标中的一条三折线或 S 形曲线，它可以定量地描述某一评估对象隶属于某个灰类的程度(称权函数)，即随着被评估指标或样点值的大小而变化的关系。

模糊综合评价法为风险评估代表方法，模糊综合评价法是由 L. A. Zadeh 教授于 1965 年提出的，是一种基于模糊数学的综合评价方法。该综合评价法根据模糊数学的隶属度理论，把定性评价转化为定量评价，即用模糊数学对受到多种因素制约的事物或对象做出一个总体的评价。它具有结果清晰、系统性强的特点，能较好地解决模糊的、难以量化的问题，适合各种非确定性问题的解决。

灰色关联分析将路桥施工潜在和显在的安全风险因素进行关联性分析，得出每个风险因素的关联度，然后结合模糊综合评价法将路桥安全的风险影响因素进行定量评价，嵌套白化权函数来描述路桥施工安全风险影响因素的风险隶属度，最终达到风险等级评价的目的。因此，下文选用灰色关联白化权模糊综合评价法对路桥施工安全风险进行评价，可对每个风险因素及整个项目的风险因素进行风险评级。

2）模糊综合评价流程

模糊综合评价法的思路分为以下 6 个步骤：

（1）确定风险因素集。

（2）确定评价集。

（3）对单风险因素评价，得到模糊矩阵 S。

（4）确定权重向量。

（5）对工程项目综合评价。

（6）对评价结果进行分析。

灰色关联白化权模糊综合评价法的步骤如图 7-1 所示。

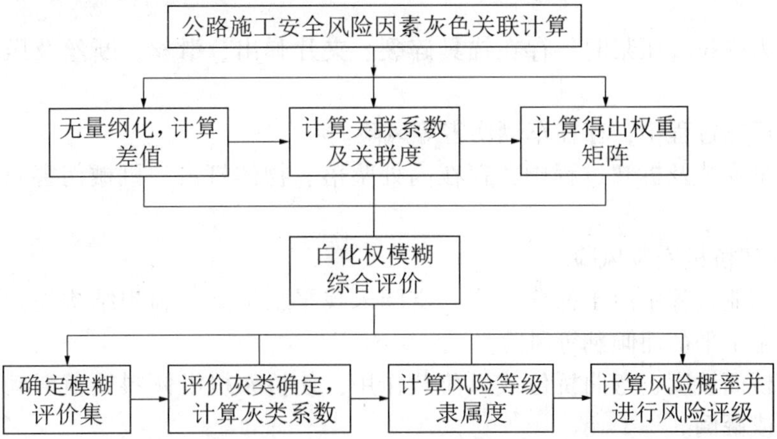

图 7-1 灰色关联白化权模糊综合评价法步骤

三、工程实例

1. 工程概况

恩广高速公路是恩施至广元的一条国家高速公路，是 G42 沪蓉高速与 G69 银百高速的连接线，是万州区“一环八射”高速公路网“一环”中的重要组成部分。工程建设的实施能真正起到为国道主干线和国家重点干线高速分流的目的，充分发挥国道主线和国家重点干线高速公路的功能与作用，有助于完善路网和构建当地综合运输枢纽。

项目一分部工程起点桩号 K0+000，终点桩号 K7+194，全长 7.194km，主要包含基础挖方 $157\times10^4m^3$，填方 $45.9\times10^4m^3$；互通立交 1 处(含跨线桥 1 座、匝道 5 座)；桥梁 4 座(不含互通主线桥)，其中特大桥 1 座、大桥 4 座。

2. 施工技术安全风险分析

在恩广高速公路万州段施工安全风险评价之前，对其进行施工技术安全风险分析。

1）桥台(基坑)施工风险

(1) 基坑开挖未按规定放坡，存在坍塌等风险。

(2) 基坑开挖方法不当，支撑结构不合理，存在基坑支护失稳坍塌。

(3) 起重吊装违章指挥，存在发生起重伤害、物体打击等风险。

(4) 基坑防护及上下通道不规范，存在高处坠落等安全风险。

(5) 根据设计文件，桥台基坑最大深度 8.5m，施工过程中存在坍塌、物体打击等风险。

2）墩柱、中系梁及盖梁施工风险

(1) 墩柱、中系梁及盖梁较高时，因施工及防护设施不规范，存在坍塌、高处坠落等风险。

(2) 根据设计文件，该桥墩均为柱式墩，超过 20m 的高墩较多，最大墩柱高度为 40.41m，高空作业施工安全风险较高，施工过程中存在起重伤害、高处坠落风险。

3）梁板预制和运输风险

(1) 梁板预制和转运需要用到龙门吊等大型起吊设备，施工时存在起吊设施倾覆的风险。

(2) 预应力张拉、压浆时，存在锚具碎裂、夹片弹出、滑丝、断丝及压浆时水泥喷浆伤人等风险。

(3) 梁板运输过程中，存在车辆伤害等风险。

(4) 龙门吊安装及拆卸过程中，存在高处坠落、物体打击、机械伤害及起重伤害、触电等风险。

4）梁板、架桥机安装风险

(1) 吊梁作业过程中由于操作不当、支腿未找平、吊梁及扁担结构失效等原因，架桥机存在由于力矩不平衡而倾翻等风险。

(2) 由于桥面坡度、弯曲桥位或风荷载作用，使桥架机沿倾料轨道滑动，发生不应有的位移、脱轨或翻倒。

(3) 架桥机的安装与拆除过程中，存在物体打击、高处坠落等风险。

（4）架桥机高处设备的维护和检修，以及安全检查测量，存在着人员高处跌落等风险。

（5）架桥机整机移动时，若操作失误或制动器失灵引起溜车，可能对人员造成跌落伤害或碾压伤害。

5）不良地质施工风险

根据设计文件，桥位区经过油沙溪古滑坡前缘堆积区，根据油沙溪古滑坡专项勘察可知，油沙溪古滑坡在天然工况下整体稳定，在暴雨工况下整体稳定，前缘堆积区整体稳定，对桥梁施工安全影响较小。

3. 风险评价过程

首先建立恩广高速万州段安全风险评价指标体系表，然后构建灰色关联白化权模糊综合评价模型，采用专家打分法，邀请5位高速公路项目安全风险评价专家库的专家根据施工安全风险指标体系表中的各风险指标权重，对恩广高速公路各风险性指标各按1~10分的标准进行打分，由此得到相应的模糊因子集权重矩阵 U；最后分析施工风险评价结果，通过运用灰色关联度白化权函数模糊评价模型对恩广高速公万州段进行施工风险评价，得到主要评价结果如下：

（1）该段整体施工风险值为4.86，依据风险评级表得出该项目安全风险等级为中等安全风险。

（2）基坑开挖和基坑排水的风险值级别为Ⅳ级，属于高危风险因素。

（3）安全作业人员岗位匹配情况、安全施工组织架构、安全施工检查与监督、安全教育与培训、安全应急预案、设备检测及使用、安全和防护设施、安全标志和信号设置情况、梁板运输、基坑防护、桥架机桥面坡度、混凝土浇筑、模板专项设计、墩柱高度的风险等级均为Ⅲ级，属于高风险因素。

（4）作业人员是否存在违规行为、作业人员专业素质、安全和防护设施、大型设备安拆安全控制、地下水情况、气候条件、夜间施工照明情况的风险等级为Ⅱ级，属于中等风险因素。

（5）作业人员学历程度风险等级为Ⅰ级，属于低风险因素类。

4. 施工安全风险应对措施

需对Ⅱ级以上的风险因素，即中级以上的风因素进行着重管控，因此，根据评价结果，分别对恩广高速工程项目的中等以上的安全风险因素采取如下相对应的应对措施。

1）作业人员情况安全风险因素应对措施

（1）作业人员是否存在违规行为的应对措施。

① 建立作业人员工作日志及包括安全违规行为在内的档案规整。

② 将作业人员安全违规行为按照级别划分，对轻犯者，进行安全知识教育及安全总结；对发生较大安全事故以上的作业人员除进行安全教育及安全总结外，采取扣除工资、奖金或者休假以做惩罚。

③ 加强监督安全违规作业人员的安全工作。

（2）作业人员的安全专业素质应对措施。

不同工种的作业人员应具备基本的岗位安全专业技能。以项目部工种为单位，进行二人组队捆绑制以及项目经理安全责任制，进行民众互相监督。组队人员的安全业绩进入捆绑考核，项目部的安全业绩进入项目经理业绩考核。根据安全考核业绩，进行捆绑制审核安全绩效。

(3) 安全人员岗位匹配情况应对措施。

根据安全人员的专项技能进行匹配定岗，切忌在安全施工要求极高的工序上，派遣不专业的作业人员操作。因此在工序开展之前，工种负责人应制定每个岗位的作业人员花名册，让安全岗位责任有人担，确保每个作业人员坚守自己的岗位，做到安全事故为0的目标。

2）组织管理安全风险因素应对措施

(1) 组织架构安全风险因素应对措施。

对于恩广高速项目的安全性问题，要有针对性地设置安全组织架构，且采用矩阵式组织架构，横向按照工序进行职能划分，纵向按照班组进行划分，制定安全事故责任人和指挥人，按照组织架构的模式进行指令上传下达。

(2) 施工检查与监督安全风险因素应对措施。

① 对有安全隐患的工序尤其是对隐蔽工程的安全问题，定期进行检查与监督；

② 对每天的安全施工与检查工作进行书面汇报，并整理归档；

③ 不定期组织安全小组进行安全检查；

④ 避免人为的投机倒把或者潜规则等掩盖安全行为及后遗症问题，建立监督与反监督机制及奖惩制度。

(3) 安全教育与培训风险因素应对措施。

① 定期开展安全教育与培训讲座；

② 定期或不定期举办安全教育与培训知识竞赛或者安全知识测试；

③ 提倡恩广项目全体人员进行日、周或者季度安全工作总结，并进行安全心得交流。

(4) 安全应急预案风险因素应对措施。

安全应急预案是事故发生前的准备工作也是应对事故发生后的指导方针，所以在事故发生之前，应制订恩广高速项目的安全应急预案。

3）设施与设备安全风险因素应对措施

(1) 设备检测及使用安全风险因素应对措施。

① 定期对设备进行功能性检测及维修工作，并做好登记记录，做到有档可寻。

② 使用设备前，按照设备安全使用规范，仔细检查使用设备是否可正常使用，比如吊机的吊装是否正常、钻机是否漏电等。

③ 采用谁当天使用设备谁负责当天设备的质量和使用性能的制度，如当天使用过程中，遇到设备运行问题，则需报备维修并做好记载；若因违反安全使用规则造成设备问题，由使用人承担全部或者部分责任。

(2) 安全和防护设施风险因素应对措施。

① 制订安全和防护设施预备方案。

② 按照预备方案将安全和防护设施进行现场铺设，并进行醒目标语提醒。

③ 制定遵守安全和防护设施使用的奖惩细则。

(3) 大型设备安拆安全控制风险因素应对措施。

① 严格按照大型设备安拆的流程和规则进行。

② 制定执行安全事故责任制制度。

③ 采用谁当天使用设备谁负责当天大型设备的质量和使用性能的制度，如当天使用过程中，遇到设备运行问题，则需报备维修并做好记载；若因违反安全使用规则造成设备问题，由使用人承担全部或者部分责任。

4）作业环境安全风险因素应对措施

（1）地下水情况风险因素应对措施。

① 调查恩广项目所在位置周边的河流湖泊，分析项目所处的地下水位，并整理为资料，以此进行地下水施工和排水的准备工作。

② 采取排水法将地下水进行抽排。

（2）气候条件风险因素应对措施。

天气气候对恩广高速所有工序的施工都有一定的影响，尤其对路基的影响最大。若连续遇到强降雨，则会恶化路基的承载力。因此在项目施工之前，做进度安排时，负责人应根据当地天气情况合理安排施工进度，尽量避开雨季施工。若遇到强降雨天气，又无法进行工期调度的，则可采取盲沟法进行雨水清理与排除。

（3）夜间施工照明情况应对措施。

① 预备临时停电需要的发电机，确保夜间施工的照明。

② 定期或者不定期检查施工现场线路、电线老化问题以及照明灯具的正常使用性问题。

③ 提醒并督促作业人员避免在不安全的情况下进行夜间照明施工及用电问题。

（4）安全标志和信号设置情况应对措施。

① 对现场所有存在安全隐患的位置全面地进行安全标志和信号设置。

② 不定期检查设置的安全标志和信号是否存在损坏，对损坏部分进行及时更换。

5）作业技术风险因素应对措施

（1）基坑开挖安全风险因素应对措施。

① 施工前应编制基坑专项施工方案，并组织专家论证、审查。

② 油沙溪特大桥桥台基坑最大开挖深度达 8.5m，当挖土深度超过 5m 或发现有地下水和土质发生特殊变化时，应根据现场实际情况确定边坡坡度分层开挖或采取支护措施；基坑支护应根据土质情况、施工荷载、施工周期和现场情况进行专项施工设计，并符合有关要求。

③ 采用机械开挖，应避免超挖，宜在挖至基底前预留一定厚度，再由人工开挖至设计高程，如超挖，则应将松动部分清除，并对基底进行处理。

④ 基坑开挖时，应观测坡面稳定情况，当发现坑沿顶面出现裂缝、坑壁松塌或遇涌水时，应立即停止施工，加固处理后，方可继续施工。深基坑开挖时应进行基坑支护变形检测。

⑤ 大型深基坑除应遵循边开挖、边支护的原则施工外，尚应建立边坡稳定信息化动态监控系统。

⑥ 开挖时现场应有专人指挥，应边开挖边检查坡度和坑壁安全，发现边坡渗水，应立即处理。

⑦ 基坑应避免超挖，若超挖应将松动部分清除，采用碎石(土质地基)或混凝土(石质地基)回填，严禁超挖后再回填虚土。

⑧ 基坑施工应采取防碰撞措施，基坑附近有管网或其他构筑物时，应有可靠的防护措施；中等以上降雨期间严禁在基坑内施工作业，雨后进入基坑作业前，必须进行全面检查，并做好检查记录，确认无异常后，方可恢复施工。

⑨ 雨季施工以预防为主，加强与当地气象部门的联系，掌握天气变化情况，采用防雨措施及加强排水手段，减少季节性气候的影响。

⑩ 基坑开挖施工完成后不得长时间暴露、被水浸泡或被扰动，应及时检验其尺寸、高程和基底承载力，检验合格后应立即进行基础工程施工。

(2) 基坑排水安全风险因素应对措施。

① 基坑开挖前应先勘测地下水位，并根据坑底高程及土质情况确定是否需要井点降水，若需井点降水，宜在开挖前两天开始降水，基坑回填完成后停止降水。

② 基坑范围内地下水，需降水施工时，应根据水文地质和现场环境状况进行施工设计。

③排水作业不得影响基坑安全，排水困难时，应采用水下挖基坑方法，并应保持基坑中原有水位。

(3) 梁板运输、起吊风险因素应对措施。

① 梁板捆绑、支撑需严格按照规范实施。

② 运输前，应事先了解运输路线情况，了解范围，包括路面、路宽等。

③ 运输过程中，通过道路交叉口时，派专人维护交通秩序，保证车辆能安全、顺利地通过路口。车辆在行驶过程中，配专人观测护送，防止发生意外。

④ 梁板的放置应顺高度方向竖立，并有防止倾倒的固定措施。装卸梁时，必须在支撑稳妥后，方可卸除吊钩。

(4) 模板风险因素应对措施。

① 模板支撑系统必须进行安全验算，验收合格。

② 模板必须固定牢靠，才能进行下道工序。

③ 模板拆除应设专人监护，作业人员必须配备安全防护用具。

④ 设置模板专项施工方案，严格按照施工方案的顺序，进行模板拆除作业。拆除安装在模板上的临时用电线吊装模板时，应派专人指挥，作业人员应相互配合。

(5) 混凝土浇筑风险因素应对措施。

① 不宜在大雨天浇筑结构混凝土；新浇筑的混凝土在终凝前，不得被雨淋；如在浇捣混凝土施工过程中遇大暴雨，一定应做好已浇筑混凝土的防暴雨的应急工作；确实无法施工的可留设施工缝，并做好施工缝的处理工作；在已浇筑的混凝土上用塑料布覆盖，待大雨过后清除积水再继续浇筑。

② 按照施工方案要求的顺序、速度浇筑混凝土。

③ 冬季施工时，混凝土的运输时间应最大限度地缩短，运输混凝土的容器应有保温措施。

④ 基础混凝土的浇筑严禁使用土模。

⑤ 大体积混凝土浇筑应采取措施降低水化热，使内外温差不宜超过25℃。

⑥ 内外温差较大时，应设置冷却管，通过循环水降低混凝土内部温度。

⑦ 混凝土浇筑完成后应根据气温情况及内外温差监控结果实施保湿、养护措施。

(6) 墩柱高度风险因素应对措施。

① 柱式墩施工前，应编制专项施工方案并严格按专项方案实施。

② 应根据桥梁墩柱高度，考虑所属区域极端气候条件(如大风)，在利于施工的前提下，合理设计钢筋笼加工、安装工艺以及墩柱模板及混凝土工艺方案。

第四节　施工隐患治理

一、施工隐患的概念及指标特性

1. 施工隐患的概念

路桥工程建设中的安全隐患主要是指由于未能严格遵守相关法律法规或由于技术限制、管理体系制度不健全而导致的路桥施工安全管理漏洞，从而可能导致路桥施工事故的单个影响因素。

2. 施工隐患的指标特性

1) 行为类隐患

行为类隐患包括不安全动作和个体因素，具体体现为施工现场作业人员的失误操作或不规范操作、管理人员的违章指挥、现场人员的防护用品未穿戴等，具体如表7-2所示。

表7-2　行为类隐患指标

序号	隐患指标	隐患描述
1	无证上岗	(1) 一线工作人员未通过执业资格考试或无作业资格证，仍参与施工现场工作； (2) 普通工人冒名顶替特殊工种人员进行施工作业
2	安全意识不足	(1) 工作人员或例行检查的管理人员自我保护意识不足，未按要求佩戴安全防护用品(含安全帽、安全带、手套、绝缘胶鞋等)； (2) 从事特殊工种的工作人员未按要求佩戴护目镜或防护面罩； (3) 使用无安全装置的设备或不牢固的设施
3	违规作业	(1) 违反操作规程，如未按要求或未给信号开关、关停、移动机械设备、未按流程或施工方案安装或拆卸大型机械设备； (2) 高温、暴雨等恶劣环境下照常进行工作； (3) 工人或管理人员在施工现场发生危险行为，如高空抛物或生拉硬拽等； (4) 工人带病上岗、酒后上岗、疲劳作业等

2) 设备设施类隐患

施工现场由于施工活动的复杂性以及多样性，通常包含但不局限于塔吊、龙门吊、物料提升机、施工升降机、各类起重机等机械设备以及脚手架、模板等临时设施。不同的设备设施具有其特殊性，为了保证隐患分类的系统性，将设备设施类隐患可归纳为安全防护装置失效、施工机械设备安拆不合规、结构连接不可靠、零部件磨损老坏、施工用电不规范 5 类，具体隐患描述如表 7–3 所示。

表 7–3　设备设施类隐患指标

序号	隐患指标	隐患描述
1	安全防护装置失效	(1) 起重设备未安装起重量限制器或不灵敏； (2) 各类中小型机具防护装置失灵； (3) 吊钩未设置钢丝绳防脱钩装置或不符合规范要求
2	施工机械设备安拆不合规	(1) 挂篮的拼装过程出现失误，如轨道安装高差、轨距过大造成失稳； (2) 挂篮行走不符合要求，如挂篮的轨道梁未按要求锚固导致挂篮倾覆； (3) 塔吊安装时未按要求进行顶升操作
3	结构连接不可靠	(1) 机械设备的主要结构构件变形、开焊、裂纹、锈蚀超过规范要求； (2) 主要受力构件高强度螺栓使用不符合规定； (3) 挂篮轨道焊接出现裂缝，或螺栓连接出现松动、螺栓缺失等情况
4	零部件磨损老坏	(1) 手拉葫芦挂钩磨损严重，未及时维护检修； (2) 中小型设备零部件出现污染、磨损、发热等导致故障发生
5	施工用电不规范	(1) 配电箱内部存放大量杂物，箱体无门无锁，或未按要求关门上锁； (2) 违章接线，或线路破损，出现明显裸露

3）环境类隐患

环境类隐患应该包含自然环境与施工现场环境两大类，通过前面分析可得知恶劣的天气如高温、暴雨等不可抗力，不属于隐患范畴，但是应对恶劣天气、恶劣地质条件的应急预案缺失属于隐患，其可以通过后期加强对施工方案的管理进行整改。同时，为了区分自然环境的施工方案与具体环节的施工方案，特将其列入环境类隐患。施工现场环境隐患又可以细分为安全防护不到位、现场交叉作业情况明显、材料堆放不合理 3 类，具体隐患描述如表 7–4 所示。

表 7–4　环境类隐患指标

序号	隐患指标	隐患描述
1	自然环境恶劣	(1) 应对恶劣天气的施工方案缺失； (2)应对复杂地质条件的施工方案、预防措施缺失
2	安全防护不到位	(1) 安全警示牌缺乏； (2) 未按规定设置作业警戒区(如模板支架拆除警戒区、基础施工警戒区等)； (3) 临边防护栏杆缺失、洞口防护网不连续等

续表

序号	隐患指标	隐患描述
3	交叉作业	(1) 高压线、周边设施、相邻塔吊等预留的安全距离不足； (2) 不同工种在同一界面交叉工作
4	材料堆放不合理	(1) 零星材料散落在未铺装防护网的洞口边，或堆积在防护栏杆缺失的临边处； (2) 氧气瓶、乙炔瓶等斜放，或处于高温暴晒的环境下

4）管理类隐患

施工阶段的管理类隐患与“人、机、环”3 类隐患有所区别，前者是间接隐患，后者是直接隐患，前者会作用于后者，并通过这种关系影响着整个施工现场的安全生产。安全管理的安全隐患可分为安全组织结构、安全责任制度、安全教育培训、施工组织、安全检查、应急救援等，其中每一小类的安全隐患又可以细分为更加具体的制度、措施，如表 7–5 所示。管理类隐患风险大小的计算具有间接性、模糊性和隐藏性，难以通过现场检查结果对其进行定量计算。

表 7–5　管理类隐患指标

序号	隐患指标	隐患描述	依据
1	组织结构不合理	(1) 施工企业未设立安全生产管理机构、配备专职安全生产管理人员或数量不够； (2) 施工现场未配备专职安全管理人员或专职安全管理人员履职不充分	《建筑施工安全检查标准》
2	责任制度不完善	(1) 施工企业未编制安全生产责任制度或制度落实不到位； (2) 施工企业未编制安全生产规章制度或体系尚不健全，或落实不到位	《建筑施工企业主要负责人、项目负责人和专职安全生产管理人员安全生产考核管理暂行规定》
3	教育培训不到位	(1) 未按要求对作业人员开展三级安全教育； (2) 教育培训内容固化，缺乏针对性； (3) 教育培训频率不足或效率低下	《建设工程安全生产管理条例》
4	施工组织与方案缺失	(1) 未根据现场的实际情况编制安全技术措施、专项施工方案等； (2) 危险性较大的分部分项工程未编制或未由专业人士编制安全专项施工方案； (3) 专项方案实施前，未对现场管理人员或作业人员进行安全技术交底或交底不充分； (4) 起重机械和脚手架、模板等自升式架设设施安装、拆卸单位未编制拆装方案或未制定安全施工措施	《建筑施工安全检查标准》《危险性较大的分部分项工程安全管理办法》《建设工程安全生产管理条例》

续表

序号	隐患指标	隐患描述	依据
5	安全检查不到位	（1）施工单位未按规定对需要验收的危险性较大的分部分项工程进行验收； （2）日常巡查、周期性检查、专项检查流于形式； （3）未落实隐患整改要求或隐患整改不及时	《建筑施工安全检查标准》《危险性较大的分部分项工程安全管理办法》
6	应急救援准备不充分	（1）未按要求配备应急救援物资、设备、器材等，或未及时更换失效资源； （2）未设置应急逃生通道； （3）应急救援预案缺失或不充分，或施工过程中未组织应急预案演练	《建筑施工安全检查标准》

二、施工隐患治理

1. 施工隐患的治理工作流程

隐患排查治理即为采用系统安全的分析方法，对工程项目实施过程中的人、机、料、法、环等各类因素进行综合排查，识别影响安全生产的环境因素、技术缺陷、管理缺陷、设备缺陷等，并及时消除这些缺陷，保证安全生产体系正常运行。隐患管理可分为安全隐患识别、评估、整改、防范4个方面，其主要对应施工安全隐患排查的辨识、评估、排序及整改4个步骤。在实际工程实践中，开展施工安全隐患排查治理应覆盖人、物、环、管等多个方面，力求全面，但同时也可有不同的侧重点，比如施工技术复杂的项目可侧重于技术方面的隐患排查，而地下工程施工可侧重于地质水文等情况的排查。具体的隐患排查治理工作流程如图7-2所示。

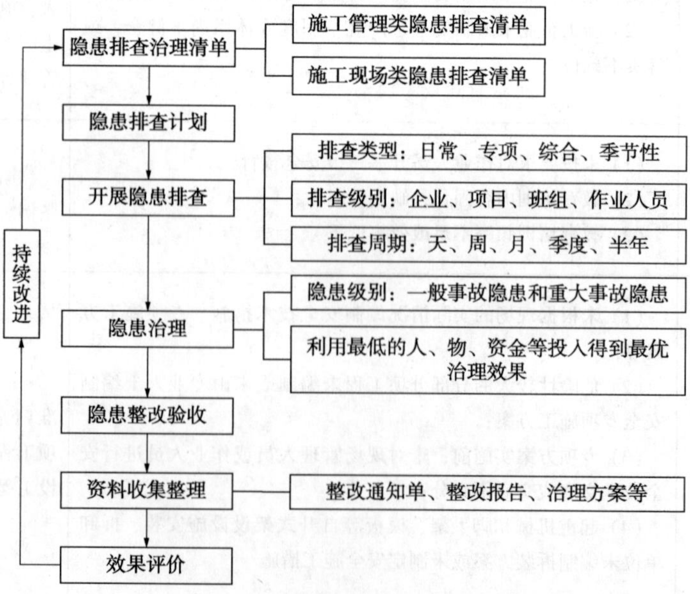

图7-2　隐患排查治理工作流程

2. 建立"5E"施工安全隐患排查与治理机制

建立一套基于"5E"的施工安全隐患排查与治理机制，即包含技术(Engineering)、管理(Enforcement)、教育(Education)、评价(Evaluation)和应急管理(Emergency Management)5个方面，如图7-3所示。

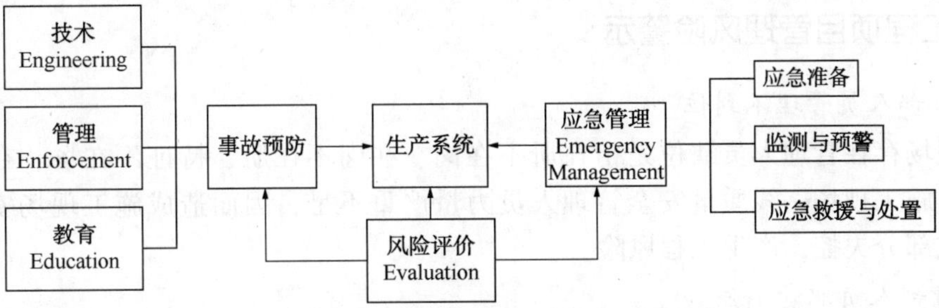

图7-3　基于"5E"对策的事故控制系统

(1) 从技术层面，严格执行安全技术管理的方法、内容和步骤，主要包括：施工组织设计的编制；施工安全措施的提出；危险性较大分部分项工程的专项施工方案编制与审查；施工技术交底；施工安全方案执行；施工安全检查；风险预控；隐患排查治理等。应由工程项目专职安全管理部门，联合工程部门、质量部门、机械设备管理等部门做好施工现场的技术管理工作。

(2) 从管理层面，规范施工企业和工程项目管理层面的安全管理制度建设和切实履行，主要包括：严格执行安全第一方针，树立安全目标的优先度；建立安全生产管理岗位责任制；建立安全风险预控制度；落实安全检查与评估制度；建立隐患排查治理制度；建立安全绩效考核与激励制度等。

(3) 从教育层面，严格落实施工企业和工程项目的三级教育制度，即从企业层面、项目层面、班组层面分别开展安全教育培训。安全教育培训的内容应覆盖全面，并针对受训对象的不同而目标明确、有所侧重。比如对于安全管理人员，应主要侧重于安全管理的法规、标准规范、管理流程、管理职责、考核标准等，对于工人的培训应主要体现为施工作业技能、防护知识、常见危险、急救知识等。

(4) 从风险评价层面，应从工程项目实施的不同角度，识别可能影响工程项目安全状态、导致意外事件发生的各种因素，并制定相应的管控措施。通常来说，这些因素可以划分为4大类，简称为人、物、环、管。人包括管理人员和工人，并侧重于一线工人的作业规范性和安全防护；物包括材料和机械设备；环包括自然环境和管理环境，自然环境主要指恶劣天气和复杂地质状况，管理环境包括资金充裕度、工期合理性等与安全相关的因素；管包括管理制度、流程等。

(5) 从应急管理层面，应做好应急预案编制、应急影响、状态恢复等方面工作。首先，应急预案是应急救援有效性的前提，应组织专家编写、研究论证，确保其系统性和完备性。应急预案编写后，还需要进行充分演练。一旦发生突发事件，立即执行应急预案，快速响应，实施人员抢救和财产保护，最大限度地避免损失。待应急救援工作完成后，还应恢复施工现场的人员、设备、环境等状态，以便恢复施工作业。

第五节　施工管理预警

一、工程项目管理风险警示

1. 项目部人员管理不到位

工程现场存在管理人员缺位是指在册不在岗、在岗不在册、持证不在场、在场的未持证等现象，施工现场一线质量安全管理人员力量严重不足，因而造成施工现场安全、质量管理失控或部分失控，产生工程风险。

2. 项目部人员职责不强

施工项目部人员存在“重质量轻安全，以进度为主”的传统思想，冒险施工现象较普遍，对安全生产存在侥幸心理，对工程风险存在认识不清，特别是某些项目经理和技术负责人，对专项方案的落实及处理责任意识不强，对风险的规避责任意识不强。

3. 对分包管理缺位

工程分包(专业、劳务)中的安全问题比较普遍，具体表现在：分包单位对安全文明施工不重视，存在侥幸心理，在安全防护方面缺少保护意识，安全员配备不齐，安全教育缺失，施工组织设计、施工方案流于形式等现象比较普遍。

分包商组织机构不健全，缺乏专职的管理人员，施工工人不成建制、流动性大，分包商负责人不能够长期驻守现场，总承包企业项目管理难度大；分包商为追求利润，往往存在“严备案轻入场”的现象，现场配置管理人员严重不足，甚至还有二次转包；分包商劳动合同意识淡薄，工人签订劳动合同不全面，不按国家规定上缴各项保险，不及时支付工人工资，总承包企业法律风险不可避免；分包商实际承担工程与所持资质不符，存在资质挂靠、转包现象；分包商安全意识不强，不设专职安全员，现场负责人无安全生产考核合格证，在安全设施上不舍得投入，安全文明施工执行差，存在安全隐患和风险；分包商缺乏有效管理，施工进度、质量不能保证，导致整个工程质量下降，从而达不到部分施工技术要求和技术规范以及设计要求。

4. 技术交底针对性不强

据统计，在建筑施工活动中发生的安全事故，高处坠落占46%，触电占14%，坍塌占13%，物体打击占11%，机械伤害占6%，起重伤害占4%，这6类伤亡事故占事故总数的94%。究其原因，很多事故的发生事先都存在技术交底针对性不强或施工技术交底流于形式、走过场，施工单位未将每一工种所存在的安全隐患告知工人，往往导致工人盲目施工，最后发生事故。

5. 对特种作业人员控制不到位

部分项目部存在特种作业人员无证或者证书过期等情况，更有甚者持假证从事特种工作，驻场监理对此审核不严，往往以持有证书复印件为检查原则。部分特种作业人员业务能力不强，存在违规操作或侥幸心理。部分监控人员监控不足，监理旁站不到位。

6. 现场安全质量检查不得力

现场安全质量检查走过场，尤其是安全检查流于形式，安全检查工作缺乏持续性，缺乏主动性，项目部专职质量员、安全员能力不强，各类标准不熟悉、强制性条文未充分掌握，排查隐患能力不强；企业层面排查隐患走过场甚至缺位，造成现场隐患和风险不能够及时处理。

7. 现场材料检测不到位

有些参建方对工程项目使用的主要建筑材料质量把关不严，材料的采购、抽样送检和使用各环节管理脱节，导致部分不合格的产品使用到工程实体中；给工程埋下了结构隐患。

现场安全辅助材料检测不到位的较多，特别是一些脚手架的钢管扣件检测不到位，检测频率不符合要求，甚至使用周转了几个工地前的检测报告来充数；钢管表面锈蚀深度超标，管壁厚度不符合要求的较多；实际脚手架方案却采用 $\phi3.5$ 来计算，对脚手架、高支模的稳定性产生了很大隐患，存在较大的风险。

8. 现场各类安全设施验收不到位

现场重质量验收、轻安全验收的现象较普遍，造成各类安全设施在非常状态下使用，从而造成伤害事故。

9. 危险源监控措施不到位

部分工地对工程存在的危险性较大的分部分项工程的内容理解不深、辨识不清，存在着没有编制专项方案、没有落实方案审批、没有安全技术交底以及没有按照方案实施验收或阶段性验收等现象；部分工地对模板支撑系统、施工临时用电、大型机械设备、基坑施工、脚手架等没有按照规范实施管理，存在生产安全隐患。

监理项目部对危险性较大分部分项工程的监控和旁站不到位，没有制定切实可行的监理细则，不重视对施工单位的专项方案审核工作。

10. 重大危险性项目管理缺损

从目前城市重大基础设施工程项目来看，危险性较大的分部分项工程是比较多的，在管理上存在以下问题：计划不全；专项方案针对性不强；监控措施不力；审报不及时；预案流于形式。

11. 技术措施不力

按图施工，实施相应技术措施是工程施工中的一个重要环节。工程项目部通常涉及施工组织设计中的质量、安全技术措施不全、无针对性等问题，特别在分级审批中存在较大缺陷。

12. 应急预案不实

项目部应急预案涉及工程风险出现和人员伤害后的应急处理，存在预案不全、无针对性、缺少演练等问题。

13. 安全教育流于形式

由于目前还没有形成大规模的劳动力培训机制，建筑行业的工人基本来自经济相对比较落后的地区，文化程度普遍偏低，因而劳动力整体素质相对较低，对施工一线工人的安全生产培训和专业技能培训效果不佳。项目部对工人的三级教育安全交底走过场，以签字画押为终极目标，缺少系统的安全教育和隐患交底，致使工人对现场安全隐患的存在往往茫然不知。

14. 事故“四不放过”处理不到位

事故处理普遍存在问题，在调查处理工伤事故时，以为一旦原因分析清楚了，有关人员得到处理了，就算完成任务了；并未真正做到使事故责任者和广大群众了解事故发生的原因和所造成的危害，并未使管理和施工作业人员从事故中吸取教训。

15. 灾难性气候预报不及时

对于政府发布的灾难性气候等级辨识不清，特别对“黄色”“红色”紧急处置(大风、暴雨、高温、雷电、严冻等)的预报不及时，对所造成的危害风险及人身意外伤害的预报都存在着一定的缺陷。

二、项目部管理风险防范

1. 资质及安全生产条件要求

从事建筑活动的建筑施工企业按照其拥有的注册资本、专业技术人员、技术装备和已完成的建筑工程业绩等资质条件，划分为不同的资质等级，经审查合格，取得相应等级的资质证书后，方可在其资质等级许可的范围内从事建筑活动。

施工企业未取得安全生产许可证的，不得从事建筑施工活动。建筑施工企业取得安全生产许可证，应当具备下列安全生产条件：

（1）建立、健全安全生产责任制，制定完备的安全生产规章制度和操作规程。

（2）保证本单位安全生产条件所需资金的投入。

（3）设置安全生产管理机构，按照国家有关规定配备专职安全生产管理人员。

（4）企业主要负责人、项目负责人、专职安全生产管理人员经建设主管部门或者其他有关部门考核合格。

（5）特种作业人员经有关业务主管部门考核合格，取得特种作业操作资格证书。

（6）管理人员和作业人员每年至少进行一次安全生产教育培训并考核合格。

（7）依法参加工伤保险，依法为施工现场从事危险作业的人员办理意外伤害保险，为从业人员交纳保险费。

（8）施工现场的办公、生活区及作业场所和安全防护用具、机械设备、施工机具及配件符合有关安全生产法律、法规、标准和规程的要求。

（9）有职业危害防治措施，并为作业人员配备符合国家标准或者行业标准的安全防护用工具和安全防护服装。

（10）有对危险性较大的分部分项工程及施工现场易发生重大事故的部位、环节的预防、监控措施和应急预案。

（11）有生产安全事故应急救援预案、应急救援组织或者应急救援人员，配备必要的应急救援器材、设备。

（12）法律、法规规定的其他条件。

施工企业资质管理要求及承包工程范围参考《建筑业企业资质管理规定》(建设部第159号令)。

2. 人员配备要求

所有工程项目部人员均需实行持证上岗制度。

（1）项目经理：项目经理是受企业委托，代表企业负责工程项目管理的一种岗位职务，是企业法人代表在项目上的全权委托代理人。在企业内部，项目经理是项目实施全过程全部工作的总负责人。项目经理必须按规定取得“建造师资格证”，注册在所工作的企业，并取得建筑施工企业项目负责人 B 证方可上岗。

（2）项目技术负责人：在项目经理的领导下主管项目施工技术、质量、安全工作，协助项目经理抓好施工生产进度，必须具有中级技术职称和高级技术职称的人员担任。

（3）建筑施工企业专职安全生产管理人员是指在企业专职从事安全生产管理工作的人员，包括企业安全生产管理机构的负责人及其工作人员和施工现场专职安全生产管理人员，必须通过考核取得专职安全生产管理人员安全生产考核合格证书 C 证。总承包单位配备项目专职安全生产管理人员应当满足下列要求：

① 建筑工程、装修工程按照建筑面积配备：$1\times10^4m^2$ 以下的工程不少于 1 人；1×10^4～$5\times10^4m^2$ 的工程不少于 2 人；$5\times10^4m^2$ 及以上的工程不少于 3 人，且按专业配备专职安全生产管理人员。

② 土木工程、线路管道、设备安装工程按照工程合同价配备：5000 万元以下的工程不少于 1 人；5000 万～1 亿元的工程不少于 2 人；1 亿元及以上的工程不少于 3 人，且按专业配备专职安全生产管理人员。

3. 九图二牌

“九图”是指施工总平面图，施工进度计划网络图，工程施工形象进度图，交通、施工、人行通道图，临时排水、封启排水管道图，公用管线分布图，消防器材布置图，电气线路布置图，文明施工、质量、安全、综合治理等管理网络图；“二牌”是指管线连续无事故牌、安全无重大伤亡事故累计天数牌。

4. 班组管理控制

作业人员应持相关证书（证件），按规定办妥劳动用工手续，经规定的安全培训合格后，方可进入建设工程的现场作业班组。新作业人员应佩戴明显的标识，经有经验、熟悉现场环境的作业人员带领或看护不少于 3 个月后，方可独立工作。

班组应设班长，配备安全协管员，明确各岗位安全生产职责。班组职责应包括如下内容：

（1）服从项目部安全生产、文明管理，督促作业人员遵守安全生产规章制度、操作规程及文明卫生要求。

（2）将施工范围划分若干安全生产责任区，责任分解落实到人，组织开展自检、互查活动。

（3）班组每天应开展班前、班中、班后安全活动，定期开展安全教育及检查讲评，提高安全自我防范能力。安全活动的主要内容应包括安全交底和讲评、自检和互查、考勤。

（4）班组之间应加强沟通与交流，做好上下工序的衔接，管理有序顺畅。

（5）对各类安全生产检查中发现的问题，班组应按要求及时落实整改。

（6）应积极主动配合事故调查，如实反映情况。

三、分包队伍管理风险防范

1. 对分包单位资质、人员资格的管理

项目部应选择合格的分包单位承担专业工程施工或劳务分包，对分包单位的有效证照和相关资料能追溯检查。承发包双方应依法签订合同，并附有安全生产等协议文件，明确双方的责任和义务，并向有关主管部门进行申报备案。

（1）应对分包单位的资质进行鉴别，建立合格分包单位的名录，明确相应的分包范围，从中选择合适的分包单位。评价内容包括：

① 合格的安全生产许可证、资质、法律法规要求提供的经营许可证明文件；

② 与本企业或其他企业合作的市场信誉及业绩；

③ 技术、质量、生产和有关安全生产情况的证明，如资质证书、安全生产许可证；

④ 承担特定分包工程的能力。

（2）应对进场作业人员实施控制，建立施工作业人员档案。

① 确认从业人员和专兼职安全生产管理人员的资格；

② 确认进场分包单位从业人员和专兼职安全生产管理人员的资格。

2. 项目经理和专、兼职安全生产管理人员的配备

（1）实行总分包的工程，分包方须按规定配备包括项目经理在内的管理班子，并在总包的领导下开展工作。

（2）分包单位配备项目专职安全生产管理人员应当满足下列要求：

① 专业承包单位应当配置至少 1 人，并根据所承担的分部分项工程的工程量和施工危险程度酌情增加。

② 劳务分包单位施工人员在 50 人以下的，应当配备 1 名专职安全生产管理人员；50~200 人的，应当配备 2 名专职安全生产管理人员；200 人及以上的，应当配备 3 名及以上专职安全生产管理人员，并根据所承担的分部分项工程施工危险实际情况增加，不得少于工程施工人员总人数的 5‰。

四、重大危险源管理风险防范

危险性较大的分部分项工程是指建设工程在施工过程中存在的、可能导致作业人员群死群伤或造成重大不良社会影响的分部分项工程。重大危险源是指危险性较大的分部分项工程实施过程中危险的施工部位或工艺、工法、工序等环节。

七大危险源分类控制如表 7-6 所示。

表 7-6 七大危险源分类控制

序号	重大危险源类别	范围
1	基坑支护、降水工程	开挖深度超过 3m（含 3m）或虽未超过 3m 但地质条件和周边环境复杂的基坑（槽）支护、降水工程
2	土方开挖工程	开挖深度超过 3m（含 3m）的基坑（槽）的土方开挖工程

续表

序号	重大危险源类别	范围
3	模板工程及支撑体系	各类工具式模板工程，包括大模板、滑模、爬模、飞模等工程。 混凝土模板支撑工程：搭设高度 5m 及以上；搭设跨度 10m 及以上；施工总荷载 $10kN/m^2$ 及以上；集中线荷载 $15kN/m^2$ 及以上；高度大于支撑水平投影宽度且相对独立无联系构件的混凝土模板支撑工程。 承重支撑体系：用于钢结构安装等满堂支撑体系
4	起重吊装及安装拆卸工程	采用非常规起重设备、方法，且单件起吊重量在 10kN 及以上的起重吊装工程。 采用起重机械进行安装的工程。 起重机械设备自身的安装、拆卸
5	脚手架工程	搭设高度 24m 及以上的落地式钢管脚手架工程。 附着式整体和分片提升脚手架工程。 悬挑式脚手架工程。 吊篮脚手架工程。 自制卸料平台、移动操作平台工程。 新型及异型脚手架工程
6	拆除、爆破工程	建筑物、构筑物拆除工程。采用爆破拆除的工程
7	其他	建筑幕墙安装工程。 钢结构、网架和索膜结构安装工程。 人工挖扩孔桩工程。 地下暗挖、顶管、大型围堰及水下作业工程。 预应力工程。 采用新技术、新工艺、新材料、新设备及尚无相关技术标准的危险性较大的分部分项工程

建设单位在申请领取施工许可证或办理安全监督手续时，应提供危险性较大的分部分项工程清单和相应的安全管理措施。施工单位在工程正式开工 10 天内，应对工程重大危险源进行排摸、识别、分析，对符合条件的重大危险源填写重大危险源监督信息表，监理单位应对该信息表进行审核，确认无误后，由施工单位上报监安质监站。

此外，我国建设工程安全生产法律法规、标准、文件对安全专项施工方案的编制分别做了明确的要求和规定，工程施工需对照要求和规定贯彻执行。

安全专项施工方案必须经过编制审核与专家论证方可执行。

五、季节性气候风险防范

1. *夏季施工安全措施*

夏季气候炎热，高温时间持续较长，施工过程中主要应做好防止中暑工作。

（1）采用多种形式，对职工进行防暑降温知识的宣传教育，使职工知道中暑症状，学会对中暑病人采取应急措施。

（2）合理调整作息时间，避开中午高温时间工作，严格控制工人加班加点，高处作业工人的工作时间要适当缩短。保证工人有充足的休息和睡眠时间。

（3）对在容器内和高温条件下的作业场所，要采取措施，搞好通风和降温。

（4）对露天作业集中和固定场所搭设歇息凉棚，防止热幅射，并要经常洒水降温。

（5）对高温、高处作业的工人，需经常进行健康检查，发现有作业禁忌症者，应及时调离高温和高处作业岗位。

（6）要及时供应合乎卫生要求的茶水、清凉含盐饮料、绿豆汤等。

（7）要经常组织医护人员深入现场进行巡回医疗和预防工作。重视年老体弱、患者中暑和血压较高的工人身体情况的变化。

（8）及时给职工发放防暑降温的急救药品和劳动保护用品。

2. 雨季施工安全措施

在雨季进行作业，主要应做好防触电、防雷、防坍塌和防台风的工作。

（1）防触电。电源线不得用裸导线和塑料线，不得沿地面敷设。配电箱必须防雨、防水，电器布置符合规定，电器元件不应破损，严禁带电明露。机电设备的金属外壳，必须采取可靠的接地或接零保护。手持电动工具和机械设备使用时，必须安装合格的漏电保护器。工地临时照明灯、标志灯，其电压不超过36V。电器作业人员应穿好绝缘鞋，戴绝缘手套。

（2）防雷击。高出建筑物的塔吊、井架、脚手架等要有安全避雷装置。

（3）防坍塌。搞好脚手架、井架、塔吊的排水工作，防止沉降倾斜。坑、槽、沟两边要放足边坡，危险部位要另外加支撑。搞好排水工作，一经发现紧急情况，应马上停止土方施工。

3. 冬季施工安全措施

在冬季进行作业，主要应做好防风、防火、防滑、防中毒工作。

（1）六级以上大风或大雨，应停止高处作业和吊装作业，如要施工必须采取有效的安全技术措施。

（2）搞好防滑措施，作业前要清除施工范围的冰、雪、霜，然后再进行作业，上跳板、斜道要钉好防滑条。

（3）现场脚手架、安全网，暂设电器工程、土方、机械设备等安全防护，必须按有关规定执行。

（4）加强用火申请和管理，遵守消防规定，防止火灾发生。

（5）对亚硝酸钠要加强管理，严格发放制度，要按定量改革小包装，并加上水泥、粉煤灰等，将其改变颜色，以防止误食中毒。

（6）必须正确使用个人防护用品。

第八章

路桥工程施工安全管理

第一节　路桥工程施工安全管理概述

一、路桥工程施工安全管理概念

施工安全管理是项目管理的重要内容，主要是指企业为实现项目目标、达到安全生产的目的而组织相应人财物等资源，并应用先进科学的管理方法规避施工安全事故的过程。

施工安全管理与项目进度、质量、成本以及信息管理并存，施工管理人员通过各种管理方法与手段，对现场的人、材料、机械设备以及环境等管理对象进行安全管理，尽可能事前识别施工过程中涉及的各类影响施工的安全因素，从而采取相应的措施予以降低或者排除各类安全隐患，最终实现安全管理目标。

综上所述，路桥工程项目施工安全管理是指路桥工程施工管理人员依据动态控制原理作为指导，运用各种安全管理方法进行事前、事中与事后的控制和管理，识别路桥工程项目施工全过程中可能涉及的影响项目安全施工的各类因素，分析与评价各类安全因素对项目施工安全管理的影响程度，进而有针对性地提出相应的安全管理措施与建议，以减少安全事故发生的概率，从而达到预防安全事故的管理目标。

二、路桥工程施工安全管理模式

1. 路桥施工安全管理模式概述

影响路桥施工安全的因素数量极多，而安全管理的重要内容是：避免各种类型的因素对施工安全产生影响与作用，保障施工者的安全与健康，保障其建设的顺利进行和稳步推进。优化安全管理模式，杜绝安全隐患，如发生安全问题，要予以及时有效解决。优化安全管理模式的主要内容为：健全其组织系统，完善其相关机制，使日常施工安全得到保障，构建事故发生的应急救援系统，且加以有效控制，做到防患于未然。构建管理模式之后，参与组织体系者要明确自身需承担的责任和履行的义务，培育安全意识且增强责任感，并与安全责任制度相匹配，健全安全管理体系，使路桥施工整体的安全得到充分保障。

2. 路桥施工安全管理模式构建策略

1）保障日常施工安全的管理方式

（1）完善安全责任制，健全奖罚机制与激励机制，贯彻相关的生产责任且加以落实。在事故发生时，相关责任人应该能够承担相应的责任，无安全事故时，要做好督促与激励等工作。

（2）完善检查制度。在施工阶段，不定期地对工程施工的总体情况予以检查。妥善安排检查人员，使其在施工阶段做好对施工者的检查工作，及时排除安全隐患，核准相关经费，严格把握安全生产环节，及时消除安全隐患。对于现场施工，要采取必要的防护手段来保障员工安全，维持并保护设备的正常使用，设置完善的安全防护制度，保障设备设施的安全，同时避免人员的伤亡。对于技术安全交底同样要加强管理，保障各施工工序严格按照施工规范进行，在遇到特殊情况时要及时调整施工规范，并通知现场施工员，保障施工技术的安全性与可靠性。

（3）贯彻落实安全生产方面的宣传机制，采取多元化的宣传方式，有机地结合安全知识，加大教育培训的力度，使施工现场员工增强安全的意识且掌握相关实践技术，增强安全知识储备，从而提高相关技能水平。

2）在施工的过程中完善预控机制

（1）客观地评价与有效地监测环境因素，就自然与社会因素来说，要进行有效掌控，辨别不利因素并且采取相关的预防控制手段。

（2）对机械设备安全予以监测，监控特种机械以保障其安全，提高技术水平，保障操作的安全性。

（3）监测施工者贯彻执行的情形，确保施工过程的安全性与可靠性得到充分保障，降低事故的发生率。

3）安全事故的应急救援系统

（1）针对存在较大安全隐患的施工段，组建应急救援组织，以便事故发生后予以紧急救助。

（2）针对应急救援小组的成员，加大培训与教育的力度，使成员增强安全保障的意识，储备好有关应急救援的知识；各成员要能够熟练地运用应急救援的器械等，并且做好各救援设备的检查维护工作，对存在问题的设备要及时更换。

（3）优化、完善以及改进应急报告流程，发生事故之后，专业化的救援小组立刻奔赴现象，避免事故受伤人员遭受二次伤害，并及时地对人员加以疏散，以掌握事故情形为基础，认知伤亡的情形，制订救援预案，开展救援活动。

第二节 路桥工程施工安全管理问题分析

一、路桥工程施工安全管理中存在的问题

1. 安全意识淡薄

在路桥施工安全管理中，部分人员对安全问题的认识不够全面，不把安全当成一回事，

存在侥幸心理，即安全意识淡薄。这种安全意识淡薄问题不止体现在工作人员身上，他们往往不把安全的观念落在实处，落在每一个安全守则上面，而是随意处理问题，安全规范操作进行不到位，既不对自己工作负责，也不为他人生命安全考虑。要知道，生命安全永远大于一切。另外，个别管理人员对安全问题不够重视，一味地只想要缩减工期，压缩经费，完全不将工人的人身安全放在第一位，这也是存在的最大隐患。

2. 项目承包行为不规范

随着现代技术不断发展，经济水平不断提高，许多民营企业或个体看到了路桥建设方面的商机，认为承包工程有很大利润，使得现在承包工程项目的公司越来越多，也导致公司竞争变得十分激烈。各大公司为了中标方法百出，使出浑身解数，不在方案上入手，偏偏要打感情牌、关系牌，以致市场上的投标变得十分不公正，人为干扰了我国的路桥工程建设。

3. 不健全的安全管理制度

现在，大部分企业已经渐渐意识到安全管理制度的重要性，纷纷建立起与其企业相关的安全管理体制。然而这种安全体制往往只存在于表面以及书面，并没有真正地被重视。此外，路桥工程一般都是在户外进行的，许多部门虽说进行安全检查，但是一般情况都是形同虚设，并没有达到实际的效果。

4. 安全设施不完善

要提高安全管理的质量水平，应充分重视安全设施的建设。部分安全管理设施，即使在安全管理中发挥了作用，也没有充分发挥安全设施的作用。

二、路桥工程施工安全管理问题诱因分析

1. 自然环境的影响

自然环境的影响主要包括自然灾害、季节因素、气候因素、时间因素、水文地质条件等对路桥建设施工安全的影响。

由于路桥施工的特点，路桥施工的过程一般都是在野外进行的，路桥工程施工安全性必然受到外界自然环境的影响。例如风、雨、雪、雾等。这些自然因素都会影响施工条件，降低施工过程的安全系数：雨季施工会增加洪水引发泥石流、塌方、落石的可能性；冬季施工机械设备冻结也会对工程进程产生很大的影响。上述异常自然状况都会危及路桥施工安全，引发安全事故。

自然环境对路桥施工最重要的影响是地质条件的影响。我国多变的自然环境和复杂的地质构造，是路桥施工中地质工程和地质灾害问题的主要成因。特别是随着路桥建设的重点正向西部地区不断延伸，遇到崩塌、滑坡、泥石流、岩溶、地面塌陷、有害气体等不良地质现象和软土、膨胀土岩、岩盐等特殊岩土问题的可能性越来越大，这也使发生路桥工程施工安全事故的可能性也越来越大。

2. 人为因素的影响

人的因素指的是以事故的发生为基础、当事人存在相关的不安全行为，即人本身的失

误，即人为地违反施工系统设计和操作规程，造成路桥建设系统的失效或不良表现。人的心理与生理、技术的缺失及环境均可能导致不安全行为。

人为主观意识将使路桥施工的顺利进行受到深层次的影响。(1)施工机构对于安全事故问题未予以高度重视，安全管理层奉行形式主义，致使企业不能充分地贯彻执行安全管理机制，施工者需要增强安全生产的意识。(2)施工管理者与技术人员的素质有待提高，在施工的过程中，未贯彻落实安全管理措施，同时侥幸心理严重。一些施工者缺乏责任心，且态度不端正，从而导致安全事故发生。

3. 施工管理的影响

人的不安全行为与物的不安全态势，是安全事故发生的表层原因。发生安全事故的根本原因是建筑施工企业在安全管理方面存在不足之处，要采取有效的安全管理手段，将人与物以及环境因素对事故发生的影响程度缩减或予以剔除。

导致事故频发的管理性因素包括：一些施工机构缺失完善的管理机制，在施工的过程中存在诸多不足之处，使安全事故存在相应的隐患；领导层不关注安全的管理，安全意识薄弱，缺失有效的相关管理机构，未清晰地明确职责，未制定具有可行性的预案以及未健全应急系统；施工组织不健全，操作不规范，安全的措施不匹配，也未加大投入与培训的力度，没有全面无死角地排除安全隐患；部分施工单位的安全管理方法不灵活，不能有效解决事故的发生问题。

在路桥施工的过程中，由于施工者粗心大意且未恰当地操作机械，或外界的环境突然发生变化，未实施有效的管理制度等，这些影响施工安全的因素并非孤立存在，而是相互影响、相互作用，构成事故发生的条件。

4. 外部社会环境的影响

外部社会环境的影响主要包括政治、经济、技术、法律、管理及社会风气等，这些因素如果处理不当，都会对路桥施工安全工作产生负面影响。路桥施工不是一朝一夕可以完成的，安全生产必然受到外部环境的影响。

在路桥施工的过程中，施工企业将与社会经济和法律等因素产生相应的联系。施工经验表明，沿线居民承包的附属工程与盗窃路桥施工设备的行为将导致安全事故，使路桥工程的施工受到相应的影响。

第三节　路桥工程施工安全管理对策

一、施工人员的安全管理

1. 配备足够的现场安全管理人员和提升其专业技能

现场安全管理员在现场巡查的过程中，能指导施工人员安全施工，并及时发现、处理安全隐患。如果安全管理员数量不足或者专业技能水平较低，就会导致安全隐患发现不及时，不能及时制止不安全施工行为。现场安全管理员应取得相应的从业等级证书，并且在进入施工现场前，进行岗前培训。企业应每年对安全管理员进行培训考核，项目部应每季度进行一次培训考核。考核后，发现不合格者，应及时做出相应处理。

2. 提高施工作业人员施工水平

目前，施工单位的劳务作业人员绝大部分是农民工，施工水平较低。如果提高招聘条件，势必会减少施工人员的数量，拖延施工进度。因此，施工单位应从实际情况出发，在施工人员入岗前进行岗前培训。新入职的施工人员，应通过老作业人员的“传、帮、带”，使其迅速掌握施工技巧。此外，还应经常组织其进行技术、经验的交流或者竞赛，对优秀者予以奖励。

3. 进入施工现场穿戴安全防护用具

安全防护用具在预防事故或事故发生时具有保护作用，施工人员在施工现场必须按照要求穿戴安全防护用具，比如：高处作业需戴安全帽、系安全带；隧道作业时，需携带照明用具。

4. 禁止施工人员疲劳作业

大部分事故的发生，源于疲劳作业。因为人在疲劳的情况下，容易出现操作失误，诱发安全事故。项目部应制定合理的作息时间，严禁施工人员尤其是机组操作人员疲劳作业。

二、机械设备的安全管理

(1) 加强施工机械设备的现场管理，制定机械设备的维修养护制度。

落实机械设备责任制到操作手，操作手定期检查机械设备的状态，如出现不良状态应及时上报维修。

(2) 提高机械设备操作人员的技能水平

操作手在上岗前，应进行技能、业务培训，提高他们的技术理论水平。操作手必须懂得机械的结构和运行原理，能够进行一般维修。特种设备的操作手，应取得相应的资格证书，并进行岗前培训；新任的特种设备操作手，要在有经验的操作手帮带一个月后，方可独立操作设备。

三、施工环境的安全管理

1. 预防粉尘和噪声的危害

首先，领导应加强巡视工作，引起足够重视。其次，针对产生粉尘的路段或料场，建立粉尘监测机制，并配有专门的监测人员，出现异常情况，及时上报。再次，对于噪声的控制，采购振动小、产生噪声低的机械设备，进行爆破作业时，应采取佩戴耳塞等防护措施。最后，配备医疗人员。

2. 高温、低温天气的对策

在夏季高温季节，尽可能减少高温作业时间，采用勤换班、延长午休时间等措施。休息地点应配备风扇、解暑饮料、洗澡设备等。

冬季施工时，给施工作业人员配备防寒服、防寒手套等，施工人员住宿区配有取暖设施。

3. 照明

涉及地下、隧道、构筑物内部施工时，采用可调节亮度的照明设备。亮度太亮，会刺眼，施工人员容易出现头晕眼花的情形；亮度太低，使人感觉昏暗。这都容易引发安全事故。

4. 材料堆放和储存

在高速公路施工的过程中所用到的材料不能随便堆放，需遵循以下要求：

(1) 高速公路施工过程中的工具、构件、材料堆放的位置必须符合总平面图规定要求。

(2) 在对材料、构件堆放时要设置明显标牌，不同品种和规格的材料分开堆放；物料堆放要整齐，沙、石等材料堆放时要成方，大型工具一头见齐堆放，钢筋、构件、钢模板应堆放整齐用木方垫起。

(3) 施工现场的垃圾不要到处乱扔，应分类型集中堆放；易燃易爆物品必须按有关规定存放。

四、管理制度的安全管理

1. 体系和制度的建立

1) 目标体系的建立

为了更加有效地控制各类伤亡事故的发生，根据相关法律法规和规范标准及业主和相关主管部门对安全管理的要求，项目部应制定各项安全管理目标。目标体系可细分为安全教育目标、安全技术交底目标、安全检查目标、安全费用使用目标、安全生产控制目标、伤亡事故控制目标、安全标准化管理达标目标、文明施工目标、安全创优目标等。

2) 制度的建立

明确各岗位职责，建立责任制度体系。具体来说，要明确项目经理职责，树立总工程师岗位责任制、技术负责人岗位责任制和施工员岗位责任制。

2. 安全管理组织机构

三级安全管理组织结构模式如图 8-1 所示。

3. 安全教育

在施工过程中，不管是管理人员还是施工技术人员，都要参加安全培训教育。在施工企业，安全培训主要有三级，即企业、项目和班组安全培训。安全培训的意义在于可以让作业人员掌握一些安全知识，做到尽量避免发生安全事故及发生安全事故时知道如何处理。另外，在进行专项工程和危险工程施工前，召开动员大会，并进行安全和技术交底。

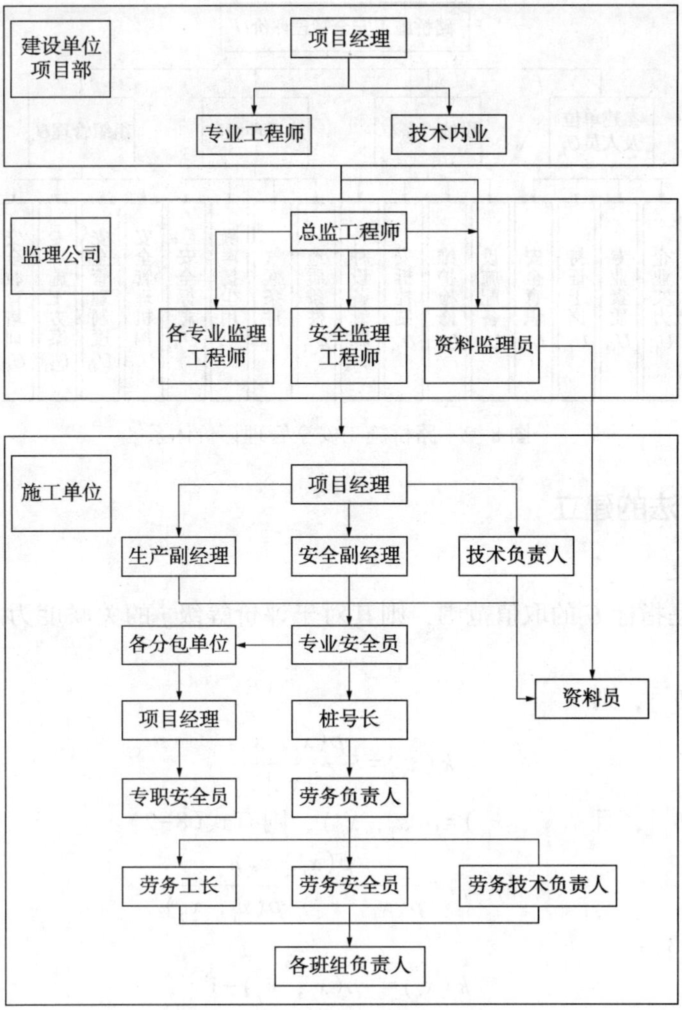

图 8-1　二级安全管理组织结构模式

第四节　路桥工程施工安全管理评价

一、评价指标体系的构建

为了保障路桥建设的稳定发展，急需建立安全管理评价指标体系，明确施工安全管理的重点与难点，以实现精准的安全过程控制。下文以 288 国道施工项目为例阐述路桥工程施工安全管理评价。

在结合项目实际深入分析施工安全影响因素的基础上，构建路桥施工安全管理评价体系，确定参建单位及人员、设施设备、施工环境与组织管理 4 个指标，并针对每个指标选取相应的评价因子。评价体系见图 8-2。

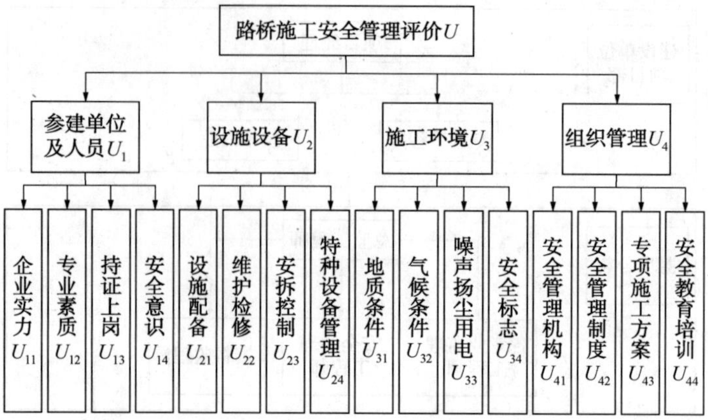

图 8-2　路桥施工安全管理评价体系

二、评价方法的建立

1. *确定关联度*

若$[a_{pi}, b_{pi}]$是指标U_i的取值范围，则其对于评价等级j的关联度为$k_j(x_i)$计算公式见式(8-1)：

若$x_i \in [a_{ij}, b_{ij}]$，则

$$k_j(x_i)=\frac{-\rho(x_i, x_{ij})}{|x_{ij}|} \tag{8-1}$$

若$x_i \notin [a_{ij}, b_{ij}]$，且$\rho(x_i, x_{pi})=\rho(x_i, x_{ij})$，则有式(8-2)：

$$k_j(x_i)=\frac{\rho(x_i, x_{ij})}{\rho(x_i, x_{pi})-\rho(x_i, x_{ij})} \tag{8-2}$$

否则有式(8-3)：

$$k_j(x_i)=-\rho(x_i, x_{ij})-1 \tag{8-3}$$

其中：

$$\rho(x_i, x_{ij})=\left|x_i-\frac{1}{2}(a_{ij}+b_{ij})\right|-\frac{1}{2}(b_{ij}-a_{ij})$$

$$\rho(x_i, x_{pi})=\left|x_i-\frac{1}{2}(a_{pi}+b_{pi})\right|-\frac{1}{2}(b_{pi}-a_{pi})$$

2. *确定权重*

鉴于228国道建设中不仅包括管理人员、施工人员知识经验判断的主观因素，也包括地质条件、设备数量等客观因素。为了保障主客观结合，全面反映评价指标的实际情况及权重，下文采用了层次分析法及熵值法共同确定评价指标权重。

若针对某一评价指标i，层次分析法与熵值法确定的权重分别为ω_i'、ω_i''，则该指标的最终权重可通过式(8-4)计算：

$$\omega_i=\frac{\omega'_i\omega''_i}{\sum_{i=1}^{n}\omega'_i\omega''_i} \tag{8-4}$$

3. 确定评价等级

确定评价指标所属等级的关联度，见式(8-5)：

$$L_j(x)=\sum_{i=1}^{n}\omega_i k(x_i) \tag{8-5}$$

按照模糊隶属度最大原则，若有式(8-6)：

$$k_j=\max L_j(x)\ (j=1,\ 2,\ 3,\ 4,\ 5) \tag{8-6}$$

则评价指标的等级为 j。

三、实证分析

1. 确定评价指标取值

针对上述评价指标，在 228 国道项目部发放 300 份调查问卷，共收到有效问卷 268 份，根据调查问卷结果及工程实际，确定各评价指标取值范围及量值如表 8-1 和表 8-2 所示。

表 8-1　评价指标取值范围

指标水平	非常安全	安全	较安全	较危险	危险
取值范围	[90，100]	[80，90)	[70，80)	[60，70)	[0，60)

表 8-2　评价指标量值

评价指标	评价因素	量值	评价指标	评价因素	量值
参建单位及人员指标 U_1	企业实力 U_{11}	93.2	施工环境指标 U_3	地质条件 U_{31}	72.3
	专业素质 U_{12}	86.5		气候条件 U_{32}	76.8
	持证上岗 U_{13}	91.4		噪声扬尘用电 U_{33}	78.1
	安全意识 U_{14}	77.6		安全标志 U_{34}	84.5
设施设备指标 U_2	设施设备 U_{21}	88.5	组织管理指标 U_4	安全管理机构 U_{41}	83.6
	维修检修 U_{22}	83.3		安全管理制度 U_{42}	88.3
	安拆控制 U_{23}	81.2		专项施工方案 U_{43}	87.8
	特种设备管理 U_{24}	92.7		安全教育培训 U_{44}	74.1

2. 确定关联度

利用式(8-1)~式(8-3)可以计算出 228 国道施工安全各评价指标 U_{ij} 对等级 j 的关联度 $k_j(x_i)$，结果如表 8-3 所示。

表 8-3　各评价指标关于评价等级的关联度

评价指标	非常安全	安全	较安全	较危险	危险
U_{11}	0.320	-0.320	-0.660	-0.773	-0.830
U_{12}	-0.206	0.350	-0.325	-0.550	-0.663
U_{13}	0.140	-0.140	-0.570	-0.713	-0.785
U_{14}	-0.356	-0.097	0.240	-0.253	-0.440

续表

评价指标	非常安全	安全	较安全	较危险	危险
U_{21}	0.017	0.150	0.106	0.114	0.125
U_{22}	0.087	0.330	0.041	0.190	0.148
U_{23}	0.122	0.270	0.035	0.160	0.063
U_{24}	0.270	0.030	0.159	0.194	0.185
U_{31}	0.324	0.119	0.460	0.053	0.205
U_{32}	0.208	0.043	0.320	0.097	0.280
U_{33}	0.180	0.025	0.190	0.116	0.152
U_{34}	0.043	0.360	0.080	0.234	0.290
U_{41}	0.083	0.430	0.045	0.194	0.193
U_{42}	0.020	0.210	0.104	0.151	0.172
U_{43}	0.026	0.220	0.098	0.154	0.163
U_{44}	0.273	0.087	0.410	0.059	0.235

3. 确定权重

1）层次分析法确定权重

（1）建立判断矩阵。

图 8-3 所示为判断矩阵图。

$$U=\begin{bmatrix} U & U_1 & U_2 & U_3 & U_4 \\ U_1 & 1 & 2 & 2 & 4/5 \\ U_2 & 1/2 & 1 & 5/4 & 1/2 \\ U_3 & 1/2 & 4/5 & 1 & 1/3 \\ U_4 & 5/4 & 2 & 3 & 1 \end{bmatrix} \quad U_1=\begin{bmatrix} U_1 & U_{11} & U_{12} & U_{13} & U_{14} \\ U_{11} & 1 & 2/3 & 1/2 & 1/2 \\ U_{12} & 3/2 & 1 & 2/3 & 1/2 \\ U_{13} & 2 & 3/2 & 1 & 2/3 \\ U_{14} & 2 & 2 & 3/2 & 1 \end{bmatrix}$$

$$U_2=\begin{bmatrix} U & U_{21} & U_{22} & U_{23} & U_{24} \\ U_{21} & 1 & 4/5 & 5/4 & 4/5 \\ U_{22} & 5/4 & 1 & 3/2 & 2/3 \\ U_{23} & 4/5 & 2/3 & 1 & 1/2 \\ U_{24} & 5/4 & 3/2 & 3 & 1 \end{bmatrix} \quad U_3=\begin{bmatrix} U_3 & U_{31} & U_{32} & U_{33} & U_{34} \\ U_{31} & 1 & 4/5 & 2/3 & 4/5 \\ U_{32} & 5/4 & 1 & 3/2 & 3/2 \\ U_{33} & 3/2 & 2/3 & 1 & 5/4 \\ U_{34} & 5/4 & 2/3 & 4/5 & 1 \end{bmatrix}$$

$$U_4=\begin{bmatrix} U & U_{41} & U_{42} & U_{43} \\ U_{41} & 1 & 4/5 & 1 & 1/3 \\ U_{42} & 5/4 & 1 & 5/4 & 1/2 \\ U_{43} & 1 & 4/5 & 1 & 1/2 \\ U_{44} & 3 & 2 & 2 & 1 \end{bmatrix}$$

图 8-3　判断矩阵图

（2）一致性检验。

经检验，矩阵 U、U_1、U_2、U_3、U_4 的 CR 取值分别为 0.004、0.008、0.006、0.006 及 0.006，均小于 0.10，故各矩阵具有完全一致性。各评价指标权重结果如表 8-4 所示。

表 8-4　层次分析法确定的指标权重

指标	权重	子指标	相对权重	ω_i	指标	权重	子指标	相对权重	ω_i
U_1	0.308	U_{11}	0.154	0.047	U_3	0.154	U_{31}	0.200	0.031
		U_{12}	0.231	0.071			U_{32}	0.250	0.038
		U_{13}	0.308	0.095			U_{33}	0.300	0.046
		U_{14}	0.308	0.095			U_{34}	0.250	0.038
U_2	0.154	U_{21}	0.233	0.036	U_4	0.385	U_{41}	0.160	0.062
		U_{22}	0.291	0.045			U_{42}	0.200	0.077
		U_{23}	0.186	0.029			U_{43}	0.160	0.062
		U_{24}	0.291	0.045			U_{44}	0.480	0.185

2）熵值法确定权重

对表 8-3 评价指标关于评价等级 j 的关联度 $k_j(x_i)$ 进行标准化处理获取 y_{ij}，由于采用了 5 级评价等级($m=5$)，故 $k=(\ln m)^{-1}=0.6213$。熵值法权重计算公式见式(8-7)：

$$\omega''_i=\frac{h_i}{\sum_{i=1}^{n}h_i}=\frac{1-e_i}{\sum_{i=1}^{n}(1-e_i)} \tag{8-7}$$

其中，e_i 为信息熵值，计算公式见式(8-8)：

$$e_i=-k\sum_{i=1}^{m}y_{ij}\ln(y_{ij}) \tag{8-8}$$

最终得出的指标权重见表 8-5。

表 8-5　熵值法确定的指标权重

评价指标	e_i	h_i	ω_i	评价指标	e_i	h_i	ω_i
U_{11}	0.492	0.508	0.061	U_{31}	0.580	0.420	0.050
U_{12}	0.602	0.398	0.048	U_{32}	0.473	0.527	0.063
U_{13}	0.490	0.510	0.061	U_{33}	0.458	0.542	0.065
U_{14}	0.595	0.405	0.049	U_{34}	0.394	0.606	0.073
U_{21}	0.414	0.586	0.070	U_{41}	0.246	0.754	0.091
U_{22}	0.623	0.377	0.045	U_{42}	0.410	0.590	0.071
U_{23}	0.596	0.404	0.049	U_{43}	0.190	0.810	0.097
U_{24}	0.544	0.456	0.055	U_{44}	0.561	0.439	0.053

3）综合权重

根据层次分析法及熵值法确定的权重，利用式(8-4)计算各指标的综合权重如表 8-6 所示。

表 8-6　评价指标综合权重

评价指标	ω_i	评价指标	ω_i	评价指标	ω_i	评价指标	ω_i
U_{11}	0.047	U_{21}	0.041	U_{31}	0.025	U_{41}	0.090
U_{12}	0.055	U_{22}	0.033	U_{32}	0.040	U_{42}	0.088
U_{13}	0.094	U_{23}	0.023	U_{33}	0.049	U_{43}	0.097
U_{14}	0.075	U_{24}	0.040	U_{34}	0.045	U_{44}	0.158

根据式(8-5)得出综合关联度计算结果如表 8-7 所示。

表 8-7　综合关联度计算结果

评价指标	非常安全	安全	较安全	较危险	危险
U_{11}	0.015	-0.015	-0.031	-0.036	-0.039
U_{12}	-0.011	0.019	-0.018	-0.030	-0.036
U_{13}	0.013	-0.013	-0.054	-0.067	-0.074
U_{14}	-0.027	-0.007	0.018	-0.019	-0.033
U_{21}	0.001	0.006	0.004	0.005	0.005
U_{22}	0.003	0.011	0.001	0.006	0.005
U_{23}	0.003	0.006	0.001	0.004	0.001
U_{24}	0.011	0.001	0.006	0.008	0.007
U_{31}	0.008	0.003	0.012	0.001	0.005
U_{32}	0.008	0.002	0.013	0.004	0.011
U_{33}	0.007	0.001	0.008	0.005	0.006
U_{34}	0.002	0.014	0.003	0.009	0.011
U_{41}	0.003	0.017	0.002	0.008	0.008
U_{42}	0.001	0.008	0.004	0.006	0.007
U_{43}	0.001	0.009	0.004	0.006	0.006
U_{44}	0.011	0.003	0.016	0.002	0.009
综合评价	0.048	0.065	-0.011	-0.089	-0.100

4. 确定评价等级

根据综合关联度结果 $k_2=\max(k_1, k_2, k_3, k_4, k_5)=0.065$，可知 228 国道施工安全管理评价等级为安全。针对非常安全的单项评价指标，继续保持其良好的发展态势，并适当完善；针对安全的单项评价指标，一方面需强化施工安全机构设置及制度建立等方面的组织管理，另一方面需加强人员专业能力培养，建立机械设备使用、维护、保养制度；针对较安全的单项评价指标，可从以下几个方面改进：

(1) 开展智慧工地建设，打造劳务实名制管理、视频监控、VR 体验等功能应用，提升施工人员安全意识及培训效果；

(2) 选取新型环境友好型设备，采用合理的作业方式，减少扬尘，控制用电安全；
(3) 建立水泥搅拌桩可视化施工监控及沉降量智能监测体系，提升施工的信息化水平；
(4) 建立不良天气观测记录机制，发现异常情况立即预警，以保障施工场地安全。

第五节　具体工程实例分析

一、呼包高速公路改扩建工程概况

呼和浩特至包头高速公路(呼包高速)是京藏、京新两条国家高速公路的共同线段，也是内蒙古自治区高速公路网的组成部分，直接连接自治区呼和浩特、包头两大中心城市，是自治区最主要的经济干线，也是新疆等西北省区通往北京及华北的便捷通道及准噶尔、东胜等煤田煤炭外运的主要通道，在高速公路网中居重要地位。本改扩建工程为呼包高速公路改扩建工程四标段(以下简称“HBTJ-4 项目”)，路线设计起点位于内蒙古包头市东河区三合源，桩号 K615+536，途经东河区、九原区、青山区，终止于 K644+000，呈东西走向，路线基本沿现有高速公路双侧拼宽，全线 28.464km。合同工期 2 年 4 个月，合同总价约 7 亿元。

全线基本采用的是两侧加宽的形式，由双向四车道改扩建为双向八车道。整体式路基设计宽度 42m，分离式路基设计宽度 21.5m，设计时速 100km/h。

为便于施工，项目部在道路沿线适当位置处共设有 3 个混凝土拌和站、3 个水稳沥青拌和站。

二、安全管理现状

相比新建公路工程，改扩建公路工程多为边通车边组织施工作业，施工期间需保证原有道路通行能力；且改扩建公路路况复杂、车流量大，沿线大小平交道口多。因此，做好施工期间各项安全管理工作难度大。施工期间如何组织好道路交通，避免交通安全责任事故的发生是项目安全管理的重点。必须重视改扩建公路工程的施工安全管理，HBTJ-4 项目的安全管理现状具体如下。

1. HBTJ-4 项目安全管理制度

1）安全生产责任制

HBTJ-4 项目安全生产责任制是指为了实现项目制定的安全管理目标，根据“安全第一，预防为主，综合治理”的安全生产方针和“安全管理，全员参与”的管理理念，建立的各职能部门科室、各级管理人员、工程技术人员等在整个施工生产过程中对安全生产需要承担相应责任的制度。大量施工生产案例表明，在安全生产责任制建立、健全的施工项目，各级管理人员能够重视项目的安全工作，国家有关安全生产、劳动保护法规等贯彻执行到位，在有序高效地组织好施工生产的过程中，能够积极采取各种安全防护措施，创造良好的安全生产条件，安全责任事故明显较少发生。否则，就会因职责不明确致使管理工作得不到落实，安全工作无人在意，工伤事故与职业病就会不断发生。

HBTJ-4 项目项目部自从 2010 年 10 月进场开始，就建立了安全生产责任制，明确了项目安全目标，但层层细化的要求落实不够到位，未明确制定各科室、各级管理人员、技术人员、岗位操作人的安全责任。根据有关规定，项目部若出现安全事故，项目经理是安全生产第一责任人。项目部虽然也制定了安全奖惩制度，但没有评判标准，没有执行机构，形同虚设，整个 HBTJ-4 项目项目部表面看起来只有项目经理为此承担安全生产责任。

2）项目安全生产资金保障制度

安全生产资金是指用于购买安全劳保用品、安全教育培训、安全技术措施等的专项费用，保障项目施工作业的安全进行。

HBTJ-4 项目项目部是施工单位，也是安全生产责任的主体，因此，涉及的安全专项经费较多。同时，该项目又是在边通车、边施工的环境下进行的，需要投入更多的安全管理费用。HBTJ-4 项目项目部有专项安全生产资金，但由于施工线长、施工作业点多，对安全资金投入要求较多，仅购买水马一项就需花费 600 多万元。项目部为了利益最大化，减少了对安全方面的投入。根据业主要求，施工道路一侧需连续不间断地摆放水马等防护设施，项目部擅自改为间隔摆放水马，变相减少在安全方面的投入经费。

3）安全教育培训制度

为增强施工人员及管理人员的安全意识，提高安全防护能力，减少安全事故以及因事故造成的人员伤亡的发生，需定期组织进行专业的安全培训教育。

HBTJ-4 项目项目部也根据要求制定了安全教育培训制度，并按时参加业主单位组织的各种安全会议及培训活动等。从实际情况来看，教育培训多是表面功夫，流于形式，实际收效甚微，项目人员也多是敷衍了事。HBTJ-4 项目项目部针对不同层级人员无安全教育培训计划，仅在每日例会上口头强调一下注意施工安全。

4）安全检查制度

安全检查制度是指通过检查日常安全工作的落实情况及安全隐患的排查情况，敦促相关人员加强安全生产管理而进行的定期、不定期的安全工作检查。

HBTJ-4 项目项目部已按照规定要求建立安全检查制度。从落实情况来看，执行力度不够。仅当业主单位对施工现场组织安全检查时，项目安全管理人员才开始提前对安全生产落实情况进行一次排查。

5）安全事故报告制度

安全生产事故报告是指施工作业人员在作业过程中发生人员伤亡等事故时，按照严重程度不同，向有关单位、部门进行报告的制度。轻伤事故要报告工地负责人，填写“工伤事故月报表”上报项目部，项目部汇总后报告所属公司。重伤和亡人事故要立即上报公司和地方安全监督部门。

发生安全生产事故时，现场人员能够及时向项目部进行汇报，项目部也根据严重程度向公司和有关部门进行报告。但项目部没有制定明确的事故报告程序及负责处理事故人员，也没有进行总结、建档，项目施工人员未能从事故中受到警示教育。

2. HBTJ-4 项目安全管理组织机构及人员管理

1）安全管理组织机构

HBTJ-4 项目部为加强施工安全管理工作，在项目施工生产管理组织机构的基础上，按照“管生产必须管安全”的原则，成立了项目安全管理组织机构。HBTJ-4 项目项目经理、项目副经理、总工程师为安全管理最高管理层，下设 6 个职能科室，分别为工程技术科、质量安全科、物资装备科、财务科、工地实验室、综合办公室。各职能科室下管理 3 个工区，每个工区由路基、桥涵、拌和站等专业施工队伍组成。

在 HBTJ-4 项目中，质量安全科负责主抓项目的安全管理工作。但是在具体执行的过程中，项目部管理层把工作重点放在了施工质量和施工进度上，安全工作由各工区负责人负责管理，没有赋予质量安全科应有的权力。鉴于项目“边施工、边通车”的环境，质量安全科被安排主要负责维护路上交通安全，即维护水马、制作安置镜头警示标识、车辆分流等。

2）专职安全管理人员

项目专职安全员任务是在负责安全管理工作的项目副经理和项目总工程师的领导下，做好项目的安全管理工作。要求要工作认真负责，有一定的现场经验，敢于管理、严格执法，有一定的组织沟通能力。根据规定，工程投资每 5000 万元就需配备一名专职安全员。HBTJ-4 项目工程投资约 7.249 亿元，需要至少 15 名专职安全管理人员。在实际施工中，目前只有项目部安全科的 3 名职工为专职安全员，主要负责道路交通安全。其他安全员都是由各施工队伍临时安排人员负责安全工作。在业主检查时临时抽调人员充当专职安全员。因此，HBTJ-4 项目部安全管理力量还很薄弱，管理力度不够。

3. HBTJ-4 项目安全技术措施

工程项目的安全技术措施主要包括安全隐患排查与控制、专项安全技术方案的编制、交通安全组织方案、安全技术交底等。

1）安全隐患的排查与控制

安全隐患的排查主要是针对项目中存在的危险源等进行辨别，然后对其危险性进行分析评价，制订控制方案。对于可能发生的特别重大的危险源，要求提前制订相应的应急处理预案。

HBTJ-4 项目部在施工前进行了安全隐患排查工作，对存在的危险源的危险性进行了简单的分析，未进行详细的分析判断，也未建立项目危险源清单，未制订控制方案和应急预案。

2）专项安全技术方案的编制

根据施工有关规定，同时也是为了确保施工的安全，施工单位在组织部分专业性强、技术要求高、危险性大的工程施工时，需要编制专项安全技术方案。该方案需要经项目总工审核审批，特别重大的工程，需要上报建设单位，并报请有关专家进行审核。

HBTJ-4 项目部针对施工难度比较大、危险性比较高的留宝窑大桥的施工编制了《留宝窑大桥施工安全技术方案》，并上报总监、业主单位批准后开始组织施工。

3）交通安全组织方案

由于 HBTJ-4 项目是道路改扩建工程，为确保施工时车辆通行顺畅、安全，需要制订交通安全组织方案，包括警示标志的设置及施工标志、交通引导标志、防撞水马的摆放等。

HBTJ-4 项目部在组织交通上，随意性较大，没有制订交通安全组织方案，完全靠安全员在现场根据需要凭借经验进行设置，安全管理工作不严谨到位，存有较大安全隐患。

4）安全技术交底

施工前项目部技术人员针对项目施工的特点，对危险点及安全防护措施以书面形式进行明确，并由项目技术负责人审核签字，最后交给施工班组长。安全技术交底是指为了方便施工作业人员在施工作业时了解施工的特点，注意可能出现的危险点，并按照施工技术要点进行作业，做好安全防范措施。

HBTJ-4 项目部落实了安全技术交底工作，但基本处于应付检查状态，流于形式，相关人员只是履行了签字手续，并没有严格按照安全技术交底所涉及的内容进行施工，指导效果不明显。

三、安全管理存在的问题

1. 安全管理尚未形成体系

（1）规章制度不完善。HBTJ-4 项目部虽然制定了安全生产责任制度，但缺少相应的奖惩制度。从施工单位的角度来看，项目制定的各项规章制度是指导、规范安全生产的依据和准绳。没有明确奖惩，安全生产责任制度也就成为一种形式，大大削弱了施工人员及管理人员的重视程度。另外，安全生产责任制度、资金保障制度、教育培训制度没有层层细化，降低了可执行性，成为应付检查的一种摆设。

（2）安全管理措施不多。安全管理工作重在预防，项目部在执行安全管理工作时，往往只能在安全事故发生后采取补救措施，而不能够做到提前预防。安全教育工作形式也较单一，集中学习时，一方面人员较多，比较混乱；另一方面，施工人员不够重视学习，安全意识淡薄。

（3）安全制度没有严格落实。虽然 HBTJ-4 项目部也制定了一系列安全管理制度，但在具体实施过程中落实不够好、不到位。具体表现为：①检查管理力度不够，制度执行不到位，安全管理体系形同虚设；②项目部虽然制定了安全生产责任制，HBTJ-4 项目部和各工区、各作业队也都签订了安全生产责任状，但项目部对执行情况不重视，导致没有人员认真落实安全生产责任；③项目部编制的一些安全管理制度、措施，大部分只是为了应付检查而编制的，缺乏针对性，使其无法得到具体落实；④项目部各工区部分安全员是无证上岗，不具备安全员资格，缺少专职安全员；⑤部分安全管理人员责任心不强，组织管理能力偏弱，安全监督和安全管理作用发挥不够明显；⑥在劳务工管理、施工机械检测、持证上岗等方面的管理上把关不严，存在薄弱环节。

2. 安全管理组织机构不够合理

（1）未成立专门的安全管理机构。从 HBTJ-4 项目部安全管理组织机构图中可以看出，项目的安全管理工作由管生产的管理人员执行，而未设置专门负责安全管理的监督机构。这就导致项目的安全管理的执行主要靠管理人员以及施工人员的自觉性。当安全管理工作与质量、进度产生冲突时，安全工作往往被忽略。因此，项目部需要成立专门负责整个项目安全管理工作的部门。

（2）质量安全科职责弱化。质量安全科不仅要确保工程质量的安全，同时要负责主抓项目的施工生产安全管理工作。而在 HTBJ-4 项目中，质量安全科在安全管理上仅负责路上交通安全的管理，人为地弱化安全科在项目安全管理工作中的主导地位。

3. 安全隐患较多

（1）HBTJ-4 项目常见的安全隐患：①特种作业人员未严格把关，操作技术不够过硬；②未对作业人员进行职业禁忌等专项体检；③进入施工场地不佩戴安全帽，路上施工作业不穿反光背心；④人工挖孔桩不做泥浆护壁处理；⑤基坑开挖不设安全警示标牌；⑥路上防护设施摆放不到位；⑦施工场地材料堆放混乱等；⑧电气设备未接地接零，未做到“一机一闸”，特种设备拆装单位无资质；⑨浇筑混凝土不按规范操作；等等。

（2）危险源处理措施不当。在隐患排查和施工的过程中，发现的危险源没有及时建档，没有制定相应的安全防护措施。例如，在钢筋加工场地，电线往往不做任何保护处理随意放在地上，极易引发触电、火灾事故。

4. 安全保证体系流于形式

HBTJ-4 项目项目部建立了相对完善的安全保证体系，由思想保证、组织保证、措施保证、制度保证、经济保证等 5 大部分组成。但项目管理人员在施工过程中没有对照进行落实。

（1）安全教育开展不够深入。HBTJ-4 项目部在安全教育工作上，根据培训教育对象的不同，分为项目部管理人员的安全教育和施工作业工人安全教育。项目管理人安全教育方面，能够定期开展安全教育培训，每天早上例会时也会对前一天的安全问题进行总结，对当天安全需重点关注事项进行安排，项目部管理人员安全意识较好。在施工作业工人的安全教育上，项目部管控力度相对薄弱，主要依靠各工区负责人、各专业队伍自行组织，安全意识淡薄。

（2）组织保证不够得力。HBTJ-4 项目部一方面专职安全员未严格按照要求配置相应人数，无法对各个施工作业点实施有效安全监督；另一方面，项目管理层对安全重视程度不够，没有赋予专职安全员相应的“执法”权力，当发现施工队违规作业时，施工班组人员甚至工区负责人往往以赶工期等理由对安全员指出的问题不予理睬，项目部也没有制定严格的奖惩措施，致使安全管理工作无法有效落实。

（3）安全措施、制度得不到有效落实。HBTJ-4 项目部有规定在施工前必须进行安全技术交底。但在实际执行过程中，虽然工程技术人员制定了详细的安全技术交底资料，但施工作业人员往往为了图省事、节省资金等目的而不认真按照要求采取安全防护措施。

在交通组织方面，项目部安排人员负责组织交通、设置交通标示标牌、摆放防撞隔离设施等。根据施工进度推进，施工区域不断前移，因此，相应交通标示标牌等也应该随时进行调整。由于人员不足、责任意识不强等原因，交通警示标志等未及时进行调整，对过往车辆安全、顺畅通行带来一定安全隐患。

安全检查制度落实方面，根据规定，每月都需要进行一次安全大检查，平时进行抽查。HBTJ-4 项目部在执行过程中，以检查过于频繁影响正常施工、日常安全工作管理较好等理由，没有严格执行每月安全大检查制度。

（4）经济保障随意性较大。HBTJ-4 项目部没有严格执行安全经费专款专用要求。建设单位拨付的安全经费中，项目部除将一部分资金用于购买水马、安全劳保用品、交通警示牌制作、施工安全防护设施设备外，同时将另一部分资金用于支付工资、购买沙石材料等。

在经济措施奖惩方面，项目部也没有严格执行，安全工作做得好的工区、劳务队伍以及个人得不到应有的资金奖励；安全管理工作落实很差的工区、劳务队伍以及违反操作程序施工的人员也没有受到应有的经济惩罚。

5. 重视眼前利益，弱化安全管理

HBTJ-4 项目部采用的是自负盈亏的经营管理模式。这就使得项目部管理人员在实施项目管理的过程中，优先考虑经济效益。管理人员在安全生产相关法规、政策方面掌握不够准确，重视程度不够，未能够正确地处理好安全与生产、效益、进度、质量的关系。当安全管理与质量、进度、效益发生矛盾时，管理人员往往选择安全让步的措施，没有真正把安全放在首要位置，存有侥幸心理，忽视施工安全管理。

四、安全管理优化

1. 完善 HBTJ-4 项目安全管理体系

1）明确安全管理目标

贯彻施工生产“安全第一、预防为主、综合治理”的指导方针，切实防止特大、重大安全事故的发生，尽力避免和降低各类事故。

（1）杜绝重大事故和重大伤亡事故：无重大设备事故、无重大火灾事故、无重大交通责任事故、无重大中毒事故等。

（2）杜绝人身死亡责任事故、重伤责任事故，年度人身轻伤事故率控制在 3%以内。

（3）创建自治区安全文明标准化工地，创建自治区优秀工程。

（4）安全隐患排查整改率 100%。

（5）认真贯彻执行国家安全生产有关要求，施工现场安全防护措施合格率 100%。

（6）安全管理人员及特种作业管理人员持证上岗率 100%。

2）完善规章制度建设

（1）建立安全管理奖惩制度。为督促好全体人员参与安全管理的积极性，强化各安全制度的落实力度，同时引起全体人员对安全管理工作的重视程度，建立以经济措施为主要手段的奖惩制度。

① 奖励办法：项目部每季度组织一次安全管理评比，根据本季度发生的安全事故情况以及安全员对施工人员日常安全检查记录情况评选出安全管理优秀工区、优秀劳务队以及优秀个人，并分别给予现金奖励。

② 惩罚措施：安全员每天对施工场地的人、物及安全文明施工环境进行进行检查，同时配合采取定期、不定期联合大检查的形式，对发现的不按规定配套个人安全防护用具、危险施工不采取防护措施、不按照安全技术交底要求进行施工等行为进行记录并责成立即改正，程度严重的，下达整改通知书以及经济处罚单，从结算款中直接扣除。

（2）细化安全生产责任制度。针对项目部安全管理责任不明确的情况，对安全管理责任进行层层细化，明确制定质量安全科、工程技术科、物质装备科、财务科、工地实验室、综合办公室等职能科室安全生产责任，明确项目经理、副经理、总工程师、各科室负责人、工区负责人、专业施工队长、专职安全员、班组长、岗位操作员等人员的安全生产责任。

2. 调整完善安全管理组织机构

为保证 HBTJ-4 项目部安全管理工作顺利、有效开展，调整项目安全管理组织机构，成立安全施工管理小组。项目经理作为安全管理第一责任人担任该小组组长，副组长由分管安全施工的项目副经理和项目总工程师担任，组员由各工区路基施工安全员、桥涵施工安全员、拌合站施工安全员、交通组织安全员和专职巡查安全员组成。

安全管理小组办公室设在质量安全科，主要负责：监督 HBTJ-4 项目的安全管理工作，组织检查安全工作的落实情况，协调处理发生的安全事故，负责安全防护设施、个人防护用具的采购及管理。其主要工作内容是：

（1）在公司制定的相关安全制度的基础上，结合 HBTJ-4 项目特点、实际情况，组织制定 HBTJ-4 项目部安全管理工作规定。

（2）全面负责本项目的安全管理工作，分析判断项目安全施工情况，协助有关部门调查处理发生的安全事故。

（3）根据施工计划情况，组织相关人员制订本项目的安全管理目标计划，制定相应的实施措施、办法，并进行监督落实。

（4）根据使用任务情况，明确项目部各职能部门、管理岗位、人员的安全责任，并对安全责任落实情况组织定期考核。

（5）宣传安全生产知识、法规等，组织对施工人员进行安全技术培训。

（6）组织对本项目的施工生产进行定期和不定期的安全检查，并对发现的安全隐患制定整改方案，落实对发现问题的整改。

（7）根据需要采购各种安全防护设施设备及个人安全防护用品等，并做好发放管理工作。

3. 危险源的识别与控制

HBTJ-4 项目应采取措施加强对工程项目中的危险源进行辨识和控制。危险源的辨识工作应在工程施工准备开始实施前，到竣工结束，主要在施工实施过程中进行，贯穿整个施工过程。

对于危险性较大的单位工程，按照相关规定进行施工安全风险评估；危险性较大的单位作业，按照相关规定编制专项施工方案。

在 HBTJ-4 项目单项工程中，按规定需进行施工风险评估的有：(1)留宝窑大桥及 5 座中桥，桥墩高度超过 10m；(2)K634+500 至 K635+800 段路基工程及路基防护工程，填方高度超过 20m；(3)K611 至 K628 段石方开挖工程，采取炸药爆破的方式。

在 HBTJ-4 项目，按规定需编制专项施工方案的施工作业主要有：(1)跨线桥跨作业；(2)预应力箱梁、T 梁的预制；(3)留宝窑大桥及 5 座中桥支架和模板安拆作业；(4)预应力箱梁、T 梁的吊装；(5)人工挖孔桩作业，孔深超过 15m；(6)K634+500 至 K635+800 段路基土方填筑，填筑高度超过 20m；(7)K616+100 至 K620+800 段路基石方爆破；(8)钢筋笼绑扎；(9)梁、柱模板支护作业；(10)混凝土浇筑作业；(11)临时用电作业；(12)工区临时用房及其他临时设施；(13)夜间施工作业；(14)机械施工；(15)施工标志标牌设置等。

另外，在 HBTJ-4 项目中，还要针对“边通车、边施工”的特点，编制交通组织方案，占用车道施工作业区安全防护方案，交通标志标牌设置方案等。

结 语

我国交通事业的重要组成部分就是路桥，路桥不仅与人们生活有着密切的关系，更是经济发展的基础设施保证。所以，在不断优化路桥施工技术的同时，也必须重视其安全管理，尤其是道路的路基与路面部位的施工安全管理。这样才能确保路桥工程施工技术发挥最大的作用，也保证路桥施工质量和后期使用性能。

路桥工程的施工技术重要，技术管理更重要，路桥工程常常由于施工难度大、施工工序复杂，需要更好的管理才能保证施工顺利进行。现阶段，由于道路交通量逐渐增大，所以对道路路面结构强度和使用性能要求非常高，这是提高路桥工程施工技术的迫切性。我国广大路桥工作者在认识到技术优化和安全管理的迫切性的同时，还要不断在施工实践中进行技术创新和管理创新，使我国的路桥施工技术和安全管理水平能上升到一个新的阶段。

参 考 文 献

[1] 晓战，徐志民．公路工程施工技术[M]．北京：中国水利水电出版社，2017.

[2] 王旻，张振和．图解公路工程施工技术[M]．北京：机械工业出版社，2020.

[3] 于洪江，李明樾．公路施工技术[M]．北京：中国水利水电出版社，2015.

[4] 李继业，刘廷忠，高勇．道路工程施工实用技术手册[M]．2 版．北京：化学工业出版社，2018.

[5] 余丹丹．桥梁工程与施工技术[M]．北京：中国水利水电出版社，2014.

[6] 王道远．隧道施工技术[M]．北京：中国水利水电出版社，2014.

[7] 闵玉辉．图解道路与桥梁工程现场细部施工做法[M]．北京：化学工业出版社，2015.

[8] 李飞．不良和特殊地质地段隧道施工[J]．西部探矿工程，2006(S1)：274-275.

[9] 袁胜强，郑晓光．高速公路改扩建设计理论与实践[M]．北京：中国计划出版社出版，2017.

[10] 代永前．高速公路隧道洞口工程施工技术[J]．交通世界(建养．机械)，2013(04)：268-269.

[11] 殷艳萍．隧道工程[M]．长沙：中南大学出版社，2016.

[12] 王春才．浅析隧道洞口段基础加固施工措施[J]．中小企业管理与科技(中旬刊)，2014(06)：153-154.

[13] 田洪光．公路隧道边仰坡治理施工技术[J]．交通建设与管理，2014(16)：142-144.

[14] 常智．关于路基原材料试验检测工作的分析[J]．建筑工程技术与设计，2014(004)：225.

[15] 李继业，董洁，张立山．城市道路工程施工[M]．北京：化学工业出版社，2017.

[16] 冉亮．公路工程路面基层试验检测[J]．交通世界，2020(18)：38-39，69.

[17] 陈豪雄，殷杰．隧道工程[M]．北京：中国铁道出版社，1995.

[18] 王飞．对于改扩建隧道工程的探讨[J]．建材与装饰(上旬刊)，2011(11)：181-183.

[19] 刘恩宇．山区高速公路施工过程风险控制与安全预警技术研究[D]．西安：西安科技大学，2019.

[20] 陈明德．市政公路工程施工风险预警与控制[M]．上海：同济大学出版社，2013.

[21] 吴恩明．高等级公路施工安全管理评价研究[J]．中国水运(下半月)，2021，21(01)：99-101.

[22] 关鑫．高速公路施工质量风险评价及对策研究[J]．中文科技期刊数据库(全文版)工程技术，2020，08(01)：153-154.

[23] 李清莹．公路桥梁工程施工现场安全隐患分级排查治理研究[D]．武汉：华中科技大学，2020.

[24] 余鑫．高速公路施工安全风险评价研究[D]．重庆：重庆交通大学，2020.

[25] 辛德军．B 公司 H 公路工程项目施工安全管理评价研究[D]．西安：西安建筑科技大学，2019.

[26] 黄明昊．公路施工安全管理措施研究[D]．石家庄：石家庄铁道大学，2018.

[27] 黄晓威．高速公路施工安全管理研究[D]．西安：长安大学，2016.

[28] 马西过．呼包高速公路改扩建工程 4 标段的安全管理研究[D]．秦皇岛：燕山大学，2016.

[29] 凌天清．道路工程[M]．4 版．北京：人民交通出版社，2019.

[30] 王学民，王以明．道路桥梁工程概论[M]．北京：中国水利水电出版社，2014.

参考文献